DE GEVA

Malika Oufkir
en Michèle Fitoussi

DE GEVANGENE

Twintig jaar ballingschap in Marokko

2000 SIRENE
ARENA AMSTERDAM

Sirene ® wordt uitgegeven door
Uitgeverij Maarten Muntinga bv, Amsterdam

Uitgave in samenwerking met
Uitgeverij Arena, Amsterdam

Oorspronkelijke titel *La prisonnière*
© 1999 Editions Grasset & Fasquelle
© 1999 Nederlandse vertaling Arena, Amsterdam
Eerste druk 1999, achtste druk 2000
Vertaald door Nini Wielink
Omslagontwerp Mariska Cock
Foto voorzijde omslag Marcel Molle
Zetwerk Stand By, Nieuwegein
Druk Bercker, Kevelaer
Uitgave in Sirene november 2000
Alle rechten voorbehouden

ISBN 90 5831 207 0 NUGI 301

Ik draag dit boek op aan de Bevers.
Aan 'Picsou', mijn lieve moeder,
de meest bewonderenswaardige vrouw. Dankzij haar leef ik nog.
Aan 'Petit Pôle', mijn geliefde zus Myriam
voor wier moed ik respect heb.
Aan 'Mounch', mijn broer Raouf, mijn vriend,
mijn steun, mijn toonbeeld van waardigheid.
Aan 'Négus', mijn zus Maria, die me de kans heeft gegeven een
nieuw leven te beginnen in het land van de democratie. Dank je.
Aan 'Charlie', mijn zeer talentvolle zus Soukaïna, in wie ik vertrou-
wen heb.
Aan 'Géo Trouvetout', mijn broertje Abdellatif, die me de kracht
heeft gegeven om te vechten en te hopen.
Aan 'Barnabé', Achoura, en aan 'Dingo', Halima, om hun
onvoorwaardelijke trouw.
Aan 'Boze wolf', mijn lieve vader die, naar ik hoop, trots op ons is.
Aan mijn oom Azzedine en mijn neef Hamza, die te vroeg zijn ge-
storven.
Aan de kinderen van de Bevers, Michaël, Tania en Nawel, mijn
neef en nichten. Opdat dit verhaal ze niet zal beletten van hun
land, Marokko, te houden.

Malika Oufkir

Aan Léa, mijn dochter, aan wie ik gedurende dit verhaal voortdu-
rend moest denken.

Michèle Fitoussi

Voorwoord

Waarom dit boek? Dat spreekt voor zich. Als we elkaar niet bij toeval waren tegengekomen, zou Malika Oufkir dit relaas op zekere dag hebben opgeschreven. Sinds ze uit de gevangenis kwam, wilde ze haar verhaal al vertellen, dat pijnlijke verleden bezweren dat haar blijft achtervolgen. Het plan nam bij haar vaste vorm aan, maar zonder haast. Ze was er nog niet klaar voor.

Waarom samen? Ook dat sprak voor zich, waarbij het lot ons een handje hielp. Een toevallige ontmoeting en vriendschap op het eerste gezicht waren voor haar voldoende om zich eindelijk vrij te durven uiten, en voor mij om mijn plannen ingrijpend te wijzigen door erin toe te stemmen naar haar te luisteren en haar verhaal op te schrijven.

We zagen elkaar voor het eerst in februari 1996 op een feestje waar we waren uitgenodigd om het Iraanse nieuwjaar te vieren. Een gemeenschappelijke vriendin wijst me een mooie, donkerharige, slanke jonge vrouw aan, die opgaat in de menigte van genodigden.

'Dat is Malika, de oudste dochter van generaal Oufkir.'

Die naam doet me opschrikken. Die herinnert me aan onrecht, afgrijzen, onuitsprekelijke dingen.

De kinderen Oufkir. Zes jongens en meisjes en hun moeder, twintig jaar opsluiting in de verschrikkelijke Marokkaanse gevangenissen. Stukjes van een verhaal dat ik in de bladen heb gelezen komen weer in mijn herinnering boven. Ik ben diep getroffen.

Hoe kun je doen alsof alles normaal is na al dat leed? Hoe kun je leven, lachen of beminnen, hoe kun je doorgaan wanneer je onterecht de mooiste jaren van je leven bent kwijtgeraakt?

Ik kijk naar haar. Ze ziet me nog niet. Haar houding is die van iemand die gewend is met mensen om te gaan, maar haar ogen stralen een droefenis uit die je moeilijk kan ontgaan. Ze is hier in de kamer bij ons en vreemd genoeg toch ergens anders.

Ik blijf haar aanstaren op een indringende manier die onbeleefd zou kunnen lijken als ze tenminste op me lette. Maar ze kijkt alleen maar naar haar vriend en klampt zich aan hem vast als was hij een reddingsboei. Ten slotte worden we aan elkaar voorgesteld. We wisselen wat voorzichtige gemeenplaatsen over onze geboortelanden uit, zij over Marokko en ik over Tunesië. Ieder probeert de ander te beoordelen, in te schatten.

De hele avond sla ik haar tersluiks gade. Ik kijk hoe ze danst, ik merk hoe gracieus ze zich beweegt, hoe rechtop ze staat, hoe eenzaam ze is te midden van al die mensen die zich amuseren of doen alsof. Soms kruisen onze blikken elkaar en dan glimlachen we tegen elkaar. Deze vrouw ontroert me. Tegelijkertijd maakt ze me onzeker. Ik weet niet wat ik tegen haar moet zeggen. Alles lijkt banaal, onbeduidend. Haar ondervragen zou onfatsoenlijk zijn. En toch brand ik al van verlangen om alles te weten.

Op het moment van vertrek geven we elkaar onze telefoonnummers. In die tijd leg ik de laatste hand aan een bundel korte verhalen die in de maand mei moet verschijnen. Ik heb er nog een paar weken werk aan. Ik stel haar voor dat we elkaar weerzien zodra ik ermee klaar ben. Malika stemt toe zonder haar terughoudendheid te laten varen.

De dagen daarna denk ik voortdurend aan haar en zie ik haar mooie, treurige gezicht weer voor me. Ik probeer me in haar te verplaatsen. Of althans me voor te stellen wat onvoorstelbaar is. Ik word bestookt door tientallen vragen. Wat heeft ze meegemaakt? Wat voelt ze op dit moment? Hoe staat iemand op uit zijn graf?

Ik ben geschokt door dat ongewone leven, door het leed dat ze heeft geleden, door die opstanding die iets wonderbaarlijks heeft. Op een jaar na zijn Malika en ik even oud. Zij is in december 1972 de gevangenis ingegaan, toen ze achttieneneenhalf was, in het jaar waarin ik, met mijn einddiploma op zak, aan mijn voorbereidend jaar politicologie begon. Ik behaalde mijn diploma en maakte mijn kinderdromen waar door journaliste en vervolgens schrijfster te worden. Ik heb gewerkt, gereisd, liefgehad en verdriet gehad zoals iedereen. Ik heb twee fantastische kinderen gekregen, ik heb een rijk en welgevuld leven geleid, met het verdriet, de diverse ervaringen en genoegens die daarbij horen.

Al die tijd zat zij opgesloten met haar familie, ver van iedereen, onder afschuwelijke omstandigheden, met als enige horizon de vier muren van haar cel.

Hoe meer ik aan haar denk, des temeer één verlangen aan me knaagt, waarin de nieuwsgierigheid van de journaliste, de opwinding van de schrijfster en mijn belangstelling als mens voor dat buitengewone vrouwenleven samengaan: ik wil dat ze mij haar verhaal vertelt en ik wil het samen met haar opschrijven. Die gedachte dringt zich sterk aan me op. Eerlijk gezegd laat die me geen rust.

In de loop van de week stuur ik haar als teken van vriendschap mijn boeken, in de hoop dat daarmee mijn verlangen aan haar wordt overgebracht. Wanneer ik uiteindelijk mijn manuscript heb ingeleverd, bel ik haar om haar voor een lunch uit te nodigen.

Aan de telefoon is haar stem krachteloos. Het kost haar moeite om aan Parijs te wennen. Ze woont bij Eric, die net acht maanden haar vriend is. Vijf jaar nadat het gezin Oufkir in 1991 uit de gevangenis kwam, mochten ze Marokko verlaten dankzij de vlucht van Maria, een van de jongste zussen, die in Frankrijk politiek asiel aanvroeg.

De zaak heeft veel stof doen opwaaien. We hebben het gespannen gezichtje van Maria op de televisie gezien, en korte tijd later, weer op de tv, de aankomst op Franse bodem van een deel van het gezin: Malika, haar zus Soukaïna en haar broer Raouf. Myriam, hun andere zus, kwam korte tijd later naar hen toe. Abdellatif, de jongste zoon, en Fatima Oufkir, hun moeder, verblijven op dat moment nog in Marokko, vertelt Malika me tijdens die lunch, die tot laat in de middag duurt.

Ik luister gefascineerd naar haar. Malika is een vertelster zonder weerga. Een Sheherazade. Ze heeft een typisch oosterse manier van vertellen waarbij ze langzaam spreekt met een gelijkmatige stem, haar woorden goed weet te doseren en met haar lange handen gebaart om haar verhaal kracht bij te zetten. Haar ogen zijn ongelooflijk expressief; ze gaat plotseling van weemoed over op gelach. In dezelfde seconde is ze een kind, een meisje en een rijpe vrouw. Ze heeft alle leeftijden omdat ze geen enkele leeftijd echt heeft beleefd.

Ik weet niet veel van de geschiedenis van Marokko en van de aanleiding tot haar gevangenschap. Ik weet alleen dat ze twintig jaar lang met haar vijf broers en zussen en haar moeder opgesloten heeft gezeten als straf voor haar vaders poging tot een staatsgreep. Generaal Mohammed Oufkir, de op één na belangrijkste figuur in het koninkrijk, pleegt op 16 augustus 1972 een aanslag op koning Hassan II. De aanslag mislukt en generaal Oufkir sterft, geveld door vijf kogels. Dan verbant de koning het gezin naar strafkampen, afschuwelijke instellingen, waaruit je in principe nooit terugkeert. Abdellatif, de jongste, is nog geen drie jaar oud.

Maar Malika's eigen kinderjaren zijn nog merkwaardiger. Ze is op haar vijfde geadopteerd door koning Mohammed V, om samen met zijn dochtertje, het prinsesje Amina, dat even oud is als zij, te worden opgevoed. Na de dood van de vorst zorgt zijn zoon, Hassan II, evenzeer voor de opvoeding van de twee meisjes als voor die van zijn eigen kinderen. Malika brengt elf jaar in de besloten kring van het serail aan het hof door, bijna zonder er ooit uit te komen. Ze is al een gevangene, binnen weelderige paleizen. Wanneer ze daar uiteindelijk aan ontsnapt, leidt ze twee jaar lang bij haar ouders het leven van een meisje dat opgroeit in weelde.

Door de staatsgreep heeft het meisje twee vaders verloren van wie ze veel hield. Dat is de tragedie van Malika, die dubbele rouw waarin ze heimelijk jarenlang verkeert. Van wie moet je houden, wie moet je haten wanneer je eigen vader je adoptievader heeft willen doden? En wanneer deze laatste plotseling de beul van jou en je familie wordt? Dat is verschrikkelijk, hartverscheurend. En het spreekt zeer tot de verbeelding.

Langzaam maar zeker begrijp ik dat we met dezelfde gedachte rondlopen. Malika wil me graag vertellen wat ze nog nooit heeft onthuld. Op dat Iraanse feestje was de vriendschap op het eerste gezicht wederzijds, onmiddellijk en instinctief.

Ook al worden we door zoveel dingen gescheiden, door opvoeding, milieu, studie, kinderen, beroep, karakter en zelfs godsdienst, zij is mohammedaans en ik ben joods, toch behoren we tot dezelfde generatie, hebben we eenzelfde gevoel, eenzelfde liefde voor het Oosten waar we geboren zijn, eenzelfde humor, eenzelfde blik op de mensen. De vriendschap die we al voor elkaar voelen en die steeds groter zal worden, bevestigt het voorgevoel dat we bij onze eerste ontmoeting hadden.

We zullen dit boek samen schrijven. Maar het zal nog even duren voor het verlangen van Malika een echte wil wordt. We tekenen het contract bij Grasset in mei 1997, maar pas in januari 1998 kunnen we, na langdurige verwikkelingen, eindelijk in het diepste geheim beginnen met ons werk. Want Malika is bang dat ze bespioneerd of afgeluisterd wordt. Gedurende de vijf jaar die de Oufkirs vlak na hun bevrijding in Marokko hebben doorgebracht, waren ze dagelijks ten prooi aan treiterijen van de politie, evenals de weinige vrienden die nog met hen omgingen. Malika heeft nog steeds de gewoonte nooit telefonisch over belangrijke zaken te spreken en achterom te kijken wanneer ze op straat loopt. De angst waarvan ze al vijfentwintig jaar last heeft, is ze in Parijs nog steeds niet kwijt. Ze wil dat ze 'daar' zo laat mogelijk horen dat ze haar verhaal opschrijft.

Ik moet ook het stilzwijgen bewaren. Alleen een paar intieme vrienden zijn op de hoogte van ons werk. Bijna een jaar lang leid ik een dubbelleven. Ik praat met niemand over Malika. Toch werken we zo'n drie keer per week samen en bellen we elkaar dagelijks.

De rest is de kroniek van een vriendschap die zich heeft gevormd en die van dag tot dag sterker is geworden naarmate dit boek vorderde. Van januari tot juni hebben we elkaar bij mij of bij haar thuis gesproken. We hadden onze kleine rituelen, de twee bandrecorders om de cassettes te vervangen voor het geval dat 'ze' ons die afhandig zouden maken, de thee, de koekjes, mijn kinderen die ons onderbraken om iets te bespreken, en de liefdevolle, bezorgde telefoontjes van Eric. Daarna ben ik begonnen met schrijven en is Malika alles gaan overlezen, wat niet altijd gemakkelijk was. Vertellen is al niet eenvoudig. Ze moest herhaaldelijk opnieuw beginnen voordat ze me over de moeilijke episodes kon vertellen. Haar nachtmerrie op papier zien, ging vaak haar krachten te boven. Soms was ik bang dat ze ermee op zou houden, omdat ze overmand zou worden door haar angsten en spookbeelden. Maar ze hield het tot het einde vol.

Het verhaal van Malika dat aan één stuk door boeiend is, was droevig, choquerend en angstaanjagend. Samen met haar heb ik zitten rillen en huiveren, had ik medelijden en honger, had ik het koud en was ik bang. Maar we hebben ook vaak de slappe lach gehad, want Malika is een meesteres in de humor die het gezin Oufkir op de been hield door met alles en met zichzelf de spot te drijven. Via haar verhalen heeft ze me haar familie leren kennen, haar broers en zussen die ze heeft bemoederd, beschermd, opgevoed en begeleid gedurende al die sombere jaren, en haar moeder, Fatima, die nog altijd mooi is en eruitziet alsof ze haar oudere zus is. Eerst waren het voor mij romanfiguren, door Malika gevormd, totdat ik hen achtereenvolgens ontmoette. Ze had niet gelogen. Ze zijn zonder uitzondering waardig, grappig, grootmoedig, ontroerend en intens, zoals Malika ook is.

Malika is iemand die overleeft. Ze is onbuigzaam en sterk. Doordat ze de dood van zo nabij heeft meegemaakt, heeft ze ten opzichte van het leven een gevoel van onthechting dat mij vaak verbijstert. Ze heeft geen tijdsbesef en geen ruimtegevoel. Een uur, een dag, een voorschrift zegt haar niets. Haar niet-nagekomen afspraken, haar laat komen, haar volstrekte gemis aan oriënteringsvermogen, haar angst voor de metro, voor mensenmassa's, voor de technologie vind ik nog steeds verbazend én grappig.

Ondanks haar moderne voorkomen en haar onafscheidelijke mobiele telefoon lijkt ze soms een marsbewoonster die op de planeet Aarde is verdwaald. Ze wordt bang om niets, kent de regels niet, heeft vaak gebrek aan aanknopingspunten. Op andere momenten maakt ze indruk op me door haar oordeel, haar intuïtie en haar analytisch vermogen. Ze is aandoenlijk, kwetsbaar, vaak zwak, getekend door ziektes, ontberingen, isolement, en toch zo sterk. Al hebben die twintig jaar van gevangenschap en ellende helaas onherstelbare schade aangericht, ze hebben ook een goed mens, een bewonderenswaardige persoon opgeleverd. Ik weet niet wie van ons tweeën uiteindelijk het minst heeft geleefd.

Ik heb dat hele jaar met haar gelachen en gehuild, ik was haar voedster, haar raadgeefster, ik heb haar ingestopt, getroost, naar haar geluisterd, haar beklaagd, opgemonterd en ook opgejaagd, soms tot uitputtens toe. Maar het kwam in deze relatie nooit van één kant. Wat Malika mij heeft gegeven, is blijvend en onmetelijk. Waarschijnlijk heeft ze dat niet eens beseft. Ze heeft me laten zien dat moed, kracht, wilskracht en menselijke waardigheid zelfs onder de extreemste en afschuwelijkste omstandigheden kunnen blijven bestaan. Ze heeft me geleerd dat hoop en vertrouwen in het leven bergen kunnen verzetten (of met blote handen een tunnel kunnen graven...). Ze heeft me vaak gedwongen tot het diepste van mijn wezen door te dringen, mijn meningen over het leven ter discussie te stellen. Ze heeft er zelfs voor gezorgd dat ik zin kreeg om dat Marokko te leren kennen waar-over ze met zoveel enthousiasme en hartstocht praat, zonder rancune jegens een volk dat haar toch in de steek heeft gelaten. Ik ga er waarschijnlijk met haar naartoe... ooit.

Dit verhaal schrijven was voor mij natuurlijk een manier om de willekeur aan het licht te brengen, de afschuwelijke lijdensweg van een moeder en haar zes kinderen. Wat dat gezin heeft onder-gaan, zal me blijven choqueren, zoals het schenden van de men-senrechten overal op deze aardbol me choqueert. Dat spreekt misschien ook voor zich, maar door onze ogen te sluiten voor de gruwelen in de wereld, omdat het allemaal te veel is, vergeten we ten slotte dat ieder individu dat onrechtvaardig leed moet ver-duren onze gelijke is, iemand zoals wij, dat we in zijn plaats had-den kunnen staan en dat hij op een dag een vriend had kunnen worden.

Toch is dit boek geen requisitoir. Het is de taak van de geschie-denis om misdaden te beoordelen, en dat is niet onze bedoeling. Dit is ook geen onderzoek. Ik heb opgeschreven wat ik in de loop van de tijd heb gehoord, de spontane getuigenis van Malika, met haar aarzelingen, onzekerheden en schaduwkanten, maar ook, meestal, met haar meedogenloze precisie.

Wat ik wilde vertellen, wat wij samen vertellen, met haar woorden en de mijne, met haar gevoelens en onze gemeenschap-pelijke ontroering, is vóór alles de ongelooflijke weg die een vrouw van mijn generatie is gegaan, die vanaf haar vroegste kin-derjaren opgesloten heeft gezeten in paleizen en gevangenissen en die nu probeert te leven. Door zover mogelijk met haar mee te gaan hoop ik ertoe bij te dragen, zoals allen die nu van haar hou-den en haar omringen, dat ze weer zin in dat leven krijgt.

Michèle Fitoussi

DEEL EEN
De Allée des Princesses

Mijn lieve mama

Vanuit de salon komen de geluiden van mambo- en cha-cha-chamuziek; slagwerk en gitaren begeleiden de komst van de gasten. Er klinkt gelach en gepraat in de kamers, tot aan de slaapkamer toe, waar ik maar niet kan slapen.

Verscholen achter de halfopen deur, met mijn duim in mijn mond, bekijk ik uitvoerig de vrouwen die met elkaar wedijveren in schoonheid en elegantie in hun avondjurken van beroemde modeontwerpers. Ik bewonder hun glanzende opgestoken haren, hun fonkelende sieraden en geraffineerde make-up. Ze zien eruit als de prinsessen uit mijn favoriete sprookjes op wie ik zo graag zou willen lijken als ik groot ben. Wat verlang ik daarnaar...

Plotseling verschijnt ze, in mijn ogen de mooiste, gekleed in een witte jurk waarvan het decolleté haar ronde borsten nog beter doet uitkomen. Met kloppend hart kijk ik hoe ze iedereen begroet en glimlacht en haar vrienden kust, hoe haar tengere nek zich buigt voor onbekenden in smoking. Algauw zal ze gaan dansen en zingen, zal ze in haar handen klappen en plezier hebben tot de vroege ochtend, zoals iedere keer als mijn ouders thuis een receptie houden.

Ze zal me voor een paar uur vergeten, terwijl ik tegen de slaap zal vechten in mijn bedje, weer en nog altijd denkend aan haar, aan de satijnglans van haar huid, aan haar soepele haren waarin ik graag mijn gezicht verberg, aan haar geur, aan haar warmte. Mama.

Mijn lieve mama, van wie ik me in mijn kinderlijke paradijs niet kan voorstellen dat ik ooit van haar gescheiden zal worden.

Mijn moeder en ik zijn verbonden door een identiek lot dat

verlatenheid en eenzaamheid behelst. Toen ze net vier jaar oud was, verloor ze haar eigen moeder, die in het kraambed stierf mét het kind dat ze droeg. Toen ik vijf was, werd ik uit haar zachte armen weggerukt en geadopteerd door koning Mohammed v[1]. Die sterke band tussen ons, is die het gevolg van onze kinderjaren zonder moederliefde, ons geringe leeftijdsverschil – zij was zeventien toen ik werd geboren – onze ongelooflijke lichamelijke gelijkenis of ons leven als vrouw dat op brute wijze kapot werd gemaakt? Net als ik heeft mama altijd de ernstige blik gehad van iemand die door het noodlot wordt achtervolgd.

Toen haar moeder aan het begin van de oorlog stierf, had haar vader, Abdelkader Chenna, officier in het Franse leger, zojuist het bevel gekregen naar zijn onderdeel in Syrië terug te keren. Hij kon onmogelijk zijn dochtertje en zijn jongste zoon meenemen. Hij bracht de twee wezen onder in Meknès, waar hij toen woonde, in een klooster bij Franse nonnen, opdat ze daar een goede opvoeding zouden krijgen. Het jongetje bezweek aan difterie. Mijn moeder, die veel van haar broer hield, had het erg moeilijk met dit verlies waarna ze alleen overbleef te midden van vreemden. Ze kreeg in haar leven nog veel meer verdriet te verwerken.

De nonnen probeerden een volmaakte christin te maken van die leuke Fatima die God hun zond. Ze leerde een kruis te slaan en vereerde de Maagd Maria, Jezus en alle heiligen, toen mijn grootvader haar kwam ophalen om haar mee naar huis te nemen. Van woede slikte deze praktiserende moslim die al een pelgrimstocht naar Mekka had gemaakt bijna zijn medailles in...

Het was niet goed dat een beroepsmilitair in zijn eentje zo'n klein meisje zou grootbrengen. Zijn vrienden drongen erop aan dat hij hertrouwde. Hij koos een heel jonge vrouw van goede af-

1 Mohammed v: 1911-1961. Hij is een afstammeling van de Profeet, uit de dynastie van de Alawieten, en wordt sultan in 1927 onder Frans protectoraat, als opvolger van zijn vader, sultan Youssef ben Youssef. Hij wordt koning van Marokko in 1957, vlak na de onafhankelijkheid van zijn land. Hij regeert tot aan zijn dood in 1961.

komst, met wie hij in de eerste plaats trouwde vanwege haar talenten als kokkin. Khadija had haars gelijke niet wat betreft het bereiden van de pastilla's waar mijn grootvader dol op was. Mijn moeder kon er niet tegen haar vader, van wie ze zielsveel hield, te moeten delen met een vreemde vrouw die maar een paar jaar ouder was dan zij. De geboorte van een zusje, Fawzia, en daarna een broertje, Azzedine, maakte haar jaloezie nog heviger.

Ze verlangde er al snel naar het huis te ontvluchten waar ze zich ongelukkig voelde en waar haar vader haar opsloot, zoals bij meisjes gebruikelijk was. Ze had echter nauwelijks een plek waar ze de warmte kon vinden die ze miste. De familie van haar moeder, rijke Berbers uit de Midden-Atlas, was vrijwel geheel uitgeroeid. Mijn overgrootouders hadden vier dochters gehad die kilometers in de omtrek beroemd waren om hun schoonheid. Drie stierven er als opgroeiend meisje. De vierde, mijn grootmoeder Yamna, trouwde met haar buurman, de mooie Abdelkader Chenna, wiens landgoed aan het hare grensde.

Hij moest haar schaken om met haar te trouwen, precies zoals het in sprookjes gebruikelijk is. Van deze grootmoeder, die op haar negentiende stierf, weet ik alleen dat ze een kranige vrouw was, modern en gewiekst, die hield van mooie kleren, reizen en autorijden. Op haar vijftiende was ze al moeder. Op haar achttiende had ze een literaire salon in Syrië waarheen mijn grootvader achter zijn regiment aan was gereisd.

Mijn moeder en haar jeugdige oom, kind van een late verbintenis tussen mijn overgrootvader en een zwarte slavin, waren algauw de enige overlevenden van die hele familie. Het tarweland en het goud dat generaties lang was vergaard, maakten haar tot een rijke erfgename, maar minder rijk dan haar oom, aan wie, zoals de Marokkaanse traditie dat wil, het grootste deel van het vermogen ten deel viel. Ze bezat onroerend goed, villa's en een hele wijk in de oude stad Salé[1]. Totdat ze over haar bezittingen

1 Voormalige, versterkte piratenstad, van Rabat gescheiden door de rivier de Bou Regreg.

kon beschikken, werd mijn grootvader belast met het beheer. Hij was helaas een slechte beheerder en verkwistte meer dan dat zijn beheer winst opleverde. Wat mijn moeder toen ze meerderjarig was toekwam, was echter nog steeds enorm veel.

Op haar twaalfde jaar was mijn moeder al heel mooi. Haar grote donkere ogen, haar fijne gezichtje, haar bleke huid en haar goedgevormde lichaam lieten de met haar vader bevriende officieren die bij hen thuis kwamen niet onverschillig. Dat beviel haar wel. Ze wilde trouwen, een gezin stichten. Een jonge officier die overdekt met medailles terugkwam uit Indo-China, begon regelmatig bij hen op bezoek te komen. Mijn grootvader, die hem al kende, had hem in de officiersmess opnieuw ontmoet. Aangetrokken door zijn intelligentie en zijn reputatie van dapperheid aan het front, raakte hij met hem bevriend en nodigde hem uit bij hem thuis te komen. Verborgen achter gordijnen observeerde mijn moeder hem gedurende de hele avondmaaltijd. De officier had haar door en hun blikken kruisten elkaar. Hij werd getroffen door haar intense manier van kijken. Zij bewonderde zijn statige voorkomen en zijn mooie witte uniform.

Mijn grootvader probeerde zijn nieuwe vriend te overreden niet naar Indo-China terug te keren. Deze was geroerd door zijn argumenten en waarschijnlijk ook door de schoonheid van zijn dochter. Een paar dagen later kwam mijn vader, want hij was het, haar ten huwelijk vragen. Mijn grootvader was verrast en eerlijk gezegd bijna boos.

'Fatima is nog maar een kind,' protesteerde hij. 'Wie denkt er op z'n vijftiende aan trouwen?'

Abdelkader was nog niet over de dood van Yamna heen, zijn innig geliefde eerste vrouw, die hij aan vroegtijdige, te snel opeenvolgende zwangerschappen toeschreef. Maar ten slotte liet hij zich vermurwen, vooral omdat mijn moeder enthousiast in het verzoek van haar aanbidder had toegestemd. Ze kende hem niet, nog niet althans, maar ze moest van huis weg zien te komen. Hij maakte haar vurig het hof.

Het duurde niet lang of ze werd verliefd.

Mijn ouders scheelden twintig jaar in leeftijd. Mohammed Oufkir, mijn vader, was geboren in Aïn-Chaïr[1], in het gebied van de Tafilalt, het domein van de Berbers in de Marokkaanse Hoge Atlas. Zijn naam, Oufkir, betekende 'de verarmde'. In zijn familie stonden er altijd een slaapplaats en een maaltijd klaar voor de bedelaar of de noodlijdende, van wie er in die ruwe, verlaten streek velen waren. Op zevenjarige leeftijd verloor hij zijn vader, Ahmed Oufkir, die dorpshoofd was en later door Lyautey[2] was benoemd tot pasja[3] van Bou-Denib.

Hij had een eenzame en waarschijnlijk nogal trieste kindertijd. Hij studeerde aan het Berbercollege in Azrou vlak bij Meknès. Daarna nam het leger voor hem de plaats in van een familie. Op zijn negentiende ging hij naar de militaire school in Dar-Beïda en op zijn eenentwintigste trad hij als tweede reserveluitenant in dienst van het Franse leger. Hij raakte gewond in Italië, bracht zijn herstellingsverlof door in Frankrijk en werd bevorderd tot kapitein in Indo-China. Toen hij mijn moeder ontmoette, was hij adjudant van generaal Duval, de commandant van de Franse troepen in Marokko. Het garnizoensleven begon hem zwaar te vallen. Hij, de beroepsmilitair die regelmatig in bordelen en speelhuizen kwam, raakte vertederd door de kinderlijke onschuld van zijn verloofde. Hij bleek onmiddellijk vriendelijk en attent te zijn.

1 Op 29 september 1920.
2 Het Franse protectoraat werd in 1912 officieel bekrachtigd door de Conventie van Fès, waarbij de Spanjaarden de noordelijke kuststrook werd toegewezen. De sultan behield zijn prestige en zijn geestelijke macht, en liet de wetgevende en uitvoerende macht die hij medeondertekende over aan de resident. De resident werd in Frankrijk benoemd in de ministerraad. Hij vertegenwoordigde Marokko bij internationale aangelegenheden, voerde het bevel over het leger en het ambtenarenapparaat, vaardigde decreten uit en besliste over de wetten. Hij was verantwoordelijk voor de Franse gemeenschap in Marokko. Lyautey was resident van 1912 tot 1925.
3 pasja: gouverneur van een provincie.

Mohammed Oufkir en Fatima Chenna trouwden op 29 juni 1952. Ze gingen in een heel eenvoudig huisje wonen, in overeenstemming met de bescheiden soldij van kapitein Oufkir. Voor mijn moeder was mijn vader als een Pygmalion: hij leerde haar hoe ze zich moest kleden en hij leerde haar tafel- en omgangsmanieren. Met haar zestien jaren nam ze haar rol als officiersvrouw heel serieus. Ze waren gelukkig en hevig verliefd. Mijn moeder, die graag acht kinderen wilde hebben, werd meteen zwanger.

Ik werd geboren op 2 april 1953 in een kraamkliniek van de nonnen. Mijn vader was krankzinnig van geluk. Het maakte hem weinig uit dat ik een meisje was, ik was zijn oogappel, zijn koninginnetje[1]. Net als mijn moeder verlangde hij bovenal naar een gezin. Ze waren het niet helemaal eens over het aantal kinderen dat ze zouden krijgen. Mijn vader wilde het bij drie laten. Twee jaar later werd mijn zus Myriam[2] geboren en drie jaar na haar mijn broer Raouf[3], de eerste jongen, voor wie een onvergetelijk feest werd gegeven.

Aan mijn vroegste kinderjaren heb ik alleen maar gelukkige herinneringen. Mijn ouders omringden me met liefde, we vormden een vredig gezin. Ik zag mijn vader weinig. Hij kwam laat thuis en was vaak weg. Zijn carrière verliep voorspoedig.[4] Ik had ech-

1 Malika betekent 'koningin' in het Arabisch.
2 Op 20 januari 1955.
3 Op 30 januari 1958.
4 Mohammed Oufkir werd in april 1953 benoemd tot chef van het protocol aan de Franse residentie. In de maand augustus van hetzelfde jaar werd Mohammed v afgezet en met de koninklijke familie verbannen naar Corsica en vervolgens naar Madagaskar. Oufkir leverde een actieve bijdrage aan het vertrek van zijn opvolger Ibn Arafa en aan de terugkeer van de koning in 1955. Hij verliet toen het Franse leger in de rang van bevelhebber en bataljoncommandant, en werd benoemd tot hoofdadjudant van de koning. Bij de dood van Mohammed v in februari 1961 was hij sinds een halfjaar hoofd van de politie.

ter geen enkele twijfel over zijn liefde voor mij. Wanneer hij thuis was, liet hij me duidelijk zien hoeveel hij van me hield. Zijn afwezigheid viel me niet zwaar.

Het middelpunt van de wereld was mama. Ik hield van haar en bewonderde haar. Ze was mooi, geraffineerd, het toonbeeld van vrouwelijkheid. Als ik haar geur rook, haar huid streelde, was ik volmaakt gelukkig. Ik liep als een schaduw achter haar aan. Ze was dol op films en ging bijna elke dag naar de bioscoop, soms zelfs naar twee of drie voorstellingen. Toen ik zes maanden was ging ik al met haar mee in mijn reiswieg. Waarschijnlijk heb ik aan die vroegtijdige bioscoopbezoekjes mijn grote liefde voor de filmkunst te danken. Ze nam me mee naar haar kapper, aan wie ze vroeg me te permanenten. Ze had graag een dochtertje met pijpenkrullen willen hebben, zoals Scarlett O'Hara. Maar helaas bleef er bij de eerste de beste windvlaag niets van mijn mooie kapsel over.

Ik ging met haar mee naar haar vriendinnen, als ze boodschappen deed, paardreed, en naar het Moorse bad ging, wat voor mij een kwelling was omdat ik me in het bijzijn van iedereen moest uitkleden. Ik keek toe wanneer ze zich aankleedde, haar haren kamde en zich opmaakte met een lijntje kohl. Ik danste met haar op de wilde rock-'n-roll van ons gezamenlijke idool, Elvis Presley. Op zulke momenten waren we bijna even oud.

Het leven draaide om mij. Ik werd verwend, droeg kleren als van een prinsesje, uit de chicste modezaken, 'Le Bon Génie' in Genève en 'La Châtelaine' in Parijs. Mama was koket en verkwistend, in tegenstelling tot mijn vader, die geldzaken vervelend vond. Zij liet het geld graag rollen. Ze was in staat een huis te verkopen om de hele collectie van Dior en Saint Laurent, haar favoriete modeontwerpers, aan te kunnen schaffen, en kon 20.000 à 30.000 franc in één middag uitgeven voor haar pleziertjes.

Na het kapiteinshuisje verhuisden we naar Souissi[1] in Rabat,

1 Woonwijk in Rabat. De verhuizing had plaats in 1957.

naar de Allée des Princesses. De villa keek uit op een verwilderde tuin waar sinaasappel-, citroen- en mandarijnbomen groeiden. Ik speelde samen met Leïla, een iets ouder nichtje dat door mijn moeder was geadopteerd.

Een paar jaar later, toen ik niet meer bij mijn familie woonde, liet mijn vader, die toen minister van Binnenlandse Zaken was van koning Hassan II, een andere villa bouwen, nog steeds aan de Allée des Princesses. Mijn ouders hadden nog twee kinderen gekregen, Mouna-Inan[1], die in de gevangenis Maria gaat heten, en een jaar later Soukaïna[2]. Mijn familie was verwant aan het koninklijk huis. Mijn ouders waren de enige vreemden in het Paleis die bevoegd waren er binnen te gaan en overal vrij rond te lopen. Mijn vader, hoofd van de adjudanten van de koning, had het vertrouwen van Mohammed V gewonnen. En mama kende de vorst al sinds haar kinderjaren. Voordat haar vader hertrouwde, had ze een tijd in Meknès gewoond bij een van de zussen van de koning, bij wie hij vaak kwam. De schoonheid van het meisje, dat toen acht was, was Mohammed V opgevallen. Hij gaf haar meteen blijk van zijn genegenheid, die altijd bleef standhouden.

Hij zag haar terug op het gedenkfeest ter ere van zijn vijfentwintigjarig bewind[3], een plechtigheid waarvoor zijn adjudanten en hun echtgenotes waren uitgenodigd. Evenals mijn vader had mijn moeder voortaan het privilege van vrije toegang tot het Paleis. De koning had vertrouwen in haar. Hij stelde haar gezelschap op prijs, maar deze strenge man had veel te veel respect voor principes om zich een of andere dubbelzinnigheid tegenover een getrouwde vrouw te veroorloven.

Mijn moeder werd de vriendin van de twee echtgenotes van de koning, die verlangden haar dagelijks te zien. Ze leefde in hun wereld. De twee koninginnen leefden teruggetrokken in de ha-

1 17 februari 1962.
2 22 juli 1963.
3 Op 18 november 1952.

rem. Mama kocht kleren en schoonheidsproducten voor hen en vertelde hun tot in de details wat er buiten gebeurde. Ze waren belust op bijzonderheden over haar leven, haar kinderen en huwelijk.

De twee vrouwen, die ten opzichte van de koning elkaars rivalen waren, waren in ieder opzicht verschillend. De ene, Lalla Aabla, die de koningin-moeder of Oum Sidi[1] werd genoemd, had het leven geschonken aan de kroonprins, Moulay Hassan. De andere, Lalla Bahia, een schuwe vrouw van een ongelooflijke schoonheid, was de moeder van het lievelingetje van de koning, het prinsesje Amina, dat in ballingschap was geboren op Madagaskar[2], terwijl zij dacht dat ze onvruchtbaar was.

Lalla Aabla, die gewend was aan de intriges van het serail, mocht dan een meesteres zijn in het beoefenen van de kunst van de diplomatie, Lalla Bahia had weinig waardering voor het mondaine leven en de achterbaksheid die aan het hof gebruikelijk was. Mama raakte al snel bedreven in het vinden van een compromis tussen de twee vrouwen, want in het Paleis was het onmogelijk onpartijdig te zijn. Je moest of van het ene of van het andere kamp zijn.

Moulay Hassan, die ook Smiyet Sidi[3] werd genoemd, woonde in een huis naast ons en kwam vaak bij ons thuis, evenals de

1 Oum Sidi: de moeder van de meester. Naast koning Hassan II kreeg koning Mohammed V van Lalla Aabla nog vier andere kinderen: Lalla Aïcha, Lalla Malika, Moulay Abdallah en Lalla Nehza. Mohammed V kreeg ook een dochter van een slavin-concubine, Lalla Fatima-Zohra. Hij erkende haar niet meteen, maar toen de moeder van het kind hem geheel vrijwillig in ballingschap was gevolgd, terwijl hij zijn concubines de vrijheid had geschonken, raakte hij gehecht aan het meisje en voedde haar bij zijn terugkeer op als een koninklijke prinses. De titels Lalla voor een vrouw en Moulay voor een man worden gegeven aan de leden van de koninklijke familie, aan de afstammelingen van de Profeet, en meer in het algemeen in het dagelijks leven als teken van respect.
2 Op 14 april 1954.
3 Smiyet Sidi: 'de bijna-meester'.

prinsessen, zijn zussen, en zijn broer, prins Moulay Abdallah. Er werd me gevraagd hen eerbiedig te groeten. Op een avond van de ramadan na het verbreken van het vasten lag mijn moeder in haar salon, omringd door een paar vriendinnen. Ik was in huis herrie aan het schoppen. Toen ik de gang overstak, zag ik een onbekende meneer die uit de keuken kwam. Onder de indruk van zijn voorkomen stopte ik met rennen. Hij glimlachte tegen me en gaf me een kus.

'Ga maar tegen je moeder zeggen dat ik er ben.'

Ik ging haar snel waarschuwen. Ze knielde meteen neer voor deze vreemde man.

Het was koning Mohammed v, die bij haar langskwam zonder zich aan te kondigen, zoals hij soms deed. Hij vertelde haar dat hij zo vrij was geweest de keuken in te gaan omdat hij een brandlucht had geroken. De kokkin had de theepot vergeten die op de gaspit begon te smelten. Zijne Majesteit had ons voor een brand behoed.

Ik was vijf toen mama me voor de eerste keer meenam naar het Paleis. De twee echtgenotes van de koning en al zijn concubines drongen erop aan me te leren kennen. We kwamen met zijn tweeën rond lunchtijd aan in een van de eetzalen van de koning waar de vrouwen uit de harem zich bevonden, die gracieus rondwandelden met de lange kleurrijke sleep van hun kaftans achter zich aan. Een echte volière met exotische vogels, zowel door de verscheidenheid van kleuren als door hun onophoudelijke gekwetter.

De zaal was gigantisch, ik had nog nooit zo'n grote zaal gezien, en deze was over de hele lengte omgeven door balkons en versierd met mozaïeken die de muren tot halverwege bedekten. Aan een van de uiteinden stond, statig op een verhoging, de koninklijke troon. Aan een van de zijkanten lag een berg nog ingepakte cadeaus die de vorst ter gelegenheid van feesten, plechtigheden of officiële bezoeken had ontvangen. Aan het andere uiteinde stond in een nis de tafel van de koning, op Europese wijze gedekt met porseleinen borden, kristallen glazen en verguld en zilveren bestek. Zijn concubines gingen aan zijn voeten zitten, zomaar op de grond, die bedekt was met bruine tapijten, rondom rechthoekige tafels waaraan acht personen konden zitten. Hun vaatwerk was uiterst eenvoudig. Het gebeurde nogal eens dat ze uit blikken gamellen de gerechten aten die hun eigen slaven voor hen hadden gekookt.

De koningin-moeder had de ereplaats aan de tafel die het dichtst bij die van de koning stond, en werd omringd door de concubines van dat moment, die in het Arabisch *moulet nouba* worden genoemd, 'zij die aan de beurt zijn'. Ze waren daarom zwaarder opgemaakt en beter gekleed dan de andere en gedroegen zich nogal hooghartig. De vrouwen die de vorige dag of twee dagen tevoren de koninklijke gunsten hadden genoten trokken een geringschattend en zelfvoldaan gezicht terwijl ze luidruchtig Arabische gom in hun mond lieten klakken.

Onzeker klampte ik me vast aan de kaftan van mijn moeder, maar ik brandde van verlangen om overal rond te rennen. Plotseling was de zaal vol vrolijk geschreeuw. De vrouwen begroetten iemand die ik niet kon zien. Toen ik door hun benen heen drong, zag ik een klein meisje in een witte jurk die op haar rug met een grote strik was dichtgeknoopt. Ik vond haar prachtig met haar zwarte pijpenkrullen, haar melkwitte huidskleur en de piepkleine sproetjes waarmee haar guitige gezichtje was bezaaid. Daarmee vergeleken vond ik mijn eigen bleke huid en mijn steile haar heel alledaags.

Ik was opgelucht dat ik eindelijk een kind van mijn leeftijd zag, maar ik bleef verbouwereerd staan kijken. Waarom had zij recht op zoveel eerbetoon? We werden aan elkaar voorgesteld en schuchter kusten we elkaar. Toen hoorde ik dat dit mooie meisje prinses Amina was, die Lalla Mina werd genoemd, het geliefde kind van de koning en Lalla Bahia.

Daarna ontstond er opnieuw opwinding. Koning Mohammed v kwam de eetzaal binnen vanaf de linkerkant, zoals de gewoonte dat wilde. Toen het haar beurt was om hem te begroeten, kuste mama zijn hand en stelde me aan hem voor. Hij nam me even in zijn armen en sprak een paar vriendelijke woorden. Vervolgens nam iedereen plaats rond de tafels en ging de koning in zijn eentje aan zijn tafel zitten. De maaltijd werd geserveerd door de slaven, en de verrukkelijkste gerechten kwamen op tafel.

Zodra ik een paar happen had gegeten, verdween ik stilletjes om met Lalla Mina te spelen. Heel even konden we het uitstekend met elkaar vinden. Maar algauw werd onze harmonie verstoord door gehuil. De prinses had me wreed in mijn onderarm gebeten. Ik draaide me snikkend om en zocht mama's blik. Gegeneerd beduidde ze me voorzichtig dat ik moest kalmeren. Verontwaardigd door dat gebrek aan aandacht, stortte ik me toen op Lalla Mina en beet haar flink in haar wang.

De prinses begon op haar beurt zo hard te huilen dat het hele hof opstond. Ik voelde een dreiging in de lucht hangen alsof het hele gezelschap zich op mij zou werpen om me te slaan. Het meisje probeerde haar vaders blik te vangen, maar tevergeefs. Toen rolde ze zich over de grond en begon nog harder te brullen. Vol schaamte zocht ik mijn toevlucht in mama's armen.

Ten slotte kwam de koning tussenbeide. Hij nam me in zijn armen en vroeg me te vertellen wat er was gebeurd.

'Ze beledigde mijn vader,' zei ik huilend, 'en toen heb ik ook haar vader beledigd en haar in haar wang gebeten.'

Het hof was geschokt door mijn woorden, maar de koning had veel plezier. Hij liet me verscheidene malen de heiligschennende beledigingen herhalen. Daarna werden we uit elkaar gezet, maar de prinses en ik bleven uitdagend naar elkaar kijken.

Aan het einde van de maaltijd kwam Mohammed v naar mama toe: 'Fatima, ik ga je iets vragen wat je me niet kunt weigeren,' zei hij tegen haar. 'Ik kan geen beter kameraadje en zusje voor Lalla Mina vinden dan jouw dochter. Ik wil Malika adopteren.

Maar ik beloof je dat je haar kunt komen opzoeken wanneer je maar wilt.'

Adoptie was heel gewoon op het Paleis. De concubines zonder kinderen adopteerden weesmeisjes, misdeelde meisjes en slacht-offertjes van aardbevingen. Andere meisjes kwamen op wat oudere leeftijd om gezelschapsdame te worden. Maar het gebeurde zelden dat een kind dat door een vorst was geadopteerd, zoals ik, bijna de gelijke van een prinses werd.

De bevoorrechte banden die ik had met Mohammed v en vervolgens met Hassan ii, bijna alsof ik een dochter van hen was, heb ik waarschijnlijk te danken aan mijn wilskracht en mijn karakter. In al die jaren die ik op het Paleis doorbracht zorgde ik ervoor dat ik hun genegenheid won, dat ik mijn plaats kreeg in hun leven, dat ik onmisbaar werd. Ik wilde tot geen prijs anoniem blijven.

Wat er daarna gebeurde, is in mijn herinnering vaag gebleven, alsof ik het slachtoffer was geworden van een ontvoering. Ik herinner me dat mama haastig wegging, dat ik werd opgepakt en in een auto gezet die me naar Villa Yasmina bracht, waar Lalla Mina en haar gouvernante Jeanne Rieffel woonden.

Me bij mijn moeder weghalen, betekende me uit het leven weghalen. Ik huilde, brulde en stampvoette. De gouvernante bracht me tegen mijn zin naar de logeerkamer en deed de deur stevig op slot. Ik snikte de hele nacht.

Mijn ouders hebben nooit met mij over deze periode gesproken. Als er al uitleg is gegeven, ben ik die vergeten. Heeft mijn moeder, net als ik, tot vroeg in de ochtend gehuild? Deed ze van tijd tot tijd de deur van mijn kamer open, rook ze aan mijn kleren, ging ze op mijn bed zitten, miste ze me? Ik heb het haar nooit durven vragen.

Op den duur was deze scheiding een feitelijke situatie geworden, die ik ondanks mijn verdriet accepteerde. Ik hield zoveel van mijn moeder, ik had zo'n verdriet dat ze ver weg was, dat elk bezoek van haar een vreselijke kwelling was. De weinige keren dat ze me kwam opzoeken arriveerde ze om twaalf uur 's middags en vertrok dan weer om twee uur. Wanneer de gouvernante me vertelde dat ze zou komen, voelde ik een vreugde die in hevigheid slechts te vergelijken was met het onmiddellijke verdriet waarmee ze gepaard ging.

De nacht vóór haar bezoek sliep ik niet; 's ochtends op school werkte ik niet. De uren leken eindeloos. Om halfeen kwam ik uit school en dan begon hetzelfde ceremonieel. Mama was er. Ik stormde de trappen op naar de salon en ik hield stil voordat ik naar binnen ging omdat ik haar parfum rook, 'Je reviens' van Worth. Dat eerste moment was van mij. Voor de kapstok verborg ik mijn gezicht in haar jasje.

Mijn moeder zat op een bank. Waarom begroette ze me zo rustig? Hoorden we elkaar niet in hevig verdriet en tranen terug te zien? Dus ik hield me in en kuste haar koel. Maar vervolgens, tijdens de paar minuten alleen met haar die de gouvernante toestond, kuste ik heimelijk haar hand, aaide ik haar over haar onderarm, overlaadde ik haar met talloze gebaren van tederheid en liefde die me vreemd waren geworden en waarnaar ik altijd snakte.

Aan tafel legde de gouvernante beslag op mijn moeder en verhinderde mij met haar te praten. Ik at niet, ik keek naar haar, ik dronk haar woorden en volgde het bewegen van haar lippen. Ik nam zoveel mogelijk details in me op en iedere nacht voordat ik in slaap viel, haalde ik me die in de eenzaamheid van mijn slaapkamer weer voor de geest. Ik was zo trots op haar schoonheid, haar elegantie en haar jeugd. Lalla Mina bewonderde haar ook en dat vervulde me met geluk.

Maar de tijd verstreek, ik moest weer terug naar school. Haar bezoekjes werden schaarser, ik voelde me steeds meer van haar gescheiden. Mijn thuis was niet meer aan de Allée des Princesses, maar in het Paleis in Rabat. Ik leefde er al die tijd bijna opgesloten, met als enige horizon de omheining van het Paleis en van de andere koninklijke paleizen waar we voor de vakantie naartoe werden gebracht.

Ik zag het leven van anderen, het echte leven, door de ruiten van de dure auto's die ons van de ene naar de andere plek reden. Mijn leven was luxueus en beschermd tegen de buitenwereld, een ander tijdperk, een andere mentaliteit, andere gewoontes.

Het duurde elf jaar voor ik wist te ontsnappen.

Het paleis van Sidi[1]

(1958-1969)

IN DE TIJD VAN MOHAMMED V

De koning wilde niet dat zijn lievelingsdochter werd opgevoed in de benauwde sfeer van het Paleis. Hij liet Villa Yasmina voor haar inrichten. Het was een paradijs voor brave kinderen, beschermd tegen de harde buitenwereld, een sprookjesdomein waar alles slechts luxe, rust en mooie verhalen had moeten zijn. Daar is mij geleerd hoe je een prinses wordt.

Het grote witte huis van aangename afmetingen lag op tien minuten afstand van het Paleis, aan de Route des Zaers. Je reed in een auto de poort binnen. Een kleine weg leidde naar het hoofdgebouw, waar Lalla Mina en Jeanne Rieffel, haar gouvernante, woonden. Hun appartementen namen de eerste verdieping in beslag, met de keuken, de badkamer, de salon waar een vleugel stond, de eetkamer, de televisiekamer, de logeerkamer en de slaapkamer van Lalla Mina, die naast de slaapkamer van de gouvernante lag. Het geheel was modern en comfortabel ingericht, met banken en gordijnen van gebloemd chintz, dikke tapijten en hoeksofa's.

Op de begane grond was een enorme speelkamer vol met allerlei speelgoed, fietsen, garages, een biljart, miniatuurauto's, pluchen beesten, poppen met hun toebehoren, verkleedspullen, en een filmzaal voor privé-gebruik. Een prachtige tuin met heel veel verschillende soorten bloemen, jasmijn, kamperfoelie, rozenstruiken, dahlia's, viooltjes, camelia's, bougainville en lathy-

1 Sidi: 'de meester'.

rus, lag om het huis heen. Langs de paden stonden mandarijn-bomen, sinaasappelbomen, citroenbomen en palmen. Om de prinses te vermaken was er een zuilengalerij aangelegd met stangen, schommels en glijbanen.

Lalla Mina, die dol op dieren was, had haar eigen dierentuin, een kleine omheinde ruimte waar apen, schapen, een eekhoorn die was meegenomen van een reis naar Italië, een geit en duiven speelden, en ze had zelfs een stoeterij achter het huis, met boxen en een oefenterrein. Daar weer achter lag een grote boomgaard met honderden fruitbomen. In Villa Yasmina hadden we zelfs ons eigen basisschooltje. De directrice heette mevrouw Hugon en onze onderwijzeres juffrouw Capel. Aan deze laatste heb ik dierbare herinneringen.

In het begin sliep ik in de logeerkamer naast de kamer van de prinses. Een jaar voor de dood van de koning kregen we gezelschap van twee meisjes van eenvoudige komaf, Rachida en Fawzia, die gekozen waren uit de beste leerlingen van het land en die samen met Lalla Mina zouden worden opgevoed. Ik ging toen samen met hen in een huisje in de tuin wonen, naast de dierentuin. Twee slaapkamers kwamen uit op een binnenplaats in de openlucht, met een glazen dak. Ik deelde voortaan de kamer met Rachida.

We hadden en hielden een vaste tijdsindeling, zowel tijdens de regering van Mohammed V als tijdens die van Hassan II. Iedere ochtend kwam de koning ons omstreeks halfzeven wekken. Hij ging eerst naar de kamer van Lalla Mina en kwam dan naar die van mij. Hij sloeg de lakens open, pakte me bij mijn voeten en trok me voor de grap naar zich toe.

Vanaf het eerste begin maakte hij geen enkel verschil tussen zijn dochter en mij, en gaf ons allebei blijk van dezelfde welwillende genegenheid. De koning was dol op zijn dochter. Hij uitte zich niet gemakkelijk, maar uit zijn blik die op haar rustte begreep je hoeveel hij van haar hield.

Hij was altijd en onveranderlijk bij ons. Hij ontbeet met ons en bleef vervolgens bij ons tot we naar school gingen. Om half-twaalf kwam hij terug, woonde de Arabische les bij en ging dan weer weg.

We gebruikten onze maaltijden thuis onder leiding van Jeanne Rieffel, de gouvernante uit de Elzas die de koning was aanbevolen door de graaf van Parijs, nadat ze zijn kinderen had grootgebracht. Rieffel was een autoritaire oude vrijster die waarschijnlijk ooit heel mooi was geweest: ze had grote felblauwe ogen, asblond haar en een mooie houding. Ik was bang voor haar en had een hekel aan haar. Ze was niet kwaadaardig, maar begreep niets van pedagogie en nog minder van psychologie. Ze liet ons naar haar pijpen dansen en strafte en treiterde ons voortdurend om ons beter op te voeden, dacht ze.

'Een mens wordt beoordeeld naar zijn opvoeding en niet naar zijn ontwikkeling.'

Deze raadselachtige woorden, die ze dagelijks met haar Teutoonse accent tegen ons herhaalde, hoor ik nog. Ze verkeerde daarmee in een voortdurende staat van oorlog met mevrouw Hugon, onze directrice, die ons aanspoorde om op school goede resultaten te behalen.

Mohammed v was een sobere koning. Hij wilde dat de leefwijze op het Paleis dat ook was. Hij was heel godvruchtig en werd als een idool door zijn volk vereerd. Elke vrijdag reed hij aan het einde van de ochtend te paard door de grote poort het Paleis uit om naar de moskee te gaan die binnen de muren lag. Hij had dan een witte djellaba aan, zijn feesttenue, en droeg een rode fez. Slaven hielden een grote fluwelen baldakijn boven zijn hoofd om hem tegen de zon te beschermen. Hij reed over het terrein, omgeven door de mooiste hengsten uit zijn stoeterij, die dansten op het ritme van de trommels van de koninklijke garde. Aan beide kanten van de weg had zich een uitzinnige menigte verzameld die de vorst bejubelde. Hij werd zo vereerd dat de mensen zich op de grond wierpen om de uitwerpselen van zijn paarden op te rapen.

Lalla Mina en ik werden in een auto gebracht om hem te zien, en zodra hij verscheen, juichten we hem enthousiast toe. Na het gebed reed hij in een koets terug naar het Paleis. Dat beeld van de koning te paard was sprookjesachtig. Ik kreeg er maar niet genoeg van.

Er was echter weinig verstrooiing tijdens zijn bewind. We gingen op vakantie naar de koninklijke paleizen in Fès, in Ifrane in de Hoge Atlas, of in Wallidia, aan zee. Het favoriete tijdverdrijf van de koning was pétanque, een sport die hij beoefende met zijn chauffeur, een decorateur en een intendant die met hem mee was gegaan naar Madagaskar. Na school gingen wij hem aanmoedigen.

Lalla Mina was een heel verwend kind. Zolang haar vader nog leefde, stuurden staatshoofden uit de hele wereld haar ontzettend veel speelgoed dat in de speelkamer lag opgehoopt. Met Kerstmis kreeg ze zoveel speelgoed dat de gouvernante het in beslag nam om het aan de armen uit te delen. Walt Disney had speciaal voor haar een Amerikaanse auto ontworpen. De binnenkant was versierd met de figuren uit zijn tekenfilms en hij had er een heel klein keukentje en meubilair van een minihuisje in laten plaatsen. We werden vaak gefilmd en gefotografeerd: tijdschriften uit de hele wereld waren geïnteresseerd in het dagelijks leven van de prinses.

Mohammed v overleed plotseling op zijn tweeënvijftigste tijdens een eenvoudige chirurgische ingreep.[1] Hij stierf op de operatietafel. Ik was nog maar acht jaar, maar ik herinner me heel goed de rouw in het Paleis en het verdriet van het prinsesje. De ochtend van zijn dood trof ik haar snikkend in de tuin aan te midden van de bloemperken. Liefdevol omarmde ik haar zonder iets te durven zeggen.

Ik had ontzettend veel medelijden met haar, haar verdriet ging me aan het hart alsof het mijn eigen verdriet was. Was ze niet

1 Op 26 februari 1961.

zo'n beetje mijn zusje? Ik had van Mohammed v gehouden om- dat hij altijd rechtvaardig en goed voor me was geweest. Maar hij was niet mijn vader, en mijn hart kromp ineen bij de gedachte dat ik op een dag ook mijn vader zou kunnen verliezen.

In het Paleis was iedereen in het wit gekleed, de kleur van de rouw. Voor het kleine meisje dat ik was en dat nog weinig erva- ring had met al die koninklijke tradities, gebeurden er vreemde, tegenstrijdige dingen. In één vertrek bevond zich de *aamara*, het koor van slavinnen die op trommels sloegen in een heel bijzon- der ritme. Anderen zongen eentonig: 'De koning is dood, leve de koning...'

Ze verheugden zich over de troonsbestijging van Hassan II[1], de nieuwe koning die tweeëndertig jaar oud was. Een eindje ver- derop, in het vertrek waar de doodkist van Mohammed v was neergezet, beweenden zijn concubines hem luidruchtig.

Bij de dood van de koning overwoog mijn moeder natuurlijk om me terug te halen, maar de subtiliteiten en gevoeligheden van het Paleis maakten de eenvoudigste handelingen altijd inge- wikkeld. Mijn terugkeer naar huis zou hebben betekend dat mijn moeder minder respect had voor Hassan II dan ze voor zijn vader had gehad. En hoe had ze het hart kunnen hebben om on- der zulke tragische omstandigheden Lalla Mina mijn opbeuren- de gezelschap te ontnemen? Het was niet het juiste moment.

Het zou de komende jaren nooit het juiste moment zijn. Op den duur zou ik wisselgeld worden: hoe meer mijn vader zich in politiek opzicht deed gelden, des te meer werd ik de inzet tussen de koning en hem. Als mijn vader toevallig de gedachte zou uit- spreken om mij terug te halen, zou dat dan niet zijn omdat hij de opvoeding van de koning in twijfel trok?

Er gingen lange jaren voorbij voordat ik, uit mezelf, te kennen gaf dat ik naar huis wilde.

1 Hassan II, geboren op 9 juli 1929, is de 35ste afstammeling van de Pro- feet, en de 17de Alawitische vorst. Hij werd ingehuldigd op 3 maart 1961.

Toen hij nog kroonprins was, had de jonge koning beloofd Lalla Mina als zijn dochter te behandelen. Bij de dood van Mohammed v nam het Paleis een afwachtende houding aan: zou hij zich aan zijn belofte houden? Dat deed hij.

De prinses kreeg geen andere status en het leven ging voor ons op bijna identieke wijze door. Hassan ii kwam ons niet 's ochtends wekken, was er niet bij als we ontbeten of lessen volgden, zoals zijn vader placht te doen, maar aan het einde van ieder schooljaar was hij bij de prijsuitreiking aanwezig op het feest van ons schooltje.

We zongen, we dansten, we lazen gedichten, reciteerden soera's[1] uit de Koran, we speelden toneelstukken in het Frans en in het Arabisch. De koning zat op de eerste rij met zijn concubines, omringd door een paar ministers en zijn gevolg. Die inspanning, want dat was het voor hem, was heilig in zijn ogen. Hij verrichtte die uit respect voor zijn vader en uit liefde voor zijn zusje. Hassan ii had zelf nog geen kinderen, en de prinses en ik lieten niet na al zijn aandacht op te eisen.

We kropen in zijn auto zodra de gelegenheid zich voordeed, we gingen met hem paardrijden, we zochten hem op als hij golf speelde, we moedigden hem aan bij het tennissen en we gingen met hem op vakantie. We waren zelfs aanwezig bij de vergaderingen van de ministerraad. We waren twee guitige meisjes van acht die alle gelegenheden aangrepen om te lachen en zich te vermaken, waarbij we de pracht en praal van het Paleis vergaten.

Net als in het verleden werden we om halfzeven gewekt. Wassen, aankleden, bidden en daarna maakten we onze bedden op, ruimden onze kamers op en poetsten onze schoenen. De gouvernante kwam onverwachts en controleerde of alles er onberispelijk uitzag. Tegen halfacht werd het ontbijt geserveerd in de

1 soera's: hoofdstukken uit de Koran.

eetkamer. Vanaf de eerste klas van de middelbare school bracht een auto, gevolgd door een escorte, ons elke ochtend om acht uur naar het lyceum dat zich op het terrein van het Paleis bevond. De leraren waren uit het hele koninkrijk afkomstig en aangesteld vanwege hun uitstekende kwaliteiten. Een paar ministers van de koning gaven ons ook les.

Een stuk of zes leerlingen, die tot de besten van iedere provincie behoorden, hadden zich bij ons groepje van vier, Lalla Mina, Rachida, Fawzia en ik, aangesloten. Het onderwijs werd gegeven in het Frans en het Arabisch, en later in het Engels. Op het programma stonden geschiedenis, grammatica, literatuur, wiskunde, talen en zelfs godsdienst. Sinds Mohammed v was het de gewoonte dat de prinsessen tot het eindexamen les kregen. Een van zijn dochters, prinses Lalla Aïcha, was zo briljant dat haar broer Hassan II haar tot ambassadrice in Londen en Rome benoemde.

Als opstandige en nogal ongedisciplineerde leerling vond ik het heerlijk om mijn leraren beet te nemen en dat was aan mijn cijfers te zien. Onze koranleraar, een oude heer die zich hoogmoedig gedroeg, was ook de leraar van Hassan II geweest. Wanneer hij de klas binnenkwam, verlangde hij dat we naar hem toe snelden om zijn hand te kussen. Het was mijn taak om hem zijn boernoes uit te trekken en die achter in de klas op te hangen. Het klassieke Arabisch dat hij ons onderwees, was een van mijn favoriete vakken; de Arabische kalligrafie leek op tekenen, waarin ik uitblonk. Ik hoorde hem ook graag met zijn verdragende, vaste stem de soera's zingen.

Deze vrome man geloofde absoluut in geesten. Hij beweerde dat de djinns dag en nacht deel van ons uitmaken. Ik heb nooit in bovennatuurlijke krachten geloofd, maar omdat hij zo van hun bestaan leek overtuigd, besloot ik een grap met hem uit te halen.

Op een ochtend maakte ik gebruik van een moment waarop hij bij het bord stond door onder zijn kleren, die aan de kapstok hingen, te kruipen, met mijn voeten stevig op de stijlen. Op het moment waarop hij zich omdraaide, begon de kapstok te lopen.

Hij begon over al zijn leden te trillen. Hoe dichter ik bij zijn schrijftafel kwam, des te banger hij werd en des te harder hij verzen uit de Koran begon op te dreunen. Ik hield het niet meer en barstte in lachen uit. Hij stikte van woede. Ik had de door iedereen en zelfs door Zijne Majesteit vereerde patriarch durven verlnederen.

Het Paleis maakte zich vrolijk over die streek. De koning moest ook hartelijk lachen, ook al werd hij in verlegenheid gebracht door de woede van de oude man, die mij ervan beschuldigde dat ik niet in God geloofde.

Ik was onverbeterlijk en haalde de ene domme streek na de andere uit: de stoel van de leraar Engels doorzagen, bijen op een allergische leraar loslaten... Elke keer ging onze directrice, mevrouw Hugon, haar beklag doen bij de koning. De opmerkingen in mijn wekelijkse rapport waren venijnig: 'Weerspannige, opstandige leerling, hangt de clown uit, zit te kletsen.'

Ik bracht de koning mijn rapport terwijl hij zat te eten. Trillend wachtte ik dan op mijn straf, sprakeloos van angst.

Op een dag wendde hij zich tot zijn concubines: 'Ik begrijp het niet. Ze vertellen me dat ze steeds maar zit te kletsen en ik krijg geen woord uit haar.'

De hele zaal schaterde het uit: ze kenden me.

Om halfeen waren de ochtendlessen afgelopen. De auto bracht ons naar het golfveld om de koning te begroeten. Soms lunchten we in het Paleis, maar meestal keerden we terug naar Villa Yasmina. In afwachting van de maaltijd gingen we naar de speelkamer. Een kostbaar moment, dat ik benutte om piano te spelen of het portret te schetsen van alle filmsterren en bekende zangers van wie ik droomde.

De gouvernante riep ons tegen enen voor de lunch en dan herhaalde ze met haar akelige accent altijd weer hetzelfde ceremonieel.

'Jullie gaan naar de wc, je doet een plasje of een drukje, je wast je handen en je pruimpje. Schiet op, dames...'

Onder het eten moesten we Duits spreken. Ik kon die taal niet uitstaan omdat het de taal van Rieffel was, maar het taalgebruik was niet het enige wat me kwelde.

Ik had een hekel aan het smakeloze voedsel dat we in de villa zogenaamd als dieet kregen voorgeschoteld. Ik verlangde naar tagines, soepen, gehaktballetjes, Marokkaanse flensjes en gebak dat droop van de honing. De koningin-moeder en Lalla Bahia, die mijn zwak kenden, lieten ons één keer per week allerlei soorten verrukkelijke gerechten brengen, maar van Rieffel mochten we er nooit van proeven. Ze dreef haar sadisme zover door dat ze ons aan tafel de lekkernijen liet zien en vervolgens opdracht gaf om ze terug te sturen.

In plaats daarvan werden er vleessalades en gegratineerde spinazie, gekookte vis en gekookte aardappels, bestrooid met peterselie, voor ons gemaakt. Ik had een hekel aan vlees, brood en groente. Ik hield alleen van hardgekookte eieren, die we slechts mondjesmaat kregen, en vooral van de Marokkaanse keuken. Het kwam er eigenlijk op neer dat ik aan tafel zo min mogelijk at. Rieffel dwong ons om alles op te eten. Ik bedacht talloze listen, maar deed niets, uit angst dat ik als straf voor mijn misdrijf geen film zou mogen zien.

Na het eten hadden we even vrij voordat we weer naar school moesten. Omstreeks halfzeven, na afloop van de lessen, keerden we terug naar het Paleis om de koning te zien. Als hij in de ministerraad zat, brachten we een bezoekje aan Oum Sidi, de koningin-moeder, die onze medeplichtige was tegenover Rieffel. Ze hield de gouvernante met allerlei smoezen op en dan konden wij er ondertussen vandoor gaan.

Het avondeten werd in de villa rond acht uur opgediend. In examenperiodes zat ik tot laat in de nacht te werken. Anders gingen we op zijn laatst om een uur of negen naar bed. We mochten geen televisie kijken en zelfs niet lezen, het licht moest meteen uit. Ik luisterde stiekem naar *Les tréteaux de la nuit* op een transistorradiootje dat ik onder mijn kussen verstopte.

Mijn bed keek uit op de patio. Ik had ervoor gekozen dat mijn bed dicht bij het raam werd gezet om naar de lucht en de sterren te kunnen kijken, wat me tot rust bracht. De nacht was mijn domein, mijn rustoord. Niemand kon mijn gedachten verstoren. Ik ontvluchtte naar een zelfverzonnen leven, ik was eindelijk vrij. Ik sliep niet veel, ik huilde, ik dacht aan mama die ik elke dag een beetje meer miste.

Ik had last van tegenstrijdige gevoelens. Ik was niet ongelukkig. Lalla Mina hield van me als van een zus en ik hield ook van haar. De koning, de koningin-moeder, Lalla Bahia en de concubines omringden me met genegenheid, ook al ging dat nooit met veel vertoon gepaard. Ik had een droomjeugd, ik had alles wat ik verlangde en zelfs nog meer.

Maar ik miste mijn familie vreselijk. Ik had op het Paleis gehoord van de geboorte van mijn zusjes. Myriam en Raouf waren volslagen onbekenden voor me. Ik wist niets van hen, ik kende noch hun smaak, noch hun spelletjes, noch hun vrienden. Wanneer de gouvernante me bij wijze van uitzondering toestond voor de middag naar huis te gaan, waren de dagen daarna verschrikkelijk. Ik at en sliep niet meer, mijn verdriet werd pas minder na dagen en nachten van heimelijke tranen.

Het is twee keer gebeurd dat ik een paar vakantiedagen met hen mocht doorbrengen, maar meteen werd ik, onder wat voor voorwendsel dan ook, weer opgehaald. Lalla Mina miste me.

Soms zag ik mijn vader in het Paleis, maar onze contacten waren kortstondig. Hij was niet zo uitbundig en betuigingen van hartelijkheid brachten hem in verlegenheid. Toch was een blik of een handdruk voor mij voldoende om te begrijpen dat hij van me hield. Vaak zelfs voelde ik dat hij verdrietig was omdat hij me niet zelf opvoedde. Mettertijd hoorde ik van mijn omgeving dat mijn vader een heel belangrijk man was, maar pas toen ik wat ouder werd, kreeg ik werkelijk waardering voor zijn politieke rol. Ik leefde zo teruggetrokken dat ik niets wist van wat er in de wereld gebeurde. Ik begreep zelfs de affaire-Ben Barka[1] niet. Ik merkte nauwelijks dat de beveiligingsdienst meer op me was gaan letten. Op de radio hoorde ik de naam van mijn vader weer uit de mond van de journalisten, zonder te begrijpen waarom het ging.

Ik was vooral geobsedeerd door de behoefte mijn moeder te bellen. Zodra er zich een telefoon binnen mijn bereik bevond, moest ik proberen haar te spreken. Bij de ingang van de villa woonden in een klein huisje meneer en mevrouw Bringard, de intendant en de algemene gouvernante. Daartegenover was het kantoor van meneer Bringard met een van die zo begeerde telefoons. Soms ging ik midden in de nacht mijn kamer uit om de patio af te sluipen, zonder geluid te maken, omdat Rieffel ons vanuit haar raam in de gaten hield. Ik liep de tuin door terwijl ik probeerde de vele bewakers die er stonden te ontwijken. Ik ging naar het kantoor van de intendant en maakte me trillend meester van de telefoon.

Overdag gebruikte ik alle mogelijke listen om me af te zonderen en mijn moeder te bellen. Maar wanneer ik haar door middel van talloze slimmigheden eindelijk aan de lijn had, wanneer ik

1 De affaire-Ben Barka: op 29 oktober 1965 wordt Medhi Ben Barka, de vroegere wiskundeleraar van koning Hassan II, leider van de Marokkaanse oppositie (oprichter van de 'Union nationale des forces populaires') en woordvoerder van de derde wereld, voor de deur van café-restaurant Lipp in Parijs ontvoerd door twee Franse politieagenten, Souchon en Voitot, en naar een villa in Fontenay-le-Vicomte gebracht. Hij is nooit meer teruggezien.

Generaal Oufkir, toen minister van Binnenlandse Zaken, en kolonel Ahmed Dlimi, directeur van de nationale veiligheidsdienst, worden er door Frankrijk van beschuldigd de aanstokers te zijn van de ontvoering en de dood van Ben Barka. Er wordt een internationaal arrestatiebevel tegen hen uitgevaardigd. Dlimi geeft zich over aan de Franse justitie en wordt in juni 1967 vrijgesproken. Generaal Oufkir wordt door Frankrijk bij verstek tot levenslange gevangenisstraf veroordeeld. In Marokko wordt hij door de koning gehuldigd 'vanwege zijn eeuwigdurende verbondenheid met onze persoon'.

op de achtergrond stemmen en gelach hoorde, wist ik niet meer wat ik tegen haar moest zeggen. Het deed me verdriet om te merken dat mijn ouders hun eigen leven leidden waarvan ik geen deel meer uitmaakte.

De weekenden waren enigszins afwijkend van ons strikte tijdschema. Op zaterdag duurde de Duitse les de hele ochtend. De gouvernante leerde ons haar taal met behulp van veel straf en oorvijgen. Daarna ging Lalla Mina, die een grote liefde voor paarden had, naar haar stoeterij en ging ik naar de speelkamer om te tekenen, naar muziek te luisteren, accordeon te spelen en te drummen. Net als alle kleine meisjes speelden we ook graag met poppen en serviesjes. We ontvingen onze gasten in een mooi versierde hut, we boden hun boomblaadjes aan, opgediend in zilveren kommetjes.

Als we een film de week ervoor mooi hadden gevonden, was ik druk in de weer om die te reconstrueren. We graaiden in de kisten vol verkleedspullen om de personages te kunnen spelen. Ik was altijd de regisseur en verdeelde de rollen en dialogen. Zo hadden we de periode *Carmélites*, en daarna de periode van *The Sound of Music*, *Romulus en Remus* of *De Drie Musketiers*.

Na de lunch gingen we buiten de stad wandelen, 'een frisse neus halen', zoals de gouvernante verlangde. Elke zaterdag en soms door de week wanneer de koning niet beschikbaar was, gingen we Rabat uit. We werden op een kilometer of dertig van het Paleis afgezet en liepen twee of drie uur om weer thuis te komen, gevolgd door onze auto en die van de escorte die stapvoets reden.

Op de heenweg keek ik, zodra ik voelde dat Rieffel indommelde, de chauffeur aan met een blik van verstandhouding en dan deed hij de radio aan. Dan hoorde ik mijn lievelingsliedjes, rock-'n-roll, de twist, lichte muziek, en niet de afschuwelijke Duitse liederen die we van de gouvernante moesten zingen. Het was een des te groter genoegen omdat het ons was verboden.

De zaterdagavond was een van mijn favoriete momenten om-dat we dan oude films te zien kregen. Maar ik gaf bovenal de voorkeur aan de bioscoop van het Paleis. We konden alle recente films zien die we wilden, zonder dat ze door Rieffel werden ge-censureerd. Op de zaterdagen van de ramadan werden er in de keukens heerlijke lichte maaltijden voor ons bereid, waar we met de koning en zijn concubines van genoten, terwijl we tot zonsop-gang films zaten te bekijken. Ik hoef er niet bij te vertellen dat op zondag iedereen een gat in de dag sliep.

Toen haar vader nog leefde, had Lalla Mina van pandit Nehru een jong olifantje gekregen. Het dier werd ondergebracht in het prachtige park van het paleis Dar-es-Salem, dat midden in de natuur lag aan de weg naar Rabat. Als kleine meisjes gingen we er vaak rond lunchtijd heen om de eenden te voeren die in het meer dartelden.

Het jonge olifantje werd ons favoriete speelgoed. Het was zachtaardig en aanhankelijk en at vlug de hompen brood op die wij in zijn slurf stopten. We gingen hem iedere dag opzoeken en vonden het het allerleukst wanneer we op zijn rug een rondje door het park maakten, vergezeld door zijn kornak, die uit India kwam. Deze laatste wilde terug naar huis. Een Marokkaanse stal-knecht hield zich toen met het dier bezig en mishandelde het al-gauw. Op van de zenuwen viel de olifant zijn beul aan. Toen moest hij afgemaakt worden. Lalla Mina en ik waren lange tijd ontroostbaar.

Onze dierenliefde kende geen grenzen. In de stal woonde te midden van de paarden een wit wijfjeskameeltje, Zazate, dat de gouverneur van Ouarzazate ons had gegeven tijdens een reis naar het zuiden in gezelschap van Moulay Ahmed Alaoui, de neef van de koning. Deze intelligente man, die bezeten was van de Marokkaanse cultuur, had de opdracht gekregen ons als op-groeiende meisjes het land te leren kennen.

Twee of drie jaar lang nam hij ons in de vakanties mee naar

dorpjes en stadjes, naar woestijnen en bergen. Vóór ieder bezoek gaf hij ons aardrijkskunde- en geschiedenisles. Dankzij hem leerde ik het gebied van mijn voorouders van vaderskant kennen, de *charfa*, directe afstammelingen van de Profeet. In die woestijnen in het zuiden, die bevolkt werden door de blauwe mannen, werd ík nog meer toegejuicht dan prinses Lalla Mina. Ter ere van onze komst organiseerden ze een ruiterfeest op kamelenruggen.

Zazate kwam bij ons wonen. We hadden haar in een van de boxen van de stoeterij van Villa Yasmina neergezet, naast de hengst van de prinses. Op zaterdagmiddag gaf ik soms toe aan de smeekbeden van Lalla Mina en stemde ik erin toe met haar mee te gaan paardrijden. Ik reed liever op de kameel en zo vermaakten we ons. Soms vroeg ze me ook een paard te nemen en daagde me dan uit voor een wedren.

Zulke momenten vervulden me met een intense vreugde. Ik voelde me vrij en zorgeloos. Ik vond het heerlijk om in de wind te galopperen, te voelen hoe de takken in mijn gezicht zwiepten. Het leek alsof ik van niemand meer was. Ik was eindelijk mezelf, zonder dwang of verplichtingen. Ik begreep dan beter wat de vreugde van het paardrijden was.

Voor de vakanties hadden we, naast de reizen met Moulay Ahmed, de keus tussen de vele paleizen van het koninkrijk: Tanger, Marrakech in het voorjaar, of het paleis van Fès, dat Hassan II liet restaureren en dat een van de mooiste paleizen van het land werd.

De plaats waar ik het allerliefst heen ging was Ifrane, in de Hoge Atlas. Het was alsof je in de Savoye kwam. De huizen waren van rode baksteen, zoals de huisjes van Sneeuwwitje; 's winters waren de berghellingen bedekt met sneeuw. Je kon er naar hartelust skiën. Lalla Mina en ik woonden in een enorme villa van zes verdiepingen, waar koning Mohammed V woonde toen hij kroonprins was. Een weg met haarspeldbochten liep door het sparrenbos omhoog naar het kasteel van de koning, dat op de top stond en was omgeven door een sprookjespark. Zoals de meeste van zijn paleizen had Hassan II ook dit luxueus laten herinrichten.

In juli 1969 liet hij voor zijn veertigste verjaardag *Het Zwanenmeer* opvoeren op het meer van Ifrane. Een onvergetelijk schouwspel, *Duizend-en-één-nacht* waardig. Toen Nasser bij hem op bezoek kwam, organiseerde de koning een groot feest ter ere van zijn komst. In Mischliffen, in de buurt van Ifrane, lag een oude vulkaan met een gigantische krater midden in het bos. 's Winters gingen we skiën op de hellingen van deze vulkaan. De *raïs*[1] kreeg het onvergetelijke schouwspel te zien van een fantasia te paard midden in de krater. We zaten met zijn allen comfortabel in een enorme kaïd-tent die voor die gelegenheid was opgezet.

In Ifrane gingen we 's nachts in een helikopter op panters jagen of in open jeeps op wilde zwijnen en hazen. Ik zat altijd naast de koning, me ervan bewust dat ik uitzonderlijke momenten beleefde.

HET LEVEN OP HET PALEIS

Het Paleis was ons domein, ons favoriete speelterrein. We kregen er nooit genoeg van door de gangen te rennen, de nissen en de patio's te verkennen, overal binnen te glippen waar ze ons toelieten, bij de koning, in de harem en in de keukens. Lalla Mina liet haar guitige snoetje zien terwijl ze een deur opende en ook ik waagde het erop, met schalkse blik. Ze zagen ons, ze riepen ons... We werden vertroeteld, gekust, geliefkoosd, we kregen eten, aan al onze grillen werd toegegeven.

---

1 *raïs*: een ander woord voor 'koning', een titel die werd toegekend aan de Egyptische president Gamal Abdel Nasser.

Je kwam in het domein van de koning via een omheind terrein waar van het ene uiteinde tot het andere een weg doorheen liep.[1] Op dat terrein bevond zich de moskee met een klein mausoleum, de wijk waar de getrouwde slaven woonden, het gebouw van het protocol, dat van de koninklijke garde, en wat verderop de garage, een van mijn favoriete plekken, waar de indrukwekkende verzameling auto's van de koning stond. Een grote poort gaf toegang tot het Paleis, dat zo groot was als een stad, met een kliniek, een golfbaan, een badhuis, een middelbare school, souks, sportvelden en een grote dierentuin waar de prinses en ik heel vaak heen gingen.

De woongebouwen bestonden uit verscheidene gigantische, rijkversierde bouwwerken, die door middel van eindeloze gangen met elkaar in verbinding stonden: het paleis van Hassan II, die voortdurend als het hem zo uitkwam van de ene hoek naar de andere verhuisde, dat van Mohammed V, dat naar onze smaak te groot en te somber was, de paleizen van de concubines, waar ieder haar eigen appartement bezat, en de paleizen van Oum Sidi en van Lalla Bahia, die door de overleden koning waren gebouwd.

De doolhof die deze laatste paleizen met elkaar verbond, was twee kilometer lang. We gingen er rennend doorheen; er waren zoveel dingen te zien en te doen... De twee paleizen van de vorsten waren voorzien van een bioscoopzaal, een zomertuin, een wintertuin, Italiaanse salons met prachtige fresco's die uitzagen op een patio van duizend vierkante meter en op het zwembad, dat het hele voorplein besloeg.

Lalla Bahia, die we Mamaya noemden, sliep in een imposant hemelbed, bekleed met witte zijde. In huiselijke kring was ze vaak gekleed in zijden peignoirs en droeg ze muilen met pom-

1 De ringmuur van het Paleis is even oud als de stad Rabat. Het was van oorsprong de muur van de oude stallen waar de paarden stonden vastgebonden. De naam Rabat betekent 'vastgebonden'.

47

pons waarin haar kleine voetjes goed uitkwamen. Als een echte filmster uit Hollywood. Ze bracht uren door in haar wit marmeren badkamer die vol stond met schoonheidsproducten.

Ik vond het heerlijk om te kijken hoe ze haar gezicht met Nivea insmeerde en vervolgens langdurig schoonveegde met stapels handdoeken van zacht katoen die daarvoor waren gemaakt. 'Meisje,' zei ze vaak tegen me met haar sensuele stem, 'geen enkele crème, zelfs niet de duurste, werkt zo goed als deze.' Te oordelen naar haar volmaakte huid, die blanker was dan melk, moest ik haar wel op haar woord geloven...

Lalla Mina en ik bleven urenlang in haar salon, terwijl we op de grond zittend haar fotoalbums doorbladerden waarin de geschiedenis van de koninklijke familie werd afgeschilderd: de geboorte van de prinsessen, het vertrek naar en de terugkeer uit het ballingsoord, de huwelijken van de koning en zijn zussen, de feesten en de verjaardagen. Ten opzichte van haar dochter was Mamaya niet moederlijk en liet ze niet veel van haar gevoelens blijken. Oum Sidi was veel warmer en hartelijker tegen het prinsesje, maar ze kon ook streng zijn. Ik hield veel van de koninginmoeder, ik bewonderde haar manieren, haar trotse houding, haar bijzondere persoonlijkheid die een en al terughoudendheid en ingetogenheid was.

We gingen vaak even langs de keukens om ons vol te stoppen met alles wat Rieffel ons in de villa verbood. Of we renden door de eindeloze gangen die naar de verblijven van de concubines of de slaven leidden. Deze laatste, die *aabid* worden genoemd, leven al generaties lang in het paleis van Rabat; ze stammen af van de negerslaven die bij de slavenhandelaren in Afrika werden gekocht. Hun achter-achterkleinkinderen zijn nog steeds in dienst van de koning, in al zijn Marokkaanse paleizen. Ze horen bij de koninklijke familie, maar zijn vrij om met iemand van buiten te trouwen en het Paleis te verlaten als ze dat wensen. In de praktijk doen ze dat zelden.

De traditie wilde dat wanneer er een prinselijk huwelijk in het

48

Paleis werd gevierd, er op dezelfde dag een stuk of veertig slaven-paren in de echt werden verbonden, die dan vervolgens op het terrein van het paleis woonden, in kleine huisjes die speciaal voor hen waren gebouwd. Hun kinderen waren op hun beurt weer slaven. Alleen de vuurslaven, die de taak hadden lijfstraffen toe te dienen, hadden een duidelijk omschreven functie. De rest vormde een leger van dienaren die onderling verwisselbaar waren, het lagere personeel, dat zich van alles moest laten welgevallen en een hongerloontje kreeg. Sommigen waren afhankelijk van de echtgenote van de koning, anderen van de concubines, en weer anderen van de koning zelf.

De vrouwen werkten in de keukens, in de huishouding, waren voedsters, naaisters, strijksters of zelfs derdeklas concubines. De mannen hielden zich bezig met de garage, bedienden aan tafel of hielden als onbeweeglijke standbeelden de wacht in iedere uithoek van het Paleis, of in de nissen waarvan de talloze gangen waren voorzien. De ongehuwden en de weduwen verbleven binnen het Paleis, in een speciale wijk. Ze woonden alleen of met zijn tweeën in kleine, door gordijnen afgesloten alkoven, die aan weerskanten van een brede straat in de openlucht naast elkaar lagen. Ze kookten op butagas de heerlijkste gerechten van het Paleis. Ondanks hun schamele middelen glommen hun *kouba's*[1] en zagen ze er zelf altijd smetteloos uit.

De hele dag luisterden de slaven op hun transistorradio's, die zo hard mogelijk aanstonden, naar oosterse muziek. Ze waren op dezelfde zender afgestemd, wat een verrassend stereo-effect gaf wanneer je bij hen kwam. Uit hun *kouba's* kwamen heerlijke etensgeuren. Om ons aan te lokken, riepen ze ons, waarbij ze onze gevoelige snaar beroerden, onze snoeplust: 'Lalla Mina, Smi-yet Lalla, kom... Ik heb een tagine gemaakt en lekkere flensjes...'

Sommigen maakten *hachischa*, hasj-jam, die urenlang in klei-

1 *kouba's*: alkoven van verschillende afmetingen aan de rand van de patio's van het Paleis.

ne pannetjes op butagas had gekookt. Het lukte me weleens hun een pot afhandig te maken, die ik in het geheim deelde met Lalla Mina. Urenlang hadden we dan de slappe lach.

Voor de deuren van de concubines stapelden zich bergen dames-schoenen op, want in het Paleis liep men op blote voeten over de tapijten en door de *kouba's*. Schoenen werden uitgegooid voor-dat je daar liep, en later weer teruggepakt. Die stapels heb ik altijd komisch gevonden.

Toen ik in het Paleis kwam, was ik geadopteerd door de harem van Mohammed v. Bij zijn dood had ik de harem van Hassan II zien komen. Ik kende al die vrouwen, ik werd in hun privé-leven toegelaten, ik deelde in hun geheimen. De vrouwen van Mo-hammed v leefden op een schitterende plek die koning Hassan II speciaal voor hen had laten bouwen, een dorpje met witte hui-zen omgeven door tuinen, tegenover onze middelbare school. Ze hadden hun eigen zwembaden, souks, badhuis, kliniek en bios-coopzaal. Ze waren de nieuwe vorst blijven dienen, raadgeven en omringen, en ze vervulden een belangrijke rol, wat er ook van gezegd mag worden.

De concubines van Hassan II waren heel jonge meisjes die wa-ren uitgekozen om hun schoonheid en die uit alle streken van het land afkomstig waren. De oudsten waren nog geen zeven-tien. Ze waren onbeholpen, onhandig, onzeker en wisten niet hoe ze zich moesten gedragen. Ze werden gehuisvest in de vroe-gere appartementen van de concubines van Mohammed v.

Meteen werden ze bij de hand genomen door de voormalige concubines, die hen onderwezen in het leven in het Paleis, het protocol, de tradities en de gewoontes. Ze bereidden hen voor op hun leven als vrouw, want de seksualiteit van een concubine is niet dezelfde als die van gewone stervelingen. Angstvallig be-waarde geheimen werden van de ene op de andere harem over-geleverd. Hun voornamen werden veranderd. De Fatiha's en Khadija's, vaak meisjes uit het volk, werden Noor Sbah, 'licht van de dageraad', of ook wel Shem's Ddoha, 'ondergaande zon'. Na hun opleiding werden ze met drie of vier tegelijk aan de koning uitgehuwelijkt in zijn paleis in Fès tijdens overdadige plechtigheden waar ik graag mocht dansen en zingen. De koning was gelukkig. Hij was in die tijd een hoopvolle erfgenaam die nog niet verbitterd was geraakt door politieke breuken.

Hassan II kreeg nieuwe concubines tot het begin van de jaren zeventig, in totaal een veertigtal, die nog bij de ongeveer veertig vrouwen van zijn vader kwamen. Ze liepen overal achter hem aan in het Paleis, naar de wc, naar het Moorse bad, naar de kapper, naar de gymnastiekles. Ze groepeerden zich in klieken: de oudgedienden, de medeplichtigen, de aanstooksters, de speelsen, de krengen... Hun doel was zijn aandacht te trekken, zijn lievelingetje van dat moment te zijn. Wanneer ze daarin slaagden, voelden ze zich verheerlijkt. Totdat een andere kliek zijn gunsten won en de eerste werd verstoten alsof die uit de mode was geraakt.

Van de concubines hadden de vrouwen die het meest gewaardeerd waren de status van echtgenote zonder kinderen, want ze hebben in principe niet het recht om zich voort te planten. Alleen de vrouw van de koning schenkt hem erfgenamen. Daarna kwamen de huisvrouwen, die als taak hadden de materiële voorzieningen van het paleis in goede banen te leiden of de tradities in stand te houden die de koning in acht nam.

Mohammed V had een concubine die ervoor zorgde dat hij op feestdagen zijn pronkkleding aantrok, een witte djellaba met een lange broek in dezelfde kleur. Bij zijn dood ging ze verder met Hassan II. Deze bijzondere ceremonie vond plaats in een zaal van het Paleis die bestond uit een grote, wit marmeren patio waar in het midden een fontein klaterde. Het vertrek was aan drie kanten omzoomd door *kouba's* die waren betegeld met *zelliges*[1] in heldere kleuren en voorzien van zijden tapijten, van kussens en kostbare stoffen, brokaat en fluweel. Deze *kouba's* wer-

1 *zelliges*: mozaïeken.

den van de patio gescheiden door een gordijn van tafzijde of fluweel. Dat bouwkundige principe trof men aan in het hele paleis van Rabat, evenals in alle andere paleizen van de koning.

Op de dagen waarop hij zich naar de moskee begaf, ging Hassan ii zijn *kouba* binnen, gevolgd door de concubine die zijn kostuum droeg. De vrouwen uit zijn gevolg die dat wensten, mochten hem vergezellen. Wanneer hij was aangekleed, liet de concubine die voor de wierook moest zorgen kleine geurige staafjes branden. Een ander bracht een schitterend kistje met mozaïekwerk, dat op een kussen van smaragdgroen fluweel was geplaatst, de kleur van het Paleis. In het kistje stond een rij flesjes met aromatische oliën – amber, muskus, sandelolie of jasmijn – die uit Mekka kwamen. De koning goot een paar druppels van de gekozen olie op een watje en wreef dat achter zijn oren. Vervolgens gooide hij het op de grond.

Dat was het signaal om toe te stormen. Alle concubines maakten ruzie om dat watje en lieten het van hand tot hand gaan om de kostbare geur, vermengd met die van hun heer en meester, op te snuiven. Ik probeerde het altijd als eerste op te rapen om me in zijn geur te verlustigen.

Wanneer de koning terugkwam van de moskee, kondigden de stemmen van de mannelijke slaven zijn komst aan door aan één stuk door te zingen: 'Dat God hem een lang leven schenkt...'

Daarna begon de *aamara* zich te manifesteren, waarbij met trommels de maat werd aangegeven. Het was verboden de koning te benaderen voordat hij zijn handen had gewassen. Wanneer zijn terugkeer van de moskee samenviel met het einde van de ramadan of het Aïd-feest, ging Hassan ii voor de *kouba* in een fauteuil zitten die statig was als een troon. Op zo'n dag mochten alle concubines die gestraft of verstoten waren hem gratie vragen door zich aan zijn voeten te werpen.

Iedere avond voor het eten waste de badconcubine de koning volgens een heel nauwgezet ritueel van parfums en zepen. Een andere concubine zorgde voor de ceremonie van het sandelhout die plaatsvond bij alle feesten en religieuze vieringen, en ook bij alle manifestaties van rouw en begrafenissen. Het sandelhout uit Mekka brandde permanent in een kostbare kom van geciseleerd zilver, gevuld met gloeiende houtskool.

De concubine bood de koning kleine stukjes sandelhout aan die hij in deze schaal gooide. Men ging alle vertrekken langs om ze te zuiveren. Het hele Paleis rook naar sandelhout. Er werd sandelpoeder in de stofzuigers gedaan en er werd sandelhout gebrand in de *mbehhra's*[1] waar de slaven mee rondliepen. De appartementen, de auto's en zelfs de bewoners van het Paleis waren doordrongen van die geur.

Naïma, de concubine van de sleutels van de buitenpoort, was een heel levendig meisje, de enige van al die vrouwen die contact had met 'de mensen buiten', en vooral met de mannen, of het nu tuinlieden, decorateurs, bewakers of kabinetsleden waren. Ze was ook verantwoordelijk voor de kranten die ze de koning iedere dag bracht.

Aan het einde van de middag had Hassan II een ritueel ingesteld. Zijn handen en hoofdhuid werden gemasseerd in een heel kleine *kouba* die dateerde uit de tijd van Mohammed V. We waren allemaal aanwezig bij de behandeling, in kleermakerszit aan zijn voeten zittend, terwijl we alle verrichtingen met veel geschater van commentaar voorzagen. Ik ging vervolgens zijn handen kussen, waarvan de huid heel zacht was. De kapster en de manicure waren Françaises, evenals de twee gymnastiekleraressen die de concubines lesgaven op het voorplein van hun paleis.

De koning was altijd op zoek naar nieuwe verstrooiing om al zijn vrouwen te vermaken, van wie sommige nog maar kinderen waren. Hij liet uit de Verenigde Staten fietsen met verschillende zadels komen. De enorme gangen van het paleis in Fès waren verscheidene weken lang vervuld van ons geschater: je had ons moeten zien, allemaal op een rij achter hem aan fietsend...

1 *mbehhra*: oosters wierookvat.

Tijdens hun opleiding droegen de concubines net als de slaven een flessengroene, grijze of kastanjebruine zijden kaftan, versierd met zijden boordsel in verschillende tinten van dezelfde kleur. De lange mouwen rolden ze tot aan de elleboog op met behulp van grote elastieken. Om hun middel droegen ze de *tehmila*, een soort schort van een andere stof. Wanneer ze officieel concubines waren geworden, mochten ze eindelijk kaftans in alle kleuren dragen.

De koning bemoeide zich met de kleinste details van hun kleding. Hij besliste over de modellen van de galakaftans, over kleurschakeringen, stoffen en ceintuurs. Het was een prachtig schouwspel om ze door het Paleis te zien rondlopen, gekleed in hun gekleurde kostuums. Alle nuances waren toegestaan, van de helderste kleuren tot de zachtste pasteltinten. Op een gracieuze manier bewogen ze zich, droegen ze hun toch zo zware kleren en rolden hun mouwen en de onderkant van hun jurken op. Het leek wel of ze dansten.

De traditie wilde dat ze binnen het Paleis altijd in kaftans gekleed waren. Buiten, op het strand, op de golfbaan, bij het tennissen en het paardrijden droegen ze Europese kleren naar de laatste mode. Men liet stoffen uit Italië of andere landen van Europa komen en de koning hielp met uitkiezen.

Om in de auto's te stappen – grote limousines met gordijntjes voor de ruiten – en zich van het ene paleis naar het andere te verplaatsen, of om te reizen, droegen de concubines speciale zwarte of marineblauwe djellaba's, die leken op jassen met een ronde capuchon. Hun gezichten waren op gracieuze wijze verborgen achter sjaals van donkere mousseline.

Toen we op vakantie waren in Marrakech, liet Hassan ii ons weten dat we met hem uit zouden gaan, wat ons allemaal vrolijk stemde; we hadden zo zelden de gelegenheid om samen door de stad te wandelen! We kregen traditionele djellaba's uitgereikt en er werden kalessen gebracht. Verborgen onder de djellaba van een slaaf bestuurde de koning zelf onze kales. In de medina dong hij af op de cadeaus die hij ons aanbood. Niemand herkende hem. Ik herinner me hoe uitgelaten ik was en hoe we de slappe lach hadden.

Het was voor de vrouwen bijna onmogelijk om zonder de koning te reizen, zeldzame gelegenheden uitgezonderd. Een officiële reis naar Joegoslavië aan het begin van de jaren zestig, met de koningin-moeder, Oum Sidi, en een paar met haar bevriende concubines, is me bijgebleven. Maarschalk Tito had ons in de buurt van Belgrado een kasteel ter beschikking gesteld dat op het huis van graaf Dracula leek.

Noor Sbah, een van de geestigste concubines, had een bruine kous over haar gezicht getrokken en liep door de donkere gangen met een kaars in haar hand, waarbij ze op de deuren van de kamers klopte. Die ondeugende meid bracht in het hele kasteel angstig geschreeuw teweeg en lachsalvo's bij Lalla Mina en mij, die stilletjes achter haar aan liepen.

Aan het einde van ons verblijf had de koningin-moeder zin om een uitstapje te maken naar Italië zonder de koning op de hoogte te stellen. Maar in Triëst werden we opgewacht door journalisten en het tochtje incognito viel in het water.

Sinds enkele jaren is het gevangenisachtige regime van de concubines milder geworden. Ze reizen zonder hun sluier en zonder gordijntjes voor de ruiten van hun auto's. Koningin Latifa kan in haar eentje wandelen en reizen, ze bezit haar eigen auto's, chauffeurs en veiligheidsdienst, wat niet het geval was in de tijd dat ze met Hassan II trouwde.

In het jaar na de dood van Mohammed V moest men erover gaan denken de koning, die toen drieëndertig was, te laten trouwen. De grootste Berberfamilie van het land stuurde twee jonge mooie vrouwen naar het Paleis die volle nichten waren, Latifa van vijftien en Fatima van dertien. Ze kregen dezelfde opleiding als de andere concubines die tegelijk met hen uit alle provincies van Marokko waren gearriveerd.

Maar men wist al dat de koning een van de twee meisjes zou kiezen. Het mocht geen lichtvaardige keuze zijn... De wettige echtgenote zou de moeder worden van de kinderen van de koning, en met name de moeder van de troonopvolger. Om politieke redenen, het handhaven van een subtiel evenwicht tussen de Marokkaanse bevolkingsgroepen, moest ze Berbers zijn zoals alle vorstelijke echtgenotes, zoals de koningin-moeder, Lalla Aabla, en zoals Lalla Bahia.

Fatima was groot, goedgebouwd, ze had een blanke huid, lichte ogen en een madonnagezichtje. Latifa was kleiner, had een onregelmatig gezichtje en een uitstekende neus, maar ze had grote kastanjebruine ogen en weelderig haar. Ze had niet de spectaculaire schoonheid van haar nichtje, maar ze had al een heel eigen persoonlijkheid.

De twee meisjes waren nauwelijks ouder dan ik, maar ik beschouwde hen al als vrouwen. Ik bevond me aan de zijde van de koning toen hij hun familie ontving, een van de beroemdste families van het land. Hij gedroeg zich nederig en eerbiedig, eerder als een schoonzoon dan als een vorst, tegenover deze traditionele Berbers die niet gehinderd werden door uiterlijkheden. De vrouwen waren gehuld in witte sluiers, de mannen droegen djellaba's. Hun bescheidenheid, hun waardigheid en de eenvoud van hun kleding detoneerden in die omgeving van *Duizend-en-één-nacht*.

Fatima werd smoorverliefd op de koning. Latifa, die trotser en minder extrovert was, wachtte de keuze van de vorst af. De schoonheid en frisheid van de jongste, evenals haar heftige, spontane liefde lieten de koning niet onverschillig. Het charisma van de oudste beviel hem eveneens. Alleen de intimi wisten van de rivaliteit tussen de twee nichtjes. De vroegere concubines wilden de vorst voor Fatima laten kiezen, die meegaander, gemakkelijker te manipuleren was. Ze probeerden de natuur een handje te helpen opdat zij meteen zwanger zou worden. De geboorte van een erfgenaam zou het huwelijk officieel bekrachtigen. Maar dat gebeurde niet.

Latifa nam op zekere dag het woord en richtte zich tot de koning.

'Sidi, ik zal er nooit in toestemmen gewoon maar een concubine in uw harem te zijn.'

Als hij haar niet de kans zou geven de moeder van zijn kinderen te worden, voegde ze eraan toe, dan ging ze liever naar huis. Niet dat ze de status van concubine afwees of zelfs het idee te moeten delen of anoniem te blijven. Latifa wilde moeder worden. Die beslistheid beviel de koning wel die, boven al te mooie vrouwen, vrouwen verkoos die karakter toonden. Dat had Latifa in overvloed. Met haar één meter vijfenvijftig boezemde ze respect in zonder zelfs maar te hoeven praten. Hij koos haar als vrouw. Haar nichtje Fatima bleef concubine in de harem.

Deze gewoontes vond ik normaal. Die choqueerden me nauwelijks, want zo werd ik opgevoed. Ik was te jong, te onwetend om een oordeel te hebben over het middeleeuwse aspect ervan. Met het huwelijk van de koning was ik getuige van een mooie mise-en-scène, zoals ik die graag zag. Maar ik was ook heel blij. Ik voelde me werkelijk betrokken bij alles wat op de een of andere manier te maken had met mijn adoptievader.

Het jaar daarna schonk Latifa het leven aan een meisje, Lalla Meriem[1], dat geboren werd in Rome. De doopplechtigheid was somptueus, dagenlang muziek, dans, vermakelijkheden en geraffineerde maaltijden waar ons de zeldzaamste gerechten werden voorgeschoteld. Latifa triomfeerde. De geboorte van haar dochter had haar tot koningin gewijd.

Latifa kreeg nog vier kinderen[2]. Bij iedere zwangerschap was de koning meedogenloos wat haar voeding betrof. Ze moest dieet houden, groenten eten en mocht geen suiker en vet hebben. Hij was onverzettelijk, en zij uitgehongerd.

1 Op 26 augustus 1963.
2 Sidi Mohammed, de kroonprins, geboren in 1964, Lalla Hasmma, geboren in 1965, Lalla Asmaa, geboren in 1967 en Moulay Rachid, geboren in 1970.

Ze was zwanger van Moulay Rachid toen ze me smeekte: 'Ik heb trek in "coiffes du kaïd". Nu meteen.'

Dat was geen trek die gemakkelijk te stillen was. De koningin wilde flensjes die uren voorbereiding kosten en die uiteindelijk lijken op een tulband die in de honing is gedompeld, vandaar de naam. In die tijd was ik alweer thuis, maar ik kwam nog wel op bezoek bij de prinsessen en de concubines.

Ik ging vlug naar huis en vroeg aan Achoura, onze gouvernante die tevens een kokkin zonder weerga was, de flensjes klaar te maken. Toen ze hoorde voor wie ze bestemd waren, wilde ze zorg aan haar werk besteden en de lekkernijen in zilveren schalen leggen. Maar ik had niet veel tijd, Latifa had gezegd 'nu meteen', en bovenal wilde ik niet gezien worden. De koning had een van zijn zo gevreesde woedeaanvallen kunnen krijgen.

Ik legde de flensjes in een gewone schaal, gewikkeld in een eenvoudige theedoek, en kwam terug in het Paleis. Ik nam een omweg om te vermijden dat ik iemand zou tegenkomen, maar ik stond algauw voor de neus van de voormalige concubines. Ze wilden weten waar ik heen ging. Ik loog en verklaarde dat ik op bezoek ging bij de koningin-moeder. Er kwam zo'n heerlijke geur uit mijn schaal dat ze me vroegen waar ik die voor gebruikte. Ik beweerde dat de flensjes voor Lalla Mina waren. Ze lieten zich door de leugen niet echt misleiden.

'Breng die flensjes vooral niet naar Latifa. Je zou je kunnen hebben laten manipuleren, iemand zou ze kunnen vergiftigen zonder dat jij het merkt en dan zou je grote problemen krijgen.'

Door hun woorden begreep ik iets wat in het Paleis een feit was, dat ik echter wilde negeren. Men was daar bang voor toverdrankjes, hekserij, het noodlot en zwarte magie. Een jaar later werd een jaloerse courtisane ervan beschuldigd Latifa te hebben willen vergiftigen.

De concubines, vooral de voormalige, waren zeer godvruchtige vrouwen. Vijf keer per dag knielden ze voor de vijf rituele gebeden op hun zijden kleedjes die een slavin hun bracht en baden ze in de richting van Mekka. Ze bleven nog lange tijd na het bidden in een devote stemming, terwijl ze soera's uit de Koran lazen of opzegden.

Ik had er een hekel aan lang bij hen te blijven, behalve om naar het volmaakte gezicht van Lalla Bahia te kijken, die een mooie mousselinen sluier droeg. Ik was geen goede moslim. Van de religieuze plechtigheden vond ik alleen de tradities en de pracht en praal interessant. Ik had genoeg om van te genieten: er waren veel feesten op het Paleis. Hassan II had ze, naar de laatste mode, in ere hersteld.

De zevenentwintigste nacht van de ramadan, die de heilige nacht wordt genoemd, wordt besteed aan bidden zodra de vasten zijn verbroken. Die nacht, zegt men, verhoort God onze gebeden. Samen met de koning gingen we met zijn allen bidden in de moskee van het Paleis. Hij ging vooraan zitten en zijn vrouwen knielden achteraan.

Ik was niet in staat in stilte te bidden en hing de clown uit. Oum Sidi en Lalla Bahia moesten wel lachen. De koning hoorde hen en vermoedde dat ik rare gezichten trok. Hij probeerde zich te concentreren, maar ik zag wel dat hij woedend werd. Telkens als hij gespannen was, trok hij aan zijn mouwen als teken van hevige verbolgenheid. Hij liet vervolgens niet na me tot de orde te roepen. Wat me er niet van weerhield opnieuw te beginnen.

De Mouloud, die de geboorte van de Profeet aangeeft, werd ieder jaar gevierd in de wijk van de slaven. Op die dag werden enorme houten schalen gevuld met de *zematta*, een gerecht dat speciaal voor doopplechtigheden is bestemd, op basis van meel van harde tarwe dat twee dagen wordt gekookt en wordt vermengd met gesmolten boter, nootmuskaat, Arabische gom, zuivere honing, kaneel, sesam en fijngestampte gebakken amandelen. De *zematta* werd opgediend in de vorm van bergen zwarte brij, bestrooid met poedersuiker. Een waar genot.

's Ochtends hoorde je al de *aamara*, begeleid door muzikanten die luit en viool speelden terwijl ze godsdienstige psalmen scandeerden. We arriveerden onder aan de brede straat en bestegen de trappen die naar een balkon leidden dat uitstak boven de slavenwijk. De vrouwen hadden hun gekleurde kaftans aangetrokken. Alle kleuren waren toegestaan, behalve zwart en wit.

Latifa, de echtgenote van de koning, was de elegantste en ook de mooist geklede vrouw. Haar juwelen overtroffen in pracht die van alle andere vrouwen. De zussen van de koning en zijn schoonzus, Lamia, de vrouw van zijn broer Moulay Abdallah, waren gekleed in kaftans met hetzelfde dessin als de hare maar met kleine verschillen. Alle vrouwen droegen gouden ceintuurs, versierd met edelstenen, oorbellen, halskettingen, diademen en parels in hun opgestoken haar.

Vanaf onze uitbouw woonden we dan een ongelooflijk schouwspel bij. Alle zieke slavinnen, de epilepsie-, de astma- en de reumapatiënten, kwamen uit hun *kouba's* en begonnen voor onze ogen te dansen op het ritme van de *aamara* en de godsdienstige liederen.

Ze raakten in trance om zich te bevrijden van hun djinns, de kwade geesten die de oorzaak waren van al hun kwalen. Er kwam een slaaf aan die een schaal vol schillen van cactusvijgen droeg. Ze grepen die schillen met handenvol, zonder dat ze last schenen te hebben van de stekels, kneedden ze en wreven hun lichamen ermee in, met name de aangetaste plekken. Anderen dronken kokendheet water zo uit de ketel zonder de minste pijn te voelen. Na afloop hadden ze nooit littekens.

Die ceremonie van de Mouloud had volgens de traditie plaats in het paleis van Meknès. In de tijd van Mohammed v gebeurden er nog veel verschrikkelijker dingen, vertelde Oum Sidi.

'Dan zag je gewonde mensen die met bijlen hun schedel hadden verbrijzeld,' zei ze, terwijl Lalla Mina en ik rilden van afgrijzen.

In het paleis van Rabat had Hassan ii de situatie beter onder controle.

Latifa en ik begonnen te dansen op het ritme om zelf ook in trance te raken. Maar de koning gaf zijn vrouw een ernstige uitbrander.

'Je rang laat niet toe dat je je gedraagt zoals zij. Die behoedt je voor kwade geesten en bezetenheid.'

Zo zat de wereld volgens het Paleis in elkaar. De djinns vielen de slavinnen aan die in dienstbaarheid waren geboren, en ze spaarden de prinsessen. Ieder had zijn plaats en daar viel niets aan te veranderen. Alles was goed zoals het was en zo zou het eeuwig blijven.

Er waren nog meer feesten waar we vrolijk van werden. Voor het Kohl-feest, dat samenviel met de periode waarin de druiven rijp zijn, kregen kleine meisjes toestemming om zich op te maken. Om het staafje te bevochtigen waarmee je met kohl een lijntje onder het ooglid moest trekken, werd het eerst in een druif gedoopt. Vervolgens wachtte ieder, lachend en drukte makend, op haar beurt om opgemaakt te worden als een vrouw.

Voor het waterfeest moesten we iedereen binnen ons bereik natgooien. Het was een heel vrolijke dag waarop we de hele tijd naar een prooi uitkeken, op balkons zittend of verstopt in donkere hoekjes. De koning had veel plezier en wij waren vaak zijn medeplichtigen. Hij liep, gevolgd door zijn vrouwen, onder een balkon door, deed op het laatste moment een stap opzij, en Lalla Mina of ik gooide een emmer water over zijn gevolg, dat luidkeels protesteerde en dreigde met ons hetzelfde te zullen doen. We lachten alle drie van ganser harte en de anderen lachten ten slotte mee.

Ik hield ook van Achicha Ghadra, het kinderfeest. Op de grote patio omzoomd door *kouba's* waren we met een stuk of tien meisjes achter piepkleine komfoortjes aan het koken, geholpen door onze respectieve voedsters. We droegen kleine huisvrouwenkaftans en net als de volwassenen hadden we met elastieken onze mouwen tot de elleboog opgerold. Al het vaatwerk was in kinderformaat. De koning kwam vervolgens van onze gerechten proeven, waarbij hij kort commentaar gaf, en daarna overhandigde hij de prijzen en kuste de winnaressen.

De koning hield niet erg van eten, maar hij vond het heerlijk om recepten te bedenken. Hij liet vaak een keuken in de eetzaal van het Paleis installeren en dacht zelf gerechten uit die we om de beurt proefden. Het resultaat was gewaagd, maar we hadden geen keus. We moesten alles opeten, terwijl we onder veel glimlachen uitriepen: 'Sidi, wat verrukkelijk!'

Toch stond hij niet toe dat we dikker werden. Hij had Lalla Mina een verrassing beloofd als ze haar puberrondingen zou kwijtraken. Tijdens een verblijf in Tanger was ze in het geheim op dieet en ze vertelde hem dat ze vier kilo was afgevallen. Hij hield zijn belofte en liet ons weten dat hij 'Hatefa' zou doen.

Hij nam plaats op het balkon boven een grote patio. Hij werd geflankeerd door twee slavenconcubines die kistjes droegen, gevuld met grote koperen munten, die weinig werden gebruikt en tussen de tien en de vijftig franc waard waren. Oum Sidi, Lalla Bahia, Latifa en de concubines stonden beneden opeengepakt samen met ons te wachten tot hij de munten naar beneden zou strooien. Hij lachte zich slap toen hij ons op handen en voeten dat geld zag oprapen. De meesten van zijn concubines probeerden elkaar te overtreffen in gekkigheid om zijn aandacht te trekken. Maar ik gaf geen kik. Ik raapte en stapelde maar.

Toen hij weer beneden kwam, ging hij bij ieder informeren hoeveel munten ze te pakken had gekregen. De concubines wezen naar mij.

'Zij heeft de meeste,' zeiden ze, half lachend, half verklikkend.

Hij vroeg me om mijn buit te laten zien. Ik vouwde mijn rok open waarvan ik de onderkant had omgeslagen om mijn schat te verzamelen. Daar lag een enorme berg munten.

'Je hebt hard gewerkt,' zei hij tegen me. 'Maar aan wie ga je die geven?'

'Die ga ik aan mijn mama geven.'

Dat antwoord krenkte hem enigszins. Hij kon het niet hebben dat ik hem bij het uitdelen zou vergeten. Jammer genoeg nam Rieffel me de munten af.

'Je bent nog te jong,' zei ze tegen me, 'om met zoveel geld om te gaan.'

Met twaalf jaar kregen we gaatjes in onze oren, tijdens een bijzondere plechtigheid die even belangrijk was als doop en huwelijk. Gezang, de *aamara* en het joejoe-geroep van de concubines en de slavinnen begeleidden deze intrede in de wereld van de vrouwen. Lalla Mina, die bang was dat het pijn zou doen, verstopte zich en dwong mij om dat ook te doen. Maar de koning werd kwaad. Hij vond me en dwong mij als eerste te gaan om een voorbeeld te geven aan zijn zusje, wier laffe gedrag hij niet kon uitstaan. Daarna kwamen de vrouwen naar ons toe en feliciteerden ons met veel gekus en joejoe-geroep, terwijl de muzikanten hard op hun trommels sloegen.

Evenzeer als Mohammed v het Paleis gesloten hield, zette Hassan ii de deuren open. Godsdienstige plechtigheden werden in de beslotenheid van het serail gevierd, maar de koning gaf vaak feesten voor de burgers, waarbij hij de hogere kringen, officieren en buitenlandse hoogwaardigheidsbekleders die op staatsbezoek waren uitnodigde.

We waren altijd heel opgewonden als we te maken kregen met 'de mensen van buiten', die niet tot het Paleis behoorden. We minachtten hen zo dat we ons met niemand wilden bemoeien. We bleven allemaal bij elkaar en vormden één front tegen de indringer. Wanneer er een voorstelling werd gegeven, ging de koning vooraan zitten, zijn moeder achter hem, zijn vrouw naast hem, en wij met zijn allen in een dichte rij achter hem.

Tijdens die feesten en officiële bezoeken ontmoette ik vaak staatshoofden en hooggeplaatste buitenlandse personen. Nasser zei tegen mijn vader dat ik 'een mooie glimlach' had, de koning van Jordanië kwam op forel vissen in Ifrane, de sjah en zijn vrouw, en Boudewijn en Fabiola kwamen op staatsbezoek. Het lijkt misschien aanmatigend, maar ze maakten geen indruk op me. Ondanks hun hoge rang behoorden ze tot 'de mensen van buiten'...

Soms, een enkele keer, gingen we stilletjes weg uit het Paleis om een bezoek te brengen aan Moulay Abdallah, de jongste broer van de koning, die met zijn vrouw Lamia op een landgoed in de wijk Agdal woonde. Moulay Abdallah was groot, goedgebouwd, elegant, had donker haar en een fluwelen oogopslag als Rudolf Valentino, en hij deed alle vrouwenharten sneller kloppen door zijn schoonheid en zijn vriendelijkheid. Hij ging om met film-sterren en de koninklijke en adellijke families uit verschillende landen. Op al zijn verjaardagen werd de jetset bij hem thuis uit-genodigd.

Maar hij was vooral onze vriend en onze vertrouweling, hij kon heel goed naar ons luisteren, ons raad geven en ons troosten. Om ons te vermaken liet hij rhythm-and-bluesorkesten bij zich thuis komen, nodigde een paar vrienden uit, en dan waren we hele middagen wild aan het dansen en lachen. Hij nam ons mee motorrijden op het strand, op een afgebakend parcours, een heel betrekkelijke vrijheid, want we werden naar behoren bewaakt door tientallen gewapende wachters.

Soms gingen we hem 's ochtends wekken. Hij ontving ons in bed en we babbelden met hem over koetjes en kalfjes. Hij gaf me een groot deel van zijn garderobe, kostuums, kasjmieren en zij-den pullovers, op maat gesneden overhemden, voor mijn twee ooms Azzedine en Wahid, de jongere broers van mama. Hij schonk me ook een zonnebril waaraan hij erg gehecht was, als te-ken van zijn genegenheid.

Het was een grote eer de kleding van de vorst en zijn familie te dragen. De koning gaf aldus zijn kleren aan de mannen die hem het naast waren, zijn adviseurs en sommigen van zijn ministers.

Toen ik weer thuis was, vond ik het altijd vreemd om mijn vader overhemden te zien dragen met het monogram van de koning.

DE KONING EN IK

Ruzies tussen de concubines waren schering en inslag. Er waren talrijke klieken en alle vrouwen haastten zich om olie op het vuur te gooien zodra er onenigheid dreigde. Op een dag kreeg ik vanwege een onbetekenend voorval een woordenwisseling met een van hen, die gevreesd was om haar lastertong, en ik vroeg haar boos: 'Wie denk je wel dat je bent?'

'Wie ik ben?' antwoordde ze verwaand, 'de concubine van Sidi.'

'Nou, en ik,' zei ik tegen haar, '... ik ben zijn dochter.'

Ik voelde me heel nauw verwant met de koning. Ik beschouwde hem als een tweede vader. Hij was autoritair en ik respecteerde hem, maar hij was ook gemakkelijk te benaderen. Wanneer ik als teken van onderwerping zijn hand kuste, draaide ik meteen zijn handpalm om en drukte er mijn lippen op om hem mijn genegenheid te tonen. Als antwoord drukte hij zijn hand op mijn mond om me te beduiden dat hij mijn gebaar had begrepen en mijn genegenheid beantwoordde.

Lalla Mina en ik hadden veel plezier, vooral de eerste jaren van zijn bewind, vóór de geboorte van zijn kinderen. Hij bracht zijn avonden wel eens met ons in Villa Yasmina door.

Dan ging ik achter de piano zitten en speelde oude liedjes die we in koor meezongen. Ik had Lalla Mina zover gekregen dat ze een drumstel voor haar verjaardag vroeg. We hadden het in de speelkamer neergezet. Ik sloeg op mijn grote trommels en de koning danste met zijn zusje.

Ik kreeg zin om lessen klassieke dans te nemen maar de dokters waren ertegen. Lalla Mina was nog maar zeven en het risico was groot dat haar groei erdoor belemmerd zou worden. Trouwens, de prinses had maar één passie en dat was paarden. Daar draaide haar hele leven om.

De koning liet ons paardrijles geven, waar ik een hekel aan had omdat het me opgedrongen werd. Hij wilde een voorbeeldige ruiter van me maken, zoals mijn vader dat was en hij ook. Elke keer dat ik in de buurt van een paard kwam, was voor mij een marteling. Ik gebruikte alle mogelijke listen om me de kwelling van het paardrijden te besparen.

De dag voor de les deed ik alsof ik koorts of diarree had, maar de koning trapte er niet in. Dan probeerde ik op een spectaculaire manier van mijn paard te vallen. Ik deed alsof ik in coma was, ik huilde dat ik mijn arm of been had gebroken. Ik werd met spoed naar de kliniek van het Paleis gebracht waar de concubines me, nadat de dokter langs was geweest, snoepgoed brachten.

De koning hoorde hiervan, maar hij was onverbiddelijk.

'Al krijgt ze met paardrijden een dodelijk ongeluk, het kan me niet schelen. Maar als ze valt, moet ze meteen weer in het zadel.'

Hij begreep niet hoe ik zo angstig kon zijn.

Op een vrijdag kregen we te horen dat we naar de koninklijke stoeterij gingen in Temara, zo'n twintig kilometer van Rabat. We reden met kolonel Laforêt, een Fransman die voor de stoeterijen zorgde, en een hele staf officieren. De vrouwen reden erachteraan, in sportkledij, rijbroek, laarzen en ruiterpet: ze konden paardrijden als mannen, maar minder snel dan ons groepje.

We werden meegenomen naar de renbaan. Alle paarden van de koning vormden een prachtige haag. Aan het einde van de rij stond als contrast een piepklein ezeltje. Ik begreep onmiddellijk dat het ezelsveulen voor mij was. Niets kon me een groter plezier doen. De koning dacht me te vernederen door me op zo'n armzalig rijdier te laten zitten terwijl het hof op mooie hengsten paradeerde.

'Die is voor jou, lafbek,' zei hij tegen me.

Ik had de grootste moeite om mijn opluchting niet te laten blijken. Maar de dag eindigde heel akelig. Ik weet niet meer waarom, maar ik werd twee volle uren in de onderaardse kerker van de stoeterij opgesloten, wat me een enorme angst bezorgde.

In de thermen van Fès waar we vaak heen gingen, is er een beroemde zwavelhoudende bron die bij uitstek reumatiek en astma geneest. De koning en zijn concubines kwamen er kuren.

Ik hing de pias uit in een bassin toen de koning langskwam. Ik had alleen een slipje aan.

'Trek uit,' beval hij met een streng gezicht.

Gekleed baden betekende dat ik bang was voor de blik van een man. Mijn houding was kwetsend voor Zijne Majesteit, de enige man die werd toegelaten tot deze vrouwenwereld. Ze betekende dat ik redenen had om me te schamen.

Maar ik was elf en, koning of geen koning, ik was heel schroomvallig. Ik weigerde te gehoorzamen. Mijn weerspannigheid kwam me op een oorvijg te staan. Hij rukte zelf mijn slipje uit. In tranen bleef ik tot het donker in het bassin uit angst dat iemand me naakt zou zien.

We gingen minder vaak naar Casablanca. De koning hield niet van het paleis daar, zoals hij ook niet van de stad hield, in zijn ogen het symbool van rellen en onlusten. Hij kon ook niet tegen het vochtige klimaat dat zijn chronische voorhoofdsholteontsteking verergerde. We namen onze intrek in de villa van zijn vader en gingen zwemmen bij het privé-strand. Daar was iedereen naakt, zowel hij als al zijn vrouwen. Op den duur raakte ik eraan gewend me in zijn bijzijn uit te kleden.

In Casablanca had ik een kamer in de villa ontdekt waar, zoals in alle koninklijke paleizen, een berg cadeaus lag opgestapeld die nog in de verpakking zaten. De koning had nooit tijd om ze open te maken. Ik brandde van verlangen er op zijn minst één weg te pakken, niet zozeer om het bezit als wel uit nieuwsgierigheid. Het was siëstatijd. Het hele huis sliep. Toen ik mijn kruimeldiefstal probeerde te begaan, liet ik een paar pakjes vallen die veel lawaai maakten op de marmeren vloer. Ik had de pech dat de kamer waar de koning lag te rusten naast de kamer met de cadeaus lag. Hij liet even dat karakteristieke hoestje horen dat ik uit duizenden zou herkennen.

Ik verstijfde.

'Wie is die deugniet?' vroeg hij, helemaal wakker.

Hij wist van tevoren het antwoord. Die 'deugniet' kon ik alleen maar zijn.

Ik zocht overal een plek waar ik me kon verstoppen en ten slotte glipte ik de goederenlift in. Maar daarna kon ik er onmogelijk weer uitkomen. Toevallig posteerde hij zich voor de lift en vroeg aan de slavinnen en daarna aan zijn vrouwen om mij overal te gaan zoeken. Het werd een spel.

Verborgen in mijn hokje, was ik als versteend, ik kon niet meer op mijn benen staan, en hij ging maar niet weg. Zijn mensen kwamen onverrichter zake terug. Toen kwam hij op het idee in mijn schuilplaats te kijken en beval me eruit te komen, wat ik trillend deed. Deze keer eindigde het incident met gelach.

Maar de koning kon verschrikkelijk streng zijn. Toen ik acht was, onderging ik, in Temara, een bijzondere straf die *falaqa* wordt genoemd, vanwege een of andere domme streek die Lalla Mina en ik hadden uitgehaald. Twee vuurslaven namen ons elk op hun rug, met ons hoofd en benen aan weerskanten van hun schouders, en de koning sloeg met een bullepees op onze blote voetzolen.

Toen ik vijftien werd, kreeg ik mijn eerste echte kastijding. Het was op de dag dat de rapporten werden uitgereikt en ik legde ze op zijn tafel voordat ik bij de concubines ging zitten, die me bespotten. Ze wisten dat mijn cijfers niet geweldig waren en dat ik wel eens een pak slaag zou kunnen krijgen. Ik deed alsof ik met hen meelachte, maar ik voelde me niet erg gelukkig. Mijn hart ging flink tekeer. Ik deed echter mijn best om dapper in de richting van de koning te kijken.

Hij stak zijn handen uit en de rapporten werden hem gebracht. Hij bladerde in het rapport van Lalla Mina en vervolgens, in diepe stilte, pakte hij het mijne en bekeek het aandachtig, het leek wel uren te duren. Daarna keek hij op en vroeg de vuurslaven te roepen.

Zijn woorden deden de aanwezigen verstijven. Alle blikken waren op mij gericht, vol medelijden bij de gedachte aan het pak slaag dat zou volgen. De koning beduidde me dichterbij te komen. Hij pakte me bij mijn oor, las me de les en liet vervolgens de vuurslaven binnenkomen, die voor de lijfstraffen moesten zorgen. Ik werd vóór hem op het tapijt neergelegd. Drie mannen hielden me bij mijn polsen vast en drie bij mijn enkels. De hoofdslaaf pakte zijn bullepees en wachtte op de bevelen van de koning. Want Zijne Majesteit besliste over het aantal slagen.

In mijn ellende had ik nog geluk. De koning besloot tot niet meer dan een stuk of dertig, maar hij wilde het pak slaag niet door iemand anders laten uitdelen. Men bracht hem een krukje waarop hij ging zitten zodat hij zich op gelijke hoogte met mij bevond. In de zaal kon je een speld horen vallen. Iedereen hield zijn adem in en durfde niet te praten of te bewegen. De koning had Latifa, Oum Sidi en Lalla Bahia zelfs verboden een goed woordje voor mij te doen.

In doodse stilte begon hij te slaan. Eén klap, en toen twee, en toen drie. Ik slaakte een korte kreet en toen weer een, die even zwak klonk. De derde kreet zette hem aan het denken: hij sloeg zo hard dat ik had moeten brullen. Hij stopte, boog zich naar me over, drukte zijn handen op mijn billen. Hij voelde een driedubbele laag stof die een soort opvulsel vormde... Omdat ik wel wist dat ik deze keer aan de zweep zou moeten geloven, had ik de klappen verwacht en luiers en wollen kledingstukken om mijn achterste gedaan. Ik droeg een wijde rok zodat al die dikke lagen verborgen waren.

De koning slaakte een kreet van woede. In de zaal begon iedereen te lachen en ten slotte liet hij zich meeslepen door de algemene hilariteit. Toen wierp ik me aan zijn voeten: 'Sidi, ik zweer u dat het niet weer zal gebeuren.'

In het Paleis leverde iedereen commentaar op mijn brutaliteit en maakte zich er vrolijk over. Van de concubines tot de slaven was er niemand die niet op de hoogte was.

De week daarna was mijn rapport precies hetzelfde. Zo mogelijk nog slechter. De koning zei op het moment zelf niets, maar hij vroeg me even later met hem mee te gaan. Hij zou het Paleis uitgaan. Zijn verzoek had niets ongewoons, het gebeurde vaak dat we met hem meegingen op zijn tochten, ik koesterde dan ook geen argwaan. De auto bracht ons naar de Allée des Princesses, naar het huis waar hij woonde voordat hij werd ingehuldigd.

Ik hield veel van deze villa. Ik voelde me er thuis, vooral omdat we om er te komen voor het huis van mijn ouders langs moesten. Toen ik dat zag, raakte ik goedgehumeurd. Ik was zo weinig argwanend dat ik niet meteen begreep waarom de koning me beval me uit te kleden.

Hij liet me een klein kamertje ingaan waar slavinnen me een dunne djellaba aantrokken. Ik werd tot bloedens toe geslagen zodat ik wekenlang huilde van de pijn. Ik heb er nog de sporen van op mijn billen. Mijn ouders zouden me nooit zo hebben behandeld. Ik was bitter bedroefd om hun afwezigheid.

Een andere keer was mijn rapport zo slecht dat de chef van het protocol medelijden met me kreeg en beloofde bij de vorst een goed woordje voor me te doen. Hij wierp zich op de weg naar de golfbaan aan zijn voeten en vroeg hem om mij een afstraffing te besparen.

De koning keek hem ijzig aan.

'Wie ben je wel dat je voor haar in de bres durft te springen?'

De ongelukkige chef van het protocol voelde dat hij beefde van schaamte. Hij werd volkomen vernederd, moest als een worm in het stof kruipen. Hij werd in mijn plaats gegeseld.

Niemand ontkwam aan de koninklijke straf wanneer de koning dacht dat die verdiend was. Dat was de manier waarop hij zich tegenover ons als een vader gedroeg. Hij was trouwens zo vaderlijk tegen Lalla Mina en mij dat hij zich met de kleinste bijzonderheden van onze opvoeding bezighield. Toen hij zag dat wij twee mooie jongedames van vijftien waren geworden, besloot hij ons aan te kleden naar zijn smaak, die niet slecht was maar, helaas, een beetje te klassiek. Hij liet een naaister komen en bestelde bij haar een complete uitzet met kousen, slipjes en bh's. Hij was zelfs aanwezig bij het passen en bepaalde de lengte van de rokken.

Ook al smeekte ik hem mijn rokken korter te maken, hij was onvermurwbaar. De stof moest onder de knie eindigen. Ik koos dus jurken van dunne wollen stoffen, om de rok op te kunnen rollen en onder een ceintuurtje te stoppen zodra ik buiten het Paleis kwam. Eindelijk kon ik overal rondrennen zonder gehinderd te worden. Wanneer ik zo door de gangen draafde, keek iedereen naar me, lachend om mijn lef. Je blote kuiten laten zien was ongepast.

Maar het waren de jaren zestig, de minirok was in de mode en ondanks onze beperkte contacten met de buitenwereld waren deze zeer belangrijke details op kledinggebied toch tot ons doorgedrongen dankzij de paar tijdschriften die ik doorbladerde wanneer ik erin slaagde me aan de blik van de gouvernante te onttrekken: *Salut les copains*, *Jours de France*, *Point de vue* en *Paris-Match*. Latifa en de concubines waren gekleed volgens de laatste westerse mode wanneer ze daar de gelegenheid toe kregen. Ik bewonderde alles wat ze droegen.

Op een dag, toen ik door een van de langste gangen rende met mijn rok tot halverwege mijn dijen opgesjord, kon ik het genoegen niet weerstaan in een grote spiegel die aan een van de muren prijkte mezelf te bekijken. Toen zag ik plotseling van de andere kant de koning aankomen.

In paniek begon ik aan de stof te trekken. Hij kwam dichterbij, maakte de ceintuur los en bevrijdde mijn rok door eraan te trekken: 'Je kunt er zelfs een kaftan van maken als je wilt,' zei hij.

Twee dagen later kwam onze geliefde naaister. We zaten aan het avondeten. Hij liet me roepen, beval me me uit te kleden, wat ik met de grootste aarzeling deed. Ze liet me de mantelpakken passen die hij had besteld. Het eerste was van een wollen stof. De rok was recht en superstrak, volgens de mode van de jaren vijftig.

De koning kwam dichterbij, nam de spelden uit de handen van de naaister en betastte de stof terwijl hij er de aandacht op vestigde hoe dik die was. Die kon je onmogelijk oprollen zoals de wollen jurken. Hij beduidde me in de kamer heen en weer te lopen en keek langdurig naar me. Daarna gaf hij de opdracht heel hoge hakken voor me te kopen om bij dit mantelpak te dragen.

Een concubine bemoeide zich ermee en merkte op dat ik al heel lang was. De mannen zouden niets van me willen weten als ik een hoofd groter was dan zij. Met één gebaar weerlegde hij die mening.

'Heel hoge hakken,' legde hij me uit, 'maken dat je je knieën gebruikt. Dan krijg je een goede welving, mooie kuiten, als een vrouw.'

EENZAME JEUGDJAREN

Rieffel haatte mannen.

'Het zijn monsters,' zei ze altijd, 'ze zijn de bron van alle ellende van vrouwen. Je moet ze mijden als de pest en de cholera.'

Ze overstelpte ons met heel duidelijke dictaten: niet met een man in één gang aanwezig zijn, nooit vertrouwelijke betrekkingen met het mannelijk personeel aangaan of met welke persoon dan ook van de andere sekse. In de auto mochten we ons niet omdraaien om te kijken en ik kreeg vaak klappen als straf voor mijn nieuwsgierigheid. Wanneer we het geluk hadden dat we naar het centrum van de stad gingen, verbood ze ons uit te stappen.

Die maatregelen om ons tegen de duivel te beschermen waren vrijwel nutteloos. In het Paleis hadden mannen geen burgerrechten, behalve mijn vader, die alleen bij bepaalde gelegenheden aanwezig was, Moulay Ahmed Alaoui, de neef van de koning, en een stuk of tien grappenmakers die waren uitgekozen vanwege hun cultuur, hun intelligentie, hun gevatheid of hun vroomheid.

Aan tafel polemiseerden ze op subtiele wijze over de politiek van de vorst of gingen ze twistgesprekken aan, waarbij ze de belangrijke Arabische dichters citeerden, precies als aan het hof van sultan Haroun al-Rachid. Met de slaven en de dienaars, die niet telden, waren dat onze enige voorbeelden van de andere sekse. Afgezien van de koning natuurlijk.

Maar van een man, een beroemde molla, kregen we seksuele voorlichting met behulp van de Koran. Hij vertelde ons dat vrouwen slechts verleiding en onderworpenheid zijn, dat hun lichaam vóór alles dient ter bevrediging van de verlangens van de man. Hij sprak onomwonden over seksuele omgang en tekende met overdreven precisie vagina's en penissen op het grote bord. Voor meisjes van onze leeftijd waren die lessen choquerend. We waren in uiterste preutsheid grootgebracht, en een man, een geestelijke nog wel, ons te horen vertellen over seks, vooral in zulke termen, maakte onze verwarring nog groter.

We konden er niet op rekenen dat Rieffel de woorden van de molla wel zou afzwakken. In haar ogen was vrouwelijkheid als onderwerp taboe. Je mocht nergens over praten, moest doen alsof 'het' niet bestond. Ik herinner me mijn eerste menstruatie, op mijn twaalfde, als een moeilijk moment in mijn leven, minder vanwege de fysieke pijn dan vanwege dat afschuwelijke gevoel van schaamte en eenzaamheid. De Marokkaanse voedsters hadden de taak ons te vertellen hoe we ons moesten verzorgen. Hoe we de stoffen maandverbanden moesten aanleggen, hoe we die en ook onszelf moesten wassen. Die vrouwen konden met ons doen wat ze wilden. Zelfs in aanwezigheid van tien personen trokken ze ons in een hoek, lieten ons onze slipjes naar beneden doen, en als die vuil waren, volgden er flinke represailles. Die van mij stak een sleutel in mijn geslacht en draaide die om tot ik het uitschreeuwde. Of ze kneep op de gevoeligste plekjes, zoals aan de binnenkant van mijn dijen.

Ik had behoefte aan een moeder, aan een oudere zus die naar me luisterde, me uitlegde wat er in mijn lichaam veranderde, die me geruststelde en me vertelde dat het fijn was dat ik een vrouw werd, en in plaats daarvan kreeg ik te maken met geweld en walging op zo'n beslissend moment in het leven van een jong meisje. De concubines hielpen me een beetje, maar hun hulp was ambivalent. Helemaal in het begin vierden ze mijn intrede in hun clan. Voortaan kon ik hun gesprekken begrijpen, me erbij betrokken voelen. Ze zouden niet meer zwijgen waar ik bij was, me niet vragen naar buiten te gaan wanneer ze elkaar persoonlijke geheimen wilden toevertrouwen.

Twee jaar later veranderde hun houding. Ik was een huwbaar meisje geworden, een potentiële rivale voor de jongsten. Onze betrekkingen veranderden eerst onmerkbaar en vervolgens steeds duidelijker. Ze bekeken uitvoerig mijn lichaam als ik 's zomers in het paleis van Skhirat in badpak was, als ik westers gekleed was of als ik me opmaakte. Ze zeiden niets bepaalds tegen me, maakten alleen opmerkingen en daagden me uit, maar ik was een bedreiging geworden. De koning kon me als echtgenote kiezen.

Wat zou ik anders hebben kunnen wensen, want dat was immers hun lotsbestemming. Ik denk niet dat de gedachte ooit bij de koning is opgekomen, maar ze waren wel degelijk jaloers.

Ik was uiterst gevoelig. Aan de buitenkant opgewekt, joviaal, leuk en geestig, maar een woord, een geur die me aan mijn moeder deed denken was genoeg, of ik sloot me af voor de buitenwereld. De gouvernante liet me iedere dag meer voelen dat ik anders was dan prinses Lalla Mina. Ik mocht me niet kleden zoals zij, en geen lang haar dragen omdat zij krullen in haar haar had.

Mama bracht me uit Londen of Parijs kleren die in de mode waren en liet ze voor mij naar Villa Yasmina sturen. De gouvernante liet me ze één dag dragen. De volgende dag nam ze ze in, deed een beroep op een naaister die bepaalde modellen voor de prinses kopieerde, en de koffers werden weggemoffeld.

In de loop der tijd veranderde dit leed in opstandigheid die moeilijk onder woorden te brengen is. De prinses en ik waren aan elkaar gehecht. Op het Paleis ondervond ik veel genegenheid. Maar vanaf het moment dat je werd geadopteerd, werd je afgesneden van je verleden, van je wortels en werd er alles aan gedaan om je ervan te overtuigen dat je geen familie meer had. Je was een nummer te midden van de anderen. Het serail zat vol vrouwen zonder identiteit. Maar ik had een vader en moeder, een familie die ik ooit zou weerzien.

's Avonds in bed droomde ik van de vrijheid. Door me de beelden uit films die ik mooi had gevonden voor de geest te halen maakte ik me een voorstelling van de wereld. Ik bedacht verhalen waar mijn kamergenootjes in het donker naar moesten luisteren. Dat ik me waarschijnlijk beter heb aangepast aan de gevangenis dan mijn broers en zussen, komt doordat ik gewend was opgesloten te zijn. Ik was altijd al in staat mijn territorium te beperken, mezelf bezig te houden, me van de buitenwereld af te sluiten.

Ik miste mijn moeder zo, ik voelde me zo eenzaam dat ik tweemaal zelfmoord wilde plegen. De eerste keer was ik tien. Ik besloot er een eind aan te maken in het grote zonnebloemenveld achter de tuin van Villa Yasmina. Ik had een punt geslepen aan een bamboestokje waarmee ik in het topje van mijn duim prikte zodat het ging bloeden. Daarna deed ik zand in de wond om een infectie te veroorzaken en ik wachtte af, met gesloten ogen en bonzend hart... De dood kwam maar niet, en na een paar minuten stond ik dan ook maar op.

Elke dag wreef ik aarde in de wond in de hoop dat die erger zou worden en dat ik in de kliniek van het Paleis zou worden opgenomen, zodat ik mama gauw aan mijn bed zou zien verschijnen. En dat gebeurde. Ik had toch nog wat bijkomend voordeel behaald uit die mislukte zelfmoordpoging.

De tweede keer was ik twaalf en wilde ik van de zesde verdieping van de villa in Ifrane naar beneden springen. Maar het was vreselijk hoog en de angst mezelf pijn te doen schrikte me af. Die pogingen waren niet onschuldig. Ik voelde me in het Paleis niet op mijn gemak, was vaak ongelukkig en de gedachte er een eind aan te maken bleef me achtervolgen. Alleen ontbrak het me aan moed. Of liever gezegd, ik was toen al bezeten van de wil om te overleven.

Ik werd voortdurend heen en weer geslingerd tussen het Oosten en het Westen. Bij mijn ouders thuis en in Villa Yasmina spraken we Frans, maar op het Paleis was Arabisch verplicht. Een hofdialect, ouderwets en geraffineerd, met speciale uitdrukkingen, intonaties en gebaren, waar ik nooit helemaal van af ben gekomen en dat me later de spotternijen van mijn familie en het respect van de Marokkanen bezorgde. Waar ik in Marokko ook ben, ze vragen me altijd of ik tot de 'Dar-el-Mahzran'[1] behoor.

In de villa liet de gouvernante ons zien hoe we ons aan tafel en in een salon moesten gedragen, hoe we iets moesten serveren, hoe we moesten ontvangen, koken, een buiging maken en zo twee meisjes uit de beste Europese kringen worden.

In het Paleis zag men het als taak vrouwen van ons te maken zodra we pubers waren. Het protocol werd ons ingeprent; er werd ons geleerd geen domme streken uit te halen, ons ten overstaan van het hof en de harem te gedragen, Marokkaanse kleding te dragen, te gehoorzamen en neer te knielen. De oppervlakkigste en volgzaamste vrouwelijke kant van onze persoonlijkheid werd opgehemeld. We waren niets vergeleken bij ouderen, en minder dan niets als vrouw. Ik leerde te praten en te zwijgen, tus-

1 'Het huis van de macht'.

sen de regels door te lezen, wantrouwen tot regel te maken en geheimhouding tot een wapen.

Aan het begin van mijn jeugdjaren, toen mijn karakter nog niet echt was bepaald, had ik aangetrokken kunnen worden door het hof, de mooie kleren, de sieraden en de schitterende concubines die geen andere zorg hadden dan zich met hun lichaam bezig te houden en hun Heer en Meester te behagen. Maar die momenten van afgunst waren van korte duur. Ik wist dat ik niet zo was en nooit zo zou worden. Ik voelde me beklemd. Hoe ouder ik werd, des te meer ik het gevoel had een gevangene te zijn. Ik was met lichaam en ziel aan het Paleis gebonden en ik had het benauwd.

Wanneer we over de weg reisden, gevolgd door onze escorte, probeerde ik enigszins te profiteren van dat kleine beetje vrijheid. Ik keek in de auto's die we passeerden, naar een echtpaar met kinderen, of naar een jongeman op een brommer. Ik betrapte me erop dat ik jaloers was op hun vrijheid. En dan gingen er onmiddellijk andere poorten open en weer dicht en was ik opnieuw binnen, een 'binnenvrouw'.

Ik vond het soms moeilijk om tussen mijn twee werelden, mijn twee opvoedingen, een grens te trekken. Ik wist dat ik binnenkort zou moeten kiezen. Ik kwam uit een normale familie met andere principes en waarden dan die van het Paleis. Maar mijn werkelijke leven was onderworpen aan de macht van een absoluut, door God gegeven vorst. Ik bewoog me te midden van het serail, de slavinnen, een echte vrouwenwereld onder de heerschappij van één man. Alles wat op het Paleis gebeurde, werd op den duur normaal, terwijl het hofleven abnormaal was door zijn buitensporigheid, zijn overdaad, zijn pracht en praal, zijn almacht en de angst die er heerste.

Toch leefde ik in het Paleis beschut. Die kleine, teruggetrokken gemeenschap beschermde me tegen de gevaren van een wereld die wel middelmatig moest zijn. Maar in het diepst van mijn hart was ik een Europese. Vaak gechoqueerd door wat zich binnen de muren afspeelde, door de wreedheid en de hevigheid van de vonnissen die er werden geveld.

Concubines werden geslagen, verstoten, verbannen, verdwenen voorgoed in de diepten van de gevangenispaleizen, zoals het paleis van Meknès. Ze werden beroofd van al hun rijkdommen en leefden daar als spoken.

Hajar en Qamar, twee Turkse concubines die van sultan Youssef ben Youssef, de vader van Mohammed v, waren geweest, waren bij de dood van hun meester daarheen verbannen. Prins Moulay Abdallah had medelijden met hen gekregen. Hij had hen bij zich thuis in Rabat opgenomen, opdat ze in vrede oud konden worden. Wanneer ik die twee rossige grootmoedertjes met hun blanke huid en blauwe ogen, die een vreemd soort Arabisch spraken, tegenkwam, begreep ik hoe middeleeuws dat leven was en hoe barbaars deze praktijken waren. Ik voelde dat ik op een onbekende, verborgen wereld stuitte die niet de mijne was, maar die in het duister bestond. Ik probeerde de redenen van hun straf te begrijpen, te weten te komen wat er met de schuldigen gebeurde.

Ik spitste mijn oren, maar de wind bracht me slechts gefluister en geruchten.

MIJN VERTREK UIT HET PALEIS

Mama, die de herhaalde ontrouw van mijn vader niet langer kon verdragen, had menig keer gedreigd hem te verlaten. De gelegenheid deed zich voor in de persoon van een jonge officier uit het noorden, op wie ze hevig verliefd werd.

Ze stapte op, dwong mijn vader om haar de voogdij over Maria en Soukaïna te laten, die respectievelijk twee en één jaar oud waren, en liet Raouf en Myriam inschrijven bij een chic pension in Gstaad, in Zwitserland. Ze huurde een kleine villa in de studentenwijk van Agdal, begon een winkel in confectiekleding die al snel een must werd voor de modebewuste dames in de stad, en

kreeg een heel ander leven. Voortaan ging ze om met intellectu-
elen en kunstenaars.

Mama bekommerde zich niet om roddelpraatjes. Ze was gelukkig, verliefd en mooier dan ooit. Die fase was voor haar noodzakelijk. Ze was te jong getrouwd, had geen jeugd gehad. Die
deed ze nu over met haar knappe officier.

De koning organiseerde het tweede huwelijk van mijn vader
en stelde me daar persoonlijk van op de hoogte. Ik wist alleen dat
mijn ouders gescheiden waren maar ik wist niet waarom. Ik was
wel al elf jaar, maar er werd me niets uitgelegd, alsof ik nog niet
in staat was het te begrijpen. Het hof keek alleen medelijdend
naar me.

Het huwelijk, dat groots was opgezet, werd in het paleis van
Marrakech gevierd. Ik nam het de koning kwalijk dat hij het had
georganiseerd en mama van het hof had verwijderd. Van de ene
op de andere dag was men haar vergeten en gingen de deuren
dicht voor Fatima Chenna, de gescheiden vrouw. In de beau
monde wilde iedereen de nieuwe mevrouw Oufkir uitnodigen,
die ook de voornaam Fatima had en die ik 'de gans' noemde, zo
dom was ze, en men organiseerde ter ere van haar het ene feest na
het andere.

Ik was geschokt door dat verraad waardoor ik inzicht kreeg in
de menselijke natuur. Mijn moeder was altijd bejubeld en opgehemeld, en vervolgens hadden ze haar opzijgeschoven zoals je
een lastig insect wegslaat. Wat haar overkwam, kon mij dus ook
op zekere dag overkomen...

Na het huwelijk probeerde mijn vader mij te spreken. Hij liet
me thuiskomen, waar ik niets meer herkende. Ik weigerde hem
een kus te geven, zei dat ik een hekel aan hem had. Hij had het
recht niet om een gezin kapot te maken. Hij voelde zich niet erg
op zijn gemak en probeerde zich te rechtvaardigen. Ik voelde dat
ik hem had gekwetst en ik maakte gebruik van die voorsprong
door nog meer tekeer te gaan.

'Ik houd nog steeds van je moeder,' vertrouwde hij me toe met
gebroken stem.

Maar ik begreep niets van die spitsvondigheden van grote mensen. Hoe kon je van een vrouw houden en met een ander trouwen? En aan wie moest ik uitleg vragen? Mimi en Raouf zaten in de Zwitserse bergen, mijn kleine zusjes waren nog te jong en Lalla Mina zou het niet begrepen hebben. Ik voelde me verloren, eenzamer dan ooit. Het was alsof ik mijn moeder verraadde.

Mijn vader sprak de waarheid. Zijn gevoelens voor mama waren niet veranderd, hij kon het niet verdragen dat hij haar kwijtraakte. Hij hield haar in de gaten, bedreigde haar, zat nachtenlang in zijn auto tegenover haar huis. De jonge officier werd naar de verste uithoeken van het land gestuurd en kreeg de gevaarlijkste opdrachten toegewezen. Men eiste dat hij ontslag nam. Dat weigerde hij.

De chef-staf verklaarde hem voor gek dat hij zich aan de vrouw van de machtigste man van het koninkrijk had gewaagd.

'Ze is nu míjn vrouw,' antwoordde hij trots.

Ter gelegenheid van een officieel bezoek van de koning aan het zuiden van het land vroeg mijn vader aan mijn moeder om hem te helpen een ontvangst in zijn geboortedorp voor te bereiden. Zo kwamen ze weer bij elkaar.

Mijn vader ging scheiden en ze hertrouwden. Mama was diep in haar hart erg op hem gesteld. Ze zei vaak tegen me dat mijn vader haar had gevormd. Ze hield echt van hem en houdt nu nog steeds van hem. Nooit, zelfs niet midden in onze ellende, heb ik haar horen klagen over het lot dat we door zijn schuld moesten ondergaan.

Mama werd opnieuw zwanger. Haar hele zwangerschap lang zei mijn vader steeds tegen haar: 'Het mooiste cadeau dat je me kunt geven, is een zoon die op me lijkt.'

Het kind van de verzoening werd geboren in 1969[1], op de dag van de grote aardbeving. De koning gaf hem de naam Abdellatif, 'hij die gespaard wordt'. De aardschok was ongehoord krachtig

1 Op 27 februari.

geweest maar ondanks alles waren er weinig slachtoffers gevallen. Mijn vader heeft niet de kans gekregen hem te leren kennen. Abdellatif was drie jaar toen mijn vader stierf.

Nu lijkt hij sprekend op hem.

Mijn ouders waren alweer een hele tijd bij elkaar, maar hun avontuur bleef het belangrijkste gespreksonderwerp van het hof. De concubines smulden graag van lekker pikante schandalen. Overal in het Paleis werd gemompeld, gefluisterd en geroddeld. Volgens Rieffel was mijn moeder een gevallen vrouw, een hoer.

Op een dag dat het hele hof in de kliniek van het Paleis op nieuws zat te wachten over Oum Sidi, die een galblaasoperatie onderging, hoorde ik de gouvernante met een courtisane kwaad spreken over mijn moeder. Ik begon tegen hen te schreeuwen. Aan het andere eind van de gang hoorde de koning me en hij liep snel naar me toe. Zijn blik gelastte me te zwijgen uit respect voor de rust van zijn moeder, maar ik bleef tekeergaan.

Mijn hysterische bui maakte indruk op hem. Hij pakte me bij mijn nek om me te kalmeren en vroeg me om me nader te verklaren. Al snikkend antwoordde ik dat ik terug naar huis wilde.

'Ik heb een familie,' zei ik, 'ik ben zielsbedroefd dat ik die niet zie.'

Ik voegde eraan toe dat Lalla Mina een ondankbare meid was en dat ik dat wel doorhad, terwijl ik me, om haar een plezier te doen, altijd helemaal gaf.

Tot mijn grote verbazing stemde de koning ermee in.

'Ik geef je geen ongelijk,' antwoordde hij, 'ondankbaarheid is het kenmerk van de Alawieten.'

Ik besefte dat mijn vastberadenheid hem in zijn trots had gekrenkt. Hij kon me niet meer vragen te blijven. Diezelfde avond nog was ik thuis.

Vóór deze scène had ik al geprobeerd te vluchten. Ik had in de buurt van de bijgebouwen een deurtje ontdekt, en overdag, ver van alle blikken, was het me gelukt onder de afrastering een gat te graven. Op een avond kon ik eindelijk naar de andere kant. Maar de vrijheid verblindde me, ik was er nog niet klaar voor. Ik wist niet waar ik heen moest. Uit angst voor een onbekende wereld keerde ik op mijn schreden terug. De volgende dag schreef ik een wanhopige brief aan mijn vader waarin ik vertelde dat ik zou weglopen. Door de telefoon bracht hij me tot rede en hij bezwoer me alles te proberen opdat ik weer thuis zou komen.

Ik werd ook door andere motieven gedreven. De koning wilde me uithuwelijken aan de zoon van een generaal die me niet aanstond. Als ik nog langer bleef, was het met me gedaan. Dan zou ik niet meer het leven kunnen leiden waarnaar ik zo verlangde: langdurig studeren, reizen, actrice of filmregisseuse worden.

Tegen het einde probeerde ik de hele tijd de concubines bijeen te brengen om hun de ogen te openen voor hun trieste lot. Maar in plaats van dat mijn woorden hen tot nadenken stemden, lachten ze zich slap. Toch waren deze vrouwen helder van geest en wisten ze precies wat hun leven inhield, wat ze hadden verloren en in ruil daarvoor gewonnen.

Het eerste halfjaar na mijn terugkeer sliep ik 's avonds thuis en verbleef ik overdag op het Paleis om op school mijn lessen te volgen. Ik voelde dat ik in een netelige situatie was beland. Ik was treurig bij de gedachte dat ik het leven van de concubines had afgewezen, en ik zag wel dat ze rancuneus waren, vooral de oudere. Ze hadden menig keer tegen me gezegd dat ik nooit weg mocht gaan of Lalla Mina in de steek mocht laten. Ik voelde me niet op mijn gemak en had een schuldgevoel. Maar ik was ook opgelucht. En blij.

Zodra mijn schooljaar was afgelopen, wilde ik niet meer in de buurt van het Paleis komen. Het protocol belde voortdurend om me uit te nodigen en ik weigerde iedere keer. Mijn vader dwong me echter te gaan, uit respect en beleefdheid.

Ik barstte in snikken uit, doodsbang bij de gedachte dat ze me weer op zouden sluiten.

Huize Oufkir

(1969-1972)

Ik kwam thuis toen het al donker was. Ik herinner me die duisternis en het gevoel van intens geluk dat me overstroomde. Ik zou de verloren tijd inhalen, mijn kinderjaren terugvinden. Hier was mijn plaats, te midden van mijn familie, in deze vredige omgeving die voortaan de mijne zou zijn.

Mama zat in Londen, mijn vader was nog op het ministerie en de kinderen waren bij hun gouvernantes. Ik werd ontvangen door onbekend personeel, van wie ik de al te eerbiedige houding vervelend vond.

Ik inspecteerde het huis, streek met mijn hand over de muren, raakte de meubels aan. Ik bleef staan kijken naar de schilderijen aan de muur, de familiefoto's waar ik niet op stond. Door die foto's zag ik de jaren voorbijtrekken, mijn broers en zussen als kinderen, mijn vader in groot tenue, mijn moeder in elegante kleren die ik niet van haar had gekend.

Ik opende de kasten in haar slaapkamer en haar parfum deed me wankelen. Ik deed weer wat ik als klein kind ook had gedaan: ik verborg mijn gezicht in haar jasje om haar geur op te snuiven. In de salon waagde ik het op de plaats van mijn vader te gaan zitten, op zijn favoriete bank, ik nestelde me in het kuiltje van het kussen waar hij altijd plaatsnam. Terwijl ik met mijn vinger over zijn aansteker streek, vergoot ik tranen zowel van vreugde als van droefenis.

Ik had al die tijd in het Paleis naar mijn huis terugverlangd. Maar pas toen ik weer thuis was, merkte ik hoe hevig het gemis was geweest.

Ons huis lag aan de Allée des Princesses, net als het vorige huis. Mijn vader had het terrein gekocht met het pensioen dat hij van het Franse leger had ontvangen en hij had de villa op krediet laten bouwen. Deze was groot, comfortabel en vooral gezellig. Vanaf de hoofdingang leidde een oprijlaan naar het huis, waarvan de buitenmuren okerrood waren, zoals bij de villa's in Marrakech. Aan de ene kant van de weg lag een glooiend grasveld, omgeven door een haag van cipressen die ons tegen inkijk beschermde. Aan de andere kant had mama een Japanse tuin laten aanleggen, met een bodem van rotsen en een beplanting van dwergboompjes. We hadden een zwembad, een tennisbaan, een filmzaal, een sauna en een garage met een stuk of tien auto's.

Niets van dit alles was echter pretentieus of opzichtig. Mijn ouders waardeerden het comfort dat geld verschaft, maar hadden een hekel aan uiterlijk vertoon. Mijn moeder, die een aangeboren raffinement bezat, had alle kamers op een eenvoudige manier mooi ingericht.

Alle mensen die bij ons thuis kwamen, stelden het huis in hun beschrijvingen mooier voor dan het was. Er werd gezegd dat het een van de mooiste huizen van Rabat was. Dat was niet zo. De gemeenschappelijke ruimte waar we meestal zaten, was van beperkte afmetingen, met in het midden, op z'n Marokkaans, een ronde lage tafel. Daar lunchten we, aten we 's avonds en keken we televisie. Op de eerste verdieping was mijn kamer, met haar decoratie als van een Engelse bonbondoos, klaar voor mijn terugkeer.

Wat later kreeg ik het, niet zonder botsingen met mijn vader, gedaan dat ik op mezelf mocht gaan wonen, in een studio tussen het zwembad en de sauna. Het was een heel kleine ruimte die alleen een ingebouwd bed, twee boekenkasten en een wasgelegenheid bevatte, maar doordat die los van het huis stond, werd ik wat zelfstandiger.

Het duurde lang voordat ik was geïntegreerd in dat onbekende familieleven. De eerste maanden observeerde en bestudeerde ik het ritme van iedereen. Mijn broer Abdellatif was een pasgeboren kind. Hij nam al mijn tijd in beslag wanneer ik uit school kwam. Ik had er moeite mee weer aansluiting te vinden bij mijn broer Raouf en mijn drie zussen, een verstandhouding te vinden die we nooit samen hadden gehad. Met mijn moeder was het gemakkelijker. We zaten meteen weer op dezelfde golflengte. Onze sterke band was door de scheiding niet losser geworden.

Er heerste bij mij thuis een prettige sfeer. Het was een echt thuis, vol bedrijvigheid en vrolijkheid. Maar naarmate mijn vader een steeds belangrijker figuur werd in het koninkrijk[1], werd de sfeer minder hartelijk. Dat had gevolgen voor de huiselijkheid.

Thuis waren de hovelingen nog onderdaniger tegen mijn vader dan in het Paleis. De mannen wachtten in de wachtkamer. De vrouwen kwamen in de hoop de nieuwe kleding van mijn moeder te kunnen na-apen, die in dat wereldje de toon aangaf. We leefden onder de blikken van het hof dat over ons leven en onze tijd beschikte.

Soms hadden we het geluk dat we met het hele gezin konden lunchen. Maar meestal bleven de hovelingen plakken en zaten ze opeengepakt in de kleine salon waar mijn vader de ministers en de officieren ontving om te werken. Wanneer hun vrouwen arriveerden, verplaatste het hele gezelschap zich naar de eerste verdieping, naar de grote salon, om wat te drinken en te praten. De volwassenen aten 's avonds laat; het gebeurde nogal eens dat we met een stuk of dertig gasten aan tafel zaten.

Bij ons thuis was je je niet bewust van pracht en praal maar wel van de almacht van mijn vader. Ik kende dat aspect van zijn persoonlijkheid niet zo goed. Ik was er in het Paleis zo'n beetje achter gekomen dat hij een belangrijk iemand was; de koninginmoeder mocht hem bijzonder graag, de hovelingen vereerden hem en de koning bracht veel tijd met hem door.

1 1969: generaal Mohammed Oufkir is sinds 1964 minister van Binnenlandse Zaken van koning Hassan II.

Toen ik weer thuis was, ontdekte ik ook dat hij werd gevreesd, dat hij zwart werd gemaakt en dat hij doorging voor een meedogenloos mens. Mijn vrienden beschouwden hem als publieke vijand nummer één. Alleen al het noemen van zijn naam deed hen verstijven.

Op het Lalla Aïcha-lyceum, waar mijn ouders me in de op één na hoogste klas lieten inschrijven, werd ik gerespecteerd en benijd, maar er werd achter mijn rug gekletst en ik werd met de vinger nagewezen. Eén leerlinge schold me uit voor moordenaarsdochter naar aanleiding van de affaire-Ben Barka, waarvan ik de exacte inhoud nog steeds niet kende. Ik wist niet hoe ik ertegen in kon gaan. Met de naïviteit die kenmerkend was voor mijn leeftijd veroordeelde ik niet mijn vader in onze politieke discussies, maar de Macht en de Repressie met een grote M en een grote R.

Ik hield zielsveel van mijn vader. Ik dacht dat ze hem niet kenden zoals ik hem kende, met zijn gevoeligheid, zijn edelmoedigheid en zijn goedheid. Het was een rustige, discrete man, die schijnbaar gematigder was dan mijn moeder, die nooit ergens doekjes om wond. In werkelijkheid was hij veel scherper en kwetsender dan zij. Hij had een onfeilbare intuïtie en vertrouwde alleen zichzelf, op gevaar af zich te vergissen of zijn omgeving kwaad te maken, want hij had geen tact.

Hij had een wantrouwig karakter en kon soms heel driftig worden ondanks de zelfbeheersing waarvan hij meestal blijk gaf. Hij was nogal grillig. Soms was hij vrolijk en ontspannen en op zulke momenten bleek hij over een subtiel gevoel voor humor te beschikken waardoor een heel gezelschap zich krom kon lachen. Andere keren hulde hij zich in een intens stilzwijgen waar niemand hem uit kon halen. Dan was hij ongenaakbaar, ontoegankelijk en leek hij wel een sfinx.

Hij had een eenvoudige smaak maar was in hart en nieren een heer. Zelfs in de tijd dat hij voor zijn levensonderhoud alleen zijn kapiteinssoldij had, kon hij die in één avond uitgeven om mama mee te nemen naar een restaurant. Hij was mooi, trots en had veel charisma. Wanneer hij een vertrek binnenkwam, zag je alleen hem. Omdat hij ingetogen en zelfs preuts was, kuste hij mama nooit in ons bijzijn. Hij omarmde haar liefdevol of drukte haar hand met veel genegenheid.

Mijn ouders hadden een rustige, respectvolle relatie. Ze verhieven hun stem niet en maakten geen ruzie, wat voor conflicten of problemen ze ook hadden. Ze hadden veel bewondering voor elkaar. Toch waren ze heel verschillend.

Mama was een kunstenares, een bohémienne, verstrooid, verkwistend, gul en huiselijk. Het was een vrolijke vrouw die van het leven en van feesten hield en graag luidkeels het hele repertoire aan oosterse klassieke muziek mocht zingen. Ze had een prachtige stem. Ze hield van films en snelle auto's die ze zelf in volle vaart door de straten van Rabat stuurde. Ze was een autodidact, las veel en was overal in geïnteresseerd.

Haar onverzettelijke karakter leverde haar vijanden op. Ze was oprecht, direct, ongeduldig, opvliegend en had gebrek aan souplesse. In tegenstelling tot de hovelingen in haar omgeving of het Paleis, waar ze vaak kwam, was ze niet berekenend of vals, en ze manipuleerde niet. Ze was recht door zee, zelfs te zeer. Tegen ons was ze moederlijk en ze liet geen enkele voorkeur blijken voor een van haar kinderen, ook al kan ik me vleien met de gedachte dat ik een speciale band met haar had. Ze was ondanks haar drukke dagen vaker bij ons dan mijn vader.

Toch bleef mijn vader bereikbaar, mits je de moeite nam naar hem toe te gaan. Hij onderhield met elk van zijn zes kinderen een bijzondere relatie.

Myriam was op veertienjarige leeftijd vaak ziek. Ze leed aan epilepsie. Mijn ouders hadden over de hele wereld dokters geraadpleegd, maar tevergeefs. Haar aanvallen waren hevig en spectaculair. Was mijn vader door die kwaal afstandelijk tegen haar? Ik herinner me echter dat ze een keer met de cijfers op haar rapport had geknoeid. Mama had het gemerkt en mijn vader gevraagd haar een standje te geven. Maar hij was niet in staat ons te straffen of zijn hand tegen ons op te heffen. Hij vroeg Mimi bij hem te komen in de salon. Hij zou doen alsof hij haar sloeg terwijl zij met regelmatige tussenpozen zou huilen om mama ervan te overtuigen dat ze echt werd gestraft...

Raouf van twaalf was de erfgenaam, de eerste jongen in het gezin, een jonge god die door de vrouwen in huis afschuwelijk werd verwend en die door iedereen werd aanbeden. De bewakers sloegen in zijn bijzijn de hakken van hun laarzen tegen elkaar. Hij had een grenzeloze bewondering voor mijn vader.

Maar mijn vader, die dol op hem was, had een moeilijke relatie met hem. Als opgroeiende jongen was Raouf heel mooi, bijna op een vrouwelijke manier, met zijn lange haar, zijn bleke huid en zijn hoge jukbeenderen. Mijn vader was extra streng en bijna agressief tegen hem, zo bang was hij dat zijn erfgenaam homoseksueel zou worden.

Die angst was weinig gegrond. Mijn broer had al op jonge leeftijd veel succes bij de meisjes en hij had net zoveel belangstelling voor hen als zij voor hem. Na de staatsgreep van Skhirat[1] week Raouf geen voetbreed van mijn vaders zijde. Hij had toestemming gekregen om deel uit te maken van het escorte. Omdat hij op zijn dertiende al kon autorijden, verving hij vaak de chauffeur, ging hij 's avonds met mijn vader uit en wachtte dan geduldig tot de werkbijeenkomsten afgelopen waren, soms tot laat in de nacht.

Maria en Soukaïna, die respectievelijk zeven en zes jaar oud waren, hadden een heel verschillend karakter. Mijn vader was gecharmeerd van Maria, die levendig en eigenzinnig was, maar je kreeg weinig greep op haar. Toen al maakte ze haar gevoelens niet kenbaar. Soukaïna daarentegen was aanhankelijk en zachtaardig. Ze vlijde zich tegen mijn vader aan terwijl ze op haar duim zoog of ze zong liedjes voor hem op een komische manier

1 Zie blz. 102.

zodat hij de tranen in zijn ogen had van het lachen.

'Er was eens een mannutjuh, pirouettuh, pindatjuh...'

Ze lag altijd languit plat op haar buik op de grond papieren vol te krabbelen. Mijn vader was ervan overtuigd dat ze schilderes of schrijfster zou worden.

En Abdellatif, die nog luiers droeg, was voor iedereen een bron van vreugde. De wens van mijn vader was verhoord. Zijn jongste zoon leek op hem. Hij had hem overigens bijna vroegtijdig verloren, verscheurd door een jong leeuwtje dat hij cadeau had gekregen en naar huis had meegenomen.

Het dier, dat vrij op het grasveld ronddartelde, viel eerst twee yorkshire-terriërs aan voordat het de baby te pakken kreeg die niet ver daarvandaan zat te spelen. Hij gooide hem als een bal omver onder de machteloze blik van de kindermeisjes, vervolgens nam hij hem tussen zijn klauwen en liet zijn tanden zien zodra wie dan ook dichterbij dreigde te komen. Ze moesten mijn vader roepen opdat hij zelf kon constateren hoe gevaarlijk het was. Ten slotte liet het leeuwtje zijn prooi los en werd het naar de dierentuin gestuurd om met zijn soortgenoten te spelen.

MIJN VADER EN IK

We waren vrienden, kameraden. Ik fascineerde hem, ik daagde hem uit zonder bepaalde grenzen te overschrijden. Ik paste er echter wel voor op bang voor hem te zijn of op een onderdanige manier eerbiedig: daar was ik veel te weerspannig voor.

's Ochtends riep hij me om zijn stropdas te strikken of zijn boord dicht te knopen. Ik was trots op dat ritueel zoals hij dat ook was. Op een dag, toen ik moeilijk zijn overhemd dicht kon krijgen, merkte ik om hem te plagen op dat hij een onderkin had gekregen. Hij was heel koket en nam onmiddellijk de nodige maatregelen: thuis een partijtje tennis met zijn vriend, generaal Driss Ben Omar, naar de sauna en iets minder eten. Helaas hielden die uitstekende voornemens niet erg lang stand.

Wanneer hij op reis ging, vroeg hij me zijn koffer in te pakken. Dat vertelde hij dan vervolgens trots aan zijn ministers. Hij zei met een glimlachje tegen me: 'Kleed me maar aan als je rocksterren, ik wil er modern uitzien...'

Om een uur of één 's middags, wanneer hij van het ministerie of het hoofdkwartier kwam, ging hij naar de grote salon. Hij ging op zijn bank zitten, altijd op dezelfde plaats, vroeg om een biertje en dronk dat langzaam op. Ik was dan klaar met lunchen en ging hem boven opzoeken, vaak samen met Soukaïna, die geweldig veel van hem hield. Ik hield me met hem bezig, bediende hem, bleef bij hem tot ik weer naar school moest, terwijl ik het litteken op zijn rechterhand streelde, het gevolg van een auto-ongeluk.

Hij had een grote piano in de salon laten neerzetten en hij vroeg me te spelen wanneer we gasten hadden. Hij was heel trots op mijn muzikale talent. Ik gehoorzaamde met enige tegenzin: ik hield niet van die rol van dochter des huizes.

Een paar weken na mijn terugkomst ging ik met mijn ouders mee op een officieel bezoek aan Spanje, naar Sevilla, ter gelegenheid van de Feria... Dit was de gelegenheid om nader tot hen te komen, weer hun dochter te worden, en zelfs hun enig kind, aangezien mijn broers en zussen in Rabat waren achtergebleven. Aan die reis heb ik mijn eerste echte moment van familiegeluk te danken. We gingen gezamenlijk naar alle feesten die gegeven werden door de Spaanse aristocratie, we dansten tot de ochtend wilde flamenco's.

Ik ontdekte een vader die opgewekt was, een bon-vivant, een nachtbraker die van liefdesliedjes en mooie zigeunerinnen hield. Ook een autoritaire vader. Hij verbood me op een avond uit te gaan in een doorzichtig Indiaas hemd dat ik zonder bh droeg, zoals toen in de mode was. Hij was geïrriteerd door zoveel schaamteloosheid.

Onze verstandhouding verliep niet zonder strubbelingen. Ik

was zestien, ik was in hart en nieren opstandig, koppig tegenover elke vorm van gezag. Ik was al te lange tijd beteugeld geweest. Later heb ik nog meer strijd moeten leveren om minirokken te mogen dragen. Ik wilde niet dat een chauffeur me 's ochtends naar school bracht en bij het uitgaan van de school op me wachtte. Ik wilde een normaal leven leiden, wat niet vanzelfsprekend was voor de dochter van generaal Oufkir.

Ik wachtte met ongeduld tot ik achttien werd, om mijn rijbewijs te halen. Mijn lijfwacht, die hoe dan ook achter het stuur zat, had me de eerste beginselen van het autorijden geleerd. Maar ik had geen flauw idee van de verkeersregels. Ik haalde mijn rijbewijs dankzij de agenten van het escorte die de inspecteur verzochten het mij te geven.

Ik zag elke dag een groep vrienden die mijn vader niet zo graag mocht. Sommigen, zoals Sabah, mijn beste kameraadje, vond hij te brutaal. Véronique en Claudine zaten bij mij in de klas, in 5c van het Lalla Aïcha-lyceum. De ouders van Véronique, overtuigde trotskisten, waren toegetreden tot de partij van Abraham Serfaty[1]. Ze leefden volgens de normen van 1968 in een huis in Rabat, niet ver van ons vandaan. De verwilderde tuin was het domein van hun honden, Duitse herders, dobermannpinchers en bulldogs. De kinderen waren aan zichzelf overgeleverd. Dat was precies het tegenovergestelde van mijn leven, maar het tastte onze ontluikende vriendschap niet aan.

Véronique nodigde me vaak voor de lunch uit ondanks de terughoudendheid van haar ouders ten opzichte van mij. Ze aarzelden niet me uit te dagen, te zinspelen op mijn vader. Ten slotte antwoordde ik hun dat ik geen enkel politiek argument had om

---

1 Abraham Serfaty: afgestudeerd aan de Franse Hogere School voor Mijnbouw. Deze tegenstander van het regime is de oprichter van de extreem linkse partij Ilal Amam ('Voorwaarts'). Hij wordt in januari 1972 gearresteerd, in 1974 vrijgelaten en vervolgens opgesloten in de Ghbila-gevangenis, en daarna in de militaire gevangenis van Kenitra. Hij wordt in september 1991 vrijgelaten en uitgewezen naar Frankrijk.

hem te verdedigen, maar dat hij mijn vader was en dat ik niet toestond dat hij werd beledigd.

Onder de jongens met wie ik bevriend was, had je Ouezzine Aherdane, de zoon van een Berberse partijleider die verscheidene malen minister was geworden onder Mohammed v en Hassan ii; Maurice Serfaty, de zoon van Abraham Serfaty; Driss Bahnini, de zoon van de ex-premier, de zoon van een zakenman, en anderen... Ouezzine liep erbij in de stijl van Bob Dylan, hij had lang haar en droeg gebloemde hemden. Hij reed in Volkswagen-kevers zonder uitlaatpijp die hij verfde zoals het hem uitkwam: op maandag waren ze citroengeel, op dinsdag werden ze zuurstokroze. Daarna had hij opeens liever een Mustang-cabriolet.

Ik verruilde graag mijn grote auto's met chauffeur voor zijn knetterende karretjes. Op een middag dat we hadden gespijbeld zaten we met zijn allen in de auto van Ouezzine te lachen en gek te doen. Bij het rode licht stopte er een auto vlak naast de onze. Daarin zat mijn vader ons streng aan te staren. Doodsbang dook de vrolijke bende onder de stoelen. Ouezzine, die veel te trots was om te laten zien dat hij was geschrokken, reed weg terwijl hij recht voor zich uit keek.

Ik ging vaak naar Maurice Serfaty, ik kwam bij hem thuis de actievoerders tegen die zijn vader ontving. Ook al was ik dan de dochter van mijn vader en werd ik, net als hij maar om andere redenen, in de gaten gehouden, Abraham Serfaty gaf tegenover mij altijd blijk van het grootste vertrouwen omdat ik een vriendin van zijn zoon was. Hij was zo intelligent zijn kinderen niet bij de politiek te betrekken. Ik was volledig op de hoogte van zijn activiteiten, maar het zou nooit bij me zijn opgekomen er met mijn vader over te praten. Hijzelf zou me trouwens nooit hebben verboden bij hem thuis te komen.

Mijn vader maakte zich vóór alles bezorgd om die jongens om me heen. Hij werd beïnvloed door de schijnheilige hovelingen uit zijn omgeving die deden alsof ze zich ongerust maakten over mijn maagdelijkheid en mijn eer. Daar bekommerde ik me niet om. Ik vond het vooral leuk om hen uit te dagen. Natuurlijk wilde ik mijn vader niet teleurstellen; maar dat weerhield me er niet van er bijna elke avond tussenuit te knijpen om mijn hartstocht voor muziek en dans te botvieren.

Ik had alles goed voor elkaar. Tot tien uur 's avonds liet ik me even zien en ik beantwoordde als een voorbeeldig meisje vragen over mijn studie. Wanneer werd aangekondigd dat het avondeten werd geserveerd, stond ik op, kuste mijn ouders en zei de gasten goedenavond, terwijl ik beweerde dat ik moest werken voor de overhoring van de volgende dag. Op mijn kamer trok ik een minirok of short aan en maakte me buitensporig op. Ik legde een kussen met een pruik op in mijn bed en ik vertrok.

Dat was geen eenvoudige zaak: we leefden op een benauwende manier. We werden altijd in de gaten gehouden. Er was geen sprake van dat je zonder escorte uit kon gaan. Het huis was vol bewakers en onder hen waren veel verklikkers. Ook de telefonisten die elkaar in huis aflosten, waren verklikkers. Maar er was er één met wie ik op goede voet stond en hij hielp me te ontsnappen.

De twee jongere broers van mijn moeder, Azzedine en Wahid, die twintig en zeventien waren, zaten in hun auto op me te wachten. We gingen er snel vandoor om onze vrienden op te zoeken in de trendy discotheken. Azzedine waakte angstvallig over me en liet niemand in mijn buurt komen.

Ik danste tot vroeg in de morgen. 's Ochtends werd ik om zeven uur wakker om naar school te gaan, maar ik beschouwde het als een erezaak om voor mijn examens te slagen. Op een avond hoorde ik, terwijl ik me klaarmaakte, de twee houten vleugels van het raam een eindje opengaan. In het donker herkende ik mijn vader. Iemand had me dus verraden. Die avond ben ik rustig in bed gebleven. Hij heeft nooit een woord gezegd over wat hij wist.

We brachten de zomer op het strand door, vlak bij Rabat. Mijn ouders bezaten daar twee strandhuisjes, veel eenvoudiger dan de huizen die de bourgeoisie liet bouwen en die er vaak uitzagen als paleizen. Die van mijn ouders waren echte strandhuizen. Ze hadden zichzelf het eerste toegeëigend en het andere was voor ons. Ze wilden dat ik bij hen kwam wonen maar ik weigerde, met als excuus dat ik me op mijn examens moest voorbereiden. In werkelijkheid wilde ik er 's avonds vandoor kunnen gaan, wat er ook deze keer op neerkwam dat ik een ware hindernisbaan moest nemen. Het terrein stond vol jeeps, en politie en leger patrouilleerden dag en nacht.

Ik werd vaak tussen de middag wakker. Mijn vader, die deed alsof hij geloofde dat mijn diepe slaap te wijten was aan mijn nachten van hard blokken, stelde me voor een stukje te gaan rijden na een lunch waar ik met nog opgezwollen ogen kwam aanwaaien. Gesprekken onder vier ogen met hem waren zo zeldzaam dat ik blij toestemde.

Hij reed een ogenblik zonder iets te zeggen, en vroeg me toen of ik had gehoord van een discotheek die La Cage heette. Ik ontkende krachtig, maar niet erg trots op mezelf. In La Cage danste ik altijd tot vroeg in de morgen. Hij parkeerde ertegenover.

'Herken je het niet?'

Ik deed alsof ik het niet begreep en hij drong niet aan.

Een andere keer verklaarde hij in aanwezigheid van een heel gezelschap dat ik in een disco in Casablanca was gezien. Gelukkig klopte het niet en kon ik hem zonder aarzelen verzekeren dat ik onschuldig was.

'De ene dag zien ze me in Casa, en waarom niet de volgende dag in La Cage?'

'Wat Casa betreft kan ik je geloven, maar in La Cage weet ik het niet...'

In Londen, waar ik voor de eerste keer met hem naartoe mocht, betrapte hij me erop dat ik op de wc van de Play Boy, een trendy restaurant, stond te roken. Hij wachtte tot ik er uitkwam en verklaarde dat ik beter kon roken in zijn bijzijn dan dat ik me verstopte. Enige tijd later had hij waar ik bij was een discussie met generaal Ben Omar, een strenge man die zijn kinderen in vrees opvoedde. Hij zei nogmaals dat hij niet van geheimzinnigdoenerij hield. Hij zag me liever roken dan dat hij me hoorde liegen, wat de brave generaal choqueerde.

Mijn vader at onbeschaafd, kauwde luidruchtig en had geen manieren. Niemand in zijn omgeving durfde dat tegen hem te zeggen en mama maakte zich er niet erg druk over. Hij had ook een hekel aan de verfijnde keuken. Net als ik hield hij alleen van eieren, bij voorkeur spiegeleieren. Op een officieel bezoek in Agadir was hij een van zijn beste vrienden, Henry Friedman, gaan opzoeken. Die bezat La Casbah d'Agadir, een soort Club Med die hij als eerste had gelanceerd en die nog steeds bestaat.

In zijn hele omgeving was Henry de enige die mijn vader flink de waarheid durfde te zeggen. Hij was een Oost-Europese jood, rossig met blauwe ogen, die bijna twee meter lang was en honderdvijftig kilo woog. Een kolos met een eeuwige sigaar in zijn mond en een schorre, holle stem. Als voormalige gedeporteerde was hij de levenslust in eigen persoon, maar hij had ook een autoritaire kant. Hij was dol op eten. Door de honger en de ontberingen die hij in de concentratiekampen had geleden, had hij een diep respect voor voedsel gekregen. Hij was een uitstekende kok en had zelf voor mijn vader een tafel vol heerlijke gerechten klaargemaakt.

Mijn vader inspecteerde het hele buffet.

'Luister eens, het spijt me zeer, Henry,' zei hij ten slotte, 'maar ik houd daar niet van. Ik wil twee spiegeleieren.'

Henry werd woedend en ging tekeer tegen mijn vader, die heel kalm bleef. De tafelbedienden beefden toen ze zagen dat generaal Oufkir de mantel werd uitgeveegd, maar Henry begon rood aangelopen nog harder te brullen. Hoe meer hij zich opwond, des te breder werd het glimlachje van mijn vader. Hij was opgetogen dat hij hem had uitgedaagd.

Thuis kon ik er niet tegen met hem aan tafel te gaan. Mijn strenge Duitse opvoeding liet niet het geringste afwijkende gedrag toe. Wanneer ik met de kinderen lunchte, kon ik het niet nalaten hen te berispen. Ze waren natuurlijk wel goed opgevoed, maar naar mijn smaak niet genoeg. Ik leerde hun een tong te fileren en langzaam te kauwen. Ik kon niet wennen aan hun manieren en zij dreven de spot met de mijne, die me waren ingeprent door Rieffel, de gouvernante, en die nog waren versterkt door het buitengewone raffinement in het Paleis. Daar heb ik nooit afstand van kunnen doen.

Tijdens een lunch in gezelschap van de meest vertrouwden van mijn vaders officieren was ik algauw tot wanhoop gebracht door het geluid van zijn kaken. Ik keek hem strak aan. Hij keek even op en staarde mij op zijn beurt aan. Zonder een woord te zeggen hadden we elkaar begrepen. Toen begon hij om mij uit te dagen nog veel luidruchtiger te kauwen. Ik deed hem na en zei: 'We kunnen elkaar hier niet verstaan, we horen alleen jou.'

Alle officieren hadden hun mes en vork neergelegd. Ze keurden mijn gedrag af; ik was brutaal, schaamteloos, ik had niet genoeg respect voor mijn vader. Maar hij gaf geen antwoord.

Een andere keer had hij besloten te stoppen met roken. Hij kwam van het hoofdkwartier met zijn zakken vol kauwgom. Hij wist dat ik er een hekel aan had om iemand te horen kauwen. Hij maakte het pakje open, stopte alle kauwgommetjes in zijn mond en keek me strak aan. Ik wendde mijn blik niet af.

Weer een andere keer zat hij in de salon met een paar ministers over politiek te praten. Ik ging de kamer ernaast in en zette de muziek heel hard. Hij vroeg me het geluid zachter te zetten. Ik gehoorzaamde, liet tien minuten voorbijgaan, en zette het toen weer hard. Met dat soort spelletjes waren we voortdurend bezig.

Aan het einde van het schooljaar waren mijn cijfers niet goed genoeg om over te gaan naar 6c. Mijn nachtelijke uitstapjes hadden sporen nagelaten. Ik koos voor de literaire richting en vroeg aan mijn ouders me op kostschool te doen. Ik dacht dat ik zo meer vrijheid zou hebben.

Aan het begin van het volgende schooljaar lieten ze Raouf, Myriam en mij alle drie inschrijven bij het Paul Valéry-lyceum. De gewoonte om er 's nachts tussenuit te knijpen had ik niet opgegeven en ik deed het veel te vaak, wat me op heel veel uitbranders kwam te staan en zelfs op een paar klappen die keer dat ik, in plaats van in de vroege ochtend naar het internaat terug te keren, een hele dag met Sabah in Rabat doorbracht.

EEN VERWEND MEISJE

Een leven als iedereen? Daar droomde ik van... Maar ik wist niet hoe zo'n leven kon zijn... Ik had het zo gemakkelijk. Ik hoefde maar met mijn vingers te knippen en hup, ik kreeg alles voor elkaar zonder me te hoeven inspannen. Reizen? Ik kocht een vliegticket eersteklas zoals anderen de bus nemen. Kleren kopen? Ik kocht de winkels leeg van de ontwerpers uit de grote Europese hoofdsteden en zo nodig leende ik de Saint Laurent-kleding van mama. Uitgaan? Ik had het ene feest of bal na het andere met gasten over wie regelmatig werd geschreven in de rubriek societynieuws van de kranten. Op vakantie? Ik had de keus: de hele wereld was van mij. Ik vond alles normaal: geld, weelde, macht, koningschap en onderdanigheid. Om me heen waren de mensen zo volgzaam dat ze je, zelfs als je donkere ogen had, complimenteerden met je blauwe kijkers omdat dat hun was bevolen.

Op het bal voor mijn achttiende verjaardag nodigden mijn ouders de hele Marokkaanse upperclass uit, prins Moulay Abdallah, prinses Lamia, de hele regering, een groot aantal militairen en een paar filmsterren.

En ik? Ik, het verwende kind, liep te mokken. Ik vond het vervelend om kleren te moeten passen. Een Dior-jurk was niks voor mij, een kapsel met frutsels en fratsels evenmin. In mijn hoekje zat ik te pruilen, te stampvoeten... De kapper die twee uur bezig was om met behulp van veel lak en tegenkammen een ingewikkelde chignon te wrochten, zwoer dat hij nooit meer terug zou komen om mij te kappen toen hij zag hoe weinig waarde ik hechtte aan zijn meesterwerk. Nog voordat hij zijn spullen weer had ingepakt, stak ik mijn hoofd onder de kraan en liet mijn haar los over mijn schouders hangen. Een echte rotmeid.

Ik moest samen met mijn ouders alle gasten ontvangen, me zo beminnelijk mogelijk gedragen, het volmaakte meisje van huwbare leeftijd spelen. Ik opende het bal met prins Moulay Abdallah, had een vriendelijk woord voor de oude dames, glimlachte tegen mijn grootvader, tegen de generaals en de ministers... Ik speelde mijn rol een groot deel van de avond.

Maar toen de Jamaïcaanse muziekgroep de eerste reggae inzette, brak de al te brave Malika los op de dansvloer. Ik liet mijn mooie witte mousselinen jurk, geborduurd met rozen, voor wat ze was, schoot een spijkerbroek en een T-shirt aan en danste de hele nacht, meestal met mijn vader, op blote voeten tot ik buiten adem was.

Die avond waar ik zo tegenop had gezien, was uiteindelijk toch leuk geweest. Ik was overladen met cadeaus, waaronder prachtige sieraden; ik had complimenten gekregen over mijn schoonheid, mijn ouders waren gelukkig... En ik had me best vermaakt. Ik heb lange tijd, zelfs nog tijdens de eerste jaren in de gevangenis, een klein album bewaard met foto's die die avond zijn genomen. Het is me afgepakt, net als de rest. Maar ik heb het terug kunnen krijgen toen ik vrijkwam. De hoofden van de generaals die na de staatsgreep van Skhirat zijn geëxecuteerd en die die avond aanwezig waren, waren met een groene pen omcirkeld.

Waar dromen jonge meisjes van? Merendeels van de liefde. Maar ik droomde van licht... Film was de grote hartstocht gebleven waar mijn leven om draaide, sinds de tijd waarin ik alle films die ik mooi had gevonden liet naspelen door Lalla Mina en mijn schoolvriendinnetjes van het koninklijk lyceum. Een ster worden, dat was wat me bezielde... Alle gelegenheden werden aangegrepen om toegang te krijgen tot de wereld van glitter en glamour. In Londen, waar mama een huis in Hyde Park bezat, ontmoette ik de Griekse actrice Irene Pappas. Ze speelde in een film die in de Londense studio's werd opgenomen. Meteen duizelde het me. Gelukkig voor mij werden mijn twee ooms Azzedine en Wahid geacht mij als chaperons te begeleiden. In werkelijkheid amuseerden ze zich net zo goed als ik.

We zagen elkaar in het gigantische appartement dat Irene had gehuurd, we dansten de sirtaki, we dronken wodka en champagne, we lachten, we zongen en we werden vroeg in de ochtend thuisgebracht in Maserati's of Lamborghini's, door de zoon van koning Fahd van Arabië of door Yorgo, een jonge Griekse acteur. Zo werd ik geacht Engels te leren...

Parijs fascineerde me... Ik maakte van alle gelegenheden gebruik om mijn ouders te smeken mij daarheen te sturen. Ik moest nogmaals een chaperon hebben. Mijn nichtje, Leïla Chenna, met wie ik als kind speelde, kreeg deze taak toegewezen. Ik trok met alle plezier bij haar in. Leïla, die iets ouder was dan ik, was het mooiste meisje van haar generatie. Haar uiterlijk had haar geluk gebracht: ze was actrice geworden. Regisseur Lakhdar Yamina was smoorverliefd op haar geworden en had haar in de meeste van zijn films laten spelen, waaronder de beroemde *Chronique des années de braise* die de Gouden Palm had gekregen in Cannes. Ze had ook in een James Bondfilm gespeeld.

Leïla was de belichaming van mijn droom. Ze was geslaagd in de filmwereld, ze was onafhankelijk. Ze ging om met de acteurs die ik het meest van allen bewonderde. En ze was niet egoïstisch... Ze stelde me voor aan Alain Delon. De ster der sterren. De acteur die door vrouwen werd verafgood. Hij maakte nauwelijks indruk op me. Voor het wispelturige, spontane kind van zeventien dat ik was, was hij al een volwassen man. Bijna een oude man. Er had tussen ons van niets anders sprake kunnen zijn dan van vriendschap, die soms ambivalent was, maar volkomen platonisch. Ik zag hem een paar keer in Parijs en vervolgens in New York en in Mexico, waar hij in *The Assassination of Trotski* van Joseph Losey speelde, met Romy Schneider. Hij leerde me Yams spelen.

Alain was heel aardig tegen me, maar respecteerde het jonge meisje dat ik was, met haar deugdzame principes. Hij vond mijn dolle-maagdachtige trekjes wel leuk. Hij belde me vaak in Rabat. Mijn vader, die was gealarmeerd door zijn hovelingen, die altijd snel gechoqueerd waren als het om mijn eer ging, maakte zich ongerust om die relatie. Daar was geen reden toe. Alain was een echte vriend, een van de allertrouwste. Hij bewees later dat hij me nooit was vergeten.

Jacques Perrin kwam veel bij Leïla over de vloer. Hij had zojuist *Z* geproduceerd. Hij werd bewonderd en gefêteerd... En was om op te eten... Ik heb met hem een kleine onbelangrijke flirtation gehad. Ik was waarschijnlijk een beetje verliefd. Maar ik was nog niet bereid om wie dan ook toe te behoren. Ik was te zeer beneveld door mijn pasverworven vrijheid.

De Verenigde Staten was het land van mijn dromen. New York en Hollywood waren mijn mooiste beloning. Ik heb er een gedenkwaardige kerstvakantie doorgebracht. In The Big Apple werd ik de vriendin van Marvin Dayan, de neef van Mosje, wat mijn vader bij mijn terugkeer plezier deed en sommigen van zijn ministers ergerde. Los Angeles? Een van mijn beste herinneringen. Ik ging mee met prinses Nehza, de jongste zus van de koning, en ik werd samen met haar uitgenodigd bij de upper ten van Hollywood. We hadden vele diners en feesten, het ene nog ongelooflijker dan het andere. Ik ontmoette daar alles wat de filmwereld in die tijd aan sterren en beroemdheden telde, Zsa-Zsa Gabor, Edward J. Robinson en nog vele anderen. Ik was onder de indruk, verlegen, maar wel gefascineerd... Ook al was ik me ervan bewust dat ik die beroemde kennissen had te danken aan mijn naam, die als een toverwoord alle deuren voor me opende, ik was evengoed onbezonnen.

Op een van die feestjes ben ik zelfs tot over mijn oren verliefd geworden op Stuart Whitman, een filmcowboy die maar met zijn mooie blauwe ogen hoefde te knipperen of ik viel in zwijm. Ik vertelde de vrouw die naast me op de bank zat, een schitterende Franse mannequin, in vertrouwen over deze liefde op het eerste gezicht. Ze luisterde heel serieus naar me.

'Ik begrijp het,' zei ze glimlachend tegen me. 'Het is waar dat hij fantastisch is.'

Ik stond op het punt door te gaan over het voorwerp van mijn plotselinge hartstocht en al zijn charmes op te sommen, toen ik zag dat Nehza me een vernietigende blik toewierp. Ze beduidde me dat ik bij haar moest komen.

'Malika, gedraag je. Niet alleen zit je die man schaamteloos aan te staren, maar bovendien doe je dat waar zijn eigen vrouw bij is...'

Dat was mijn mooie buurvrouw... Ze was zo fatsoenlijk om me mijn bekentenis niet kwalijk te nemen, en nodigde me verscheidene keren bij zich thuis uit. Ze was gecharmeerd door mijn naïviteit. Ik werd een vriendin van haar en haar man, die vertederd was door mijn vergeefse liefde.

Bij hen thuis in Malibu raakte ik bevriend met de charmante Brigitte Fossey, die, net als ik, dochter van een officier was, en moeder van de kleine Marie van vier maanden. Wat later werd ik door Steve McQueen, die ik ontmoette in een nachtclub in Los Angeles, waar ik danste met de zonen van Dean Martin, uitgenodigd om met hem te gaan booggyrijden in de Californische woestijn. Hij kende mijn ouders. We hadden samen een onvergetelijke dag, in de auto voortrazend door de zandduinen. Ik heb nog nooit zoveel gelachen.

Ik wilde zo graag actrice worden dat ik van een Amerikaanse agent, een vriend van mijn vader, bijna een contract voor een film loskreeg. Aan de telefoon moest mijn vader al zijn overredingskracht gebruiken om het me uit mijn hoofd te praten.

'Malika, doe je eindexamen en daarna laat ik je in de Verenigde Staten wonen. Dan kun je doen wat je wilt.'

Ik gehoorzaamde de stem van de rede. Wanneer ik bedenk dat Hollywood op me lag te wachten...

Vanaf de afstand waarmee ik voortaan alles beschouw, kijk ik geamuseerd en ook met een zekere genegenheid naar dat niet al te domme, maar door het leven verwende meisje, wier oprechte vlagen van opstandigheid vast en zeker hun doel voorbij zouden zijn geschoten. Mijn lot was van tevoren uitgestippeld: een goed huwelijk op mijn twintigste, een leven van luxe en verveling, vrijpartijen, ontrouw, frustraties en ontevredenheid, verdronken in alcohol of drugs. Een bestaan dat identiek is aan dat van vele andere jonge vrouwen uit de Marokkaanse bovenlaag die ik ken en die allemaal ongelukkig zijn.

Die teloorgang heeft het leed me tenminste bespaard. Natuurlijk ben ik jaren kwijtgeraakt die ik nooit meer zal inhalen. Ik stap het leven binnen op het moment waarop ik oud begin te worden. Dat is pijnlijk en onrechtvaardig. Maar ik heb nu een andere voorstelling van het leven: je bouwt het niet op met list en bedrog, hoe attractief dat ook moge zijn. Rijkdom noch uiterlijke schijn is voortaan van belang.

Door het verdriet ben ik herboren. Ik had tijd nodig om te sterven als Malika, de oudste dochter van generaal Oufkir, het kind van de macht, van het verleden. Ik heb een identiteit gekregen. Mijn eigen identiteit. En dat is van onschatbare waarde.

Als al die ellende, al die verschrikkingen er niet waren geweest, zou ik bijna zeggen dat ik door dat leed ben gegroeid. In ieder geval veranderd. Ten goede. Ik kan net zo goed de gunstige kant van de dingen zien.

DE STAATSGREEP VAN SKHIRAT

De zomer van 1971 begon bijzonder plezierig. Ondanks mijn verspilde schooljaar had ik bij het examen Frans goede cijfers behaald. Ik was toegelaten tot de examenklas literatuur. Er lagen twee lange vakantiemaanden voor me vol uitstapjes, zwempartijen, vrienden en reisplannen. Op 10 juli om één uur 's middags sliep ik nog. De vorige avond had mijn vader, wat zelden gebeurde, het hele gezin meegenomen naar een restaurant. Het was een heel geslaagde avond geweest, we hadden veel gelachen. Toen ik terugkwam, had ik thuis de hele nacht feestgevierd, vandaar dat behaaglijke uitslapen. Het leven was aangenaam en onbezorgd. Wat kon ons gebeuren?

Ik werd ruw gewekt. De lijfwachten renden door de hele villa, het personeel was onrustig. We hoorden jachtvliegtuigen ronken in de lucht. Er heerste een onheilspellende sfeer. En met reden: er was een staatsgreep gepleegd in het paleis van Skhirat waar de koning drie dagen van onafgebroken feestelijkheden had georganiseerd om zijn tweeënveertigste verjaardag te vieren.[1]

Mijn vader was onbereikbaar, mijn moeder lunchte bij haar vriendin Sylvia Doukkali, die een villa aan het strand bezat. Raouf was op de motor de stad ingegaan met zijn vrienden. Omdat ik me ongerust maakte om mijn broer en niet wist wat ik moest

1 Op 10 juli 1971 dringen twee jaargenoten van de koninklijke militaire school voor onderofficieren op de verjaardag van de koning het Paleis in Skhirat binnen. Ze slachten honderden gasten af, officieren, hovelingen en mannelijke beroemdheden uit de hele wereld, want die dag is bestemd voor de mannen. De koning verstopt zich op de wc. Andere rebellen maken zich meester van de radio en bombarderen de paleizen in Skhirat en Rabat. De koning slaagt er even later in de toestand weer in de hand te krijgen.

De ziel van deze eerste samenzwering is generaal Medbouh, een strenge, integere officier, die diep verontwaardigd is over de corruptie in het land. Hij wordt in Skhirat neergeschoten door kolonel Ababou, zijn medeplichtige. Tien officieren, van wie vier generaals, worden voor de bijzondere krijgsraad geëxecuteerd. Generaal Oufkir pleit met succes voor de vrijspraak van de 1081 rebellerende leerling-officieren. Zijn deelname aan deze eerste staatsgreep is nooit bewezen, maar de manier waarop die werd georganiseerd en zijn vergevingsgezindheid tegenover de rebellen bleef intrigerend. Van dat moment dateert zijn 'breuk' met koning Hassan II.

doen, besloot ik naar mijn moeder toe te gaan. Toen de gasten, van wie sommigen nog in badpak waren, hoorden wat er was gebeurd, stonden ze versteld. Het huis van Sylvia lag op slechts een paar kilometer afstand van het paleis van Skhirat en toen ik met mama in de auto stapte om terug te rijden naar Rabat, zag ik in tegenovergestelde richting vele tientallen legertrucks aankomen.

We konden onmogelijk naar huis terugkeren. We zochten onze toevlucht voor de nacht dus in een huisje dat we in de stad bezaten. Sylvia Doukkali ging met ons mee. Ze was in paniek; Lharbi, haar man, die de privé-secretaris was van de koning, was niet thuisgekomen. Ze had niets van hem gehoord.

Bij het aanbreken van de dag belde iemand naar mama om haar te waarschuwen dat Lharbi Doukkali als een van de eersten in Skhirat was geëxecuteerd. Er waren meer dan tweehonderd doden geweest van wie een derde deel gasten van de koning waren. Die was erin geslaagd de opstand te onderdrukken, maar er waren 138 rebellen gedood. Tien officieren, onder wie vier generaals, waren gearresteerd. Ze zouden korte tijd later worden geëxecuteerd.

Die staatsgreep was een onverwachte tegenslag in mijn geregelde leventje. Nooit had ik me kunnen voorstellen dat men op die manier een aanslag zou kunnen plegen op de macht van de koning. Gewone officieren zouden hem dus uit de weg hebben kunnen ruimen als de gebeurtenissen niet een voor hem gunstige wending hadden genomen? Ik was niet volwassen genoeg, niet genoeg op de hoogte van politieke zaken om goed te begrijpen wat er zojuist was gebeurd. Ik herinner me vooral de paniek en mijn verdriet toen ik hoorde van de dood van enkele mensen uit mijn naaste omgeving die zich in Skhirat bevonden.

Vóór twaalven besloten mama en ik, nadat we weer in ons huis waren teruggekeerd, naar de villa van de koning aan de Allée des Princesses te gaan, op twee passen afstand van onze villa. De koning was daarheen gevlucht met zijn vrouwen. De ontvangst was heel hartelijk, heel ontroerend ook. Iedereen huilde en omhelsde elkaar. Maar voor de eerste keer in mijn leven voelde ik een zeker onbehagen. Ik werd bestookt door tegenstrijdige gedachten. Ik was heel bezorgd geweest over mijn vader en de koning, maar de monarchie en de macht kon ik niet langer verdragen. Ik stond er niet meer achter.

Ik schaamde me dat men mij bedankte voor het optreden van mijn vader. Hij had geholpen de opstandelingen te verslaan, maar streden die niet om een eind te maken aan de corruptie? Later, toen ik met mijn vrienden sprak, preciseerde ik mijn standpunten. Langzamerhand begreep ik dat alles niet zo eenvoudig was, met aan de ene kant de slechteriken die je uitschakelt en aan de andere kant de aardige mensen...

Mijn moeder stond erop de koning te ontmoeten. Ik kende het huis goed en wees haar de weg naar zijn vertrekken. Toen we net bij zijn deur aankwamen, opende hij die plotseling. Hij was zo zenuwachtig dat hij even terugschrok toen hij ons zag. Hij nam het mama kwalijk dat ze hem had laten schrikken. Hij was zo trots dat hij het niet kon verdragen dat een vreemde hem op een moment van zwakheid betrapte. Mijn mening telde niet: ik was een van hen.

Mama, die wilde dat het lichaam van Lharbi Doukkali aan zijn familie werd overgedragen, probeerde hem te overtuigen. Hij begon te schreeuwen.

'Je slooft je uit om mensen een dienst te bewijzen, je houdt je bezig met het verdriet van de een en de begrafenis van de ander. Maar denk aan mijn woorden: al die mensen over wie jij je bezorgd maakt, zullen nog geen vinger uitsteken als jou morgen iets overkomt.'

Maar hij stemde er toch in toe dat het lichaam terugkwam opdat het fatsoenlijk kon worden begraven.

De dagen daarna waren verschrikkelijk. De tien gearresteerde officieren werden zonder enige vorm van proces gefusilleerd. Het waren allemaal boezemvrienden van mijn vader. Hij kwam lijkbleek thuis met rood aangelopen ogen en een verbeten trek om zijn mond. Hij droeg zijn militaire gevechtstenue. Hij ging rechtstreeks naar zijn kamer en strekte zich uit op zijn bed. Ik ging aan het voeteneind zitten en pakte zijn hand om die te kussen. Mama zat naast hem.

Mijn vader huilde lange tijd om de dood van zijn vrienden. Hij had de koning niet kunnen overreden hen op legale wijze te berechten. Hij wist dat geen van hen gratie had kunnen krijgen omdat ze de staatsveiligheid hadden aangetast, maar hij hechtte eraan dat ze een proces zouden krijgen. Voor de eerste keer in zijn leven had hij niet de weloverwogen taal van een politicus kunnen spreken. Hij had geschreeuwd tegen Hassan ii. Hij werd weer driftig op de dag van de begrafenis van de gasten en van al die mensen die waren gestorven om de vorst te beschermen. Deze volgde de stoet, gekleed in een van zijn favoriete geruite jasjes. Mijn vader beschuldigde hem ervan geen respect te tonen voor de doden.

Nnaa, mijn grootmoeder van vaderskant, verliet haar palmentuin in Aïn-Chaïr en kwam naar ons huis. Ik zag haar niet vaak maar ik hield veel van haar. Ze was een bijzonder mens, de waardigheid, grootmoedigheid en vroomheid in eigen persoon. Deze vrouw uit de woestijn, die sober en onopgesmukt was en altijd gekleed ging in een eenvoudige witte kaftan, leek op een Sioux, met haar uitstekende jukbeenderen, haar donkere spleetoogjes en haar bruinrode gevlochten haar. Ze was heel moedig. Ze verjoeg adders met haar blote handen en kon, net als mijn vader, uitstekend paardrijden.

Mijn vader en zij begroetten elkaar, waarbij ze elkaars handen kusten, zoals de mensen in het zuiden doen. Bevend zei ze tegen hem: 'Mijn zoon, moge God je beschermen. Ik dacht dat je dood was.'

Koel onderbrak hij haar.

'Ma, ik sta je alleen toe tranen te vergieten als ik sterf als een misdadiger. Maar als je van oordeel bent dat ik als een man ben gestorven, vergiet dan alsjeblieft geen enkele traan.'

Even later trok ik me met hem in de salon terug en liet mijn verdriet en woede de vrije loop. Ik kon er niet tegen dat de kinderen van de geëxecuteerde generaals hun huis uitgegooid waren en door het leger waren geslagen en geschopt. Ik had gehoord dat de opdracht daartoe van mijn vader kwam. Ik sommeerde hem om uitleg te geven.

Hij rechtvaardigde zich en zei dat hij de kinderen van generaal Habibi, die een van zijn dierbaarste vrienden was geweest, graag wilde ontmoeten. Ik trad dus op als tussenpersoon. Na heel veel aarzelingen stemde de oudste jongen erin toe bij het vallen van de avond bij ons thuis te komen. Mijn vader overhandigde hem een attachékoffertje zonder mij de inhoud te onthullen.

'Ik hoop dat je broers en jij je altijd zullen gedragen als waardige zonen van jullie vader.'

Hij had tranen in zijn ogen toen hij die woorden sprak.

Mina, de dochter van generaal Medbouh die in Skhirat was vermoord door zijn handlanger, kolonel Ababou, was tweeëntwintig, net zo oud als mijn oom Azzedine, met wie ze regelmatig uitging. Zij kon onmogelijk het lichaam van de generaal meekrijgen bij het Avicenne-ziekenhuis. Ik trad nog een keer op als bemiddelaar bij mijn vader, die haar geld overhandigde en haar een nieuw paspoort bezorgde opdat ze naar Frankrijk kon gaan. Ze had de achternaam van haar grootvader van moederskant, maarschalk Ammezziane, aangenomen om geen problemen te krijgen. Die daad choqueerde me.

Wat er ook in mijn leven gebeurt, dacht ik bij mezelf, ik houd mijn achternaam.

Hoe meer dagen er voorbijgingen, des te meer ik er in mijn binnenste van overtuigd was dat ik mijn vader onder tragische omstandigheden zou verliezen. Ik kon die intuïtie niet verklaren: die was sterker dan ikzelf.

Ik vertelde het meteen de dag na de staatsgreep aan Kamil, een van mijn vrienden.

'Dit jaar,' zei ik tegen hem, 'is het een kleinigheid. Maar volgend jaar, zul je zien, is de schade nog groter.'

Ik zei het een andere keer nog eens tegen mijn vader: 'Pas op, met jou gebeurt hetzelfde als met Medbouh.'

Hij gaf geen antwoord.

NA SKHIRAT

Na de staatsgreep vertrok mijn moeder naar Londen om ver van de opwinding aan het hof tot rust te komen. Ik nam de kinderen mee naar Kabila, een modieuze badplaats in het noorden van het land. Voor de eerste keer was ik volledig voor hen verantwoordelijk en ik nam mijn rol als oudste zus heel serieus. Aan het eind van de zomer gingen we allemaal terug naar Rabat. Mijn vader, die bijna altijd thuis werkte, verliet het huis voortaan 's morgens vroeg en kwam in de middag weer terug om de ministers en officieren te ontvangen.

Hij had meer macht gekregen[1], maar hij was een ander mens geworden. Hij leek gebroken. Zijn gezicht stond altijd ernstig, hij ontzegde zich het kleinste pleziertje. Ik geloof dat hij nog steeds rouwde om zijn vrienden. Hij had de banden weer aangeknoopt met zijn eerste familie, het leger, en kon de manier waarop wij leefden, in verkwisting en overvloed, niet langer verdragen. Hij wilde meer eenvoud, meer soberheid.

We kregen een totaal ander leven. Thuis had hij een welhaast militaire discipline ingesteld. De beveiliging werd versterkt, de parasieten en hovelingen kwamen minder vaak. Hij speelde overal de baas. We mochten geen films meer zien en ook niet ontvangen wie we wilden. Raouf werd gedwongen Arabische les te nemen, die werd gegeven door een officier met islamitische

1 Na Skhirat werd generaal Oufkir door de koning benoemd tot minister van Defensie en chef generale staf van de koninklijke luchtmacht. Hij had de leiding over het leger, de politie en Binnenlandse Zaken.

opvattingen. De manier waarop ik me kleedde kwam me op aan-
merkingen te staan. Ik ergerde me zo aan deze nieuwe houding
dat we vaak ruzie hadden.

De koning kwam steeds vaker onverwacht op bezoek. Hij
maakte bijna inbreuk op onze privacy. Ik had de indruk dat de
breuk tussen mijn vader en hem steeds groter werd. Ik merkte
niets meer van de goede verstandhouding die er zo lang tussen
hen was geweest; de stille vijandigheid tussen de twee mannen
van wie ik het meest hield maakte me verdrietig en verward.

Ik voelde me thuis en buiten niet op mijn gemak. Er heerste
een vreemde stemming in het land. De monarchie had gewan-
keld. Voor de eerste keer was de goddelijke macht van de koning
in de publieke opinie ter discussie gesteld. De onschendbare persoon van de onaantastbare afstammeling van de Profeet, de emir
der gelovigen, was getroffen. In januari begonnen de studenten
en de middelbare scholieren te staken. Er ontstonden rellen die
mijn vader hardhandig de kop indrukte. Op het Lalla Aïcha-lyceum werd ik steeds meer afgewezen. Niemand, behalve mijn
naaste vrienden, kon met goed fatsoen sympathie voor mij laten
blijken. Toch bleef ik de lessen volgen; ik was een goede leerling
en ik wilde mijn eindexamen halen. Maar de directrice zelf
vreesde voor mijn veiligheid en ze raadde mijn ouders aan me
van haar school af te halen.

Na urenlange discussies kon ik hen overreden me naar Parijs
te sturen, waar ze me onder een valse naam lieten inschrijven bij
het Molière-lyceum. In overleg met Alexandre de Marenches, de
baas van de Franse SDECE[1], had ik de achternaam van mijn moeder aangenomen en was ik voortaan Malika Chenna. Mijn ouders stemden er ook mee in een appartement voor me te huren
op een paar meter afstand van mijn nieuwe school, in plaats van

---

1 (Noot van de vertaalster) Service de Documentation Extérieure et de
Contre-Espionnage: Dienst voor Buitenlandse Documentatie en Con-
traspionage.

dat ze me bij een studentenhuis lieten inschrijven.

Verantwoordelijk voor mij was Bernadette, een oudere vriendin, die hun had beloofd op me te passen en me 's avonds niet te laten uitgaan. Een belofte die ze niet kon nakomen: mijn overredingskracht was te groot.

Ik wilde niet dat mama meubels voor me zou kopen die in overeenstemming zouden zijn met haar al te 'burgerlijke' smaak. Ik wilde niets kostbaars uit angst dat mijn toekomstige vrienden achter mijn afkomst zouden komen. Ze gaf me een beetje geld dat ik uitgaf op de vlooienmarkt. Mijn nieuwe leven leek me het toppunt van bohème, of althans van de voorstelling die ik daarvan had: diepvriesmaaltijden eten in een driekamerappartementje met keuken in het zestiende arrondissement was in de ogen van het verwende kind dat ik was heerlijk links...

Parijs was van mij en ik liet niet na elke avond uit te gaan, waarbij ik Bernadette smeekte niets tegen mijn ouders te zeggen. Ik was een vaste bezoeker geworden van Castel en van Régine, maar zelfs al kwam ik pas tegen de ochtend thuis, ik deed mijn best om goede cijfers te halen. Gewoon een kwestie van trots.

Op een avond dat ik op een feestje was bij een Marokkaanse vriend, belde Bernadette me in allerijl.

'Malika, kom gauw naar huis, je ouders bellen aan één stuk door, het is dringend.'

Het was één uur 's nachts. Ik werd thuisgebracht. Voor de deur van mijn huis in de Rue Talma zag ik een oploop. Toen ik dichterbij kwam, zag ik dat het ging om politieagenten in uniform en in burger. Ze waren overal: op de binnenplaats, in de hal, in de bomen en op de trappen.

De Marokkaanse ambassadeur die zojuist was gearriveerd, vertoonde tekenen van zeer hevige opwinding. Hij gaf me geen enkele uitleg maar vroeg me een koffer mee te nemen die Bernadette al had gepakt. Ik werd min of meer zijn auto ingeduwd. Ik bracht de nacht door bij de ambassadeur die, toen hij eenmaal thuis was, me vertelde dat kolonel Kadhafi ervan werd verdacht mij te hebben willen ontvoeren.

Hij vroeg me of ik die laatste dagen geen vreemde dingen had meegemaakt. Toen schoot me iets te binnen. Ja, inderdaad, twee in het zwart geklede, potige kerels hadden twee of drie avonden daarvoor bij ons aangebeld, waarbij ze verklaarden dat ons appartement te koop stond en dat ze het wilden bezichtigen. Door het kijkgaatje hadden Bernadette en ik hun boeventronie bekeken en we hadden geweigerd hen binnen te laten. Enige tijd later werd ik gevolgd in de Rue de la Pompe, waar ik boodschappen deed. Bernadette had het als eerste gemerkt.

De SDECE liet me foto's zien, maar ik weigerde wie dan ook te herkennen. Ik hield er niet van iemand aan te geven, ik had mijn principes... Ik nam het vliegtuig naar Marokko, waar ik een paar dagen bleef, maar ik smeekte mijn ouders me naar Frankrijk te laten terugkeren. In ruil daarvoor zou ik een verscherpte bewaking accepteren. Een paar weken lang had ik het gevoel dat ik overal politieagenten zag.

Een maand voor het eindexamen raakte ik bijna een oog kwijt bij een heel ernstig auto-ongeluk. Een vriend van me, Luc, de zoon van André Guelfi[1], reed. Hij verloor de macht over het stuur en botste tegen een elektriciteitsmast. Ik had mijn gordel niet om en ik vloog door de voorruit.

Ik werd in een ambulance naar het ziekenhuis gebracht. Ik had een opengehaalde wang, mijn neus was op twee plaatsen gebroken, ik had een gescheurde wenkbrauwboog, een beschadigd oog, een doorgesneden keel en een aan weerskanten opengescheurde mond. Mijn pols was gebroken, mijn duim gekneusd en als klap op de vuurpijl had ik schedelletsel. Toen ik in de hal van de eerste hulp op een brancard lag, hoorde ik het commentaar van de verpleegsters die dachten dat ik bewusteloos was.

'Wat zonde! Ze is volkomen verminkt! Ze zal wel mooi zijn geweest! Wat ziet ze eruit...'

Ik werd twee keer aan mijn oog geopereerd en gelukkig was de

1 André Guelfi: Corsicaanse zakenman, familie van generaal Oufkir.

tweede operatie geslaagd. De koning had Moulay Abdallah en een paar ministers naar mij op ziekenbezoek gestuurd. Mijn moeder week niet van mijn zijde. Mijn vader belde voortdurend. Hij kon niet naar Frankrijk komen: hij was bij verstek tot levenslange gevangenisstraf veroordeeld vanwege de affaire-Ben Barka. Maar in mijn omgeving werd beweerd dat president Pompidou bereid was hem de grens te laten passeren. Zodra ik tegen hem kon praten, bezwoer ik hem in Marokko te blijven.

Ik bleef twee weken in het ziekenhuis. Toen ik er uitkwam, wilde ik meteen weer een normaal leven leiden. Ik had veel pijn en moest permanent een grote zonnebril dragen omdat ik last had van het licht.

Korte tijd na mijn ontslag ging ik professor Mora opzoeken, die me had geopereerd. Hij feliciteerde me.

'Juffrouw Oufkir, u bent een geval apart. Uw wilskracht heeft uw oog gered.'

Na een paar dagen had ik de helft van mijn gezichtsvermogen alweer terug. Tegenwoordig is mijn gezicht zo ongeveer hetzelfde als vóór het ongeluk. Ik heb alleen nog een paar littekens. Ik heb niet kunnen terugkeren naar Parijs om de laatste hechtingen eruit te laten halen en voor revalidatie. In de gevangenis had ik lange tijd last van zenuwtrekkingen in mijn gezicht. Nu nog gebeurt het weleens, wanneer ik moe of geïrriteerd ben, dat mijn aangezichtszenuw een onwillekeurige beweging maakt.

Mijn ouders lieten me naar Marokko terugkomen om weer helemaal te herstellen. Ik had besloten mijn eindexamen in oktober te doen op het Descartes-lyceum, zoals mogelijk was voor kandidaten die tijdens de examenperiode in juni verhinderd waren.

Het lot besliste anders.

De koning, die president Boumediene op bezoek had, had me gevraagd hem te komen opzoeken zodra ik terug was in Rabat. Ik was verminkt. Ik had een opgezet gezicht en marineblauwe kringen onder mijn ogen met allemaal gezwollen littekens.

'Het is niet erg, Malika,' troostte hij me, 'iedereen heeft eens in zijn leven een auto-ongeluk gehad: Lalla Malika, Lalla Lamia en ik... Volgende maand stuur ik je meteen naar de Verenigde Staten om de top op medisch gebied te raadplegen, en binnenkort, beloof ik je, zie je er niets meer van.'

Het was aan het begin van de maand juli. Mama wilde dat ik voor de vakantie met mijn familie meeging naar Kabila, maar ik wilde me per se op mijn eindexamen voorbereiden. Om rustig alles te kunnen nakijken kreeg ik toestemming om in Rabat te blijven, bij mijn vader. Hij kwam om in het werk, het huis was een echt hoofdkwartier geworden. Hij ging niet meer uit, ik zag steeds maar officieren en ministers voorbijkomen. De sfeer was een beetje onheilspellend. Toch ging ik hem elke dag opzoeken wanneer hij me kon ontvangen, hetzij rond lunchtijd, hetzij aan het einde van de dag.

Mama bezat tegenover onze villa een leuk huisje dat bestond uit een salon, een piepkleine slaapkamer en een aardige tuin. Daar installeerde ik me om rust te hebben. Ik werkte onverdroten door, met een vriendin die haar laatste examens rechten deed.

Mijn vader besloot dat we een weekend in Kabila zouden doorbrengen. We charterden de Mystère 20 die hij voor al zijn tochten gebruikte. Ik was er niet erg gerust op. Nauwelijks een maand na mijn auto-ongeluk had hij bijna het leven verloren bij een ongeluk met een helikopter. Een andere keer was hij ontsnapt aan een bomaanslag tijdens een officiële plechtigheid waar hij niet naartoe had kunnen gaan. Ik heb altijd gedacht dat de koning hem uit de weg wilde ruimen zonder dat ik daar ooit een bewijs voor heb gehad.

De breuk tussen de twee mannen werd steeds dieper. Midden in een ministerraad, terwijl er zojuist was besloten tot een belangrijke prijsstijging van olie, suiker en meel, had mijn vader zijn revolver te voorschijn gehaald en gedreigd zichzelf te doden. Ik geloof dat hij ernaar verlangde een constitutionele monarchie te stichten, met kroonprins Sidi Mohammed op de troon. De strijd om de macht was losgebarsten.

Dat weekend in Kabila was ongewoon en al met al volkomen krankzinnig. Mijn vader gedroeg zich vreemd. We hadden zojuist van hem een jaar lang heel sober moeten leven en nu begon hij de hele dag te dansen en te zingen...

Ik had uit Parijs de laatste platen meegenomen die in zwang waren en om tien uur 's ochtends achtervolgde hij me al met: 'Kika, ik wil dansen, zet de muziek keihard.'

Hoe vaak had ik hem niet horen vragen het geluid zachter te zetten?

Ik ontdekte een andere vader. Een echte vader. Ik was vergeten hoe charmant, attent, vrolijk en gezellig hij kon zijn. Van 's ochtends tot 's avonds was het feest. Hij leek wel de vleesgeworden levensvreugde. Zodra hij om zes uur wakker werd, vertrok hij naar het strand en ging in zijn eentje bij het water liggen, hij, die gewoonlijk niet van de zee hield. Hij keek hoe de dag aanbrak of hij tuurde de horizon af. Vanwege mijn verwondingen, die nog maar net weer dicht waren, had ik niet met hem in de zon moeten gaan zitten maar ik lette er niet op. Dat was mijn manier om te zeggen: ik ben normaal, en vooral mijn manier om met hem mee te doen. Hij, die niet kon zwemmen, nam zelfs een waterskiles. Uit voorzorg had hij een wetsuit aangetrokken en een enorme reddingsboei omgedaan. Hij zag er zo komisch uit dat we hem meteen 'Moby Dick, de koning van de zee' noemden.

In Kabila was het leven heel eenvoudig. We ontvingen veel gasten, maar mama wilde per se zelf haar inkopen doen, begeleid door de lijfwachten. Ze besprak de menu's met de kok. Het zou nooit bij haar zijn opgekomen om met haar vingers te knippen om zich te laten bedienen. Mijn vader leefde in zijn zwembroek; aan het einde van de dag trok hij een tuniek aan, zoals de blauwe mannen dragen in het zuiden, waar hij vandaan kwam. Maar de macht bleef meer dan ooit alomtegenwoordig. We werden omgeven door politieagenten en gewapende mannen. Onze tafel, ons gezelschap, was zeer in trek bij de hovelingen. Voor onze tafelgenoten was het het summum om in een gesprek nonchalant te laten vallen: 'We hebben geluncht bij de Oufkirs...'

Na drie fantastische dagen in een onstuimig ritme namen we het vliegtuig terug. Ik begon weer te blokken in mijn kleine huisje. Op een middag ging ik tegen zessen naar mijn vader. Hij was alleen. Ik ging met hem in onze salon zitten met uitzicht op de tuin.

Ik schonk hem een whisky in en ging naast hem zitten terwijl ik, zoals ik gewend was, zijn hand streelde.

'Wil je niet een beetje met me zingen?' vroeg hij plotseling.

'Als je wilt... Maar wat?'

Toen begon hij te neuriën: 'Maandagmorgen kwam de koning met vrouw en kind naar mijn woning...'

Af en toe wierp hij me een schuinse blik toe.

'Kom, zing met me mee!' zei hij.

Hij heeft me nooit enige uitleg gegeven over het waarom van dat liedje. Nu nog stel ik mezelf steeds weer vragen over zijn houding, die op zijn minst merkwaardig was en die me lange tijd heeft beziggehouden.

Op een ochtend om een uur of negen zat ik te werken toen ik hoorde dat hij mij vanuit de tuin riep. Aangezien hij terughoudend van aard was, belde hij altijd van tevoren als hij kwam.

Ik opende de deur en deinsde achteruit, getroffen door zijn blik. Tegenover me staand staarde hij me aan, zo nadrukkelijk en met zoveel liefde dat ik verbaasd en zelfs verontrust was. Ik vroeg me af of hij me zo aankeek vanwege mijn littekens en of hij het me nog kwalijk nam dat ik verminkt was.

Toen nam hij me in zijn armen, drukte me liefdevol tegen zich aan en vroeg me naar mijn plannen. Mama bezat een huis in Casablanca en ik had besloten daar in te trekken om dichter bij mijn vrienden, de Layachi's, te zijn.

'Daar zit ik veel beter,' zei ik. 'De meisjes kunnen me helpen met repeteren. Bovendien, wees maar gerust, zal ik 's avonds niet uitgaan, ik moet mijn eindexamen halen. Ik beloof je dat het lukt.'

'Goed. Je weet dat ik je vertrouw.'

'Ja hoor, papa, ik weet dat je me vertrouwt. Ga nou maar gerust.'

Hij, die nooit tijd had, die altijd zoveel dingen moest doen dat hij, als hij me kwam kussen, alweer weg was, stond nu te aarzelen...

Ik liep met hem de trappen af. Hij keek op, liet zijn blik door de salon dwalen en keek toen naar mij.

'Schat, je weet dat ik van je houd.'

Ik kon niets antwoorden.

Daarna keerde hij zich om en ging de deur uit. Ik bleef staan, zonder te reageren. De deur ging weer open. Hij was het weer. Hij liep naar me toe, sloot me heel stevig in zijn armen. Ten slotte ging hij weg, als met tegenzin.

Even later ging ik op weg naar Casablanca.

Het was 16 augustus 1972. Het was ongeveer vier uur 's middags. Ik was thuis, in de salon van ons huis in Casa, omringd door mijn vrienden. We zaten vrolijk te kletsen en te discussiëren.

Vanuit een voorgevoel dat ik niet nader kon verklaren zette ik de televisie aan. Een journalist maakte bekend dat er een staatsgreep had plaatsgevonden en dat het vliegtuig van de koning boven Tétouan was beschoten. Het was niet bekend wie er achter de aanslag zat.[1]

Ik haastte me naar de radio om France Inter te pakken te krijgen. Ik wachtte tot ik bevestigd kreeg dat de pleger van deze staatsgreep mijn vader was. Om me heen zeiden mijn vrienden steeds dat hij het was, dat ze er zeker van waren. Maar de informatie was vaag, men wist niets zeker, men veronderstelde alleen dat het om generaal Oufkir ging en dat de staatsgreep was gelukt. De rust was nog niet weergekeerd.

Zodra ze het nieuws hoorde, smeekte de zus van mijn vriendin Houda Layachi haar om met haar weg te gaan. Ze was bang dat het leger het huis zou omcirkelen, dat de soldaten me zouden doden en hen tweeën met mij. Hysterisch wees ze naar me.

Iedereen ging weg behalve Houda. Ik kon niemand van mijn familie bereiken, de lijnen waren bezet of ik kreeg geen gehoor. Terneergeslagen en wanhopig bleef ik achter, niet wetend wat ik moest doen.

Om een uur of zeven ging de telefoon. Het was mijn vader.

Hij had de toonloze stem van iemand die heeft besloten zelfmoord te plegen en een laatste bericht stuurt. Dat gevoel was huiveringwekkend. Een geestverschijning sprak tegen me aan de andere kant van de lijn.

Op ongedwongen toon zei hij tegen me dat hij van me hield en

1 Op 16 augustus 1972 wordt jacht gemaakt op het vliegtuig van de koning dat terugkeert uit Parijs. Het wordt boven Tétouan twee keer beschoten door verscheidene F5's van het Marokkaanse leger, die met name bemand worden door kolonel Amokrane en commandant Kouera (deze verlaat zijn vliegtuig door middel van zijn schietstoel en wordt gearresteerd), die vanaf het vliegveld van Kenitra, de basis van het complot, zijn opgestegen. Het vliegtuig van de koning slaagt erin zonder moeilijkheden te landen op het vliegveld van Rabat-Salé. De koning is er zonder kleerscheuren afgekomen. Zodra Amokrane uit zijn vliegtuig is gestapt, vertrekt hij per helikopter met vier medeplichtigen naar Gibraltar en vraagt daar politiek asiel aan. Hij noemt uitdrukkelijk Oufkir, 'de trouwste van de getrouwen', als de schuldige. Oufkir, die door de koning naar het paleis van Skhirat wordt geroepen, gaat er om elf uur 's avonds heen. Hij komt daar oog in oog te staan met zijn vroegere rechterhand Ahmed Dlimi en met Hafid El Alaoui, de chef van het protocol. De officiële stelling luidt: zelfmoord door middel van vijf kogels, waarvan één dodelijke in de nek.

dat hij trots op me was. Daarna voegde hij eraan toe: 'Ik vraag je om kalm te blijven, wat er ook gebeurt. Verlaat het huis niet voordat het escorte je komt ophalen.'

Ik begon te huilen.

'Papa, zeg me dat het niet waar is, dat we niet weer krijgen wat er vorig jaar is gebeurd...'

'Meisje, luister, ik vraag je kalm te blijven, je weet dat ik vertrouwen in je heb.'

Hij herhaalde steeds maar weer de woorden die niet de woorden waren die ik graag wilde horen. Ik had zo graag gewild dat hij me geruststelde, dat hij zou zeggen dat hij niet de pleger van de aanslag was. Maar al vanaf het begin van ons gesprek had ik begrepen dat hij het had gedaan. En dat hij verloren was.

Ik kon zijn nederlaag niet accepteren. Ik snikte zonder nog een woord te kunnen zeggen. Hij zei niets meer en hing op.

Dat was de laatste keer dat ik de klank van zijn stem hoorde.

Ik kon maar niet in slaap komen. Ik dacht steeds maar weer aan de laatste woorden van mijn vader en aan zijn vreemde houding. Er was iets ergs gebeurd. Ik durfde de telefoon niet te pakken uit angst dat het ergste werd bevestigd.

Om een uur of drie 's nachts belde mijn grootvader.

'Malika, neem de auto en ga terug naar Rabat.'

'Geen sprake van. Ik neem alleen opdrachten aan van mijn vader. Waar is hij?'

De oude man drong tevergeefs aan. Tegen vijf uur ging de telefoon weer. Ik sliep nog steeds niet. Ik was doodsbang. De ergste veronderstellingen kwamen bij me op.

Zonder enige consideratie vertelde mama me waar ik al bang voor was: 'Je vader is dood. Pak je spullen en kom terug naar Rabat.'

Vervolgens hing ze op zonder me de tijd te gunnen voor een antwoord.

Houda had de telefoon horen rinkelen. Ze kwam met een angstig gezicht mijn kamer binnen.

'En?'

'Mijn vader is dood.'

Ze schreeuwde, huilde, wierp zich in mijn armen en gaf luidkeels uiting aan haar verdriet. Ik bleef onaangedaan. De zin 'Mijn vader is dood' zei me niets. Die had geen enkele betekenis. Ik moest een bewijs hebben.

Toen arriveerde het escorte. In tranen betuigden alle agenten me hun deelneming. Ik luisterde er werktuiglijk naar. Ik voelde me als een zombie, niet in staat een woord uit te brengen.

Bij mezelf bleef ik maar steeds denken: het is niet mogelijk, je gaat niet zomaar dood, hij kan niet doodgaan.

Ik liep naar het raam. Heel even klampte ik me vast aan de aanblik die de natuur bood. De zon kwam op boven de bomen in de tuin. Het zou een prachtige ochtend worden, zoals alle ochtenden daarvoor.

Ik probeerde mezelf te overtuigen, maar het ging niet.

'Als hij dood was, zou ik het buiten heus wel zien, dan zou er iets zijn veranderd.'

Dat het leven doorging zonder hem, zomaar, net als eerst, was onmogelijk.

DE DOOD VAN MIJN VADER

Onderweg naar Rabat kregen we bij een politieversperring een teken dat we aan de kant moesten gaan staan. Een bewaker van het escorte stapte uit de auto en maakte bekend wie ik was. Snikkende politieagenten haastten zich naar me toe.

Die scène herhaalde zich langs het hele traject. Ondanks hun houding van diepe smart had ik nog hoop. Of dat verzon ik althans. Ik maakte mezelf wijs dat hij alleen maar gewond was. Zwaargewond waarschijnlijk, maar hij ademde, hij leefde nog. Misschien zou ik op tijd komen om met hem te praten...

De menigte die zich voor ons huis had verzameld en de auto's die zo'n beetje overal geparkeerd stonden, lieten geen plaats meer voor twijfel. Ik werd verwelkomd door de broer van mijn vader, met een ernstig gezicht, en door mijn grootvader, die ook met een strak gezicht rondliep. Hij probeerde me de toegang te versperren. Ik verzette me heftig.

'Laat me erlangs, Baba El Haj, ik wil hem zien. Ik wil weten waar hij is.'

'Een vrouw mag het lichaam van een dode man niet zien. Ze zijn bezig hem te wassen.'

'Ik wil het lichaam van mijn vader zien.'

Ik forceerde de deur naar de salon. De mannen die waakten bij het lichaam, bedekten het meteen met een laken. Iedereen was opgestaan. Ik eiste dat men mij met hem alleen liet en ik ging zitten om naar hem te kijken.

Op zijn gesloten gezicht zocht ik als een bezetene naar een kleinste detail dat me gerust kon stellen, me kon vertellen dat hij op een waardige manier was gestorven. Hij had een geringschattend glimlachje om zijn lippen als alle mensen die door executie aan hun einde zijn gekomen. Was hij onverschillig gestorven? En waarom die glimlach? Was die te wijten aan de minachting die hij had gevoeld voor de laatste persoon op wie zijn blik had gerust?

Ik telde de kogelwonden in zijn lichaam. Het waren er vijf. De laatste, in zijn nek, maakte me gek van verdriet. Die had hem de genadeklap gegeven.

Toch had hij veel meer geleden door de eerste vier kogels dan door de laatste. Ze hadden een kogel in zijn lever, een in zijn longen, een in zijn buik en een in zijn rug geschoten.

Alleen een lafaard heeft hem zo kunnen afslachten, dacht ik woedend bij mezelf.

Ik ging de kamer uit en deed al mijn kleren uit. Ik trok een witte djellaba aan en deed mijn sieraden af. Ik moest in de rouw gaan om te laten zien dat mijn leven gelijktijdig met het zijne was opgehouden.

Ik vroeg om zijn bril en zijn militaire uniform. Die had men niet gevonden. Ik begon overal te zoeken. Toen ik een la opentrok, stuitte ik op een plastic zak waarin zijn uniform was opgeborgen, dat droop van het bloed. Ik was heel even opgelucht. Dat was tenminste een deel van hem dat we nog hadden. Ik vond ook zijn bril terug.

Mijn moeder, die zojuist uit Kabila was teruggekomen, vroeg of ze zijn lichaam kon zien. Mijn vader was gewassen en gekamd en ze hadden hem een witte djellaba aangetrokken. Hij lag in een doodkist die in de filmzaal was neergezet. Je zag alleen zijn gezicht. Hij leek tot rust gekomen.

Iedereen kwam langs om te condoleren. Gebroken zat mama te huilen en ze zei steeds maar: 'Ze hebben hem vermoord, waarom, waarom?'

De militairen die aanwezig waren, brachten snel de woorden van mijn moeder aan de vorst over.

De koning liet ons eten sturen vanuit het Paleis. Volgens de traditie is het namelijk verboden eten klaar te maken in een huis dat in rouw is gedompeld. Ik weigerde die uitgestoken hand. En trouwens, was het wel een uitgestoken hand? Ik wilde mijn vader niet verraden, niet zijn lijk met voeten treden. Lafheid is waarschijnlijk voor korte tijd lonend, maar de prijs die je er uiteindelijk voor betaalt is te hoog. Het op een akkoordje gooien? Geen sprake van... Ik had een hekel aan het hypocriete gedrag dat men van mij verlangde. Ik had niets meer met de koning te maken, ook al was hij mijn adoptievader. Ook al had ik er al verdriet van.

Die houding is mij verweten. Om onze gevangenisstraf te rechtvaardigen hebben sommige mensen beweerd dat de koning ons had gestraft omdat ik hem had durven vernederen door zijn geschenk af te wijzen. Hoe had ik anders kunnen reageren? Als ik niet zijn geadopteerde dochter was geweest, als hij in mijn ogen alleen een vorst was geweest en niet een vader, had ik waarschijnlijk minder hartstocht in mijn weigering, minder trots in mijn woede gelegd. Dan had ik me gedragen met alle respect die ik aan zijn positie was verschuldigd.

Maar onze relatie werd tezeer door gemoedsaandoeningen bepaald. Door hem uit te dagen wilde ik hem een klap teruggeven. Voor iedereen had mijn handelwijze echter een politieke betekenis.

Gedurende de drie dagen voor de begrafenis hield ik me met de kinderen bezig. Mama was tezeer aangeslagen. Ik moest proberen hen zo goed en zo kwaad als het ging te beschermen. Raouf verkeerde in shocktoestand, was diep terneergeslagen. Hij was zijn idool kwijtgeraakt, de man van wie hij het allermeest hield.

De meisjes huilden aan één stuk door. Men had hun verteld dat hun papa in de hemel was, maar ze konden zich er niet bij neerleggen dat ze hem niet meer zouden zien. Zelfs de kleine Abdellatif begreep dat er iets ergs was gebeurd. Onze vrienden kwamen en gingen, probeerden ons te troosten. Hun aanwezigheid was waardevol maar ik was me er nauwelijks van bewust.

Overdag verkeerde ik in trance, er was zoveel te doen en te regelen. Ik had geen tijd om medelijden met mezelf te hebben. Iedere nacht begon de nachtmerrie opnieuw. Ik zag voortdurend het lichaam van mijn vader weer. De vier kogels in zijn tors en de vijfde in zijn nek. Ik hoorde zijn laatste woorden, die stem als uit het hiernamaals die tegen me zei dat hij van me hield. Ik huilde zonder te kunnen slapen.

We wilden niet met de pers praten, die ons echter achtervolgde. Een journalist stelde voor alle zekerheid vragen aan mijn oom Azzedine.

'Denkt u dat uw zwager een man was die zichzelf van het leven zou beroven door vijf kogels?'

Mijn oom antwoordde dat generaal Oufkir was geëxecuteerd. Zijn verklaring was die avond nog op France Inter te horen.

Mama vertrouwde het bevlekte militaire uniform van mijn vader toe aan haar vrienden in Tanger, Mamma Guessous en haar man. Het was het enige bewijs dat hij vermoord was. Ze liet met behulp van haar broer Azzedine een ander uniform verbranden in de kachel van het Moorse bad. De volgende dag stuurde de koning het hoofd van de politie om het uniform te halen. Mama zei tegen hem dat ze het had verbrand. Toen antwoordde de man bevend: 'Zijne Majesteit zei het al: "Je zult zien, ze zal wel zeggen dat ze het heeft verbrand."'

De kachel werd van onder tot boven doorzocht. Wat er van de stof over was, werd onderzocht. Toen begreep de koning dat het bewijs van de moord op mijn vader in rook was opgegaan. Maar het echte uniform werd nooit teruggevonden. Had Mamma Guessous het onder dwang afgegeven? We hebben er nooit meer over gesproken.

Op de derde dag werd het lichaam 's ochtends vroeg naar buiten gedragen. Omdat mijn vader was vermoord, had hij zijn plaats in het paradijs al verdiend en het vrolijke joejoe-geroep van de vrouwen begeleidde zijn stoffelijk overschot.

Hassan ii gaf bevel hem te begraven in zijn woestijn Tafilalt. Mama gaf de voorkeur aan Rabat. Ze wilde kunnen mediteren op zijn graf. Maar het was de laatste wil van mijn vader om onder een palmboom in zijn geboortedorp te liggen, en daarom ging mama door de knieën. Raouf en de mannen uit mijn familie begeleidden mijn vader naar zijn laatste rustplaats. In Aïn-Chaïr en overal in de omgeving stonden de zandduinen vol met vrouwen in de rouw. Ze verdrongen zich snikkend om de doodkist.

Hij werd zo eenvoudig mogelijk begraven naast zijn vader, in een klein praalgraf. Ik ben er nooit heen gegaan. Ik heb het gevoel dat ik de dag waarop ik dat zal doen, eindelijk aan het einde van mijn reis zal zijn gekomen.

De volgende dag, 20 augustus, kregen we huisarrest. Ons personeel werd verdreven en we werden in huis opgesloten. De familie van mijn moeder bleef, evenals mijn grootvader en een paar van onze getrouwen: Ann Brown, onze Engelse gouvernante, Houria, Salem en Fatmi... De bankschroef werd vaster aangedraaid.

Mama onderging vermoeiende verhoren, die geleid werden door commissaris Yousfi, die we later in de gevangenis zouden terugzien. Ze had een voorspellende droom, waaraan ik op dat moment geen aandacht schonk, maar waarover we het in de gevangenis nog vaak zouden hebben. We galoppeerden allebei op een paard over een weg die algauw in een tunnel veranderde waarvan het plafond steeds lager werd.

Op het moment dat we platgedrukt zouden worden, lukte het ons eruit te komen. De paarden bleven midden op een heuvel staan. We keken uit over Rabat. Deze droom werd korte tijd later duidelijk: de paarden stelden het leven voor, en de tunnel die ons verstikte de gevangenis.

We zouden algauw nog een vreselijk verlies te verwerken krijgen, waardoor we nog verdrietiger werden. Azzedine, mijn jonge oom die zo moedig was, stierf bij een auto-ongeluk. Zijn auto werd aangereden door die van een gendarme. Hij was niet op slag dood, maar lag een paar uur in coma in afwachting van de ambulance, die vreemd genoeg maar niet kwam.

Ik hield veel van Azzedine. Hij was altijd mijn kameraad, mijn vriend en mijn broer geweest. Hij had me beschermd en gevleid, hij had mijn domme streken vergoelijkt. Hij was mooi, grappig, charmant en blaakte van levenslust. Zijn ongeluk leek me verdacht. Ik had het gevoel dat ons niet de waarheid werd verteld. Niemand heeft ooit mijn vermoedens wat zijn dood betreft bevestigd, maar de twijfel is gebleven.

Het was te veel ellende en te veel verdriet. Mama, die wist dat de slechte tijden nu pas begonnen, vroeg zich af hoe ze ons daarvan kon vrijwaren. De koning haatte haar. Hij had op de radio verklaard dat zij bij de staatsgreep de persoon achter de schermen was en dat ze mijn vader ertoe had aangezet.

De kwestie van het militaire uniform, onze houding, die als

vernederend werd beschouwd en de haat die de koning voortaan jegens haar voelde, alle voorwaarden waren vervuld om haar te straffen. Er was sprake van dat ze in haar eentje zou worden verbannen. Maar wij, kinderen, wilden haar in geen geval alleen laten. Waar zij heen zou gaan, zouden wij ook heen gaan, met ons allen op het ergste voorbereid.

Al die tijd gedurende de vier maanden en tien dagen van rouw waarin we in ons eigen huis gevangenzaten, probeerde ik de schijn op te houden. Ik gaf de kinderen les, ik probeerde hen een normaal leven te laten leiden. In al ons verdriet waren er toch een paar grappige gebeurtenissen zodat we een beetje konden lachen en op adem komen. Onze beproevingen waren al zwaar genoeg.

Overal op het landgoed waren nog steeds politieagenten die ruziemaakten over wie er aan de beurt was om de wacht te houden tijdens de ramadan, omdat het eten heerlijk was en we gul waren. Om die vrienden van ons die het huis hadden verlaten en zin hadden om ons weer te zien binnen te laten, hadden we een list bedacht.

We vroegen om valium, en dat stopten we in theepotten. Die gaven we aan de bewakers, die allemaal in slaap vielen. Zo klommen onze vrienden over de muur van het landgoed en bleven dan een paar dagen bij ons. Op de avond waarop ze weer vertrokken, stopten we de theepotten weer vol valium en namen ze dezelfde weg in omgekeerde richting.

Al die tijd dacht ik er vaak aan te ontsnappen. Maar we werden te goed bewaakt. Bovendien, waar moesten we heen? Ik was te jong om te ontsnappen, mijn grootvader te oud en mijn moeder te bedroefd. We waren weerloos. Ik voelde dat het noodlot op ons wachtte en dat het tragisch zou zijn.

Op 23 december was de rouwperiode ten einde. Mama droeg geen witte kleren meer. We bereidden ons voor op Kerstmis, de kinderen moesten toch een paar vrolijke dagen hebben. Slingers versierden de muren en de kroonluchters, er was een kerstboom neergezet in de salon en we hadden er aan alle kanten cadeaus omheen gelegd. We probeerden zo goed en zo kwaad als het ging een wat vrolijker sfeer te creëren.

De chef van de politie kwam aan het einde van de middag en beval ons om voor veertien dagen spullen in te pakken. We werden naar het zuiden van Marokko gebracht.

De ingang zou verzegeld worden. Niemand zou in ons huis mogen komen.

'Zijne Majesteit heeft het zo gezegd,' beweerde hij.

Ik was bij het gesprek aanwezig geweest. Ik zei tegen de kinderen dat ze hun koffer moesten pakken en ikzelf haalde alles uit de kasten. Mama maakte me voor gek uit. We gingen maar twee weken weg...

Ik gaf Houria alle nieuwe kleren die ik in Parijs had gekocht en waarvoor ik nog geen tijd had gehad om ze te dragen, en sieraden, parfums, tassen en schoenen.

'Maar dan heb je niets om aan te trekken wanneer je terugkomt...'

Als ik ooit terugkom, dacht ik, is het een wonder.

Ik overhandigde haar ook een doos met mijn fotoalbums en brieven, waarvan er met name één was waaraan ik bovenal was gehecht. Dat was een liefdesbrief die mijn vader eens met een bos bloemen aan mijn moeder had gestuurd.

Ik pakte het grootste deel van mijn spullen in: praktische kleren, mijn romans, al mijn schoolboeken en die van de kinderen, en het album met de foto's van het bal voor mijn achttiende verjaardag.

We hadden toestemming gekregen om twee personen met ons mee te laten gaan. De keuze was niet gemakkelijk. De eerste die met ons mee wilde was Achoura Chenna, een volle nicht van mijn moeder die een jaar ouder was dan zij. Ze was bij haar komen wonen toen ze, op haar tiende, haar vader had verloren, de broer van mijn grootvader. Het meisje leerde naaien en koken. Ze trouwde een paar maanden na mijn moeder met een politiek geëngageerde onderwijzer. Het paar kreeg een meisje, dat op heel jonge leeftijd overleed.

Achoura kon geen kinderen meer krijgen. Ze wilde liever scheiden dan accepteren dat haar man een andere echtgenote nam. Toen ze alleen achterbleef, klopte ze aan bij haar nicht en werd met open armen ontvangen. Ze werd onze gouvernante en nam zozeer deel aan ons leven en ons verdriet, dat ze ons naar de hel had willen volgen.

De tweede, Halima Aboudi, was de jongere zus van Fatima, de gouvernante van Abdellatif. Deze gouvernante had het huis al verlaten omdat ze de schrik te pakken had gekregen, en ze was in dienst getreden bij generaal Dlimi[1]. Halima, die net als ik achttieneneenhalf was, was ons komen condoleren. Ze was gedurende de vier maanden van rouw gebleven. Toen ze hoorde dat we vertrokken, stelde ze spontaan voor met ons mee te gaan: ze wilde geen afscheid nemen van de kleine Abdellatif die drieëneenhalf was en aan wie ze al heel erg was gehecht.

'Ik wil graag met jullie meegaan,' zei ze tegen mama, terwijl ze haar smeekte om haar mee te nemen.

Ann Brown, de Engelse gouvernante, en Houria, mijn vriendin, wilden ook mee. Daar was geen sprake van. Omdat ik zo lang op het Paleis had gewoond, wist ik zo ongeveer hoe het ging wanneer je werd verbannen. De werkelijkheid was echter heel anders.

Ons vertrek vond de dag voor Kerstmis plaats. Drie vrouwen en zes kinderen, omgeven door gewapende politieagenten. Maria

1 Generaal Ahmed Dlimi: de rechterhand van Oufkir, hoofd van de nationale veiligheidsdienst, bevindt zich evenals hij in Parijs op het moment van de ontvoering van Ben Barka. Hij wordt de baas van het leger (hij is adjudant van Hassan II). Hij houdt zich bezig met de oorlog tegen het Frente Polisario tot januari 1983, wanneer hij sterft bij een mysterieus auto-ongeluk, een paar weken voor zijn rechterhand Ghali el-Mahli onder dezelfde omstandigheden overlijdt.

en Soukaïna kropen angstig tegen me aan. Raouf balde zijn vuis-ten. Abdellatif zoog op zijn duim.

Ik draaide me nog een laatste keer om, om naar het huis te kij-ken en ik nam er voor altijd afscheid van. Ik huilde in stilte om de kinderen niet aan het schrikken te maken. Ik huilde niet alleen om mijn vader, maar ook om mijn leven, het leven dat me werd afgenomen.

Al was de verbanning voor iedereen hartverscheurend, voor mij was die nog erger. Ik was de enige die voorvoelde dat deze verbanning beslist niet tijdelijk zou zijn.

DEEL TWEE
Twintig jaar in de gevangenis

Een jaar in de woestijn

(25 december 1972-8 november 1973)

DE OASE VAN ASSA

Waar gaan we heen? Ik heb geen idee. We rijden door de nacht. Ze hebben ons in een grote Amerikaanse auto gezet zonder gordijntjes of geblindeerde ruiten. Het gewapende escorte dat bij ons is, probeert tevergeefs de sfeer wat minder gespannen te maken. Ik probeer de weinige informatie die de politieradio geeft op te vangen. Ik weet nog steeds niet waar we heen worden gebracht, maar ik begrijp dat de weg door de oproerpolitie in vakken is verdeeld en dat we nauwlettend in de gaten worden gehouden.

Vroeg in de ochtend stoppen de auto's voorbij Agadir, in Goulimine, een dorp aan de rand van de woestijn. We worden meegenomen naar de super-kaïd[1] wie men heeft bericht dat hij de vrouw en kinderen van generaal Oufkir op bezoek krijgt. Hij ontvangt ons met alle eer en laat ons een luxueus ontbijt serveren.

Ik weet niet meer wat ik moet denken. Is het terecht dat ik het ergste vermoed? Is mijn vader echt dood? De kaïd spreekt met respect over hem, hij complimenteert hem oprecht, terwijl de politie niet van onze zijde wijkt...

Ik begrijp het niet. Maar valt er wel iets te begrijpen? We betreden het gebied van het irrationele, het onrechtvaardige, de willekeur. Een land waar kleine kinderen worden opgesloten voor de misdaden van hun vaders. We betreden het rijk van de waanzin.

1 kaïd: burgemeester.

We hebben een dag en een nacht bij de kaïd van Goulimine doorgebracht, daarna zijn we weer verdergegaan, tot aan de woestijn. In de nacht zijn de auto's gestopt. Het uitzicht is van een ongerepte schoonheid. De bijna volle maan verlicht de dorre hoogvlakten en de oude bergen van de Hoge Atlas waarvan de afgeronde toppen afsteken tegen het donker.

Ik ben dol op de woestijn, ik ben er vaak doorheen getrokken in de tijd dat Moulay Ahmed, de neef van de koning, mij samen met Lalla Mina rondleidde door het land. Die tijd lijkt zo ver weg dat ik me afvraag of die ooit heeft bestaan.

Men laat ons uitstappen en op een braakliggend terrein worden we op een rij gezet. De politieagenten stellen zich tegenover ons op en bedreigen ons met hun kalasjnikovs.

Mama legt het zo aan dat ze vlak langs me heen loopt en fluistert heel zacht in mijn oor: 'Kika, ik geloof dat dit het einde is.'

Het is helaas nog maar het begin.

Uit wat volgt blijkt dat ik gelijk heb. Deze plotselinge stop, deze komedie is alleen maar een manipulatie om ons schrik aan te jagen, om ons te conditioneren. We stappen weer in de auto's en rijden nog urenlang. De reis is heel vermoeiend, vooral voor de kinderen: de meisjes zijn negen en tien en de kleine jongen is drieëneenhalf. Het is warm, we hebben dorst, honger, angst. Niemand om ons gerust te stellen of om de angst die ons in zijn greep houdt te verzachten.

Aan het einde van onze reis zijn we in een heel klein dorpje aangekomen waarvan we niet veel hebben kunnen zien, want de auto's zijn meteen een kazerne binnengereden. Door de politie-radio heb ik begrepen dat we in Assa waren, een afgelegen plek diep in de woestijn, vlak bij de Algerijnse grens.

Ten tijde van het protectoraat was deze kazerne een verbanningsoord. De Fransen stuurden er dissidenten heen, de politici van de oppositie. Het is er oud en vervallen, op sommige plekken komen de stenen naar beneden.

De dag na onze aankomst worden we gewekt door onmenselijk gehuil. Er is 's nachts een muur ingestort, er liggen zeven *mouhazzins*[1] dood onder het puin. Door ons aan de tralies voor de ramen vast te houden konden we de lichamen zien die werden weggedragen. Een slecht voorteken.

De politieagenten die ons hebben begeleid, zijn allemaal uit Rabat afkomstig. Ze waren zeer gehecht aan onze familie, en aan hun gezichten is te zien dat ze rouwen om mijn vader. Ze zijn attent tegen ons geweest. Maar anderen wachtten ons op, die andere instructies hebben gekregen. We moeten Spartaans worden behandeld, als gevangenen. Hen kennen we niet. Ze zijn afkomstig uit de meest afgelegen streken van Marokko om iedere verstandhouding met ons te vermijden. Maar hun chefs komen uit Rabat.

We zijn een lemen huis binnengebracht dat binnen de kazerne staat. Een oud, volkomen verschrompeld kereltje in een militaire djellaba staat naast een tafel waarop negen ronde broden op een rij liggen naast een paar blikken sardines.

Het is Bouazza, de kampcommandant. Hij draagt een kunstgebit dat hij niet helemaal onder controle heeft: je krijgt altijd de indruk dat hij het zal uitspugen of inslikken. Ondanks mijn angst kan ik niet nalaten bij mezelf te glimlachen om dat komische detail. Bouazza laat een boer, hij schreeuwt dat we hem voortaan moeten gehoorzamen en dat hij in staat is om ons te breken. Het is niet in ons belang om tegen te stribbelen, want hij ontvangt zijn orders rechtstreeks van de koning.

Ik buig mijn hoofd. Bouazza gaat wel tekeer, maar hij is slechts de stem van zijn meester. Een meester die zijn vonnis onontkoombaar heeft geveld, volgens de logica van mijn opvoeding. Als trouw onderdaan kan ik het slechts accepteren en erin berusten.

De huidige situatie gaat Bouazza echter boven de pet. Hij heeft veertig jaar het bevel gevoerd over de militaire gevangenis van

1 *mouhazzins*: hulpkrachten.

Kenitra; hij heeft staatsgrepen meegemaakt, hij heeft tientallen politieke gevangenen vastgehouden, maar hij heeft nooit drie vrouwen en zes kinderen hoeven opsluiten.

Van onze affaire heeft hij maar twee dingen onthouden waarop hij zich beroemt: de Oufkirs klein krijgen. Opdracht van de koning.

De abrupte verandering in ons leven, die overgang van grote rijkdom naar misère, heeft me lange tijd gechoqueerd. En toch is dit nog luxe vergeleken met wat ons te wachten staat. Voor het wispelturige meisje dat ik ben, dat maniakaal en veeleisend is wat schoon goed en sanitair betreft, is deze plek een beerput. Ik vind alles walgelijk: de grijze, stugge, vuile legerdekens die op de schuimplastic matrassen zijn neergegooid, de afschuwelijke muren, de afgebladderde pleisterkalk, het zand op de vloer van het lemen huisje waar we gehuisvest worden nadat onze koffers zijn uitgeladen. Gelukkig zijn er nog de onschuldige vrolijkheid van de kinderen en de zorgeloosheid van mijn achttien jaren. We vatten alles op als een grap.

De volgende dag ben ik vastberaden te werk gegaan. Ik ben het huis gaan verkennen, dat minuscuul is. Drie piepkleine kamertjes met matrassen op de grond, dat is alles. We hebben geen kasten, dus hebben we onze spullen op lakens neergelegd. We hebben ook geen stromend water. Voor de wc, de afwas en om te drinken krijgen we emmers. In de kazerne voel je overal de aanwezigheid van de bewakers.

Terwijl we onze koffers uitpakken, heb ik me met bitterheid rekenschap gegeven van de tegenstrijdigheid tussen dit miserabele oord en onze kostbare kleren. We hebben een stuk of twintig dure koffers kunnen meenemen, van Vuitton, Hermès en Gucci, gevuld met mooie dingen. In ons vroegere leven was mama vaste klant van de Parijse modeontwerpers en ze kocht de kleren voor de kinderen in Genève. En ik schuimde de trendy winkels af in Parijs, Londen of Milaan.

In de woestijn lijkt dat allemaal plotseling zo lachwekkend.

Mama heeft bijna al haar sieraden achtergelaten en alleen een klein kistje meegenomen. We hebben onze stereo-installatie kunnen meenemen, onze platen en Zénith-radio's waarmee je de hele wereld kunt ontvangen.

Ik heb water en zeep uitgedeeld en iedereen gevraagd me te helpen met schoonmaken. Daarna heb ik met Raouf de geluidsinstallatie aangesloten. We hebben iets wat moet doorgaan voor een koelkast, die zo goed en zo kwaad als het gaat functioneert dankzij een zwakstroomaggregaat. Dat werkt alleen bij het vallen van de avond, waarbij het een hels lawaai maakt. Het lamplicht is zo zwak dat het lijkt alsof we bij kaarslicht leven.

Ondanks alles zet ik 's avonds de geluidsinstallatie aan. We luisteren naar onze 33-toerenplaten die op de snelheid van 78 toeren worden gedraaid, en een beetje naar de radio. Met de kinderen kaarten we. We doen ons best om een aangename sfeer te scheppen. We hebben zelfs schorpioenen gedresseerd om wedrennen te organiseren.

Ik beleef een omgekeerd sprookje. De prinses die ik was, verandert plotseling in Assepoester. Langzamerhand raak ik mijn gewoontes kwijt; ik trek oude kleren aan, steeds dezelfde, in plaats van schone lange broeken en hemden die me te veel aan het verleden doen denken. In de woestijn leer je wel je los te maken.

Om de tijd door te komen eten we aan één stuk door. We zijn op rantsoen gesteld, omdat de stad ver weg is, de paden hobbelig zijn en er niet vaker dan één keer per drie weken markt is. Onze dagelijkse kost bestaat uit brood, olie en honing, maar we hebben nog niet te klagen. We hebben vaker geitenvlees, met een al te sterke smaak, dan schapenvlees. Maar we krijgen tenminste genoeg.

's Ochtends laten we het ontbijt lang duren. Daarna doen we met zijn allen de afwas, en vervolgens houden we ons bezig met het middageten. Mama en ik hebben de taken onderling verdeeld. Zij kookt en ik doe de was in een teil in de openlucht. Halima en Achoura helpen ons.

We zijn bijna de hele dag op de kleine patio. Na een hapje en een drankje in de loop van de middag dat we ook urenlang rekken wordt het heel snel avond. Avondeten, wat bij elkaar zitten, verhalen die mama voorleest voordat we gaan slapen. Maar wat lijken de nachten daarna lang... Het is winter, het huis is ijzig koud, we kunnen moeilijk in slaap komen. We gebruiken gaslampen als verwarming.

Net als in mijn kinderjaren op het Paleis maakt de nacht mijn ellende nog erger. Mijn enige band met het leven is de radio: Europe 1, RFI en France Inter. Ik kan niet zonder datgene wat tegelijkertijd een kwelling voor me is. Ieder liedje doet me terugdenken aan een gelukkig moment in mijn leven. Ik denk met verlangen terug aan mijn vrienden, aan mijn verleden. Ook al weet ik dat nostalgie dodelijk is, het kost me te veel moeite om me los te rukken van alles waarvan ik hield. Ik heb het gevoel dat ik levend ben ingemetseld, zoals in de Middeleeuwen, en ik moet mezelf inhouden om niet te gaan schreeuwen.

In het donker hoor ik mama snikken. Nog meer dan om het verlies van onze vrijheid huilt ze zodra we gaan slapen, alleen in haar bed, in de eerste plaats om haar man. Haar leven als vrouw eindigt nu ze nauwelijks zesendertig is; door te sterven heeft mijn vader haar tot eenzaamheid veroordeeld. Overdag leest ze vaak de Koran, en ik zie duidelijk aan haar verdrietige ogen, die altijd gezwollen zijn van de tranen, hoeveel ze lijdt.

We hebben toestemming gekregen om elke dag twee uur in het dorp, in de oase, door te brengen. Ik heb geweigerd, in de eerste plaats om mama gezelschap te houden die niet naar buiten wil, maar vooral om me te distantiëren. Ik ben niet van plan me te schikken naar hun goede wil.

Myriam, Achoura, Halima, mama en ik blijven dus thuis, terwijl de kinderen naar buiten gaan, vergezeld door een escorte van politieagenten, die altijd heel aardig tegen ze zijn. Ze bezoeken de palmentuin waar de blauwe mannen wonen en ze vertrekken altijd weer met volle handen: henna, dadels, door de vrouwen gevlochten manden. Wanneer ze begrijpen dat hun kleine bezoekers elke dag op een vast tijdstip terugkomen, maken de dorpsbewoners thee voor hen, broodjes die warm uit de oven komen en snoepgoed.

Die uren zijn heel belangrijk voor de kinderen. Ze kunnen zich eindelijk uiten, vertellen wat ze ontdekken. Ze hebben de natuur als leerschool. Vooral Abdellatif lijkt opgetogen. Hij is nog geen vier en alles is voor hem een spel. Ze laten hem op de rug van een muilezel zitten om een tochtje te maken, hij gaat naar de koeien, de kalfjes en de kippen kijken.

Een vrouw uit het dorp heeft ons kuikentjes gegeven. Er is er voor ieder van ons een. Elke vogel heeft een naam gekregen en een karakter dat zich uiteindelijk conformeert aan dat van zijn eigenaar. Die diertjes helpen ons de tijd door te komen. We praten met elkaar over ze, we spelen met ze, we proberen ze in kartonnen dozen te laten slapen. 's Avonds is het een vrolijke bende om ze te vangen; ze verspreiden zich al piepend overal in huis. De kinderen lachen, rennen achter ze aan om ze te zoeken. Ze zijn dolblij met deze afleiding.

Ik probeer hun wijs te maken dat ons leven ongeveer normaal is. Ik voer hen mee naar een denkbeeldige wereld, ik bedenk spelletjes, ik vertel verhalen. Ik wil hen vrijwaren van zorgen. Dapper doen ze alsof. Maar ze weten best dat dit niet tijdelijk is, zoals ik beweer.

Zelfs Abdellatif weet het. Ik zie hem nog voor me, drie turven hoog in zijn kleine blauwe *gandoera*, terwijl hij een beetje lispelend zegt: 'Assik groot ben, neem ik een huis, maar niet so een als dit, maar met overal tapijt en geen sand.'

Ik stel me voor wat de anderen wel niet zullen voelen als zelfs dit heel kleine mannetje nog het stempel draagt van ons vroegere leven.

We moesten op een ochtend aan het eind van de maand april op stel en sprong vertrekken naar Agdz, een dorp in de woestijn, vlak bij Zagora en Ouarzazate. Door onze oren te spitsen hebben we bij stukjes en beetjes iets gehoord over de redenen van dit overhaaste vertrek. De dorpelingen beginnen zich af te vragen hoe het zit; ze hebben gehoord wie we zijn en ze zijn verontwaardigd dat je kinderen zo kunt behandelen.

We hebben achttien uur aan één stuk door gereden, in bestelbusjes waarvan de ruiten zijn geblindeerd. We worden strenger behandeld. We mogen niet uitstappen, zelfs niet voor een plasje. We doen onze behoeften om de beurt in een melkpoederblikje waar het deksel van af is gehaald.

Aan het begin van de nacht zijn we in een arm dorp aangekomen. We zijn opgesloten in het huis van de kaïd. Daar zijn we een maand gebleven, in volslagen duisternis, zonder ooit buiten te komen. Buiten speelt zich het leven af, eenvoudig en rustig. Een fontein, het geritsel van de wind in de takken, de kreten en spelletjes van kinderen, het gelach van vrouwen, het geblaf van honden. Deze vertrouwde geluiden, zo ver weg en zo dichtbij, zijn voor ons hartverscheurend.

Het wordt een gewoonte: om de tijd te doden koken we en eten we. Mama maakt bij kaarslicht hapjes klaar. Ik stort me op het bereiden van Marokkaanse flensjes, waar de kinderen van smullen. Ik organiseer wedrennen voor padden en scheetwedstrijden die hen doen brullen van het lachen. Ze denken dat ze in een vakantiekolonie zijn en ik pas me graag aan hun niveau aan.

Toch heb ik het moeilijk met het gebrek aan comfort, de viezigheid, de legerdekens, de afwezigheid van sanitair, de ziekenhuisbedden die op een rij naast elkaar staan. Nog steeds die vaste gewoontes van een verwend kind...

Om te overleven reis ik in mijn verbeelding. Ik pak mijn aardrijkskundeboek, ik zet de kinderen in een kring om me heen.

'Hierna,' zeg ik, 'gaan we met zijn allen in Canada wonen.'

Ik droom van dat land. Ik geef hun een nauwkeurige beschrijving van de bossen, de meren, de bergen, de grote sneeuwvelden, de bereden garde, de beverdammen. Hoe meer bezwaren ze maken, des te meer ik probeer hen te overtuigen. Zelfs mama heeft er plezier in gekregen: 'Nee, niet in Canada,' zegt ze, 'dat is te koud en het is te ver... En de familie dan? Hoe moet het dan als die ons wil zien?'

We hebben onze bakens nog.

Bouazza kwam op een ochtend langs en beweerde dat er in de *Paris-Match* over ons en over hem werd gesproken. Hij leek heel trots dat hij op die manier de Geschiedenis inging. Dat gaf ons een beetje hoop. Als we in de pers worden genoemd, dan bestaan we nog. De wereld zal niet lang een dergelijk onrecht kunnen tolereren...

We zijn nog steeds vol illusies over de menselijke natuur.

Die nieuwe opsluiting markeert voor mij een belangrijke fase. Als ik in Agdz aankom, ben ik een normaal mens, beschouw ik mezelf nog niet als een gevangene. Toch word ik wel zo behandeld en zal ik voortaan zo behandeld worden, waar ik ook ga. Ik weet nu zeker dat de slechte tijden nooit zullen eindigen.

We zijn aan het einde van de maand mei weer terug in Assa. Onze levensomstandigheden zijn veranderd. Achter de kazerne ligt een onbebouwd terrein waarop ze tijdens onze afwezigheid een uiterst eenvoudige prefab barak hebben laten bouwen. De muren, de vloer en het plafond, alles is aardkleurig. Maar de barak is steviger dan de kazerne, die elk moment dreigde in te storten, en waarschijnlijk is dat de reden waarom ze is gebouwd. Ze willen ons dus niet dood hebben. Nog niet. We zijn er ingetrokken.

Het huis bevat een entree, een woonkamer, wasgelegenheden met een douche en een rij kamers aan een gang. Ieder heeft zijn eigen kamer. Na het vorige huis, dat piepklein was, lijkt dit ons bijna een paleis. Aan de horizon zie je alleen de hemel en, nog verder weg, de bergen. We mogen naar buiten op het braakliggende terrein, begeleid door de bewakers die altijd om ons heen hangen.

Eigenlijk is het niet zo'n groot verschil met ons vroegere leven. Zover als ik me herinner, ben ik nooit ergens heen gegaan zonder escorte, heb ik nooit een raam geopend zonder een of meer gewapende politieagenten te zien die voor mijn veiligheid moesten instaan. Hier worden we, in plaats van beschermd, in de gaten gehouden. We kunnen niet meer naar het dorp gaan. En ondanks onze verzoeken mogen we geen post verzenden of ontvangen. We hebben een bewaker gevraagd contact op te nemen met mijn grootvader. Hij heeft het beloofd, maar hij zal zijn belofte niet nakomen.

Een van de kinderen heeft een valluik ontdekt: we hebben besloten het souterrain te verkennen. Misschien bestaat er een mogelijkheid om een tunnel te graven? De gedachte om te ontsnappen speelt al door ons hoofd. Maar we hebben nauwelijks de tijd om langs de ladder af te dalen of we zitten al onder de kakkerlakken die zich bij duizenden over de muren en de vloer van de kelder verspreiden.

Met de zomer begon de nachtmerrie. Overdag steeg de temperatuur tot zestig graden in de schaduw en brandde de zon op het plaatijzeren dak. 's Nachts steeg de hitte op uit het zand en de stenen die overdag de hitte hadden opgeslagen. Boven onze hoofden koelde het plaatijzer af onder verschrikkelijk geraas. We hadden het benauwd alsof we in een broeikas zaten, en daarom brachten we al onze avonden en nachten buiten door.

Om een beetje te kunnen slapen wikkelden we ons in vochtige lakens die we voortdurend natmaakten. We bedekten de kruiken met vochtige doeken om koel water te hebben. Gelukkig werden we wat water betreft niet op rantsoen gesteld.

Met het droge seizoen kwamen ook de woestijnwinden. De ruiten van de vensters braken door de windvlagen, en het zand drong het huis binnen, waarbij het onze gezichten en lichamen bedekte. Het voerde enorme harige spinnen mee, die verschrikkelijk giftig waren en die je niet goed van de grond kon onderscheiden. We probeerden ook te ontsnappen aan de duizenden schorpioenen die onder de bedden, over de muren en tussen onze lakens kropen. Mama en ik maakten overal schoon om ze te verjagen, waar de hele kazerne om moest lachen; we wisten niet dat schorpioenen van vocht houden. De vrouw van Bouazza werd gestoken. Dat maakte hem woedend omdat wij wonder boven wonder niet werden gestoken.

Om de dagen te verkorten sliepen we de hele ochtend, waardoor we tot 's morgens vroeg wakker bleven. We hadden lol, we speelden en vertelden verhalen. Wanneer het eindelijk koeler werd, organiseerde ik spelletjes om de kinderen te vermaken. Ik speelde dat we in een stadje woonden en ik gaf ieder een rol. Soukaïna speelde voor joodse naaister zoals je die in de Marokkaanse getto's zag. Abdellatif was haar hulpje.

Raouf opende een snackbar en hing een bordje bij de ingang: 'Bobino de frietenkoning'. Je moest betalen om er te mogen lunchen. Maria had de rol van kapster en ik van manicure-pedicure-schoonheidsspecialiste. Mama was de universele klant, die dagelijks verzorgd moest worden, haar maten liet nemen bij de naaister en ging eten bij 'Bobino'.

Onwillekeurig deed ik wat ik in het Paleis ook altijd had gedaan: in scène zetten wat ik niet mocht meemaken.

'ZOUAIN ZOUAIN BEZEF'

Bouazza trok de teugels steeds verder aan, zo bang was hij voor Rabat. Daarna begon hij ons ruw te behandelen. Hij bedreigde mama en verloor zijn zelfbeheersing in ons bijzijn.

Op een ochtend ontplofte hij. Hij begon zo hard te schreeuwen dat hij bijna zijn kunstgebit verloor.

'Ik heb veertig jaar van mijn leven in gevangenissen gewerkt, maar ik hoefde alleen mannen te bewaken! Hier word ik tot het allerergste veroordeeld: een vrouw en kinderen afslachten! Dat is niks voor mij, nooit van mijn leven heb ik gedacht dat ik zoiets moest doen...!'

Hij ging zichtbaar flink opgemonterd naar buiten terwijl hij in zichzelf bleef praten. Enige tijd later liet hij ons weten dat hij het kamp weldra zou verlaten. Hij leek opgelucht. Daarna vertelde hij ons dat in het dorp een uitzonderlijke helderziende de toekomst voorspelde zonder zich ooit te vergissen. De waarzegger had waarschijnlijk zijn ophanden zijnde vertrek gezien...

Toen veranderde Bouazza van houding, werd sympathieker en, wat pas echt ongelooflijk was, hij bracht ten slotte de helderziende naar ons toe.

We zagen een leeftijdloos mannetje aankomen, dat een volkomen scheef gezicht en lichaam had en niet kon staan of lopen. Zijn buik en zijn kin raakten de grond, alle vier zijn ledematen waren verlamd. Politiemensen tilden hem op en zetten hem als een pakje voor ons neer.

Hij werd vergezeld door een vrouw uit het dorp, een Berbervrouw met een heel bleke huid. Ze deed haar sluier af en legde het gereedschap van de oude man naast hem neer, een platte tenen zeef die meel bevatte waarover de klanten hun handen streken.

De helderziende bestudeerde de afdrukken zorgvuldig: niettemin was hij blind... Hij richtte zich in het Berbers tot mijn moeder maar ze begreep zijn taal niet. Het dialect uit de Midden-Atlas waar zij vandaan kwam, was anders dan dat uit de woestijn. Mijn vader was een van de weinige mensen die alle vier de idiomen beheerste.[1]

---

1 Er bestaan in Marokko vier Berber-talen: het Tachellit, dat gesproken wordt in het zuiden, het Tamazight van de Midden-Atlas, het Riffijns in het Rifgebergte en het Tashelhait in het gebied van de Sous (Agadir en de kuststreek).

De man kon zich moeilijk uitdrukken en kwijlde wanneer hij zijn mond opendeed. De vrouw die hem begeleidde, vertaalde zijn woorden voor ons. Hij zei eerst dat ik niet in de zon moest gaan vanwege de littekens op mijn gezicht. Dat maakte indruk op ons want hij kon ze niet zien. Hij gaf me een zalf.

'Dat doe je op je gezicht en dan verdwijnen ze mettertijd. De tijd is de beste heelmeester.'

Hij verduidelijkte dat ik er gedroogde en gemalen kameleons aan toe moest voegen en die vermengen met kamelenmelk. Elke dag moest ik een paar druppels van het preparaat in mijn neus doen. Ik heb het met succes op mijn toegetakelde huid getest en ik moet zeggen dat het echt werkte.

Hij sprak met ons over Mimi en haar ongeneeslijke epilepsie. Toch hadden mijn ouders de beste specialisten in Frankrijk en de Verenigde Staten geraadpleegd. Maar we waren maar matig geïnteresseerd in elkaars gezondheid. We wilden dat hij ons over ons leven vertelde.

'Wanneer komen we uit deze hel? Wanneer zullen we onze familie en vrienden terugzien? Wanneer zullen we een normaal leven kunnen leiden?'

We bestookten hem met angstige vragen. Toen slaakte hij een diepe zucht.

'Het duurt nog heel lang en het zal verschrikkelijk zijn. Maar er zal een wonder gebeuren en de hele wereld zal erover praten. Uiteindelijk zullen jullie krijgen wat jullie willen... Maar ik waarschuw jullie, het zal oneindig lang duren.'

Mama vroeg hem dringend om nadere gegevens wat de tijd betreft, maar die kon hij ons niet geven. Hij weigerde dat te doen sinds hij te pakken was genomen door boze geesten, vertelde de vrouw ons. Hij voegde er alleen nog aan toe dat we werden beschermd omdat we afstammelingen waren van de Profeet, en dat we nooit al te erg zouden worden getroffen door ziektes. Wat bleek te kloppen.

Telkens als we het niet meer zagen zitten, als we de uiterste wanhoop hadden bereikt, telkens als een van ons op het punt stond in te storten, zouden we voor onszelf in het Arabisch de woorden van deze oude blinde man herhalen.

Zouain zouain bezef: het zal wonderbaarlijk, ja heel wonderbaarlijk zijn.

Die voorspelling maakte dat we het twintig jaar volhielden.

In de eerste jaren van onze gevangenschap droomde ik alleen van de koning en nooit van mijn vader. Ik zag het Paleis weer voor me, de concubines, mijn apenstreken, ons gelach, mijn gesprekken met hem, onze bevoorrechte momenten.

Ik heb nooit meer over gelukkige of moeilijke periodes in ons gezin of over de dood van mijn vader of de rouwperiode erna gedroomd; er kwam geen wrok, geen botsing of opstandigheid in mijn dromen voor. Ik dacht alleen terug aan de goede dingen uit mijn kinderjaren die ze me hebben ontnomen.

Ik werd vol schaamte en schuldgevoelens wakker. Ik was in de war, niet op mijn gemak, en ik kon niets van die verwarring delen met mijn familieleden. Ze zouden het niet hebben begrepen.

Ik heb waarschijnlijk beter dan mijn broers en zussen onze twintig jaar durende beproevingen verdragen, want toen ik de gevangenis inging wist ik al wat eenzaamheid en verlatenheid betekenden. Maar ik heb ook geleerd hoe je verscheurd wordt wanneer je je vijand kent en hij je naaste is.

Ik vond het buitengewoon pijnlijk dat ik was grootgebracht door mijn beul en dat ik lange tijd die ambivalente gevoelens van liefde en haat ten opzichte van hem heb gehad. In het begin waren mijn stemmingen ten opzichte van de koning ingewikkeld, moeilijk van elkaar te onderscheiden. Mijn eigen vader had geprobeerd mijn adoptievader te doden. Dat had hem het leven gekost. Dat was een tragedie. Mijn tragedie.

Soms wist ik niet meer naar wie ik moest terugverlangen, noch om wie ik moest huilen. Ik was het product van mijn opvoeding op het Paleis, alles wat ik was, had ik te danken aan de man die me in de eerste plaats had opgevoed. Maar ik hield zoveel van mijn echte vader. Er ontstond verwarring in mijn geest, ik begon steeds weer van voren af aan. Ik zocht naar het waarom, ik beleefde alles opnieuw en dacht daarbij voortdurend: had ik maar niet zus, had ik maar niet zo.

Ook al respecteerde ik in Hassan II nog steeds de adoptievader die hij voor mij was, ik haatte de despoot die hij werd op de dag waarop hij ons begon te vervolgen.

Ik haatte hem om zijn haat, ik haatte hem om mijn kapotte leven, om het verdriet van mijn moeder, om de beschadigde jeugd van mijn broers en zussen.

Ik haatte hem om de onherstelbare misdaad die hij beging door zo langdurig, onder zulke onmenselijke omstandigheden, een vrouw en zes kinderen op te sluiten van wie de jongste nog geen vier jaar oud was.

De muren van Tamattaght

(8 november 1973-26 februari 1977)

HET PALEIS VAN GLAOUI

Een gezang verheft zich in het donker. Ik ben als eerste begonnen, en daarna zijn Raouf, Mimi, de meisjes, mama, Achoura en Halima met me mee gaan zingen. De woorden spreken van ballingschap en hoop, van vertrekken in de nacht. Het is ons verhaal.

'Jullie hebben onze levens kapotgemaakt,' zegt het refrein, 'maar het recht zal altijd zegevieren.'

De eerste keer dat we dit lied op de radio hoorden, waren we in Assa. De vertolkers zijn jonge Marokkanen die een groep hebben gevormd die in Marokko heel populair is. Darham, hun leadzanger, is de man van een nicht van mij. We weten op dat moment, als we het in koor herhalen, niet dat hij dat lied voor ons heeft gecomponeerd. De politieagenten die ons op deze derde reis begeleiden in de geblindeerde transportwagen waarin we op elkaar gepakt zitten, beginnen zelf ook te zingen. Ik druk de kleintjes tegen me aan en ik huil.

We moesten aan het begin van de winter uit Assa vertrekken zonder dat ons de redenen van dit haastige vertrek werden uitgelegd. Toen ik er wat later over nadacht, meende ik het te begrijpen. De koning bereidt zich voor op de Groene Mars om de Westelijke Sahara te heroveren.[1] Wij moeten weg uit het zuiden,

---

1 De Groene Mars. Op het moment dat Franco op sterven ligt, is Spanje nog de baas over de Westelijke Sahara, waar het Frente Polisario onafhankelijkheid eist. Half oktober 1975 doet het Internationale Hof van Justitie in Den Haag een uitspraak waarin de zelfbeschikking van de

waar mijn familie vandaan komt en waar we talloze sympathisanten hebben.

In de bestelwagen die ons naar onze nieuwe bestemming brengt, hebben de bewakers een rood kleed op de vloer gelegd en kruiken, gevuld met water voor de kinderen. Onze jeugd en onze levensvreugde zijn nog steeds het sterkst, en ondanks het donker, het stof en de angst proberen we vrolijk te zijn. Mimi is ons favoriete mikpunt. Ondanks de rampzalige omstandigheden van deze reis lukt het haar om al snurkend te slapen, met haar mond open en haar gezicht overdekt met zand dat het voertuig binnendringt. Het is zo'n komisch gezicht dat we aan één stuk door lachen en de spot met haar drijven.

Tijdens een tussenstop heb ik een konvooi van auto's en motoren voorbij zien komen. Er wordt een autorally gehouden in de woestijn. We zijn op een paar kilometer afstand van deze coureurs en ze zien ons niet, horen ons niet, hebben zelfs geen idee van ons bestaan. Het leven gaat door, daar is het, vlak bij ons en niemand weet iets of wil iets weten.

Na een traject dat net zo lang en vermoeiend was als de vorige trajecten, zijn we nu in Tamattaght aangekomen, een eind voor-

Saharabewoners wordt aanbevolen. Hassan 11 kondigt dan aan dat er een 'vredesmars van 350.000 mensen' naar de Westelijke Sahara wordt georganiseerd, met het doel om die weer in zijn bezit te krijgen. Het is een ongekend succes: de geselecteerde kandidaten moeten een groen vlaggetje dragen (de kleur van de islam) en een exemplaar van de Koran. De Mars vindt plaats op 6 november 1975. De deelnemers, die uit heel Marokko, uit Mauritanië en uit zeven andere Arabische landen afkomstig zijn, dringen het gebied tien kilometer binnen en houden stil bij de Spaanse linies. Door deze symbolische daad kan de koning Madrid onder druk zetten, een kostbare militaire operatie vermijden en zijn expansionistische verlangens bevredigen, evenals die van de oppositie en van een groot deel van de Marokkaanse publieke opinie. De Spaanse regering besluit op 14 november 1975 tot een akkoord, waardoor een soevereiniteitsoverdracht aan Marokko en Mauritanië tot stand komt. Op 18 november wordt de dekolonisatiewet aangenomen. Marokko heeft 'op vreedzame wijze' de Westelijke Sahara veroverd.

bij Ouarzazate. Steeds verder, steeds meer afgesneden van ons vroegere leven. We worden gehuisvest in een gigantisch fort dat majestueus over de woestijn uitziet, een vroeger paleis dat in verval is geraakt en waarvan de zeer hoge muren ons beletten de lucht te zien.

Hier en daar kun je nog bewonderen wat er over is van de vroegere luister, de handgeschilderde muren en plafonds in aflopende gradaties pastel en goud. Het paleis van Tamattaght heeft toebehoord aan pasja El Glaoui van Marrakech die in nog grotere weelde leefde dan de legitieme vorst.[1]

Je komt dit fort binnen door een grote blauw geschilderde deur. We beschikken over twee kamers op de eerste verdieping om met zijn negenen in te leven. Beneden is een lemen hol dat we als keuken gebruiken. In een ander klein hokje bergen we onze levensmiddelen en onze trofeeën op: het zit er vol hoornslangen en schorpioenen, en telkens als we er een vangen, doen we die in een grote stopfles met alcohol. Halima heeft een enorme opgerolde python gevonden, waar wij minder bang voor waren dan de hevig geschrokken bewakers. Ze renden de kamer uit.

We wassen ons beneden bij een vuur dat overdag altijd brandt. Mama heeft een vernuftig saunasysteem bedacht. We hebben een soort indiaanse tipi gemaakt met behulp van vijf dikke rietstengels die met een touw aan elkaar zijn geknoopt en zijn bedekt met een plastic kleed waarop we onze dekens leggen. Mama warmt stenen op tot ze witgloeiend zijn en plaatst ze in een emmertje onder de tent. Ze giet er water overheen en de stenen verspreiden een behaaglijke warmte. Ieder neemt om de beurt een 'douche', eerst mama met Abdellatif, dan de kleintjes en ik, daarna Mimi, dan Raouf en ten slotte Achoura en Halima. Voor ons is het alsof we naar het Moorse bad gaan, altijd een vrolijke gebeurtenis.

1 Pasja El Glaoui: pasja van Marrakech. Hij had deelgenomen aan de afzetting en de verbanning van Mohammed v in 1953.

Heel hoge, erg steile trappen leiden naar de belangrijkste twee kamers. Boven aan de treden is een deur die toegang geeft tot een heel lange gang, zo smal als een doodkist. Aan het einde bevindt zich een klein kamertje waar we onze bagage hebben opgeborgen. Dat kamertje heeft geen ramen, maar, dat ontdekken we later als we op zoek zijn naar een opening, het grenst aan een oase.

Je moet nog drie treden op om bij ons domein te komen: een grotere kamer met een cementen vloer, waar het licht naar binnen valt door kleine venstertjes, en waar zich aan de zijkanten twee 'alkoven' bevinden, in werkelijkheid twee lange, donkere, akelig smalle gangen met een hoog plafond. Dat zijn onze slaapkamers. Een wastafel en een gat in de grond dienen als wc. In de grotere kamer, die we deftig 'patio' noemen, hebben we tafels neergezet voor de school, een kleed neergelegd waarop Abdellatif speelt en een matras waarop mama zich overdag installeert met haar radio en haar boeken.

Het meubilair is uiterst eenvoudig maar we proberen met onze schamele middelen deze plek iets vrolijks te geven. De nachtkastjes zijn simpele Coca-Cola-kistjes waar we een leuke lap stof overheen leggen; we hebben foto's aan de muur gehangen en hier en daar kleine voorwerpjes neergezet, spiegels en snuisterijen die een beetje gezelligheid geven.

We hebben eerst met zijn allen in de eerste alkoof geslapen, op stromatrassen die op de grond lagen. 's Winters is de kou zo hevig dat we onze handen boven gaslampen verwarmen. 's Zomers is de hitte verstikkend en de woestijn uitputtend.

We hebben vaak bezoekers, dikke veldratten die door de honger agressief worden. We slaan ze met knuppels dood. Raouf is in zijn gezicht gebeten toen hij een emmer water over een rat gooide. De rat werd razend en stortte zich woest op mijn broer.

Onze nachten zijn onrustig. Mama maakt zich zorgen; elke avond voelt ze, wanneer ze bij het licht van de gaslamp zit te lezen, een luchtstroom over haar wang, iemand naast zich. Raouf heeft afschuwelijke nachtmerries.

We besluiten naar een andere alkoof te gaan. Dan begint Maria akelig te dromen. Ze wordt schreeuwend wakker, haar gezicht nat van het zweet. Mama voelt nog steeds dat er iemand is.

Om een uur of vier 's ochtends hoor ik het geluid van voetstappen, gemompel als van een menigte, mensen die lege emmers dragen, die heen en weer lopen door de wc en over de trappen. Die spoken jagen me de stuipen op het lijf. Op een avond dat ik mijn matras in het midden van de kamer heb neergelegd, voel ik heel duidelijk dat een vrouw zo groot als een kabouter boven op me gaat liggen en me vastklemt tot ik bijna stik. Ik wek de anderen. Niemand kan nog slapen en mama moet ons tot de ochtend uit de Koran voorlezen om de spoken te verjagen.

We vertelden dit verhaal aan een van de politiemensen die ons het best gezind zijn. Hij geloofde ons en vertelde dat dit fort is vervloekt omdat het op een kerkhof is gebouwd. Hebben we een collectieve hallucinatie gehad? Komen de zielen van de doden ons achtervolgen? We kunnen in opstand komen tegen tastbare vijanden, maar vechten tegen bovennatuurlijke wezens gaat onze krachten echt te boven.

We zijn nog een keer van alkoof veranderd. De spoken, als het dat zijn, zijn er nog steeds, maar ze stellen zich minder verbeten op. Mama voelt nog steeds een luchtstroom over haar wang, maar ze went eraan en na een paar maanden verdwijnen onze nachtelijke bezoekers helemaal.

Ik heb eerst een paar dagen voorbij laten gaan zodat we ons konden installeren en daarna heb ik een plan gemaakt. Ik wilde de kinderen beschermen, hun wat houvast bieden. In dit onwerkelijke bestaan, dat door alles en nog wat wordt onderbroken, heb ik een zo normaal mogelijk ritme voorgeschreven.

Onze dag draaide om de lessen. Ik nam mijn rol van onderwijzeres heel serieus. Ik had verschillende studieniveaus ingevoerd. De twee meisjes zaten in de tweede en derde klas van de basisschool, Raouf in de vijfde en Mimi in de vierde. We werden omstreeks zeven uur wakker, we wasten ons en ontbeten vervolgens, voordat we om ongeveer halfnegen begonnen te werken. Ik dicteerde de meisjes een Franse tekst en vroeg hun vervolgens er een samenvatting van te maken en een redekundige ontleding, en grammaticavragen te beantwoorden.

Ik liet hen zelfstandig werken en deed hetzelfde met Raouf en met Mimi. Ik deed het zo'n beetje uit de losse hand, ik vulde aan waar het nodig was en ik herhaalde wat ze niet hadden begrepen.

Ik eiste van ieder van hen dat ze ongeveer vijf à zes nieuwe woorden per dag uit hun hoofd leerden met de definitie uit het woordenboek, en dat ze die vervolgens in zinnen gebruikten of in een kort opstel. Later kwam daar ook nog Engels en Arabisch bij. Raouf hield zich bezig met de wiskunde; we keken samen het programma door en hij gaf de kinderen wiskundeles.

Intussen maakte mama de lunch klaar. We waren niet op rantsoen gesteld, maar we hadden geen fruit, boter, room, eieren of snoepjes voor de kinderen. Daarna hield mama zich met de kleine bezig. Ze leerde hem het alfabet en speelde met hem alsof hij op de kleuterschool was. Achoura en Halima hielpen mijn moeder met koken, met het huishouden, met de was en ze legden reservevoorraden aan. Wanneer ze even tijd hadden, breide Halima en keek Achoura, die analfabete was, de Franse lessen nog eens door die ik haar gaf.

Na de ochtendklas wasten we onze handen, hadden we wat beweging en daarna gingen we aan tafel. Om twee uur 's middags begonnen we weer, zodat mama kon uitrusten terwijl ze naar het nieuws op de radio luisterde. Op zaterdag gaf ik geen les, maar kozen we een onderwerp van discussie en praatten daar de hele ochtend over.

Raouf en de meisjes interesseerden zich bijzonder voor de Eerste Wereldoorlog. Ze hielden ook van aardrijkskunde en we reisden in onze verbeelding over de hele wereld. We spraken over Lodewijk 11 van Beieren die mij fascineerde, over zijn land en zijn geschiedenis. Het was niet echt traditioneel onderwijs, maar op deze manier vonden ze het des te leuker.

Om een uur of zes gingen we 'naar buiten' om ons uit te leven. We mochten op een kleine donkere binnenplaats komen, die werd omgeven door hoge muren en die je het gevoel gaf dat je was ingemetseld; het was echter de enige manier waarop we een beetje frisse lucht kregen. We legden er een kleed neer, we staken een komfoor aan en mama maakte flensjes. We genoten van die rustpauze, en het was ook een manier waarop we ons echt onder elkaar konden voelen.

Daarna gingen we baden, vervolgens avondeten en verplicht lezen. De meisjes hadden geen moeite met lezen. Raouf had er minder zin in. Je moest hem oorlogs- of avonturenboeken geven of verhalen van vliegeniers of soldaten in de oorlog met Indo-China. We lazen door de week tot tien uur en in het weekend nog langer.

's Nachts kwamen vleermuizen op onze hoofden zitten. In het begin waren we bang voor ze; later wachtten we opgewonden op hun komst om dan flink herrie te gaan maken.

Eén keer per maand organiseerden we een opvoering, met de voorbereiding waarvan we druk bezig waren. Ik bedacht voor de gelegenheid twee toneelstukken, één in het Frans en één in het Arabisch. Ik was net eenentwintig en had een ongelooflijke energie. Ik beschikte over hen, over hun jeugd en hun naïviteit om mijn eigen kinderdromen te verwezenlijken. Ik was beurtelings scenarioschrijfster, regisseuse, choreografe en dirigente, kortom ik was scheppend bezig.

We zongen, dansten en speelden pantomime. Onze enige toe-schouwster was mama, we schreven deze stukken voor haar. We waren heel zorgvuldig bij de voorbereidingen. We maakten de kostuums door uit onze kleren te putten. Ik had Achoura's haar in het model van Mireille Mathieu geknipt omdat ze een van haar liedjes moest vertolken. De arme ziel begreep geen woord Frans: je had haar moeten zien playbacken, in het zwart gekleed, terwijl ze de poses aannam en de danspasjes maakte die we haar onvermoeibaar lieten herhalen. Het resultaat was onweerstaanbaar komisch.

Meestal draaide ik de rollen om. Ik trok een mannendjellaba aan en ik tekende een klein sikje onder mijn kin, terwijl Raouf voor mijn vrouw speelde. Met zijn lange postuur, zijn harige kuiten, zijn namaakborsten onder zijn Marokkaanse kleren en zijn overdreven vrouwelijke mimiek was hij onbetaalbaar. Mama lachte zich slap gedurende de twee uur durende voorstelling. Haar gelukkig zien, al was het maar even, was voor ons de mooiste beloning.

Op sommige zaterdagavonden speelden we 'het casino van Monte Carlo'. De artiesten van de familie, Soukaïna en Raouf, hadden een roulette gemaakt, een groen kleed getekend, en mama had ons voorzover ze het zich kon herinneren geholpen de getallen er in de juiste volgorde op te schrijven. Een gedroogde kikkererwt werd gebruikt als balletje. Raouf speelde voor Grace Kelly en ik voor prins Rainier. Hij droeg een avondjurk met een blote rug, was opgemaakt en gekapt, en al leek hij dan niet sprekend op de prinses, hij was evengoed beeldschoon. We speelden ook weer winkeltje zoals in Assa, maar op grotere schaal, en we vervaardigden zelfs een monopolyspel. Ik had hun het spel Yams geleerd dat ik met Alain Delon speelde.

Ik vertelde de kinderen vaak over bepaalde gebeurtenissen die tot de meest gedenkwaardige uit mijn jeugdjaren behoorden. Mijn herinneringen lieten me nauwelijks los, het was alles wat ik had om te vechten tegen de angst. Ik kon het niet laten me ze steeds weer voor de geest te halen. Ieder van ons wilde zijn eigen verhalen aan de anderen vertellen om te bewijzen dat hij ondanks zijn jeugdige leeftijd al had geleefd, behalve Abdellatif, die niets had meegemaakt. Maar naarmate de jaren verstreken, vermengden de herinneringen van de een zich met die van de ander, en veranderden en vervormden ze. Mijn broers en zussen eigenden zich mijn herinneringen toe. Zo weerden we ons tegen de leegte die ons bedreigde.

We moesten leren allemaal samen te leven, dicht op elkaar, zonder comfort, in het donker, met gebrekkige hygiëne, in afzondering en opgesloten. De kinderen werden groter en het was niet altijd eenvoudig. Ondanks al mijn inspanningen voelden ze heel goed wat hun leven aan onrechtvaardigs en abnormaals inhield. Raouf liet niets merken van zijn verdriet. Hij was vijftien toen we in Tamattaght aankwamen. Hij was nog niet over het verlies van zijn vader heen, op een leeftijd waarop een jongen zijn vader waarschijnlijk het meest nodig heeft. Hij kon hem niet eens wreken, en zo groeide hij op, zonder zich te kunnen uiten, omgeven door vrouwen en kinderen. Van ons allen was hij het meest een wees.

Soukaïna had een moeilijke jeugd. Ze leed onder het leven, was verdrietig en dan weer vrolijk, angstig en dan weer depressief. Elke dag stopte ze een brief onder mijn kussen. Ze zei tegen me dat ze van me hield, ze vertelde me over haar angsten, haar twijfels, haar verlangens en behoeften. Daar spraken we vervolgens samen over en ik probeerde haar gerust te stellen.

Met Maria was het contact moeilijker, ondanks onze wederzijdse gehechtheid. Ze was zo gevoelig dat de geringste schok haar volkomen uitputte. Wanneer een gebeurtenis haar kwetste, at ze niet meer, sprak ze niet meer en wilde ze zich niet meer bewegen. Haar afschuw van de situatie was in haar blik te lezen; dan leek ze letterlijk met stomheid geslagen.

Myriam kon met haar ziekte heel slecht tegen de triestheid, de gevangenis en onze levensomstandigheden. Ze was verslaafd aan Mogadon, dat we te pakken kregen dankzij de medeplichtigheid van de bewakers, maar ondanks alles had ze steeds vaker aanvallen van epilepsie. Arme Mimi, het was vreselijk, en we waren niet bij machte haar te troosten. Tijdens een aanval die heviger was dan anders, liet ze een pan met hete melk over haar dijbeen vallen. Bij gebrek aan goede verzorging duurde het maanden voor de brandwond dichtging.

De kleine Abdellatif werd door ons allemaal buitensporig verwend als compensatie voor de kinderjaren die hij nooit zou hebben. Hij kreeg ruimschoots zijn deel aan aandacht en liefde, aan speelgoed dat we voor hem maakten van hout en karton, aan verhaaltjes, aan sprookjes, liefkozingen en leugens. We probeerden op een onhandige manier hem te behoeden, een al te beschermende houding die, toen hij vrijkwam, heel wat schade heeft veroorzaakt. We waren meer bezig hem te ontrukken aan het heden dan hem voor te bereiden op de toekomst. Maar hadden we een keus?

De helderziende had gelijk: we werden beschermd. We kregen de ene na de andere ernstige ziekte en telkens kwamen we er weer bovenop. Ik stierf bijna aan een buikvliesontsteking waardoor ik weken lag te rillen van de koorts. Mama bleef bij mijn bed zitten en bette mijn voorhoofd met water in een poging de koorts te laten zakken.

Een van onze verplegers gaf me aspirine, het enige middel dat hij tot zijn beschikking had. Toen hij zag dat mijn toestand niet verbeterde, wendde de kampcommandant zich tot Rabat, maar zonder enig nut. Ik streed in mijn eentje tegen die afschuwelijke pijnen, totdat ik in coma raakte. Toen de koorts daalde, was ik vreselijk vermagerd en had ik al mijn haar verloren. Maar ik leefde nog.

We waren van de buitenwereld afgesloten, maar dankzij mijn grootvader, Baba el Haj, zoals we hem noemden, ontvingen we wat post en boeken. Sinds onze verdwijning had de oude man zich vreselijk uitgesloofd om met ons in contact te komen en ons wat comfort te verschaffen, zonder dat hij bang was voor strafmaatregelen, want op alles wat met Oufkir te maken had, rustte voortaan een vloek.

Nadat hij aan alle deuren had geklopt, naar buitenlandse staatshoofden had geschreven, naar president Giscard d'Estaing, naar humanitaire organisaties, deed hij een beroep op prins Moulay Abdallah. Hij vroeg hem of men ons boeken en post mocht toesturen.

De prins was ons niet vergeten. Hij toonde voor de zoveelste keer zijn grote menselijkheid door het smeekschrift van mijn grootvader te accepteren. Deze kon ons toen regelmatig de romans, essays en schoolboeken toesturen die we bij hem bestelden en waar we met ongeduld op wachtten. Wanneer de grote doos gevuld met boeken in Tamattaght arriveerde, waren we zo blij als kinderen bij een kerstboom... Het was het bewijs dat ze in de buitenwereld nog van ons hielden.

Die gunst kwam de prins op represailles van de koning te staan. Er werd hem, naar men zegt, huisarrest opgelegd. Maar Moulay Abdallah legde zich er niet bij neer. Op zijn sterfbed smeekte de prins zijn broer nog ons vrij te laten.

Bij de doos met boeken ontvingen we een gecensureerde brief waarin Baba el Haj ons voorzichtig mededelingen deed. Dankzij de medeplichtigheid van de bewakers die contact met hem hadden opgenomen, konden we ook andere brieven ontvangen, die waren geschreven door onze familie en vrienden.

Mamma Khadija, de vrouw van mijn grootvader, zorgde ervoor dat die clandestiene post werd gebracht en dat onze post mee terug werd genomen tijdens geheime ontmoetingen waar ze op de bromfiets heen ging, waarbij ze de voortdurende bewaking waar al onze relaties aan onderhevig waren te slim af was. Ook zij was in het verzet gegaan. Ze speelde die rol van tussenpersoon niet lang: een paar jaar nadat we gevangen waren genomen stierf ze van verdriet.

In Parijs had ik me bijna verloofd met een jongeman, Ali Layachi. Hij schreef me verscheidene brieven vol hartstochtelijke formuleringen zoals een verliefde man die kan richten aan een meisje met wie hij zich geëngageerd voelt. Ik beantwoordde de eerste brieven, maar zijn gepassioneerde toon stond me vrij snel tegen. Hij begreep de situatie niet waarmee wij geconfronteerd werden. Ik probeerde hem het verschil uit te leggen dat er voortaan tussen ons bestond.

'Je hebt mensen die erin zitten en mensen die erbuiten zijn gebleven,' schreef ik hem. 'We worden door een hele wereld, door muren van elkaar gescheiden: eigenlijk worden we door alles van elkaar gescheiden.'

Ik schreef hem niet langer en maakte zo een eind aan dit avontuur. In onze dagelijkse nachtmerrie was er geen plaats voor toekomstdromen, en nog minder voor de liefde. Toch had ik er wel de leeftijd voor.

De andere brieven deden ons meer kwaad dan goed. Ook al keken we er vol verlangen naar uit omdat ze onze enige band met de buitenwereld waren, we waren geschokt door het egoïsme en het gebrek aan tact van de mensen die ons schreven. Omdat ze niet wisten wat ze tegen ons moesten zeggen, vertelden ze ons over hun rustige leventje, over een kerstdiner met ganzenlever en champagne, over reizen, feesten en blije gebeurtenissen; alle pleziertjes die de structuur vormen van een normaal leven en die ons voortaan ontzegd waren.

RASPOETIN

Van de vijfentwintig politieagenten die waren gestuurd om ons dag en nacht te bewaken, had driekwart toezicht gehouden op ons huis in Rabat. Ze kenden mijn vader op de een of andere manier, ze respecteerden mama en hielden van ons op een echte, vaderlijke manier. Ze brachten ons verse eieren, lekkernijen voor de kinderen, goed vlees en batterijen voor de radio. Wanneer ze inkopen gingen doen, kocht ieder naar gelang zijn middelen een aardigheidje voor ons, dat hij ons overhandigde wanneer onze dagelijkse emmers met water werden neergezet.

Een van hen gaf Abdellatif een jong duifje. Algauw brachten ze er nog meer. Die duiven kregen jongen... Binnen een paar weken stonden we aan het hoofd van een ware fokkerij. We installeerden ze in kartonnen dozen tegen een van de muren van de patio. Ons leven draaide om ze. We hadden ieder onze eigen duif, en we hadden ze namen gegeven en karakters, net als onze kuikentjes.

We hadden er plezier in ze urenlang te zien ronddraaien, vooral op zondagochtend wanneer er geen school was. Een van de wijfjes heette Halima. We keken naar haar paringsdans met het mannetje, naar hun gekus, hun uitingen van liefde, hun paring.

Maar gevangenen blijven altijd gevangenen, en ondanks onze liefde voor onze duiven lieten we nooit na de doosjes na te kijken om hun eieren te stelen. Dan maakte mama een sinaasappeltaart voor ons, tegen de zin van Maria, de grote dierenbeschermster, die we de bijnaam 'Brigitte Bardot' hadden gegeven.

Vijf of zes maanden na onze komst in Tamattaght gooiden de politieagenten over de muur een aardappel naar ons toe waarin een briefje zat om ons te waarschuwen dat er een huiszoeking zou plaatsvinden. Kolonel Benaïch was uit Rabat aangekomen, en hij ontving zijn orders rechtstreeks van het ministerie van Binnenlandse Zaken. Deze man had bij de staatsgreep van Skhirat zijn broer verloren, de privé-arts van de koning, en hij had mijn vader verantwoordelijk gesteld voor zijn dood. Onnodig te zeggen dat hij de Oufkirs geen warm hart toedroeg.

Hij kwam ruw binnen, waarbij hij ons opzij duwde. Ik was nog in nachthemd en ik voelde me alsof ik verkracht werd. Ik had de oude idiote reactie om, zoals elke keer dat ik op een onrechtvaardige manier werd gekwetst, bij mezelf te denken: o, als mijn vader er nog was, zou hij dat nooit gedurfd hebben...

Hij drong de tweede alkoof binnen die we gebruikten om les te geven wanneer het te koud was om in de grotere kamer te blijven. We hadden er een foto van mijn vader opgehangen waaraan we allemaal erg gehecht waren, de foto van de intocht in Italië met zijn regiment. Hij gaf bevel de lijst te laten vallen en vertrapte die vervolgens. Hij deed hetzelfde met onze andere foto's, onze voorwerpen, ons schamele meubilair en onze stopflessen waarin we onze trofeeën bewaarden. Hij nam de boeken in beslag die ik niet tijdig had kunnen verstoppen na de waarschuwing van de politiemannen.

Na zijn vertrek leek de patio wel een slagveld. We waren verstijfd van angst, benauwd en ook ongelovig tegenover zoveel geweld. We begonnen te begrijpen dat deze situatie lang zou duren en dat we dit onafgebroken zouden moeten verdragen. We waren gevangenen, er was geen ander woord voor.

Tot dan toe waren we betrekkelijk goed behandeld. We hadden nog voldoende te eten. Door de muziek en de radio bleven we in contact met de buitenwereld.

De komst van Benaïch veranderde ons leven. De politieagenten die toezicht op ons hielden, kregen voortaan de taak ons te vervolgen. Wie had de opdracht gegeven ons streng aan te pakken? Wie had er belang bij de bankschroef verder aan te draaien? We wisten het antwoord niet.

De *mouhazzins*, domme, aan tucht gewende hulpkrachten, hielden zich aan dit nieuwe programma. De politiemensen, die meelevender waren, sloegen terug door een waar netwerk van hulpverlening in te voeren. De mensen van de oude generatie hadden tijdens het protectoraat verzet geboden tegen de Fransen. Ze waren gewend allerlei risico's te nemen en daarbij zeer voorzichtig te blijven; ze kenden het systeem goed en gingen zo te werk dat ze zo veilig mogelijk waren.

Ze waarschuwden ons voortaan op welke dagen er een huiszoeking kwam door een wortel of een aardappel over de muur naar ons toe te gooien. Dankzij die waarschuwing konden we onze kostbaarste bezittingen verstoppen, in het bijzonder de radio, om te voorkomen dat die ons werd afgepakt. Sommigen gingen naar Rabat om onze grootouders te ontmoeten. Ze lieten zich post overhandigen en medicijnen, waaronder de Mogadon voor Mimi, en geld, waardoor we ons dagelijkse voedsel wat konden aanvullen.

Om de twee weken, wanneer de bewakers de poorten openden om ons levensmiddelen te brengen, ging ik met Raouf op de binnenplaats zitten om te proberen een blik te werpen op het landschap aan de andere kant van de muren. Toen ze ons naar dit fort hadden gebracht, was het nacht; we wisten niets van de plek waar we waren. De vestingmuren om ons heen belemmerden ons het uitzicht.

Telkens als de poort openging, probeerde een eigenaardig mannetje ons met zijn blik een boodschap over te brengen. Hij zag er wonderlijk uit: hij droeg een baard, had lang haar en zijn doordringende donkere blik was star als die van een drugsverslaafde. Hij deed me denken aan een miniatuur-Raspoetin. We begrepen niet wat hij wilde, we vonden hem echt merkwaardig.

Op een ochtend fluisterde een politieagent die binnenkwam ons onopvallend toe dat we om een verpleger moesten vragen. Met zijn ogen duidde hij Raspoetin aan. Vol argwaan deden we alsof we het niet begrepen. Maar even later, toen het mannetje met de baard zwijgend bleef aandringen, beduidden we hem binnen te komen.

Hij kwam uit hetzelfde dorp als mijn grootvader van moederskant, was solidair als alle Berbers en wilde ons graag helpen. De nacht na onze eerste ontmoeting hoorden we een geluid als van een instorting op de binnenplaats van het fort. We stoven naar beneden. Er was zojuist een enorme zak meel op de grond gevallen. Met zijn zaklantaarn gaf Raspoetin lichtsignalen. We zagen nog net op tijd zijn gezicht en dat van anderen bij hem.

Tot dan toe deden de bewakers die ons verwenden dat op kleine schaal: een biefstuk, een doos eieren, een beetje meel of lekkernijen die van de ene zak naar de andere gingen. Met Raspoetin kwam de proviandering op een welhaast industrieel niveau: balen meel, balen rijst, balen gries, balen suiker, blikken olie, honderdvijftig eieren...

Om ons al die voorraden te brengen moesten Raspoetin en zijn handlangers ze van de oase naar het fort slepen, de bouwval binnengaan, de plek waar wij woonden zien te bereiken door te midden van de stenen naar boven te klimmen met het risico dat daardoor een instorting plaatsvond, en dan de zakken aan een touw vastmaken zodat ze bij ons aankwamen, en hierbij moesten ze zo voorzichtig mogelijk te werk gaan. Groepjes politiemensen en hulptroepen hielden meter na meter onze gevangenis en de omgeving in de gaten.

Het uitladen ging een groot deel van de nacht door. Ten slotte kwam de verpleger naar beneden langs dezelfde weg als zijn balen, vergezeld door twee jonge politieagenten. Zij waren verlegen maar trots dat ze ons een hand konden geven. We lieten ze bij ons binnen, en we gingen op de gang zitten waar we banken hadden neergezet. Elke keer als ze ons bevoorraadden, dat wil zeggen zodra ze daarvoor de gelegenheid hadden, zaten we zo met hen te praten tot het aanbreken van de dag.

Deze gedachtewisselingen waren voor ons heel waardevol en vooral voor Raouf, die wanhopig behoefte had aan mannelijk gezelschap. We dronken thee, we aten koekjes die ze voor ons meenamen. De kleintjes waren erg opgewonden. Abdellatif weigerde te gaan slapen; hij vlijde zich tegen mij aan, vocht tegen de slaap, maar ook voor hem waren deze momenten belangrijk. We praatten over van alles en nog wat, we maakten grapjes, we vertelden elkaar moppen en nieuwtjes, maar Raspoetin wist het altijd op een of ander moment voor elkaar te krijgen om ons tot de werkelijkheid terug te roepen.

'Jullie komen hier nooit uit,' zei hij tegen ons, 'maak je geen enkele illusie.'

Naïef als we waren, rekenden we op gratie van de koning op het moment van het feest van de Troon of de verjaardag van Hassan II. Maar duidelijkheidshalve verstoorde hij onze dromen.

Mama, die nooit deelnam aan die gesprekken, probeerde ons gerust te stellen.

'Zien jullie niet dat die man gek is? Laat jullie niet beïnvloeden, kinderen, hij weet niet wat hij zegt.'

Raspoetin had alle uiterlijke kenmerken van een krankzinnige, maar hij was tot alles bereid om ons te helpen. Gedurende de twee maanden na zijn laatste bezoek leefden we in hoop, wachtend op de aflossing van de wacht, waaronder hij handlangers had. Die aflossing moest ons antwoord op onze brieven, een radio en nog meer boeken brengen, want de boeken die onze grootvader ons liet sturen waren nooit voldoende.

Toen de dag was aangebroken, hees Raouf, die kon klimmen als een geit, zich op tot boven aan de vestingmuur en ging zitten om door een klein kijkgat naar buiten te kijken. Ik kwam bij hem zitten. We zagen vrachtwagens aankomen en vrachtwagens die weer zouden vertrekken. De politieagenten kwamen naar elkaar toe, kusten elkaar, omarmden elkaar.

We waren heel opgewonden door de kisten die we in de vrachtwagens zagen staan. Die beloofden ons dagen van lezen, muziek en geluk.

Raouf stootte me aan met zijn elleboog. Zijn stem klonk ongerust.

'Kika, kijk. Er gebeurt iets ongewoons. Iedereen rent alle kanten op.'

Ik volgde zijn vinger die naar een oploop wees. Ik zag politiemensen onrustig in de weer, Raspoetin die rende. Iemand had verraad gepleegd... De verpleger had zich laten pakken. Ze doorzochten zijn spullen, vonden het geld, de radio, de boeken, de stereo-installatie. Alles wat hij voor ons had meegebracht, werd in beslag genomen, behalve de brieven, die hij goed had verborgen.

Achtenveertig uur na de ontmanteling van ons netwerk arriveerde Yousfi, commissaris van de DST[1], in gezelschap van drie smerissen. We kenden hem al: hij had mama verhoord bij de dood van mijn vader.

Nadat ze overal hadden gezocht, zetten ze een klein tafeltje

1 (Noot van de vertaalster) Direction de la Surveillance du Territoire: contraspionagedienst.

neer en begonnen ze met een streng verhoor dat de hele dag zou duren. We mochten de hele mise-en-scène aanschouwen: de schrijfmachine, het proces-verbaal. Nadat ze er langdurig omheen hadden gedraaid, vertelden ze ons dat de verpleger hun had bekend dat wij in het geheim iets onherstelbaars voorbereidden. Ze wilden weten wat dat was.

Raspoetin was zo verstandig geweest om alle bewakers aan te geven, opdat niemand in het bijzonder kon worden gestraft. Hij had beweerd dat ze ons om politieke en tegelijkertijd om humane redenen hadden geholpen.

'We hebben als huisvaders gehandeld met deze kinderen,' had hij geargumenteerd, 'iedereen zou hetzelfde hebben gedaan.'

Alle politiemensen waren dus gearresteerd en dadelijk weer vrijgelaten. In het fort zouden wij er de gevolgen van dragen.

De nieuwe ploeg *mouhazzins* die op ons af werd gestuurd, hield ons strenger in de gaten: fouilleringen, huiszoekingen, twee keer zoveel bewaking, en geen post, nieuwe boeken of contacten met onze familie meer.

Ze gaven ons steeds minder te eten. Gelukkig hadden we voorraden aangelegd waarmee we een heel bataljon van voedsel hadden kunnen voorzien, en zo konden we overleven.

HET VERZET

We waren verontwaardigd over die nieuwe omstandigheden. Maar wat konden we doen? We waren zo machteloos, zo geïsoleerd, zo afhankelijk van de goede wil van de vorst...

Op een nacht dat we weer eens wanhopig waren, ging ik de binnenplaats op om naar de hemel te kijken. Voor de eerste keer sinds heel lang begon ik te huilen. Ik zocht een antwoord op mijn tranen in de schoonheid van de sterrenhemel. De nacht was zuiver en sereen. En bleef hopeloos stil. God gaf geen gehoor aan onze hulpkreten. We werden levend begraven en zo zouden we aan ons einde komen, ver van alles en iedereen, zonder dat iemand ons kon helpen. Ik kreeg zin om het uit te schreeuwen, maar de nabijheid van de kinderen weerhield me, zoals die me telkens weerhield wanneer kreten van woede en smart me naar de lippen stegen.

Op de dag dat ik drieëntwintig werd, was ik 's morgens heel vroeg wakker geworden en in mijn eentje op een stoel tegenover onze duiventil gaan zitten. Mijn huisgenoten sliepen nog. Tijdens die adempauze van een paar uur dacht ik na over mijn leven, over de jaren die verstreken, over mijn jeugd die voorbijging.

Ik keek hoe de tijd inwerkte op mijn gezicht en mijn lichaam. Ik droeg heel lang haar, tot over mijn middel, en wanneer ik langs de grote spiegel liep die we nog bezaten, wanneer ik de blik van de bewakers opving, die toch heel vaderlijk was, wist ik dat ik mooi was. Ik keek met wanhopige bewondering naar mijn stevige, goedgevormde lichaam, naar mijn jeugdige gezicht, ik dacht bij mezelf dat die weelde nooit meer zou terugkomen. Geen enkele man zou van me houden of profiteren van de pracht van mijn twintig jaren.

Ik had verdriet om mama, die zelden zo mooi was geweest. Het gebeurde weleens dat ik ophield met mijn bezigheden om naar haar te kijken. Ik had verdriet om mijn zussen, die vrouw werden zonder kind te kunnen zijn geweest; om Raouf, die geen vader meer als voorbeeld had, en om Abdellatif, die niets had; om Achoura en Halima, die uit trouw aan ons bij ons waren opgesloten.

Ik had verdriet om ons allen, omdat we geen vrijheid en geen hoop meer hadden. Ik had gerouwd om mijn vader. Nu rouwde ik om mijn leven.

In al die wanhoop had ik één zekerheid: wij waren de enigen die iets voor onszelf konden doen. Dat gaf me moed wanneer mijn moreel al te zeer daalde.

We stuurden de koning een verzoekschrift, getekend met ons bloed. We lieten het versturen via de kampcommandant die het aan zijn superieuren overhandigde. Deze brief, die naïef, bijna kinderlijk was, deed een beroep op de grootmoedigheid van de vorst. We schreven hem dat het hem onwaardig was om toe te staan dat een vrouw en kinderen vervolgd werden. Zoals we zouden zien, deed zijn antwoord niet onder voor onze smeekbede.

Mama, Raouf, Mimi en ik begonnen toen een hongerstaking. Het was hartje winter, de grond en de muren waren ijskoud. We kwamen onze bedden niet uit, weggekropen onder onze dunne dekens om nog iets van warmte te vinden.

In het begin waren we wel verzwakt, maar serieus en vol enthousiasme. Toen daarna ons gezonde verstand weer de overhand kreeg, begonnen we weer te eten, waarbij we onszelf verborgen voor de blikken van de bewakers. In een van mama's koffers, die in het hok lag waar we onze bagage hadden opgeslagen, hadden we een stuk of dertig stokbroden opgespaard die we in de ochtendzon neerlegden om ze zachter te maken. Dat noemden we het 'zonnebankje'.

Ik maakte de broden met een schoenborstel schoon om de schimmelplekjes te verwijderen en ik liet ze van het ene bed naar het andere doorgeven. We hadden ook een voorraad kikkererwten aangelegd, waarvan alleen de hongerstakers aten, en altijd stiekem: tajine met kikkererwten, kikkererwtensoep, een aperitief van kikkererwten. Dankzij deze schamele porties hielden we het vol en konden we het weinige voedsel dat ze ons gaven aan onze cipiers teruggeven.

Maar we waren nog steeds omkoopbaar... De belofte dat we een kilo boter zouden krijgen maakte een eind aan onze actie. Het was alsof we de geur van flensjes en koekjes al roken...

Hoe dan ook, deze hongerstaking leverde niets op. Ons lot interesseerde niemand.

Toch moesten we iets doen. We besloten te vluchten.

Kort voor onze hongerstaking had Raouf, die de gewoonte had aangenomen overal rond te snuffelen, ontdekt dat het venster van het kamertje met de bagage waarschijnlijk was dichtgemetseld. Omdat hij brandde van verlangen naar buiten te kijken, maakten we een paar bakstenen los. We ontdekten toen een venster van smeedijzer waarvan we de luiken openduwden.

Het landschap was een openbaring. Het was niet langer donker, we zagen eindelijk de hemel. Het venster keek uit op een lagergelegen oase. We hoorden raven krassen, tortelduiven koeren, herdersjongens hun kuddes roepen, en zelfs het gekabbel van water.

We maakten ruzie om om de beurt van het uitzicht te kunnen genieten. In de verte kijken, met volle teugen ademen... Die twee handelingen lijken zo vanzelfsprekend wanneer ze je niet onmogelijk zijn gemaakt.

We deden het raam weer dicht, waarbij we ervoor zorgden dat we het konden openen wanneer we daar zin in hadden. Af en toe, wanneer een van ons down was, ging hij naar het hok en keek naar het aanbreken van de dag, naar de zonsondergang, naar het voorjaar in de oase, bewijzen dat de natuur en de seizoenen nog bestonden.

Maria en Soukaïna gingen er veel vaker heen dan wij, om zich in de kleinste details te verlustigen. Ik vond het pijnlijk om ze daar aan te treffen en de melancholieke uitdrukking te zien op hun gezichtjes die tegen de tralies leunden. Net als honger, is neerslachtigheid bij een jong kind een onverdraaglijke aanblik.

Toen we besloten te vluchten, was onze eerste gedachte dat we het raam groter moesten maken. Maar de bewakers hoorden hoe we de stenen losmaakten en ze in het gat van onze wc gooiden, dat vijf meter diep was. Het misbaar was indrukwekkend. Ze kwamen binnen en doorzochten alles. Gelukkig hadden we voordat ze kwamen de bewijzen van onze euveldaad kunnen verbergen en zagen ze niets. Door deze schrik begrepen we dat de grootste geheimhouding noodzakelijk was.

We moesten ergens anders beginnen. De keuken, die van leem was, leek de ideale plek. Bij wijze van gereedschap beschikten Raouf en ik ieder over een lepeltje. We begonnen twintig centimeter van de vloer een gat in de muur uit te hollen om een doorgang te maken. In nog geen tien minuten hadden we al veel grond weggehaald, maar we moesten oppassen dat de stenen niet naar beneden zouden komen.

In één middag maakten we een opening die groot genoeg was om ons door te laten. Ik kroop deze tunnel in en zag tegenover me een dichtgemetselde opening.

Ik voelde iets langs mijn dijbeen strijken en ik begon te schreeuwen.

'Ik ga niet verder, Raouf, het wemelt hier van de ratten.'

'Kika, wil je dat we dit vervloekte oord ontvluchten? Dit is onze enige kans. Het is niet anders... Kom op, hou vol...'

Raouf drong zo aan dat ik hem ten slotte gehoorzaamde. Als ik dan per se verder moest, nou ja, vooruit dan maar...

We begonnen de stenen op te ruimen. Dat was een gevaarlijk en vermoeiend karwei. We moesten heel zware vrachten dragen zonder ze te laten vallen, want anders zouden we onze bewakers alarmeren. Onze volharding werd beloond. De deur kwam eindelijk vrij en we stapten te midden van indrukwekkende puinhopen naar buiten met een fantastisch gevoel van vrijheid.

We waren dronken, bedwelmd door de hemel en de frisse lucht. We liepen daar zonder iets te zeggen, we spraken met elkaar met onze ogen, we drukten ons uit met gebaren. We leefden al bijna drie jaar in de stilte. Deze eerste wandeling was echter bijna de laatste. Een toren van stenen kwam vlak voor ons met een afgrijselijk lawaai naar beneden. We konden nog net op tijd opzij springen.

Het duurde een paar minuten voordat we van deze schrik bekomen waren. Die toren had ons alle twee wel kunnen verpletteren. Raouf keek me aan; we dachten hetzelfde. Wie daarboven beschermde ons toch?

Mijn broer en ik hadden niet veel woorden nodig om elkaar te begrijpen. Onze ontsnapping moest zo zorgvuldig mogelijk worden voorbereid, zo'n beetje als bij een commando. We zouden met zijn tweeën vertrekken. Met meer was het te riskant.

Bijna twee uur lang bleven we buiten om de zaak te onderzoeken, af te wegen en te berekenen. We klommen tot aan het hoogste niveau van het fort, waarbij we letten op de rotsen die ieder moment op ons konden neerstorten.

Beneden in de oase schepten een paar bewakers een luchtje. We konden zelfs hun gelach horen. Verborgen achter de stenen keken we langdurig naar de amandelbomen, het welige gras en de rode aarde.

Toen zei Raouf dat ik naar een punt voorbij een weggetje moest kijken.

'Zie je, er is een rivier die om het fort heen stroomt... Daar moeten we langs om in Ouarzazate te komen.'

We gingen met tegenzin weer naar binnen, maar we moesten naar onze familieleden toe en hen overtuigen van de juistheid van ons plan. De kleintjes waren enthousiast, ze hingen aan onze lippen, bereid om meteen van wal te steken. Mama, die sceptischer was, luisterde zonder te antwoorden.

Om haar te overtuigen knoopten we twee stukken aan elkaar van de stevige stof waarmee onze matrassen waren overtrokken en we legden haar uit dat we ons met behulp van dit geïmproviseerde touw vanaf de vestingmuren naar beneden zouden laten zakken.

De plek vanwaar we wilden ontsnappen lag op twintig meter hoogte. Toen we het haar lieten zien, weigerde mama categorisch: ze wilde niet dat we zo'n risico namen. Niets kon haar daarvan afbrengen.

'Oké wat het ontsnappen betreft,' zei ze, 'maar bedenk iets anders, wat minder gevaarlijk is. Ik wil jullie niet verliezen.'

Ze dacht na en haar gezicht klaarde op. Het fort had waarschijnlijk een deur die uitkwam op de oase. Die hoefden we maar te vinden en vrij te maken, en dan zouden we daardoor naar buiten kunnen. We zochten naar de deur te midden van de bouwvallige torens en de rotspartijen. In mijn haast struikelde ik aan de rand van een ravijn en dankzij mijn tegenwoordigheid van geest en waarschijnlijk die van mijn beschermengel viel ik niet te pletter in de diepte. Ik draaide me om. Mama was doodsbleek.

Wanneer we nu van iemand zeggen dat hij 'een ruïneblik' heeft, betekent het dat hij een starre blik heeft, dat hij er verbijsterd uitziet, zoals mama toen ze dacht dat ik zou vallen.

Mama kreeg een gelukkige ingeving en vroeg ons haar te helpen een groot rotsblok te verplaatsen. De deur die we zochten, bevond zich daarachter, en kwam inderdaad uit op de oase. We zouden ons leven niet op het spel hoeven te zetten om te ontsnappen.

Maar voor die grote dag was aangebroken, moesten we oefenen. Uithoudingsvermogen kweken. Drie keer per week gingen Raouf en ik om twaalf uur 's middags naar buiten, op het tijdstip waarop de zon het felst scheen, ieder met een heel zware rugzak, en dan liepen we vier uur lang over de binnenplaats.

We bouwden luchtkastelen. We hadden nog een beetje geld van onze grootvader. Nadat we de oase door waren, zouden we per bus naar Ouarzazate gaan. We hadden ook voedselvoorraden nodig. We hadden geen identiteitsbewijzen, maar ik had in mijn papieren het vaccinatiebewijs teruggevonden van een Marokkaanse vriend met wie ik in Parijs veel omging. Ik had dat aan Raouf gegeven en ik had de naam van zijn zus onthouden voor het geval we zouden worden gearresteerd. We waren nog zo kinderlijk...

Tussen al onze boeken was er één waaraan we nooit waarde hadden gehecht omdat het ging over magie, tovenarij en occulte wetenschappen. Mama pakte het bij toeval op en nadat ze het had doorgebladerd, besloot ze de aanwijzingen uit het boek te gebruiken voor het welslagen van onze onderneming.

Ze maakte een poppetje van was, stak er naalden in en sprak mysterieuze toverformules uit die ons moesten helpen te ontsnappen. We lagen allemaal dubbel van het lachen, we scholden haar uit voor toverheks, en zij die haar hele leven nooit in al die kletspraat had geloofd, deed alsof ze in diep gepeins was verzonken.

Op de dag die was vastgesteld voor de ontsnapping stonden Raouf en ik buiten voor de generale repetitie.

Een van de meisjes kwam ons in allerijl halen.

'Kom gauw binnen. Ze zijn er. Ze willen mama spreken.'

Buiten adem en onder het stof kwamen we aan. De politieagenten vertelden ons toen dat we Tamattaght zouden verlaten. Toen werd mama nog twee keer zo hard bespot en voor ongeluksheks uitgemaakt.

'Jullie wilden toch verhuizen?' reageerde ze gekwetst. 'Nou, dat gebeurt.'

De kinderen waren blij dat we vertrokken. We zaten viereneenhalf jaar opgesloten en we hadden meer dan drie jaar in dit bouwvallige fort gevangengezeten. Abdellatif, die in februari was geboren, was bijna acht, de meisjes waren dertien en vijftien, Raouf negentien, Myriam tweeëntwintig, ik drieëntwintig en mama net veertig. Al waren de kinderen dan opgewonden, ikzelf was sceptisch en ongerust, ik was op het ergste voorbereid.

Natuurlijk werd ons niet verteld waar we heen gingen, maar ze lieten ons geloven dat onze levensomstandigheden waarschijnlijk in gunstige zin zouden veranderen. Dat was waarschijnlijk het antwoord op ons verzoekschrift... Ja, de koning had medelijden met ons gekregen. We zouden minder streng worden behandeld. Morgen zouden we misschien vrij zijn... Hadden ze ons niet gevraagd onze spullen te sorteren, alleen mee te nemen wat van ons was en de matrassen, de dekens en alles wat van de Staat was achter te laten? De zaak zou misschien bijgelegd worden...

Dat lieten ze ons doorschemeren, maar er werd niets bevestigd. Waarom die onduidelijkheid? Waarschijnlijk om zich te verzekeren van onze goede wil tijdens onze overplaatsing. We werden heen en weer geslingerd tussen hoop en angst. Gewoontegetrouw had ik mijn radiootje bij me gehouden. Mijn voorgevoel was juist en daar zou ik later dankbaar voor zijn.

Ik dacht dat er grenzen waren aan het menselijk lijden. In Bir-Jdid leerde ik dat dit niet zo was.

Het strafkamp Bir-Jdid

(26 februari 1977-19 april 1987)

EEN SLECHT BEGIN

Onze bagage staat op de binnenplaats, de opwinding is tot het toppunt gestegen. We willen Tamattaght niet verlaten zonder onze dierbare duiven; maar die hebben niet begrepen dat we vertrekken en ze fladderen boven onze hoofden met veel lawaai van verkreukte vleugels en verontwaardigd gekoer.

De kinderen rennen alle kanten op om ze te vangen en telkens als ze daarin slagen, stoppen ze ze in tenen manden. Maria, Soukaïna en Abdellatif schaterlachen. Dit vertrek is voor hen bijna een spel. Wij volwassenen zijn ongeruster, angstig eigenlijk.

En dan is er nog iets waar we helemaal de schrik van te pakken krijgen: de politieagenten willen ons twee aan twee in de transportwagens met de verduisterde ruiten neerzetten. Ze zijn bruut, duwen ons zonder enige consideratie met hun bajonetten om ons te laten doorlopen. Mama wil niet dat we gescheiden worden. Ze schreeuwt, smeekt en huilt. Ze laten zich vermurwen, waarschijnlijk uit angst voor een schandaal. Mama zal met de twee jongens vervoerd worden, Myriam met Achoura en Halima, en ik met de meisjes.

Binnen in de voertuigen kunnen we niets onderscheiden. Ze laten ons bijna struikelen om ons sneller te doen zitten. We zetten de manden met onze dierbare duiven aan onze voeten. We hebben ze niet allemaal kunnen vangen. Tegenover ons hebben twee met bajonetten gewapende *mouhazzins* plaatsgenomen.

Zelfs de kinderen zijn nu stil. De sfeer is veranderd. Borro, de nieuwe kampcommandant van Tamattaght, is niet zachtzinnig.

Mohammed en Fatima Oufkir (© Familie Oufkir, 1969)

Malika, acht jaar oud, met prinses Lalla Mina en Hassan II
(© Familie Oufkir)

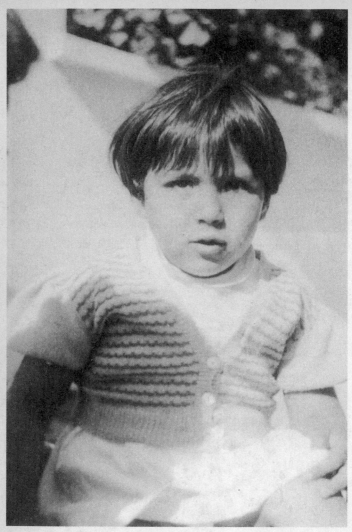

Malika op vierjarige leeftijd (© Familie Oufkir)

Malika (midden achter) en Lalla Mina (midden voor)
(© Familie Oufkir, 1960)

Twee foto's van Malika op zeventienjarige leeftijd (© Familie Oufkir)

Boven: Van links naar rechts Abdellatif, Maria, Malika, Raouf, Myriam en Soukaïna (© Familie Oufkir)
Onder: Fatima en Abdellatif (© Familie Oufkir, 1974)

Twee portretten uit 1994 (© Familie Oufkir)

Boven: Moeder Fatima en dochter Malika (© Arnaud Février)
Onder: Raouf Oufkir, 1997 (© Familie Oufkir)

Michèle Fitoussi en Malika Oufkir, 1999 (© Patrick Swirc)

Hij volgde de vorige op toen drie maanden geleden het aantal *mouhazzins* dat ons moest bewaken werd verdrievoudigd. Dat we nu weer worden overgeplaatst is te wijten aan de angst voor een ontsnapping die zou worden voorbereid door een mysterieus commando uit Algerije. Dat dachten we althans begrepen te hebben. Misschien moeten we om die reden Tamattaght verlaten.

Hoe dan ook, we zullen zoals altijd geen enkele uitleg krijgen. We hopen alleen dat Borro niet met ons meegaat naar waar ze ons heen brengen.

De reis heeft vierentwintig uur geduurd en werd steeds vermoeiender naarmate we verder reden. We worden voortdurend in de gaten gehouden. Het is onmogelijk om ons even af te zonderen om onze behoefte te doen wanneer we uit de auto stappen; de politieagenten gaan met ons mee en kijken naar ons tot we klaar zijn.

Het is februari. Gebruikmakend van het feit dat we langzamer gaan rijden, heb ik mijn gezicht tegen een spleet in de geblindeerde vrachtwagen gedrukt. Er hangen spandoeken aan de bomen. Er wordt druk gewerkt aan de voorbereidingen voor het feest van de Troon, het bewijs dat de koning machtiger is dan ooit. Even ben ik weer in herinneringen verzonken. Op het Paleis was dat feest een gelukkig moment waarop we werden vertroeteld. Maar dan ben ik weer terug in de werkelijkheid en haastig probeer ik erachter te komen waar we zijn. Maar het is onmogelijk omdat het zo donker is.

Moe, afgestompt van de reis en verkleumd van de kou adem ik diep in. De lucht voelt vochtig aan; ik hoor kikkers kwaken. Daaruit leid ik af dat we de woestijn hebben verlaten en dat we dicht bij zee zijn. Het scheelt niet veel. De kazerne van Bir-Jdid, waar ze ons heen brengen, ligt vijfenveertig kilometer van Casablanca. Dat weten we pas heel veel later.

Door overstromingen is de weg versperd, zodat die niet toegankelijk is voor de geblindeerde transportwagens. We worden gedwongen uit te stappen en in landrovers plaats te nemen, nog steeds opgesplitst in drie groepen. We worden geblinddoekt maar we hebben de tijd om in één oogopslag het landschap in ons op te nemen. We zijn in een landbouwgebied, met allemaal akkers. In de verte zien we een boerderij. Worden we daarheen gebracht? Het gebouw is omringd door een afrastering en uit-kijktorens.

Ik ril van de kou, zodat ik moet klappertanden. Vanuit de diepste duisternis hoor ik, als in een toneelstuk, een gedistin-geerde, beleefde mannenstem, een stem vol menselijkheid, die afsteekt tegen het gebrul van Borro en de *mouhazzins*.

De man komt uit het donker te voorschijn. Het is kolonel Be-nani, die belast is met ons transport van de ene gevangenis naar de andere. Hij slaat zijn boernoes om me heen, biedt me sigaret-ten aan en gaat twee pakjes voor me halen. Ik ben tot tranen ge-roerd door dit gebaar van bezorgdheid, het eerste sinds heel lan-ge tijd. Daarna rijden we nog vijfhonderd meter. Wanneer het konvooi eindelijk stopt, hoor ik het nachtmerrieachtige gebrom van een stroomgenerator.

De koning heeft ons smeekschrift beantwoord.

We moesten, nog steeds geblinddoekt, een huis binnengaan. Ie-mand deed een deur achter ons dicht en onze blinddoeken wer-den afgedaan. Toen zagen we een koloniaal cementen gebouw-tje, min of meer L-vormig.

Je komt binnen door een houten deur die uitkomt op een lan-ge gang die een binnenplaatsje omzoomt waar vijf vijgenbomen als schildwachten de wacht houden. Vier deuren komen op deze binnenplaats uit, de deuren van onze vier cellen, die in een rech-te hoek naast elkaar liggen, waarbij de eerste, die mama's cel zal worden, loodrecht op de drie volgende staat.

In een heel kleine inham naast de eerste cel vormen twee enor-me palmbomen een gewelf van bladeren. De muren die ons omsluiten en die zo hoog en dik zijn dat je de lucht niet kunt zien, vormen de gemeenschappelijke muur met een kazerne die op regelmatige afstanden is voorzien van uitkijkposten. Om het huis heen staan talrijke wachthuisjes met gewapende soldaten. We kunnen geen beweging maken zonder in de gaten te worden gehouden.

Er is ons meteen verteld dat we 's nachts uit elkaar gezet zullen worden. We mogen elkaar overdag zien en samen eten maar 's avonds moet ieder naar zijn eigen cel terug. Mama deelt haar cel met Abdellatif, mijn zussen en ik zitten bij elkaar, Achoura en Halima zijn samen, en Raouf blijft alleen.

We moeten huilen als we dit horen. Mama schreeuwt, smeekt, zegt dat ze het recht niet hebben haar van haar kinderen te scheiden.

'Ik kan alles verdragen, maar dat niet...'

'Mevrouw, u moet weten dat ik me schaam voor wat ik doe,' antwoordt kolonel Benani, die erg verlegen is met de situatie. 'Deze opdracht zal voor altijd een stempel op mijn leven drukken. Maar ik heb bevelen gekregen en jammer genoeg ben ik verplicht die op te volgen.'

Onze respectieve cellen voorspellen niet veel goeds voor onze verdere behandeling. Toch zijn we al gewend aan het gebrek aan comfort, de smerigheid, het primitieve, maar hier is het bijna walgelijk. De muren en de geblindeerde deuren zijn slordig overgeschilderd in muisgrijs en het is er zo vochtig dat het water van het plafond op de vloer druipt. Het vale elektrische licht komt van de stroomgenerator die slechts één of twee uur per nacht werkt. De matrassen zijn niet meer dan dunne laagjes schuimplastic met een groezelige overtrek.

Elk van onze cellen bevat verscheidene kleine kamertjes en een heel klein hokje dat vanboven open is, met een plafond van dikke tralies. Dat zal algauw onze enige bron van frisse lucht zijn. Om in mama's cel te komen moet je drie treden op. De grootste cel is voorzien van een wc en een berghok van één meter vijftig hoog, halverwege de hoogte van de muur, bereikbaar met behulp van een trapje. Daar bergen we de spullen op die we nog hebben.

Vroeger heeft er een venster gezeten, dat is dichtgemaakt en bedekt met ondoorzichtig plexiglas. Zolang hij nog klein genoeg is om er rechtop te staan, benoemt Abdellatif het tot zijn observatiepost. Hij is erin geslaagd met de punt van een vleesspies een gaatje in het plastic te maken en drukt zijn oog ertegenaan in een poging om naar buiten te kijken.

Hun cel wordt, net als die van ons, afgesloten door een pas geblindeerde deur. In de hoek van de binnenplaats leidt een andere deur naar de cel die ik met mijn zussen deel. Naast het getraliede hokje beschikken we over een cel waar we onze vier bedden hebben neergezet en waar wat licht naar binnen valt door een venstertje bedekt met plexiglas, en verder over een wc, een kast waar we onze koffers hebben opgeborgen, nog een kast, die we deftig de 'sportruimte' hebben genoemd, en een 'badkamer', een hokje waar we 'douchen' met behulp van emmers. Dit hokje is door een muur gescheiden van mama's cel.

Het water dat ons wordt gebracht is bedoeld als waswater en als drinkwater. Wanneer we het weg laten lopen, stroomt het over de schuine vloer naar een gootje toe. Met de ijzeren staven die we automatisch meteen uit de spiraalmatrassen hebben gehaald bewerken we de grond en volgen we de weg die het water gaat. Wanneer we onze cellen niet meer uit mogen, gebruiken we deze goot als spiegel.

Mama gaat dan plat op haar buik op de grond liggen en wij doen aan onze kant hetzelfde. Zo kunnen we elkaar zien via onze weerspiegeling in het water. Jarenlang zal dat, afgezien van onze stemmen, de enige manier zijn waarop we contact met elkaar hebben. Het zijn heel emotionele momenten. We willen elkaar graag aanraken, kussen, en dat kunnen we niet.

De cel van Achoura en Halima grenst aan die van ons. De twee vrouwen slapen in een piepklein kamertje en koken in een hok waarvan het dak is voorzien van dubbel traliewerk. Daarnaast is de cel van Raouf, waarvan de 'wc', een gat in de grond, uitkomt op de binnenplaats met de vijgenbomen. De veiligheidsmaatregelen ten opzichte van mijn broer zijn strenger. Om bij hem binnen te komen moet je drie deuren door.

De eerste huiszoeking heeft plaats aan het begin van de maand april, twee maanden na onze aankomst in Bir-Jdid. Die wordt gedaan om ons te imponeren. Zoals we al vreesden, is Borro de leider van dit nieuwe kamp. Het is een boosaardige figuur zonder gevoel en zonder een greintje menselijkheid, die bevelen krijgt uit Rabat en ze letterlijk ten uitvoer brengt. Hij neemt ons onze platen, boeken en onze geluidsinstallatie af. Gelukkig hebben we inmiddels geleerd snel en argwanend te reageren.

Terwijl sommigen van ons de *mouhazzins* bezighouden, maken de anderen in een handomdraai de luidsprekerboxen van de installatie open. We halen de microfoons eruit en verdelen die onder elkaar, waarbij we ze tussen onze dijen verbergen. Het radiootje wordt op dezelfde manier verstopt, evenals een paar schoolboeken en elektriciteitssnoeren. Gedurende de elf jaar dat deze nachtmerrie duurt, zullen we via de radio verbonden blijven met de buitenwereld. Zonder radio hadden we het niet overleefd.

Een paar dagen nadat ze onze slaapkamers hebben doorzocht, komen ze met houwelen en verwijderen alles wat deze plek er nog deed uitzien als een huis: leuningen, bloemen en bomen.

Ieder jaar sturen we de koning ter ere van zijn verjaardag post waarin we hem smeken ons gratie te verlenen. In juli hebben we bij onze brief een paar portretten gevoegd die ik heb getekend en die tamelijk goed lijken, zijn portret, dat van zijn zoon Sidi Mohammed en het portret van Mohammed v.

Het bedankje laat niet op zich wachten. Korte tijd na het versturen sluiten Borro en zijn smerissen ons tot het vallen van de nacht op in de cel van Raouf. We horen doffe geluiden, hamerslagen. Wanneer we eindelijk naar buiten mogen, is de schade aanzienlijk. Ze hebben meegenomen wat we nog overhadden van onze schamele bezittingen, onze snuisterijen, de laatste schoolboeken, het speelgoed van Abdellatif, onze voedselvoorraden, bijna al onze kleren, mama's sieraden en mijn fotoalbum.

Dan maken ze een groot vuur met alles wat brandbaar is. Wij krijgen toestemming om naar dat schouwspel te kijken. De kinderen zijn des te meer geschokt omdat de verschrikkelijke Borro Soukaïna met geweld heeft gefouilleerd en de batterijen van de radio bij haar heeft gevonden. Vreselijk van slag heeft ze tien dagen lang flinke koorts gehad en moest ze in bed blijven. Ze is nog maar dertien.

De volgende morgen komen ze terug. We moeten naar de binnenplaats komen. Borro loopt te ijsberen.

Hij zegt tegen ons dat hij weet hoezeer de kinderen aan de duiven zijn gehecht. Het is waar dat die diertjes ons al een paar jaar helpen de stemming erin te houden.

'Maar duiven,' voegt hij eraan toe, 'zijn niet bedoeld als huisdier. Ze zijn bedoeld om opgegeten te worden. We gaan er dus elke dag twee doodmaken.'

Ondanks onze tranen houden ze woord. Een paar dagen lang komen ze elke morgen terug met twee dode duiven. We hebben besloten Abdellatif deze aanblik te besparen. Het kind, dat acht is geworden op 27 februari, de dag nadat we in Bir-Jdid zijn gehuisvest, is aan het eind van zijn krachten.

Kort na onze aankomst heeft hij een zelfmoordpoging gedaan. Hij bezit zijn fietsje nog en rijdt door de gang die langs de binnenplaats met de vijgenbomen loopt. Ik zit met mama te praten terwijl ik vanuit mijn ooghoeken op hem let, wanneer ik hem plotseling zie wankelen en vallen. We haasten ons naar hem toe. Het kind heeft een glazige blik en kan niet meer staan. Algauw valt hij in een diepe slaap. Raouf pakt hem bij zijn oksels om hem te ondersteunen, terwijl ik probeer hem hennathee te laten drinken.

De paniek is ten top gestegen. Achoura en Halima schreeuwen en rukken de haren uit hun hoofd, de drie meisjes zijn verstijfd van schrik. En mama lijkt haar kracht en haar kleur kwijt te zijn. Ze kijkt naar ons zonder iets te kunnen doen, vreselijk geschokt, tezeer waarschijnlijk om meteen te kunnen huilen.

Het lukt me om een groot deel van de medicijnen die hij heeft geslikt eruit te krijgen, alle valium en alle Mogadon die mama in een pillendoosje heeft verstopt voor de aanvallen van Mimi. Ze draagt dat doosje altijd bij zich. We weten niet hoe het hem is gelukt dat achterover te drukken.

Borro, die door onze zorgen is gealarmeerd, komt bij het bed, constateert dat het kind slaapt en haalt zijn schouders op. Hij kan niets doen, behalve zich tot Rabat wenden.

'En als hij nou doodgaat?' huilt mama.

Nog een schouderophalen is het enige antwoord dat we krijgen.

Abdellatif is een sterk kind. Hij is wakker geworden zonder nadelige gevolgen. Zijn uitleg was een slag voor ons. Sinds hij met ons zit opgesloten, hoort hij al onze gesprekken en al ons verdriet, onze angst en vrees, onze opstandigheid.

Als ik zelfmoord pleeg, ging het door het kopje van dit kind dat te rijp is voor zijn leeftijd, zou dat een goede manier zijn om ze allemaal uit dit hol te krijgen. Hij wilde ons niet langer zien lijden.

Vanaf die dag besluiten we hem te sparen. We zullen niet meer praten waar hij bij is, we zwijgen tegenover hem over ons verdriet, we bedenken een droomleven voor hem en laten hem geloven dat dat het ware leven is.

DE HEL

De eerste kring van de Hel behoort tot het verleden. Gedurende deze elf jaar zullen we langzaam maar zeker de andere doorlopen. Tot dan toe is het ons gelukt een gezinsleven te bewaren, een veilige plek waar we elkaar beschermen.

In Bir-Jdid is er geen sprake meer van een gezin en vooral niet meer van intimiteit. Er is nergens meer sprake van.

In het begin mochten we met zijn allen naar de binnenplaats. Vanaf acht uur 's ochtends gingen de celdeuren open en konden we bij elkaar naar binnen. We kwamen meestal bij elkaar in mijn cel. Dat we zo vrij mochten rondlopen duurde een paar maanden, maar mama, Raouf en ik wisten dat we vroeg of laat afgezonderd zouden worden en dat we ons daarop moesten voorbereiden.

Het gevreesde moment kwam aan het begin van het jaar 1978.

Op 30 januari, de dag dat Raouf twintig werd, werd mijn broer in zijn cel geïsoleerd. Hij zou niet meer naar buiten mogen en ons niet meer mogen zien. Een paar dagen later was het onze beurt, met als voorwendsel dat we extra butagasflessen hadden durven vragen omdat we stierven van de kou. Halima en Achoura ontkwamen aan volledige opsluiting. Zij kregen toestemming om één keer per dag op de binnenplaats te komen om takjes op te rapen voor het vuur van het komfoor.

In het begin van onze definitieve scheiding konden we op verschillende tijdstippen op de binnenplaats een luchtje scheppen. Mama ging 's ochtends tot tien uur naar buiten, en daarna waren wij aan de beurt.

Dan ging ik onder het venster van Raouf staan, hij klampte zich vast aan de tralies van zijn 'wc' en dan praatten we over van alles en nog wat. Hij was voornamelijk aan het woord, hij had er zo'n behoefte aan zich te uiten. Hij leed gruwelijk onder zijn isolement.

Het gesprek ging vaak over onze vader en over zijn verlangen hem te wreken. Hij was geobsedeerd door die gedachte. Later werden deze pauzes verboden.

We zaten dag en nacht opgesloten, van elkaar gescheiden, slecht behandeld, en niets bond ons meer aan ons vroegere leven. We waren voorgoed nummers geworden. We zouden moeten leren controle te krijgen over de cel, die minuscule ruimte die ons leven, onze wereld, onze tijd zou worden, met als enig ritme de seizoenen.

Mama, Raouf en ik stonden vooraan in hun verlangen ons kapot te maken. Mama omdat ze de vrouw was van de gehate man; ik omdat ze mijn invloed op de rest van het gezin kenden; en Raouf omdat het als zoon van zijn vader logisch was dat hij zich wilde wreken. Naar hun idee moest hem dat met alle mogelijke middelen worden verhinderd. Van ons allen was Raouf degene die lichamelijk het meest te lijden had en de meeste klappen kreeg.

Het was de bewakers, voortaan allemaal *mouhazzins*, verboden op een menselijke manier met ons te praten of blijk te geven van enige belangstelling. Ze moesten ons daarentegen zo veel mogelijk kleineren, tot in de kleinste details. Dagelijks leefde ik met een bang gevoel in mijn buik. Bang dat ze me zouden doden, bang voor klappen, voor verkrachting, voor de voortdurende vernedering. En ik schaamde me dat ik bang was.

We zijn, met uitzondering van Raouf, nooit echt geslagen. Ik heb één keer een stomp in mijn gezicht gekregen omdat ik een officier had durven uitdagen. Ik viel achterover met mijn hoofd tegen de gangmuur. Het was een harde klap. De meisjes kwamen lijkbleek de cel uit. Ik ging weer staan en om hen gerust te stellen zei ik dat ik mijn evenwicht had verloren. Later heb ik hun bekend dat ik was geslagen, maar ik smeekte hun niets aan mama te vertellen. Ik voelde me vernederd, maar ik nam het mezelf ook kwalijk.

De man die onze angst belichaamde, was, meer nog dan Borro, kolonel Benaïch, officier van de koning, die in Tamattaght al had bewerkstelligd dat er andere regels kwamen. Hij deed zijn uiterste best om ons het leven onmogelijk te maken. Hij was degene die de opdracht had gegeven de duiven te doden en die ons te weinig voedsel gaf. We zagen hem zelden. We vermoedden dat hij er aankwam op grond van het geluid van een helikopter in de lucht, of op grond van het gedrag van de *mouhazzins*, die plotseling in de houding gingen staan.

Maar tegelijkertijd ontstond er een bijzondere relatie tussen gevangenen en beulen. We waren slachtoffers, maar we konden ook, binnen de grenzen van onze mogelijkheden, onze beulen manipuleren. We gebruikten iedere aanleiding om de krachtsverhouding ongemerkt om te keren.

Met Benaïch was dat onmogelijk; met Borro moeilijk. De bruut was tot in het diepst van zijn militaire ziel op orde en tucht gericht. Als ze hem opdracht hadden gegeven ons allemaal met het blanke wapen te doden, had hij het zonder aarzelen gedaan. Hij kon alleen maar bevelen gehoorzamen. Maar de *mouhazzins*, hoe hard en onmenselijk ze ook bleken te zijn, waren ook heel dom. Je hoefde maar een beetje slim te zijn om ze uit hun evenwicht te brengen.

We hielden stand.

We hadden één keer per maand recht op een kruiwagen met hout voor de keuken. De *mouhazzins* openden de geblindeerde deur en riepen mij op zo'n manier dat ik me meteen al vernederd voelde. Wanneer ik naar buiten kwam, mocht ik niet verder komen dan de drempel van de deur. Ik was duizelig door het licht. Ze gooiden de stukken hout op de grond en bevalen mij ze op te rapen.

De eerste keren brachten ze lange takken van ongeveer één meter vijftig. Ik bleef lang bezig ze heel nonchalant te sorteren en ik gaf de langste stukken aan de meisjes. Raouf had ons voorgesteld ze in een kleine holte hoog in de muur van onze cel te verstoppen, met het oog op een eventuele ontsnapping. De takken konden gebruikt worden als stutbalken voor een tunnel.

De derde maand brachten de bewakers ons alleen nog spaanders. Ze hadden onze bedoelingen doorzien.

Ons voornaamste middel van verzet was 'de installatie', zoals we die noemden, de enige manier waarop we met elkaar konden communiceren, en waarschijnlijk heeft die ons leven gered.

Raouf was erin geslaagd met behulp van een lepel en een mes een tegel onder zijn bed weg te halen. Daar had hij onze kostbare radio verstopt, in oude lappen gewikkeld om hem tegen het vocht te beschermen. 's Nachts haalde hij die te voorschijn en luisterde ernaar en dan voelde hij zich minder alleen. Daarna kwam hij op het idee de vijf of zes microfoons en de elektriciteitssnoeren die we uit de luidsprekers van de stereo-installatie hadden gehaald, te gebruiken om van de ene cel naar de andere een netwerk aan te leggen.

Bij wijze van geleider kon hij de metalen staven uit de spiraalmatrassen gebruiken. Iedere nacht haalden de meisjes en ik ze uit onze bedden en maakten ze aan elkaar vast door ze aan de uiteinden om te buigen. Ze moesten de cel van Raouf bereiken via die van Achoura en Halima, door gaten die vlak boven de grond in de muren waren uitgehold. Maar zelfs als ze allemaal aan elkaar waren vastgemaakt, waren ze nog niet lang genoeg en reikten ze tot halverwege.

Raouf kwam op het idee er de elektriciteitsdraad uit de luidsprekerboxen aan toe te voegen, en die aan de microfoon die hij bezat vast te maken. Ik deed aan mijn kant hetzelfde. De verbindingsstukken waren dunne staaldraden die we uit het dubbele traliewerk boven de geblindeerde deur van onze cel hadden gehaald. Daarmee omwikkelden we de positieve en negatieve polen van onze microfoons. Tijdens de uitzending moesten we vaak de ijzerdraden die braken vervangen, maar het geluid kwam tamelijk goed door.

Wanneer een radioprogramma Raouf interesseerde, zond hij het voor ons uit door de microfoons aan te sluiten. Ik zorgde dat mama en Abdellatif ernaar konden luisteren. Om rechtstreeks met hen te communiceren gebruikte ik het uiteinde van een tuinslang dat ik op de binnenplaats had kunnen stelen toen de bewakers even niet opletten. Daar had ik een 'telefoon'-buis van gemaakt die door onze gemeenschappelijke muur stak. Overdag verstopte ik die in het bed van Mimi. De bewakers durfden haar niet te fouilleren vanwege haar aanvallen van epilepsie, waar die primitieve zielen doodsbang voor waren. Ze dachten dat ze bezeten was door djinns.

Met die eenvoudige maar doeltreffende middelen konden we de hele nacht communiceren. Het had een magisch effect wanneer de stemmen van José Artur of Gonzague Saint-Bris door de muren heen drongen om ons gezelschap te houden, alsof ze naast ons zaten. We waren opgetogen. Later zou ik op dezelfde manier elke avond een verhaal vertellen.

Daarna heb ik de uitvinding nog geperfectioneerd. Ik heb de staven uit de matras, die te zwaar waren, te moeilijk te hanteren, vervangen door springveren die ik uit onze koffers had geknipt. Maar het principe bleef hetzelfde.

's Avonds maakten we, zodra onze bewakers de stroomgenerator aanzetten, gebruik van het lawaai om aan onze 'installatie' te knutselen. De staven uit de springmatrassen halen en ze vervolgens van de ene cel naar de andere doorgeven maakte een heidens kabaal. Maar tot onze grote voldoening, en dat was de enige in die nachtmerrieachtige wereld, werd ons communicatiesysteem nooit ontdekt. Onze microfoons zaten altijd verborgen tussen onze dijen.

Aan het einde was er nog maar één die de vochtigheid had doorstaan en die hield ik bij me. Die was heilig. Die zorgde dat Raouf in leven bleef en was het enige middel dat we hadden om contact te houden.

Op onze blote voeten en gekleed in lompen zaten we 's winters te bibberen en 's zomers naar adem te snakken. We hadden geen verpleger of medicijnen meer, evenmin als horloges, boeken, papier, potloden, grammofoonplaten of speelgoed voor de kinderen. We moesten smeken en bedelen om van tijd tot tijd een paar gunsten van de cipiers gedaan te krijgen: een pen waar we heel zuinig mee omgingen, batterijen voor de radio waar we maanden mee deden en die we met veel moeite hadden gekregen van een oud mannetje dat een van mijn ooms had gekend, die kaïd was in de streek waar hij vandaan kwam.

Onze tijd werd ingedeeld door de bewakers. Ze kwamen drie keer per dag onze cel binnen, 's ochtends en 's avonds om ons dienbladen met eten te brengen en om twaalf uur voor het brood. Omstreeks halfnegen gaven ze ons het ontbijt, dat door Achoura op haar patio was klaargemaakt. Het was koffie vermengd met kikkererwtenpuree, die zo slap was dat het wel warm water leek. We hoorden eerst hun kistjes over de binnenplaats bonken en dan het afschuwelijke gerinkel van de sleutelbos. We zaten in angst als ze kwamen, er was altijd wel iets wat ons verweten kon worden: de radio, batterijen, de installatie of de gaten in de muren...

Wanneer ze mijn deur tegelijk met die van mama openden, konden we, omdat onze cellen in een rechte hoek ten opzichte van elkaar lagen, zo gaan staan dat we elkaar vluchtig konden zien. We hadden voortdurend dat soort gedachten. Tegen twaalven hoorden we hen fluiten, wat betekende dat de vrachtwagen met brood arriveerde, en daarna, tegen halfacht, kwamen ze weer, deden de deuren open en zetten de dienbladen neer.

Ze gunden ons nooit een adempauze, we konden nooit vergeten dat we zaten opgesloten in die ellendige cellen. We werden uur na uur in de gaten gehouden, dag en nacht. Wanneer we ons aan de tralies vastklampten om een stukje van de lucht te zien, zagen we alleen hun blikken vanuit de uitkijktorens onophoudelijk naar ons loeren, zelfs door de muren heen.

De eerste maanden maakten we voor onszelf een soort tijdschema. 's Ochtends speelde ik volleybal met mijn zussen in de 'sportruimte'; we hadden een bal gemaakt van lapjes stof. Naar gelang onze stemming gingen we dan verder met een gymnastiekuurtje, buik- en bilspieroefeningen, en daarna gingen we uitgeput, in het zweet, naar de 'douche'. Toen ze groter werd, had Soukaïna de neiging om dik te worden. Ik stelde haar op rantsoen, ik dwong haar te gaan sporten opdat ze zich niet zou laten gaan.

Later gaven we de lichaamsoefeningen op. Ons lichaam reageerde niet meer. We gaven alles op.

De dagen duurden eindeloos. Onze voornaamste vijand was de tijd. Die zagen we, die voelden we, die was tastbaar, monsterlijk en bedreigend. De tijd doden was het moeilijkst. Overdag was een iets zachter briesje dat door het venster naar binnen kwam voldoende om ons eraan te herinneren dat de tijd ons tartte en dat we opgesloten zaten.

De avondschemering in de zomer deed me denken aan die heerlijke dagen van vroeger, het einde van een dag op het strand, het borreluur, het gelach van mijn vrienden, de zeelucht, de smaak van zout op een gebruinde huid. Ik dacht steeds weer aan het weinige dat ik had meegemaakt.

We deden niet veel. De loop van een kakkerlak volgen van het ene gat in de muur naar het andere. Doezelen. Je geest leegmaken. De lucht veranderde van kleur en de dag liep ten einde. De week ging voorbij als een dag, maanden als weken, jaren betekenden niets. En ik kwijnde langzaam weg. Ik leerde vanbinnen te sterven. Ik heb vaak het gevoel gehad dat ik in een zwart gat leefde, ingesloten door de duisternis. Alsof ik een bal was die steeds maar bleef vallen in een put en die, boing-boing-boing, telkens tegen een muur stuiterde.

De stilte bedolf ons langzaam maar zeker. Alleen de voetstappen van de *mouhazzins*, hun gefluit, het gerinkel van hun sleutels, het gezang van de vogels, het gebalk van een ezel die we Cornélius hadden genoemd om een uur of vier 's ochtends, of het geruis van de palmen in de wind kwamen de stilte verstoren. De rest van de dag hoorde je niets.

We vergaten langzamerhand het geroezemoes van de stad, het gemompel van de gesprekken in cafés, het gerinkel van de telefoon, de claxons van auto's, al die vertrouwde geluiden die het dagelijks leven meevoert en die we zo hevig misten.

Van ons allen was Mimi altijd degene die feilloos wist hoe laat het was. Ze ging af op de stralen van de zon die ons minuscule venstertje doorliet. Wanneer je haar, op welk moment van de dag dan ook, vroeg hoe laat het was, haalde ze haar hoofd onder de deken vandaan en zei: 'Tien over drie, kwart over vier.'

Ze vergiste zich nooit.

We hadden recht op een maandelijks pakje Tide, waarmee we ons gezicht moesten wassen, onze kleren schoonmaken en de vaat doen. Voor onze tanden gebruikten we zout. Even hadden we de geniale gedachte ze te poetsen met aarde, zoals we soms met de borden deden. De ochtend waarop Abdellatif wakker werd met een paarse, gezwollen mond en een tong bezaaid met witte puntjes, hielden we daarmee op.

Wanneer de bewakers mijn cel openmaakten, haastte ik me naar de koudwaterkraan aan de overkant aan de muur, om mijn haar te wassen met Tide. Overal zat schuim. De *mouhazzins* waren ervan overtuigd dat we ons steile haar aan die behandeling te danken hadden.

Ze hadden het er met elkaar over: 'Ze heeft mooi haar. Ik heb het ook geprobeerd met wasmiddel maar het heeft niets opgeleverd.'

De shampoobeurten met wasmiddel bezorgden ons vooral een collectieve kaalheid en eczeem...

We droegen steeds dezelfde kleren, die we ons 'gevechtstenue' noemden. Mama gebruikte de stof van onze oude kleren en de overtrekken van onze schuimplastic matrassen. Ze maakte lange broeken voor ons met elastiek in de taille.

Alsof we het erom deden, waren we alle zeven tegelijk ongesteld. We hadden geen watten, geen maandverband en we gebruikten stukjes handdoek die steeds opnieuw in stukken werden geknipt tot ze versleten waren. We moesten die lapjes wassen, ze aan Halima doorgeven die ze om het vuur hing, en dan met gespreide benen wachten tot ze droog waren om ze opnieuw te kunnen gebruiken.

Dat gebrek aan intimiteit was een marteling voor ons. We leefden onder de blik van de anderen: je wassen, naar de wc gaan, kreunen van de koorts of de pijn, waren handelingen die gedeeld werden. Alleen 's nachts onder de dekens konden we naar hartelust huilen zonder dat we gehoord werden.

Toch hadden we onderling een goede verstandhouding. We maakten geen ruzie, behalve soms de meisjes met elkaar, maar ik was altijd op mijn hoede. Omdat we mama niet bij ons hadden, was ik hun moeder geworden. Ik was degene die hen opvoedde, die hun goede manieren en respect voor de ander bijbracht.

Zelfs in de gevangenis, zelfs in Bir-Jdid, zelfs in het strafkamp liet ik geen enkele verslapping toe. We zaten netjes aan tafel, we kauwden rustig, we zeiden 'dankjewel', 'alsjeblieft' en 'neem me niet kwalijk', we wasten onze handen voor het eten. We hielden onszelf elke dag angstvallig schoon, vooral als we ongesteld waren, ondanks het ijskoude zoute water dat we zelfs midden in de winter kregen uitgedeeld en dat bij aanraking pijn deed en je huid felrood kleurde.

Mijn opvoeding op het Paleis was een wezenlijk deel van me geworden. Wanneer Raouf de spot met me wilde drijven, begon hij met het Teutoonse accent van gouvernante Rieffel te praten. Dat maakte mij niet uit. Natuurlijk moest de geest zegevieren over het lichaam, waardoor we alles of bijna alles konden verdragen, maar ik dwong ons om onszelf te blijven verzorgen om niet onze menselijkheid te verliezen.

Ik had weleens vlagen van ijdelheid. Ik wilde de veroudering van mijn gezicht tegengaan. Mama had me het schoonheidsgeheim van de Berbervrouwen gegeven: die maken een masker op basis van gestoomde en tot moes gestampte dadels en doen dat op hun gezicht. We hadden tijdens de ramadan recht op een paar dadels. Ik griste alles weg wat ze ons gaven en maakte daarvan een brij die ik de hele nacht ophield. Met als resultaat dat de muizen feestvierden op mijn gezicht en mijn huid er intussen niet beter van werd...

We knipten ons haar met de schaartjes die mama mocht houden om onze kleren te knippen. Raouf had geen baard en daar maakte hij zich zorgen om, vooral omdat wij altijd de spot met hem dreven met die drie haren op zijn kin.

Maar op het laatst had hij een sikje laten groeien; hij beweerde dat de dag dat hij zich zou scheren het einde van onze gevangenschap zou markeren.

Die voorspelling op goed geluk bleek juist te zijn. Op een ochtend vroeg hij onze cipiers om hem te scheren, daarbij speculerend op hun mannelijkheid, hun gevoelige snaar.

'Ik ben een man,' pleitte hij, 'ik kan er zo niet bijlopen.'

Ze installeerden hem op de binnenplaats en haalden het sikje eraf.

Een maand later ontsnapten we.

HONGER

Honger is vernederend, honger is onterend. Van de honger vergeet je je familie, je vrienden en je waarden. Van de honger verander je in een monster.

We hadden altijd honger.

Om de twee weken leverden de *mouhazzins* levensmiddelen af in de cel van Achoura die voor ons allen kookte. Ze gaf me ze één voor één aan door een klein gaatje dat we tussen onze twee cellen hadden gemaakt. Ze moest zich zien te redden met wat ze had om negen personen te voeden tot de volgende aanvoer. En wat ze had, was heel schamel.

Nooit melk, boter of fruit, behalve af en toe een paar verschrompelde dadels en beschimmelde sinaasappels. Verrotte groente, twee kommen meel, een kom kikkererwten en een kom linzen, twaalf rotte eieren, een stuk bedorven vlees, een paar suikerklontjes, een liter olie per maand en een potje Tide, dat was alles wat we kregen. Er was geen sprake van dat je ook maar iets weg zou gooien. En toch...

Nooit heb ik groenten gezien die er zo smerig uitzagen en vooral had ik me nooit kunnen voorstellen dat je die kon eten. De penen waren groen, met een lange, dikke wortel. Van de groenige, sponzige aubergines maakte Achoura een gerecht dat de kinderen 'Japanse tajine' hadden genoemd. De linzen zaten vol beestjes die in het water bleven drijven.

Door ieder voedingsmiddel steeds maar te koken en weer opnieuw te koken lukte het ons te vergeten hoe het smaakte en eruitzag, en het minder taai te maken. En wat nog erger was, we vochten om meer. Onze spijsverteringsproblemen leken onschuldig vergeleken met de andere kwalen waaraan we voortdurend leden. Onze lichamen waren gewend aan het gebrek aan hygiëne. Om te drinken hadden we zoveel water als we wilden: maar het was zout, zodat het de dorst nauwelijks leste.

Ik merkte dat Achoura en Halima een soort voedselmaffia hadden georganiseerd, waarbij ze suiker of brood ruilden met de andere cellen. Ook al telde ik zo'n beetje iedere erwt na, er ontbrak altijd wel iets. Ze zeiden tegen me: 'Het komt door de ratten, het komt door de muizen, het is bedorven...' Maar ik vertrouwde het niet.

Ik besloot de voorraden zelf onder mijn hoede te nemen. Zodra de goederen bij hen aankwamen, inventariseerde ik ze en nam ze in beslag. Ik zette alles wat ze ons gaven in de kleine cel die grensde aan de onze, in een onder tegels geïmproviseerde provisiekast. Het brood werd verstopt in een koffer. Ik wilde zo veel mogelijk opsparen om het uit te houden tot de volgende levering.

We moesten elke dag een klontje suiker hebben in onze koffie met melk, een hapje om een uur of elf 's morgens voor de jongens, vooral voor Abdellatif die, toen hij groter werd, het meest van ons allen bezeten was van eten. Wij meisjes aten weinig: na de ochtendkoffie wachtten we tot de groenten van het avondeten. 's Zomers hadden we niet veel last van de honger, het was te warm en bovendien waren we aan dat hongerregime gewend geraakt. 's Winters protesteerden onze magen heftig, maar we deden alsof we het niet hoorden.

's Avonds gaf ik Achoura wat ze nodig had om een tajine klaar te maken, die ze op het komfoor kookte en vervolgens in negenen verdeelde. Onveranderlijk herhaalde zich dan dezelfde scène. De beste kokkin van huize Oufkir stond tegen de muur te snikken.

'Maar Kika, hoe wil je dat ik iedereen te eten geef met zo weinig?'

Haar tranen raakten me niet. Ik was meedogenloos. Als we het de hele maand wilden uithouden, moest ik een goede beheerder zijn.

In het voorjaar aten we een in 't wild groeiende plant, een soort paardebloem die Halima op de binnenplaats ging plukken en die ik kookte. Ik deed er teentjes knoflook en een beetje olijfolie bij en belegde er boterhammen mee.

Ik had schaarsterecepten bedacht. 's Winters roosterde ik een glaasje meel, een glaasje gries en een glaasje fijngestampte, gemalen kikkererwten, ik deed alles in een pan met een liter water, suiker, drie eetlepels olie, en ik deelde het brouwsel rond in glazen. We gebruikten steeds opnieuw het smerige koffiedik van 's ochtends. Een takje mint werd dagenlang steeds weer in koppen warm water gedaan om ons de illusie te geven dat het thee was.

Om de andere dag brachten de bewakers ons brood in kartonnen kratten. Meteen gooide ik de broden op de grond en Soukaïna en ik zetten de kleppen van deze dozen overeind. In recordtijd haalden we de verpakkingslaag eraf. Die gebruikten we om de verhalen die ik vertelde op te schrijven. Dat papier was voor ons even kostbaar als het voedsel.

Op een dag zag ik, terwijl ik de laag er afhaalde, dat de drie meisjes bezig waren de kruimels die uit de doos vielen van de grond te likken. Vanaf dat moment stelde ik een regel in. In plaats van te vechten als loslopende honden zouden ze ieder een dag recht hebben op hun 'kruimelbeurt'.

We hebben in Bir-Jdid nooit een normaal ei gezien. De schaal was groen en er kwam een smerig donker vocht uit waarvan de geur ons misselijk maakte. Ik brak ze, legde ze een nacht te luchten en 's ochtends klopte ik ze op met suiker. Ik drenkte stukjes brood in dit preparaat en bakte die in olie.

Zodra de geur zich verspreidde, was er van cel tot cel een huivering van vreugde te horen. Dan was het feest. Wentelteefjes stilden de honger, waren stevig, vulden onze magen, en het was niet eens zo slecht.

We waren experts geworden in de kunst van het recyclen. We aten zelfs brood met urine en uitwerpselen van de muizen, waar het in de cel van wemelde. Ik zie Mimi nog voor me, in haar bed zittend voorzichtig met delicate gebaartjes de zwarte keuteltjes van het brood afhalend voordat ze de stukjes naar haar mond bracht. Al onze voorraden werden bevuild door de knaagdieren.

Om onze dagelijkse kost aan te vullen raapten we de vijgen op die van de bomen op de binnenplaats vielen. Het eerste jaar, toen we nog naar buiten mochten, pakten we er zo veel mogelijk. Achoura maakte fruitsalades die onze honger een beetje stilden. Toen we allemaal waren opgesloten, raapte Halima ze alleen.

Vanaf het ogenblik dat de bewakers merkten dat we profijt hadden van deze vijgen, zorgden ze ervoor dat die van de boom vielen voordat ze onze cellen binnenkwamen en aten ze in ons bijzijn op. Wij kregen alleen nog de rotte of uitgedroogde vruchten en ondanks alles waren we heel blij dat we daar genoegen mee mochten nemen.

Door de honger waren we vaak ten einde raad. Die was zo hevig dat we soms jaloerse blikken wierpen op degene die zijn schamele deel nog niet ophad. Alleen de strenge fatsoensregels die ik er had ingestampt voorkwamen dat we gingen vechten.

We hadden wilde fantasieën over een stuk vlees, het water liep ons in de mond wanneer de wind de geur van de tajine van de bewakers naar ons toe voerde. Dan waren we opgewonden als een stelletje in het nauw gedreven honden.

Dag en nacht droomden we van eten en we voelden ons vernederd dat we zo diep waren gezonken.

Mimi, de zwakste van ons, aarzelde niet om stiekem een paar bonen te stelen waar ze met haar hoofd onder de dekens de hele dag op kauwde. We gaven haar de bijnaam 'Mimi de bakker' omdat ze dol op meel en brood was. Wanneer we ons favoriete spel speelden, 'je bent twee dagen vrij, doe ermee wat je wilt', antwoordde zij zonder mankeren: 'Ik ga naar een bakkerswinkel, ik prop mezelf vol met brood en ik neem een enorme hoeveelheid koekjes mee.'

Raouf was van plan te neuken met alle vrouwen die voorbijkwamen. En ik wilde een boekwinkel leegplunderen en zo veel boeken kopen als ik kon meenemen. Ik voegde er zuchtend aan toe: 'Vrijen met een man die ik toevallig heb ontmoet om te weten wat het is.'

De kinderen droomden van speelgoed.

In ons gezin was Kerstmis altijd een heilig feest. Zelfs op het Paleis bleef Kerstmis, ondanks de betekenis van de islam, Kerstmis. De rantsoeneringen weerhielden ons er niet van het, evenals de verjaardagen, op waardige wijze te vieren. We bereidden ons er maanden van tevoren op voor door te sparen om een taart te kunnen bakken. We namen kleinere porties, we legden eieren en suiker opzij, we deden met alles zuinig. Maar op de dag van het feest kregen we een groot stuk taart dat de bewakers zonder dat ze het wisten van de ene cel naar de andere brachten, want we verborgen ze onder oude lappen.

Een paar dagen voor 24 december schoven Achoura en Halima hun gasslang door het gat onder in onze tussenmuur. Ik sloot het aan op mijn butagasflesje. Zo maakten we twee enorme boomstammen van gebakken kikkererwten, meel, eieren, olie, koffie en suiker. We hadden alles goed voor elkaar: we verdeelden het werk en gaven de verschillende onderdelen die we hadden bereid, zanddeeg, crème anglaise, chocolade- of vanillesurrogaat, van de cel van Achoura en Halima door naar onze cel. Een koelkast misten we niet: het was zo koud dat ik de boomstammen buiten zette om ze te laten opstijven. We smulden zo dat we vochten om de laatste stukjes.

Kerstmis zou niet helemaal geslaagd zijn zonder speelgoed. We maakten speelgoed voor de kleine jongen van stukken karton zodra we die te pakken konden krijgen. Eén jaar hebben we een vliegdekschip voor hem vervaardigd met jachtvliegtuigen, tanks, Mercedes-vrachtwagens en saffraangele Volkswagens met velgen van zilverpapier. In die tijd had ik alles wat je maar kunt bedenken kunnen maken van een stuk karton. Nu zou ik daar niet meer toe in staat zijn.

Ieder jaar schreef ik mijn broertje een brief waarin ik mijn handschrift veranderde. We beweerden dat de kerstman die expres voor hem had achtergelaten. Tot zijn veertiende geloofde hij erin.

Halima haalde wat aarde van de binnenplaats, waarmee mama voetafdrukken op de celvloer tekende.

Dan was Abdellatif het gelukkigste kind van de wereld en zijn geluk was voor ons hartverwarmend.

SHEHERAZADE

Bij gebrek aan boeken, schriften en papier was ik opgehouden met lesgeven. Maar de meisjes waren nieuwsgierig naar het leven. Ze vroegen me of ik al eens had geflirt, hoe je een jongen op zijn mond moest zoenen, wat je voelde wanneer je borsten werden gestreeld. Ik antwoordde hun zo goed mogelijk, puttend uit mijn heel beperkte eigen ervaringen en uit wat ik uit de boeken had geleerd.

Abdellatif was leergierig; mama had er behoefte aan te praten; Raouf, die het meest geïsoleerd was van ons allemaal, maakte gebruik van de 'installatie' om zijn hart uit te storten; Achoura en Halima waren depressief.

Ik luisterde, ik troostte, ik gaf raad, ik gaf les, ik vertelde en ik bemoederde. Ik was een echte kwebbel. Aan het eind van de dag voelde ik me uitgeput doordat ik hun zo mijn energie had geschonken. Maar hoe kon ik me daaraan onttrekken terwijl zij mijn bestaansreden waren?

Toen kwam ik op een heel goed idee. Ik zou hun een Verhaal gaan vertellen. Zo zou ik met hen praten over het leven, over de liefde en zou ik de jongsten van mijn weinige ervaringen laten profiteren; ik zou hen laten reizen, dromen, lachen en huilen. Ik zou hun geschiedenis en aardrijkskunde, wetenschap en literatuur onderwijzen. Ik zou hun alles geven wat ik wist en verder, nou ja, zou ik wel wat improviseren...

Dat was geen kleinigheid. Ik moest rekening houden met hun leeftijden om iedereen te boeien. Met zijn twintig jaar had Raouf natuurlijk andere zorgen, andere dromen dan de drie meisjes of de kleine Abdellatif. En dan had ik het nog niet eens over mama, Achoura of Halima, die hun eigen beslommeringen hadden. Maar het idee viel bij hen zo in de smaak dat we het onmiddellijk in praktijk brachten.

Zodra de stroomgenerator begon te lopen, gaven we de 'installatie' door van de ene cel naar de andere. Een uur later hield het helse lawaai op en kon ik in het donker met mijn Verhaal beginnen.

Dat heb ik elf jaar lang gedaan, nacht na nacht, net als Sheherazade.

In het begin vertelde ik tot drie uur 's ochtends, en daarna tot vier uur. Tegen het einde stopte ik pas om een uur of acht, wanneer de bewakers ons kwamen wekken. Ik had het hoorspel opnieuw uitgevonden. Zodra ik mijn microfoon pakte, ging ik zitten en stak van wal.

Ik hoefde maar een eerste opzet aan te geven, hun namen te noemen, of de personages namen vorm aan. Er waren er in totaal honderdvijftig, allemaal verschillend en allemaal boeiend. Eerst ging het om hun uiterlijk, dan hun karakter, de weg die ze gingen, hun lot. Daarna bedacht ik een verleden voor hen, een stamboom, een familie, want de kinderen wilden alles van hen weten.

Het Verhaal speelde in het Rusland van de negentiende eeuw, zonder dat ik eigenlijk wist waarom. Ik had geen enkele film gezien en geen enkel boek gelezen over dat onderwerp, behalve *Dokter Zjivago*, dat een beetje later speelt. Ik beschreef de paleizen van Sint-Petersburg alsof ik er had gewoond, ik vertelde over de charges van de Kozakken, over de sledetochten over de dichtgevroren Wolga, over de aristocraten en de moezjieks. Ik was tegelijkertijd romanschrijfster, scenarioschrijfster, cineaste en toneelspeelster. Door al die personages te bedenken ging ik tot het uiterste van mijn emoties, mijn droombeelden, mijn verlangens en mijn wanen.

Zo heb ik bij volmacht echtbreuk, homoseksualiteit, verraad en de grote liefde ervaren. Ik was pervers, verlegen, edelmoedig, wreed en een vamp. Ik was om de beurt de held, de heldin en de verrader.

Ik voelde me in verlegenheid gebracht toen ik besefte hoeveel macht ik over de anderen had. Het Verhaal was voor hen zo reëel dat ik hen kon manipuleren en naar mijn goeddunken beïnvloeden. Wanneer ik voelde dat het slecht met hen ging, bracht ik in een paar zinnen alles weer op zijn plaats. Het Verhaal maakte zozeer deel uit van ons dagelijks leven dat het hartstochten en ruzies teweegbracht. De ene groep was vóór iemand, de andere tegen. Ze spraken er overdag met elkaar over.

'Denk jij dat Natasja zich eruit zal redden?' vroeg Soukaïna.

'Welnee,' legde Raouf uit, 'ik geloof niet dat Rusland de oorlog zal verklaren...'

Het Verhaal heette 'De Zwarte Vlokken'. De hoofdpersoon was een jonge prins, Andreï Oulianov, die in de tsarentijd in Rusland leefde. Hij was mooi, jong en schatrijk, maar ook pervers en duivels en hij was alleen maar bezig kwaad om zich heen te verspreiden. Hij had zijn ouders verloren toen hij nog een kind was, zijn moeder was gestorven in het kraambed en zijn vader had zelfmoord gepleegd. De enige familie die hij nog had, was zijn grootmoeder, wier buitengewone schoonheid hij had geërfd.

Oulianov woonde in een gigantisch paleis, omgeven door duizenden morgens land. Hij bezat duizend moezjieks. Zijn enige hartstocht waren paarden. Zijn grootmoeder had hem aan het hof willen voorstellen, maar hij weigerde resoluut. Hij galoppeerde liever bij zonsondergang over zijn landgoed. Wanneer men hem hoorde aankomen, verstopte iedereen zich. Hij was zo boosaardig dat hij talloze smerige streken bedacht om zijn mensen te zien lijden.

Op een avond viel hij van zijn paard. Zijn eerste reactie was om zich heen kijken of niemand getuige was geweest van zijn vernedering. Was hij niet een van de beste ruiters van het koninkrijk? Terwijl hij weer ging staan, zag hij een schitterend voorwerp in het stof liggen. Zijn hand tastte ernaar en vond een amulet. Hij pakte die op en klom weer op zijn paard.

Toen hij thuiskwam, eiste hij dat hij te weten kwam wie de eigenaar van de amulet was, want anders zou hij al zijn moezjieks afslachten. Zijn rentmeester begaf zich naar de oude Ivan, een grijsaard met een lange witte baard, en smeekte hem om hem te helpen. De oude Ivan verbleekte. De amulet was van zijn kleindochter Natasja, die veertien jaar was. De rentmeester vroeg hem het meisje naar hem toe te brengen, maar ze was gevlucht.

Toen Andreï Oulianov de volgende dag een tochtje te paard maakte, werd zijn aandacht getrokken door gelach. Hij verstopte zich achter de struiken en zag Natasja en haar verloofde Nikita die naakt in de vijver aan het zwemmen waren. Natasja zag er prachtig uit en was even bruinharig als Nikita blond was. Ze danste voor hem. Toen ze Oulianov zagen, werden ze bang en begonnen ze te rennen. Hij ging op zijn paard achter ze aan. Hij schoot op Nikita, die in de moerassen verdween. Hij kreeg de kleine Natasja te pakken, verkrachtte haar en nam haar onder dwang mee naar huis.

Twee dagen later kwam Nicolas Barinsky, de zoon van de gouverneur van Moskou, hem opzoeken. Hij vertelde Andreï dat hij in het leger zou moeten. Barinsky was in het gezelschap van vrienden, onder wie een zekere Brejinsky die moest vluchten. Ze hadden bij hem thuis pamfletten gevonden. Andreï stemde erin toe Brejinsky te helpen. Hij leende hem een paard en leidde hem door de moerassen. Voor de eerste keer in zijn leven was hij betrokken bij een daad van verzet tegen de macht, maar hij besefte nog niet wat daarvan de gevolgen waren.

Zo begon het eerste hoofdstuk. Elke nacht voegde ik er personages aan toe, ik liet ze elkaar ontmoeten, ik gaf heel zorgvuldige beschrijvingen, ik ging gedoseerd te werk, waarbij ik nieuwe ontwikkelingen en onverwachte wendingen afwisselde. Zo lukte het me iedereen in spanning te houden.

Nu zou ik niet in staat zijn zo'n verhaal zo nauwkeurig en gedetailleerd te vertellen. Ik weet niet hoe het die elf jaar lang aan mijn verbeelding is ontsproten zonder dat ik ooit moe werd of mijn toehoorders verveelde.

Het gebeurde vaak dat een draad van de installatie midden in de nacht brak. Om ons duidelijk te maken dat het geluid was onderbroken, floot Raouf onafgebroken. Meegesleept door mijn verhaal hoorde ik niets, maar een van de meisjes zorgde dat ik werd gewaarschuwd. Dan repareerden we de zaak aan onze kant en het gefluit van Raouf hield pas op wanneer hij me weer hoorde. Deze incidenten konden zich verscheidene keren in dezelfde nacht voordoen, zodat de bewakers Raouf vroegen waarom hij steeds floot.

Die vraag overviel mijn broer, maar hij legde uit dat het de enige manier was om de ratten en muizen waar het in de gevangenis van wemelde te verjagen. De bewakers zetten grote ogen op. Raouf keek hen uit de hoogte aan.

'Hoezo? Weten jullie dat niet? Maar dat weet toch iedereen. Dat is het enige middel dat helpt om ze bang te maken, zeg ik jullie.'

De bewakers waren vaak stomverbaasd over onze handigheid en kennis. Ook al behandelden ze ons slecht, ze bewonderden ons evengoed. Ze respecteerden ons om ons vermogen situaties te doorzien en ons erin te schikken. Ze geloofden mijn broer op zijn woord.

Voortaan hoorde je, wanneer Raouf floot, hun gefluit als een echo. We hadden aan één kant zin om te lachen om hun domheid, en dat deden we dan ook, aan de andere kant waren we bang bij de gedachte dat we zozeer in de gaten werden gehouden dat geen enkele beweging van ons hun kon ontgaan.

Later, toen ik de smaak te pakken had gekregen, heb ik nog andere verhalen verteld. Het Rusland van de tsaren, maar ook Polen, Zweden, Zwitserland, Oostenrijk-Hongarije, Duitsland, de Verenigde Staten in de tijd van de burgeroorlog, Lodewijk II van Beieren of Sissi kwamen in onze denkbeeldige wereld voor. Ik schreef zelfs een roman, een briefwisseling tussen een grootmoeder en haar kleindochter, naar het voorbeeld van *Les Liaisons dangereuses*. Soukaïna noteerde alles, ze had zelfs de kaft ontworpen.

Ik had een klein stukje van dat Verhaal bewaard. Ik schreef het overdag op ons verpakkingspapier. Jammer genoeg werden al mijn schriften bij onze ontsnapping vernietigd door een vriend aan wie ik ze had toevertrouwd en die bang werd dat hij zich compromitteerde.

Tegenwoordig hebben we het zelden met elkaar over de gevangenis, maar het Verhaal heeft niets van zijn magie verloren. Wanneer een van ons een personage noemt, klaren onze gezichten op. Het blijft de beste herinnering aan die afschuwelijke periode.

Ik geloof echt, in alle bescheidenheid, dat dit Verhaal ons allen heeft gered. De tijd kreeg er een bepaald ritme door. Door de radio wisten we welke datum het was, maar we hadden geen andere oriëntatiepunten dan Kerstmis of onze verjaardagen. Dus boden onze personages die ons: zij verloofden zich, trouwden, werden geboren, stierven, werden ziek.

We zeiden tegen elkaar: 'Jawel, weet je nog, de dag dat Natasja de prins ontmoette, was het zo warm...'

Of: 'Nee hoor, je vergist je, ik had geen koorts toen de kleinzoon van Andreï werd geboren, maar toen hij tsaar werd...'

Dankzij het Verhaal, dankzij die personages zijn we niet gek geworden. Wanneer ik tot in de details een beschrijving gaf van de balkostuums, de met parels versierde jurken, de kant, de tafzijde, de sieraden, de koetsen, de zwierige officieren en de mooie gravinnen die walsten op de klanken van de orkesten van de tsaar, vergaten we de vlooien, de maandverbanden, de kou, de honger, de viezigheid, het zoute water, de tyfus en de dysenterie.

ZIEKTES EN PLAGEN

We hadden wel twintig keer kunnen doodgaan, maar we zijn elke keer ongedeerd door de vele ziektes gekomen die we in de gevangenis hebben opgelopen. We werden beschermd door een mysterieuze god die ons weliswaar niet de verschrikkelijkste beproevingen bespaarde, maar toch de bedoeling had dat wij het er levend zouden afbrengen.

Sommige ziektes waren heel ernstig: hevige koortsen, infecties, diarree en onbekende virussen. Andere waren minder vreselijk: angina en bronchitis, hoofdpijn of kiespijn, aambeien en reumatische pijnen. Maar die waren evengoed pijnlijk omdat we over geen enkel medicijn beschikten. Ik behandelde alles met olijfolie.

Maria kreeg last van ernstige anorexie. Ze kreeg zulke hevige koortsen en zweetaanvallen dat ze de hele dag in bed bleef. Ik moest haar vier of vijf keer per dag wassen en afdrogen. Daarna legde ik dan op haar maag een Nido-melkblikje met heet water dat Achoura had verwarmd. Dat was het onfeilbare middel tegen al onze angstaanvallen.

Van ons allen was Mimi het meest ziek. Na haar aanvallen van epilepsie lag ze uitgeput op haar bed. Ze was zwaar depressief nadat ze plotseling geen kalmerende middelen meer kreeg. Ze bleef acht jaar lang, praktisch zonder op te staan, in bed liggen. Je moest haar dwingen zich te gaan wassen.

De arme Mimi kreeg ook zoveel en zulke dikke aambeien dat ze iedere dag vanuit de wonden die weer openscheurden liters bloed verloor. Elke dag maakte ik ze schoon met water en zeep om te voorkomen dat ze te veel zouden gaan etteren, en dan sprong ze op van de pijn. Onder die omstandigheden kon ze onmogelijk naar de wc. Ze at trouwens niets meer.

Tegen het einde had Mimi geen gezondheid meer over. Haar leven hing aan een zijden draadje. Zonder voedsel en met al dat bloedverlies leed ze aan bloedarmoede. Maar ze bleef stoïcijns. Je hoorde haar niet klagen. Ik smeekte Borro om een dokter naar haar toe te sturen, maar tevergeefs. Haar tandvlees was wit, haar gelaatskleur grauw en ze had geen nagels meer. Ze was bezig voor onze ogen dood te gaan en we konden niets doen.

Behalve met ziektes hadden we ook te kampen met ongewenste gasten, die vaak infecties overbrachten. Tijdens de stortregens vielen er duizenden boomkikkers op de vloer. We verzamelden ze met kilo's tegelijk in emmers en gaven ze bij wijze van speelkameraadjes aan Abdellatif. Ze hielden hem een flinke tijd bezig.

Daarna kwamen de kakkerlakken. Dik, zwart en glanzend. 's Nachts sliep ik niet, ik had onafgebroken pijn in mijn gewrichten. Liggend in het donker voelde ik ze ijzig koud over me heen rennen, terwijl hun lange voelsprieten langs mijn huid streken.

Onze cellen lagen onder aan een watertoren; de muren dropen zelfs in de zomer. De muggen namen het ervan. Het plafond was ermee bedekt, en 's nachts voerden ze duikvluchten uit met het geluid van een straalvliegtuig. We organiseerden wedstrijden: een ei voor degene die er aan het einde van de week de meeste had doodgeslagen. Maria was de kampioen bij dit moordspel.

Ieder voorjaar gingen de zwaluwen op het scheidingsmuurtje voor onze cel zitten. In het begin waren we dolblij met hun aanwezigheid, die ons afleiding bood in de gebruikelijke eentonigheid. Twee weken lang keken we hoe ze leefden. Hetzelfde paartje kwam elf jaar achtereen weer terug. Ze bouwden hun nest, paarden en daarna legde het wijfje eieren.

Iedere fase werd door ons van commentaar voorzien, vooral op het moment van de liefde. Ze namen geen genoegen met één keer. De hele dag hoorden we 'twit twit twit', wat betekende dat het mannetje bezig was.

Maar de zwaluwen brachten ook vlooien mee die ons vreselijk beten. Ze hadden het gemunt op onze oksels en ons kruis. We krabden ons tot bloedens toe, de pijn was onverdraaglijk.

Na een paar dagen waren onze geslachtsdelen zo opgezwollen dat ze over onze dijen hingen. Zoals gewoonlijk dreven we de spot met onze ellende. We vertelden de cellen naast ons wat er gaande was: 'Het is zover, van nu af aan hebben de vier meisjes kloten.'

De muizen waren sympathieker. Klein en snel, drongen ze overal naar binnen, kwamen 's nachts hun holletjes uit en klommen op onze bedden. We verdroegen ze beter dan de ratten, die ondanks de vallen en het rattenkruit zich tijdens de grote droogte overal verspreidden. We hadden er één geadopteerd die we Bénévent noemden, de prinselijke titel van Talleyrand, omdat deze rat net als hij één poot had die korter was dan de andere.

Hij ging dood omdat we hem te veel eten hadden gegeven, een paradox als je weet hoeveel honger we leden.

Die muizen aten, zoals ik al gezegd heb, naar hartelust van onze voedselvoorraden. Ze peuzelden alles op wat ze vonden en deden hun behoeften op de koop toe. Ik had een djellaba van dikke paarse wol die ik aan een spijker achter de deur hing wanneer het droge seizoen aanbrak. Aan het begin van een winter ging ik die halen, zoals ik gewend was. Alleen het boordsel bij de hals en aan de voorkant en langs de zomen was nog over. De muizen hadden de rest opgegeten, zoals ze alles wat ze te pakken kregen, opknabbelden.

Een paar maanden lang hing er een misselijkmakende geur in de cel. Ook al waste ik me, maakte ik mijn kleren schoon en keek ik overal, ik kon de oorzaak niet vinden. De meisjes hielpen me de matras te doorzoeken. Een muis en haar jongen hadden zich daar genesteld om een beetje warmte te vinden. In mijn slaap had ik ze platgedrukt. We haalden hun verdroogde lijkjes weg. De stank was ondraaglijk.

Ik moet ook de veldsprinkhanen noemen, waarvan het gesjirp ons door merg en been ging en die overal binnendrongen zodra het warm werd. En niet te vergeten het charmante gezelschap van de schorpioenen die overal rondrenden.

Van al onze ongewenste gasten vonden we de ratten het weerzinwekkendst en het griezeligst. 's Nachts wachtten ze tot de stroomgenerator uitging en dan kwamen ze bij ons op bezoek. Ineengedoken in onze bedden, verstijfd van afgrijzen, lagen we angstig op ze te wachten, wat ons er niet van weerhield hun komst al lachend van commentaar te voorzien. Ze kwamen in horden, toem-toem-toem, en glipten onder de geblindeerde deur door, waarbij ze elkaar opzijdrongen, waardoor ze zo nog wat agressiever werden. Hun geren verbrak de stilte. Ze klommen op de bedden zonder ons te bijten, maar draafden over ons heen terwijl wij verlamd van angst waren.

Ze werden echt oorlogszuchtig toen de bewakers vallen begonnen te zetten. De droogte had ze hongerig gemaakt. Voortaan kwamen ze overdag bij ons binnen, op zoek naar eten.

Een wijfje, dat zwanger was, werd altijd gevolgd door twee ratjes waarvan werd gezegd dat ze onder de vlooien zaten die de pest verspreiden. Ik wilde het controleren. Met behulp van de meisjes drukte ik een van de ratjes tegen de muur en prikte hem met een stokje. Duizenden rode vlooien verspreidden zich door de cel. De vloer was er opeens mee bezaaid, wat ik helemaal walgelijk vond.

Ik besloot tot de aanval over te gaan. Ik zette er één klem, voordat ik de deur voor de andere ratten dichtdeed, en ik achtervolgde hem met mijn stokje. Van angst en woede was hij drie keer zo groot geworden, het leek wel een roofdier met zijn rechtopstaande haren. Hij staarde me dreigend aan, klaar voor de sprong. Ik zag alleen nog maar zijn voortanden.

Om mezelf gerust te stellen, dacht ik: het is maar een rat.

Toen hij voelde dat ik hem werkelijk ging aanvallen, klom hij vlug in de hoek van de muur helemaal naar boven en sprong op mijn hoofd. Ik schreeuwde uit alle macht. De meisjes kwamen aangerend om me uit zijn klauwen te bevrijden. Ik ging hem te lijf, maar toen hij dood was, voelde ik me niet op mijn gemak. Het was alsof ik een mens had vermoord, zo hartverscheurend lag hij te kermen.

De ratten kwamen nu minder vaak op bezoek, maar na een week keerden ze weer terug. We waren aan hun aanwezigheid gewend. Later maakten we er zelfs grappen over.

We vroegen Mimi hoe laat het was.

'Het is bijna rattentijd,' antwoordde ze dan.

HUMOR

In Tamattaght stootte een van de kapiteins van de gendarmerie, Chafiq genaamd, zijn voet hard tegen een tafel. Hij dacht zijn pijn onder woorden te brengen in een verzorgd Frans, zoals hij ons hoorde spreken, en wendde zich met een rood hoofd tot mama met de woorden: 'Mi suis cougné...'[1]

Die uitdrukking bleef hangen in ons gezamenlijke Bever-taaltje. We hadden ons 'de Bevers' genoemd, refererend aan ons verlangen om in Canada te gaan wonen.

Een sergeant die 'chef Brahim' heette en die wij 'Cappaccico' noemden, naar een van onze koks op wie hij leek, liep altijd te waggelen met zijn handen in zijn zakken. Hij liet zijn edele delen in zijn broek heen en weer slingeren.

Op een dag zei hij tijdens een gesprek tegen ons, terwijl hij met zijn wijsvinger zijn hoofd aanwees: 'Bij mij zit het allemaal hier, alle elektronica komt hiervandaan.'

Vanaf dat moment hoeven we, wanneer we het over een intelligente persoon hebben elkaar maar aan te kijken en datzelfde gebaar te maken of we barsten in lachen uit.

Door humor hebben we het overleefd, zelfs en vooral op uitzonderlijke momenten. Vanaf de dood van mijn vader hebben we onderling zo gefunctioneerd, lachend om wat ons het meest verdriet deed, de spot drijvend met anderen en in de eerste plaats met onszelf. We spraken in zinspelingen, we gebruikten een geheimtaal die alleen wij begrepen.

Door die permanente verstandhouding konden we ons tegelijkertijd afzonderen van de bewakers en onze banden nauwer aanhalen. Onze favoriete zinnen hadden vaak kop noch staart.

Als je bijvoorbeeld zei: 'De Bevers zijn Sydney binnengekomen met de assegaai,' betekende dat dat we geslaagd waren in datgene wat we wilden proberen.

Wanneer je er nog 'ra.t.t.t.' aan toevoegde, betekende het dat de triomf compleet was. Wanneer een van ons in de war raakte terwijl hij iets vertelde, beweerden we dat hij 'Malaga had gedaan' omdat je tijdens de vliegreis naar Malaga steeds in lucht-

---

1 (Noot van de vertaalster) Je me suis cogné: ik heb me gestoten.

zakken terechtkomt. Ook nu gebeurt het nog dat we die codes gebruiken om niet door vreemden begrepen te worden.

Prinses Nehza, de zus van de koning, stierf in september 1977 bij een auto-ongeluk. Het nieuws, dat we op de radio hoorden, maakte ons verdrietig, want we hielden allemaal veel van de prinses. Maar onze spotzieke geest kreeg weer de overhand.

'Konden ze ons er maar uitlaten voor de dodenwake,' zeiden we tegen elkaar, 'dan zouden we ons verbergen tussen de *talba*[1]...'

Voor die huurlingen van de rouw, die in het wit zijn gekleed, biedt de wake ook een mogelijkheid om goed gevoed te worden in de grote huizen van de bourgeoisie of de vorst die hen voor die gelegenheid in dienst neemt. We stelden ons dan voor hoe we, onherkenbaar in onze *talba*-vermomming, in onze djellaba's zo veel mogelijk voedsel zouden verstoppen en dat meenemen naar de gevangenis.

Ieder van ons had een of twee bijnamen, naargelang de omstandigheden. Maria was 'Haile Selassie' of 'le Négus' vanwege haar extreme magerte. Raouf was 'Bobino de frietenkoning' of ook wel 'Mounch' of 'Jiji Machakil'. 'Jiji' vanwege een hondje van mijn vader dat steeds in de rondte draaide zoals Raouf dat deed, en 'Machakil' betekent in het Arabisch 'met problemen'. We noemden hem zo omdat hij altijd de kwadratuur van de cirkel wilde oplossen...

Mimi was 'Petit Pôle', het beertje van Walt Disney, omdat ze het altijd koud had, of ook wel 'Mimi de Bakker' wegens haar grote belangstelling voor brood. Onder elkaar noemden we haar ook 'Bébert atoom'. Die bijnaam had ze gekregen op een dag dat mama zich voor de honderdste keer had opgewonden over haar onhandigheid.

'Het is een sukkel, ze kan niks,' zei ze buiten zichzelf van woede, wanneer Mimi weer per ongeluk een kom voedsel had omge-

---

1 Mannen die door de familie van de overledene worden betaald om te waken bij het lichaam, terwijl ze de verzen van de Koran lezen.

stoten of het kostbare bord met gloeiende kooltjes waaraan we onze handen warmden.

'Mama, je vergist je,' zei ik dan, 'dat wordt een genie. Toen Albert Einstein begon met zijn onderzoek naar het atoom, was hij ook heel onhandig en brandde hij zich de hele tijd.'

Mimi werd 'Bébert atoom'. Zodra ze iets enigszins onhandig deed, werd ze voor de grap zo genoemd.

Soukaïna was niet erg gevoelig voor humor. Officieel gaven we haar de bijnaam 'Charlie' en stiekem 'Bob is too fat to run fast', een aandenken aan de Engelse les die ik hun gaf in Tamattaght en een knipoogje naar haar ronde vormen. En ik was 'Hitler', 'Mazarin', 'Stalin' of 'Mussolini' vanwege mijn autoriteit en mijn neiging om alles te willen regelen.

Mama en Abdellatif werden 'Wassila' en 'Bourguiba'[1] genoemd, een subtiele toespeling op het onafscheidelijke koppel dat ze vormden. Mama maakte ook aanspraak op 'Sigmund', op z'n Duits uitgesproken, wanneer we grappen wilden maken over haar neiging om alles te psychologiseren, of 'Grand Picsou' om de draak te steken met haar waanzinnige spilzucht, terwijl ze geen cent meer had. Achoura was 'Barnabé' of 'Baby'.

Halima, die altijd maar bezig was met haar kroeshaar, probeerde zo goed en zo kwaad als het ging haar haren te behandelen met planten die ze op de binnenplaats plukte. Om ze te verbergen knoopte ze een sjaaltje om haar hoofd, maar er was niets aan te doen: twee stijve lokken kwamen als 'Dingo'-oren onder de sjaal vandaan. Die bijnaam paste goed bij haar.

En onder elkaar noemden we mijn vader ten slotte 'Grote boze wolf' of 'Moby Dick, de koning van de zee', een toespeling op de dag aan het strand vlak voor de staatsgreep, toen hij grote reddingsboeien had omgedaan om te gaan waterskiën. De enkele keren dat we klaagden over de actie waaraan we het te wijten

---

1 Wassila Ben Ammar was de tweede echtgenote van Habib Bourguiba, de president van Tunesië.

hadden dat we waren opgesloten, deden we dat altijd spottend.

'Moby Dick had die dag beter kunnen verdrinken. Dan zaten wij hier nu niet... Dan had hij een staatsbegrafenis gekregen.'

TWINTIG JAAR BUITEN DE TIJD

Dankzij ons radiootje wisten we wat er buiten gebeurde. Raouf, die er de hele dag naar luisterde, vertelde ons het wereldnieuws. Hij was urenlang bezig ons alles uit te leggen. Met 'de installatie' konden we alle literaire programma's ontvangen en het Marokkaanse en Franse politieke nieuws. We hadden RFI, France Inter of Europe 1 aan staan.

Ik wilde in geen geval *Radioscopie* van Jacques Chancel missen of *Pop Club* van José Artur. Ik luisterde naar de verhalen die Jean-Pierre Chabrol vertelde met zijn zware, rauwe stem, en naar de historische programma's van Alain Decaux. Mama's favoriete programma was *L'Oreille en coin*. We hielden ook van Macha Béranger, Jean-Pierre Elkabbach, Jacques Pradel, Clémentine Célarié en Alain de Chalvron... Omdat we geen foto van hen hadden gezien, bedachten we gezichten die we op hun stemmen plakten. Zij waren onze vrienden, onze enige metgezellen. We hebben veel aan hen te danken.

Ze hebben ons geholpen in leven te blijven. Dankzij hen bewaarden we een band met het leven, als schipbreukelingen op een eiland. Om twaalf uur 's nachts luisterden we naar Gonzague Saint-Bris en zijn *Ligne Ouverte*[1]. Wanneer de eerste noten van de herkenningsmelodie, gecomponeerd door Eric Satie, in het halfdonker weerklonken, werd het stil in onze cellen. Het was

1 *La Ligne ouverte*, een interactief programma uit 1975 van Gonzague Saint-Bris op Europe 1, dat omstreeks middernacht werd uitgezonden. Voor de eerste keer kwamen de luisteraars aan het woord en konden ze een uur lang hun mening geven over allerlei onderwerpen. Het programma blijft vijf jaar bestaan, tot aan het begin van de jaren tachtig.

alsof hij zich alleen tot ons richtte. De stem van de journalist was ons zo vertrouwd geworden dat ik ervan overtuigd was dat hij ons op den duur zou noemen, alsof wij ook zijn vrienden waren.

Michel Jobert, die op een avond was uitgenodigd, sprak over Marokko, en Gonzague Saint-Bris stelde hem vragen over de Berbers. Met bonzend hart en een droge mond luisterde ik terwijl ik mijn adem inhield. Ik wist dat onze naam zou worden uitgesproken.

'Michel Jobert, is het symbool van dat trotse woestijnvolk niet generaal Oufkir?' vroeg Gonzague Saint-Bris toen.

De minister stemde daarmee in en ging snel op een ander onderwerp over. Maar in het donker dat ons omhulde, werd ik overmand door een gevoel van onbeschrijflijke vreugde. Ik had mijn naam gehoord. Ik bestond. We bestonden allemaal. We konden op een dag herboren worden.

De muur die ons van de buitenwereld scheidde was zo dik dat wanneer het voedsel arriveerde, de bewakers haastig de kranten verscheurden waarin het vlees of de groenten verpakt waren, opdat we noch de datum, noch wat er gebeurde te weten kwamen.

Ondanks al hun voorzorgsmaatregelen lukte het Achoura en Halima af en toe een stukje bedrukt papier te bemachtigen. Zo kreeg Raouf een half verscheurde pagina waarop een heerlijke blonde pin-up halfnaakt stond afgebeeld. Dat stuk papier, dat hij even zorgvuldig verstopte als de radio en de microfoons, was zijn bijbel geworden, een ondersteuning bij al zijn droombeelden.

We dreven de spot met hem, we vroegen hoe het met zijn dierbare verloofde ging... Tot de dag dat er een tweede stuk krant arriveerde, weer via dezelfde weg. Deze keer met een foto van een besnorde, dikke vakbondsman. Als wraak besloot Raouf dat die de geliefde van mama en mij was en toen was het zijn beurt om met ons te spotten.

Een andere keer kreeg ik een fotootje van een voetballer uit het elftal van Lens, een prachtige atleet naar wie ik steeds met bewondering keek.

We waren allemaal voetballiefhebbers, en ik in de eerste plaats. Tijdens de wereldkampioenschappen moesten we vaak in een lap stof bijten om het niet uit te schreeuwen, vooral wanneer Frankrijk speelde.

Ik herinner me nog de beroemde wedstrijd tussen Frankrijk en Duitsland in 1982, ons enthousiasme en onze teleurstelling toen Frankrijk verloor met de penalty's. Mama had een voetbal gemaakt van lapjes stof opdat Abdellatif in zijn cel kon trainen door tegen de muren te schieten. We hadden hem de spelregels uitgelegd en hij was een verwoed supporter geworden.

Via de radio beleefde ik het feminisme en de seksuele bevrijding. Als ik vrij was geweest, was ik met die vrouwen meegegaan, had ik waarschijnlijk met hen actie gevoerd. Ik was gefascineerd door Benoîte en Flora Groult, door Muriel Cerf en door het succes van Régine Deforges met *La Bicyclette bleue*. Ik was een beetje jaloers op haar, omdat zij met deze roman voor elkaar had gekregen wat ik met mijn verhalen probeerde te doen: op mijn manier werken uit de wereldliteratuur vertellen.

In de loop der jaren werd de radio ook een bron van smart. Wanneer er een film uitkwam, dacht ik bij mezelf dat ik er een rol in had kunnen hebben. Toen Robert Hossein zijn toneelgroep oprichtte, droomde ik nachtenlang dat ik erbij hoorde.

Wanneer ik journalisten hoorde praten over de vooruitgang van de techniek, over nieuwe uitvindingen, kleurentelevisie, videorecorders, computers, Concordes of de TGV, wees ik die informatie af omdat ik daardoor begreep hoe groot de afstand tussen mij en de wereld was geworden en dat vond ik onverdraaglijk. Dan voelde ik me echt buiten de tijd staan, van alles afgesneden.

We stelden elkaar gerust door ons voor te stellen dat de aarde, als wij vrijkwamen, een fantastische wereld zou lijken. Een wereld die gemaakt was voor mensen zoals wij, die hun hele leven zaten of lagen. We zouden het ontbijt, het avondeten en alle gewone dagelijkse handelingen per computer regelen. In die momenten van uitgelatenheid hadden we veel plezier.

Maar wanneer het programma was afgelopen en de droom ten einde was, zaten we weer tussen onze vier donkere muren. Dan was er niets veranderd.

'S NACHTS

Het was het enige wat we te doen hadden. Denken, prakkiseren, peinzen, nadenken, bij jezelf te rade gaan. De hele dag werkten onze hersens. 's Nachts was het nog erger; mijn verleden kwam me bij vlagen voor de geest, mijn heden was niets en mijn toekomst bestond niet.

Wanneer mijn zussen eindelijk sliepen, gebeurde het vaak dat ik opstond en tegenover het venstertje ging zitten om een stukje van de hemel te zien. Ik schold op God. Ik vroeg voortdurend aan mama hoe ze nog in Hem kon geloven terwijl er op aarde onbeschrijflijke wreedheden werden begaan. Ik dacht niet alleen aan ons. De joodse holocaust had me vreselijk aangegrepen.

'Als er een God bestond,' zei ik tegen haar, 'denk je dan dat Hij zulke slachtpartijen zou toelaten?'

Ik richtte me alleen tot God om Hem verwijten te maken en Hem te bekennen dat ik Zijn bestaan in twijfel trok. Toch gebeurde het wel eens dat ik weifelde. Ik was zo bang voor een vervloeking als straf voor mijn trouweloosheid, dat ik tegen Hem zei: 'Ik neem terug wat ik tegen je heb gezegd en we beginnen weer van voren af aan. Maar ik zeg je van tevoren, ik verwacht een teken.'

Ik tuurde de hemel af. Maar er kwam niets. De nacht was duister. Zoals ons leven. Zoals onze gedachten.

Ik wachtte vol ongeduld op de nacht vanwege de rust die hij bracht. Overdag droeg ik een masker, was ik Malika de sterke, de autoritaire, degene die anderen leven inblies. Zodra de schemering viel, legde ik mijn pantser af. Dan voelde ik me eindelijk dicht bij de andere mensen staan: in onze slaap beleefden we allemaal hetzelfde.

Maar dan was ik ook overgeleverd aan mijn demonen, aan mijn spookbeelden.

Ik dacht veel aan mijn vader. De eerste jaren voelde ik me schuldig dat ik zijn dood niet had kunnen verhinderen. Ik was niet tegen de situatie opgewassen geweest, ik had niet de juiste woorden weten te zeggen. Telkens als ik hem weer voor me zag, dacht ik aan het moment waarop hij werd geëxecuteerd. Die afschuwelijke minuut waarin hij had begrepen dat hij als een hond zou worden afgemaakt. Ik werd heen en weer geslingerd tussen een gevoel van vernedering, verdriet en woede.

Ik had mijn verzet tegen de koning aan hem opgedragen. De naam die hij wilde uitroeien, zou het toonbeeld van moed blijven. Ons waardige gedrag werd aan het Paleis gerapporteerd. Onze hoogmoedige houding betekende dat we de vorst het hoofd boden en dat we niets hadden willen begrijpen van de straf die hij ons wilde opleggen.

Het was een weloverwogen keuze. Het was niet een kwestie van verdragen. Ik deed mijn best om mijn lot te accepteren. Dat lot hing noch van de koning, noch van iemand anders af, maar het was mijn lot en een ander lot had ik niet kunnen hebben.

Ik heb me vaak afgevraagd waarom Hassan II ons tot die langzame dood had veroordeeld in plaats van ons meteen te doden. Onze verdwijning zou alles gemakkelijker hebben gemaakt. Nadat ik die vraag van alle kanten had bekeken en er vaak met mama en Raouf over had gepraat, was ik tot de, volkomen intuïtieve, conclusie gekomen dat hij in het begin van onze gevangenschap niet de middelen had om ons uit de weg te ruimen. De twee opeenvolgende staatsgrepen hadden hem uit zijn evenwicht gebracht. Er werd kritiek op hem uitgeoefend, op hem, de emir der gelovigen, de vertegenwoordiger van God op aarde. In politiek opzicht stond hij alleen. Hij had de sterke man die mijn vader was niet meer naast zich om de macht weer over te nemen en weer orde op zaken te stellen. Hij was verraden, hij had een black-out.

Door de Groene Mars[1] had hij zich binnenslands kunnen doen gelden en Marokko een internationale rol kunnen toekennen. In deze affaire had hij goed gegokt: de zaak had in de media enorm veel aandacht gekregen en uitstekende gevolgen gehad. Na die Mars veranderde onze situatie. Men vergat ons. Wat voor belang zou hij erbij gehad hebben om ons toen te doden? Hij had het ergste vonnis aan ons voltrokken.

Ik denk ook – maar waarschijnlijk is dat een te sentimentele kijk op hem – dat hij zat ingeklemd tussen de haat die hij van nu af aan voor ons voelde en de genegenheid die ons ooit had verbonden. Hoe meer verdriet hij had, des temeer moest hij ons afmaken. Wij, de kinderen, het nageslacht, en ook die vrouw, mijn moeder, de enige die standhield en hem het hoofd bood.

Zij moest tot zwijgen worden gebracht.

En ten slotte lag onze gevangenschap in de lijn van de voorvaderlijke traditie van straffen die door het Paleis werden opgelegd. Om een tegenstander te breken liet men hem verdwijnen, zijn naam mocht niet meer genoemd worden, en als je deze ongeschreven wet durfde te overtreden, haalde je je de grootste problemen op de hals. Maar de tegenstander werd niet gedood. Men wachtte tot hij vanzelf doodging.

We hebben het overleefd, maar we zijn wel aan de andere kant geweest. We verlieten langzaam maar zeker de wereld van de levenden en verdwenen naar het schimmenrijk. We deden afstand van alles wat ons vroegere leven uitmaakte en kwamen iedere dag dichter bij het graf. Dat loslaten was moeilijk. Omdat we jong waren, werden we meegesleept door hartstochten, driften en opstandigheid. Maar die moesten we bedwingen, we moesten leren ze te negeren om geen pijn meer te hebben. Het klinkt pa-

1 Zie blz. 146.

radoxaal, maar die pijn was opwindend. 's Nachts kon ik spreken met de dood, er gevaarlijk dichtbij komen, totdat ik er bijna in opging. Het was een uitzonderlijke gewaarwording en ik heb nooit meer zoiets meegemaakt.

De nacht was geschikt voor de dromen die ons hielpen te ontsnappen, onze toekomst te lezen. Ik droomde dat de koning in Ifrane was en dat hij een nationale eenheidsbeweging had afgekondigd: dat gebeurde enige tijd later, in 1983, zoals we op de radio hoorden.

Ik droomde ook van een groot feest dat op het Paleis werd gegeven voor het huwelijk van prins Moulay Abdallah. Hij stierf een paar weken later, in 1984. Ik zag opnieuw de koning in de Westelijke Sahara te midden van een menigte zwarte mannen die in het wit waren gekleed. Hij werd begeleid door een zwerm tortelduiven. We zagen uit naar die reis die, naar we hoopten, gunstig voor ons zou zijn. Die vond enige tijd na mijn droom plaats, maar ook al was het een politiek succes voor de koning, ons leverde de reis niets op.

Kort voordat we besloten de tunnel te graven, droomde Halima over mijn vader. We zaten met zijn allen in een lemen kamer, in de openlucht, en zij was de enige die met hem kon communiceren. Hij overhandigde haar een touw en zei dat ze dat aan ons moest geven: dat konden we gebruiken voor onze ontsnapping.

Niets van dat alles verbaasde ons. We waren uit op symbolen, op voorspellingen, en onze dromen zorgden daarvoor. Ikzelf had vanaf mijn vijfde jaar een steeds terugkerende nachtmerrie. Elke nacht was ik in lompen gekleed in de tuin van Villa Yasmina. Ik vloog de trappen op en wanneer ik de deur opende, bleef het donker. Ook al drukte ik op de lichtknoppen, alles was donker. Het huis was in verval.

Op den duur veranderde die nachtelijke stilte in een nachtmerrie. Het plezier van het alleen zijn verdween. Voortaan was ik bang om alleen te zijn. Ik was uitgeput door het Verhaal dat ik vier of vijf uur achtereen vertelde. Ik leed aan reumatische pijnen. Mijn spieren waren verzwakt doordat we te veel stilzaten. Ik bleef vaak wakker in het donker, onbeweeglijk, want bij de geringste beweging kon ik wel schreeuwen van de pijn. Ik zocht tevergeefs respijt.

LIEFDE EN SEKS

Elk van mijn verjaardagen was als een dolk die in mijn hart werd gestoken. Op mijn drieëndertigste heb ik me erbij neergelegd. Ik zou nooit een grote liefde beleven, ik zou nooit een gezin stichten, nooit zou een man mij in zijn armen nemen en me lieve of hartstochtelijke woorden toefluisteren, ik zou niets weten van wat hart en lichaam van een vrouw beroert.

Ik was ertoe veroordeeld als een verschrompelde vrucht te verdrogen. 's Nachts droomde ik dat ik de liefde bedreef. Dan werd ik wakker met een hevig gevoel van frustratie.

Ik leerde snel me te beheersen, ik dwong mezelf er niet aan te denken. Ik kon me niet bezighouden met zulk klein verdriet terwijl ik nog zoveel andere ellende had. Ik probeerde het te winnen van mijn lichaam, alles uit te schakelen wat onder de categorie menselijke behoeften viel, begeerte, honger, kou en dorst. Mijn driften en verlangens af te schaffen.

Mezelf gevoelloos te maken.

Wanneer ik het Verhaal vertelde, legde ik, om mijn toehoorders niet te frustreren, eerder de nadruk op de grote liefde dan op het lichamelijke genot.

Raouf had nog veel meer dan wij te lijden van die gedwongen onthouding. Anders dan zijn zussen had hij vóór de gevangenis al wat seksuele ervaring opgedaan. Om zich af te reageren vertelde hij ons dat hij prostituees had bezocht, zoals iedere jonge jongen uit de bourgeoisie dat doet om wat wereldwijzer te worden.

Van zijn verhalen, die hij op een komische manier vertelde, lagen we krom van het lachen.

De *mouhazzins* maakten nooit misbruik van onze kwetsbare toestand. Toch probeerde een van hen me te verkrachten. Onze radio was in beslag genomen en ik wilde er absoluut weer een hebben. Maar het was heel moeilijk geworden de bewakers om te kopen zodat ze ons de kleine dingen brachten die wij nodig hadden om het geestelijk te overleven, zoals batterijen of pennen.

Ik liet mijn keus vallen op de man die de sleutels van onze cel had, sergeant eersteklas Cappaccico. Week na week probeerde ik hem om te praten door hem door tussenkomst van mijn grootvader geld te beloven als het ons lukte hem te bereiken. Hij zei geen nee. Voor ons betekende dat 'ja' en we wachtten vol ongeduld op die radio.

Maar Cappaccico treuzelde en aarzelde.

Op een middag ging de deur op een ongebruikelijk tijdstip open en kwam Cappaccico binnen. Hij was in gezelschap van een andere soldaat aan wie hij vroeg achter de deur te blijven staan. Ik zei tegen de meisjes dat ze hun bed niet uit mochten komen; ik wilde in mijn eentje met hem onderhandelen. Hij duwde me tegen de muur. Ik voelde dat hij opgewonden was.

Hij drukte zich tegen me aan, begon mijn borsten te betasten, in mijn mond te bijten. Hij tilde mijn hemd op. Ik hoorde hem hijgen als een bronstig dier, hij stonk, zijn adem stond me tegen, zijn lichaam benauwde me, maar ik was niet in staat te reageren.

Ik was volkomen uitgeput: ik kon niet schreeuwen en me op geen enkele manier verdedigen zonder de anderen op te schrikken. Raouf zou waarschijnlijk hebben geprobeerd om hem te doden en dan had hij het niet gewonnen.

Na een paar minuten, waarin ik zijn aanval onderging zonder dat hij zijn doel bereikte, duwde ik hem ten slotte zo kalm mogelijk weg. Ik trilde, mijn hart bonsde, maar ik deed mijn best om er niets van te laten merken.

'Je hebt me toch om een radio gevraagd?' zei hij.

'Ja.'

'Nou, waarom verzet je je dan? Je gaat toch gauw dood, je lichaam dient nergens toe. Zelfs al had je een verloofde, dan is die er nu toch niet meer. Iedereen heeft jullie in de steek gelaten.'

Ik onderging zijn tirade als een vuistslag, maar ik gaf geen krimp.

'Oké,' zei ik ten slotte. 'Je krijgt wat je verlangt. Maar niet meteen. Ook ik wil bewijzen zien. Breng de radio en dan krijg je de rest.'

Ik was tot alles bereid om die radio te krijgen. In mijn ogen was die berusting erger dan een verkrachting. De zaak werd snel in de doofpot gestopt. Cappaccico was bang geworden.

Met elkaar praatten we veel over seks, we hadden er behoefte aan ons te uiten. Op den duur verdween de barrière van de aangeboren schaamte tussen ouders en kinderen. We vertelden zonder taboes wat er in ons opkwam. Na tien jaar in de gevangenis waren we monsters geworden, tot alles bereid. Er was geen sprake meer van een moeder, van kinderen, broers of zussen. Alleen onze morele waarden weerhielden ons ervan tot de daad over te gaan. Onze fantasieën waren niet alleen van seksuele aard. We waren zo ver gekomen dat we overwogen iemand te doden.

'Als het om eten ging,' zeiden we, 'zouden we in staat zijn in het wilde weg iemand open te snijden en in de pan te hakken.'

We waren net drugsverslaafden die hun grenzen hebben overschreden en we zijn er voor ons hele leven door getekend.

De laatste tijd waren we gekooide beesten geworden. We waren niet eens meer in staat tot gevoelens. We waren moe en razend, agressief en wreed. Geen van ons wilde nog langer een masker dragen. We geloofden nergens meer in.

Mijn moeder was een voorbeeld. Ons voorbeeld. Twintig jaar lang heeft ze zich staande gehouden zonder de geringste klacht te uiten. Toch leed ze nog meer dan wij, als dat al mogelijk was. Ze kon er niet tegen van haar kinderen gescheiden te zijn en huilde stilletjes omdat wij honger hadden, omdat we overal tekort aan hadden, omdat die gevangenis ons onze jeugd ontnam.

Behalve waardigheid boezemde ze ons ook moed in. De doodsverachter, dat was zij, de ontsnapping was haar idee. Ze kende de risico's waaraan we ons blootstelden, en wist dat ze ons bij dat avontuur kon verliezen, maar haar overtuiging bleef onwrikbaar.

Gedurende die verschrikkelijke jaren waarin we met elkaar communiceerden zonder elkaar te zien, heb ik begrepen hoe belangrijk een stem is. Achter de muur hoorde ik heel kleine veranderingen in haar intonatie die me meer over haar toestand van dat moment vertelden dan een lang gesprek. Ze deed hetzelfde met mij. Ze was toeschouwer van mijn leven, niet bij machte het te veranderen.

We hadden altijd een heel sterke band gehad: we waren zelfs in het verdriet elkaars kameraden. Vanaf mijn geboorte had ik met haar alleen maar hartverscheurende, hartstochtelijke betrekkingen gehad. Ze leed bij de gedachte dat ik geen kind zou kunnen krijgen. Dat maakte deel uit van de vloek die volgens haar altijd al op mij rustte.

We letten op de kleinste geluidjes van elkaar, we zochten alle mogelijke gelegenheden om elkaar te zien, in het water van de goot of als de deuren tegelijkertijd openstonden, wat vrij zelden gebeurde. 's Ochtends wist ik vanwege de drukte in mama's cel dat ze wakker was. Ze deed haar huishouden, hield zich bezig met Abdellatif, ze aten hun ontbijt. Daarna liepen ze van negen uur 's ochtends tot zeven uur 's avonds heen en weer, zij in haar cel en hij op hun patio, wanneer het niet regende.

We hebben veel aan Abdellatif te danken. Hij had in zijn hele leven alleen de gevangenis meegemaakt en van ons allen was hij het meest aangepast. Wat ons abnormaal leek, was voor hem vanaf zijn vroegste kinderjaren de dagelijkse gang van zaken. Daardoor dacht hij vaak scherpzinniger na dan wij. Al lopend maakte hij gebruik van zijn kennis om dingen uit te denken die wij tekortkwamen. We noemden hem 'Géo Trouvetout'.

Hij had bijvoorbeeld ontdekt dat je bijna lege batterijen weer kon gebruiken door ze in de zon te verwarmen of in kokend water te dompelen. Dat was heel waardevol voor ons, ook al was hun levensduur dan beperkt.

Sinds we in Bir-Jdid waren, dacht Abdellatif alleen maar aan ontsnappen. Hij schraapte over de muren om er een dun laagje kalk af te halen en dat te onderzoeken. Na een paar experimenten had hij, met behulp van Tide en meel, pleisterkalk kunnen reconstrueren, en had hij een cement uitgevonden dat bestond uit as, eboniet en aarde. En dat hebben we later gebruikt bij onze ontsnapping.

Er was echter iets onduidelijk tussen mama en mij. Ik had zonder het te willen me haar rol toegeëigend. Ik was de moeder van Raouf en de meisjes geworden.

Ik zie nog hoe Maria en Soukaïna op mijn bed tegen me aangevlijd lagen terwijl ze me vragen stelden over de zin van het leven of over veel onbelangrijkere dingen. Ze vertelden me alles wat ze niet tegen mama zouden hebben durven zeggen, in de eerste plaats omdat je op die leeftijd je moeder niet in vertrouwen neemt, en verder omdat een heel concrete muur hen van haar scheidde.

Ik verzorgde hen, voedde hen op, probeerde hen op te vrolijken, ik was hun oudste zus, hun moeder, hun vader, hun vertrouweling, hun gids en hun houvast. Dat was voor mij vanzelfsprekend. Ik had voor hen allen een diepgaand gevoel ontwikkeld dat verderging dan alleen verwantschap tussen broers en zussen. Ik hield bovenal van ze en, net als mama, had ik nog meer verdriet om hen dan om mezelf.

Ik herinner me de dansles die ik in de cel had ingesteld omdat Maria huilde omdat haar droom ooit danseresje te worden was vervlogen, de diëten die ik bedacht voor Soukaïna, de verzorging van Mimi, het speelgoed en de tekeningen voor Abdellatif. Ik hoor nog mijn lange gesprekken met Raouf, dankzij onze 'installatie'.

Ik had de plicht niet alleen van hen te houden maar hen ook zo goed als ik kon te beschermen, opdat ze het zonder al te veel schade zouden overleven, als we er ooit nog eens uitkwamen.

Want we dachten alleen aan ons vertrek. We praatten eindeloos over wat we daarna zouden doen. Mimi wilde graag trouwen en een kind krijgen. Soukaïna, Maria en ik wilden met zijn drieën in een kasteel in de buurt van Parijs gaan wonen. Maria leerde dan typen om mijn secretaresse te worden, Soukaïna kookte voor de gasten. Ik werd een beroemd cineaste. Zij bleven in mijn schaduw staan.

Andere keren kochten we een boerderij in Canada en woonden we daar met zijn allen samen met onze respectieve echtgenoten. Raouf en ik wilden medicijnen gaan studeren in Montréal. We woonden op een kamer bij de universiteit. Met ons diploma op zak vertrokken we naar Kameroen om daar te gaan werken. Zo hebben we alle beroepen van de wereld overwogen. Dat we het zo lang onder zulke dramatische omstandigheden hebben volgehouden, komt doordat we samen waren en van elkaar hielden. Zelfs gescheiden vormden we één geheel, steunden we elkaar en moedigden elkaar aan.

We waren samen sterk en dat kon niets of niemand ons afnemen. Wanneer een van ons de moed verloor, was er altijd wel iemand die hem aan het lachen maakte of hem herinnerde aan de woorden van de blinde waarzegger in Assa: '*Zouain, zouain bezef*, het zal wonderbaarlijk, ja heel wonderbaarlijk zijn.'

Hoe moedig en waardig ze ook was, hoezeer ze ook gewend was aan de intriges van het Paleis, mama was ook heel naïef. Ze geloofde glashard dat we op 3 maart 1986 gratie zouden krijgen omdat de koning dan vijfentwintig jaar geleden was gekroond.

Ik was sceptischer en bleek later gelijk te hebben.

Die ochtend kwamen de bewakers om een uur of tien onze cellen binnen. Ze zeiden geen woord. Ze spraken alleen met elkaar door middel van blikken, met hun ogen gevestigd op het traliewerk boven de geblindeerde deur en de tralies van onze patio. Toen ze weggingen, nog steeds zonder een woord te zeggen, begon elk van ons zijn vermoedens te uiten ten aanzien van hun vreemde gedrag.

De volgende morgen zetten ze om halfnegen alle deuren open en duwden ons naar buiten. We wankelden, we konden niet meer lopen, het licht deed pijn aan onze ogen.

We waren gek van vreugde dat we voor het eerst sinds zoveel jaren allemaal weer bij elkaar waren. We waren zo veranderd, groter of ouder geworden, dat hing ervan af. Mama kende haar kleine meisjes niet meer terug. Ze had Soukaïna en Maria niet meer gezien sinds ze dertien en vijftien waren, en nu waren het jonge vrouwen van tweeëntwintig en vierentwintig jaar. Raouf was een man, hij leek wat gestalte betreft op mijn vader. Abdellatif was nu een jongeman van zeventien.

Mama was nog steeds even mooi, maar had vreselijk te lijden gehad van de ontberingen en het verdriet. Achoura en Halima hadden grijze gezichten en haren, de kleur van de as die overal in hun keuken verspreid lag.

We zagen er ongetwijfeld uit als wandelende lijken, mager, doodsbleek, met kringen onder onze ogen, bloedeloze lippen, een wazige blik, dunne haren, en we konden nauwelijks op onze benen staan... Halima, die een stukje spiegel bezat, had op een dag moeten huilen toen ze zichzelf daarin bekeek. Ze wilde niet geloven dat zijzelf het spook was dat haar aanstaarde.

Maar al waren we dolblij dat we elkaar weer zagen, we wilden niets laten merken wat onze onmiddellijke vreugde zou kunnen bederven. We voelden echter aan de ene kant de gerechtvaardigde behoefte om elkaar aan te raken, te omhelzen, en aan de andere kant wilden we onze beulen niet laten zien hoezeer we dit gemist hadden. We bleven op onze hoede. Verbaasd over deze houding moedigde Borro ons aan naar elkaar toe te komen en voegde er toen aan toe dat we ter gelegenheid van het feest van de Troon elkaar voortaan van halfnegen 's ochtends tot acht uur 's avonds mochten zien. Die gunst werd ons na vijftien jaar gevangenisstraf verleend.

We kwamen 's ochtends in mijn cel bij elkaar. Ze hadden de tralies van het hokje in de openlucht versterkt. De deuren bleven open, we konden naar de binnenplaats. Na de lunch werden we samen opgesloten tot aan de avond, wanneer we weer gescheiden werden.

In het begin won de euforie van het weerzien het van de wanhoop om ons leven. Mama bekeek ons langdurig. Ze kreeg er niet genoeg van om naar ons te kijken, maar huilde stilletjes omdat we zo uitgemergeld, zo uitgehongerd waren. Maar we hadden besloten ieder moment te profiteren van de vreugde dat we bij elkaar waren.

Die gelukkige periode duurde van maart tot november. Om onszelf bezig te houden bedachten we toneelvoorstellingen. Na de lunch maakten we van legerdekens een soort toneel. Mama deed Poulidor op zijn fiets na en ik was de radio-omroepster. Abdellatif en Maria vermomden zich als *mouhazzins* en deden hun taaltje na.

We organiseerden circusvoorstellingen. De opening werd aangekondigd met tromgeroffel en muziek, en daarna liet Raouf een zweep knallen die gemaakt was van lapjes stof en deden de olifanten hun intree.

De olifanten... dat was Mimi op handen en voeten, angstaanjagend mager, in een zwart met rode maillot. Raouf sloeg met zijn zweep op de vloer en dan moest Mimi op twee poten gaan staan. We brulden van het lachen. We kregen er nooit genoeg van grappen te maken, elkaar aan te raken en te kussen.

Om een uur of twee 's middags trok Raouf zich terug voor zijn siësta. Omdat hij zo lange tijd op zichzelf had geleefd, had hij er nog meer dan wij behoefte aan af en toe alleen te zijn. Om rust te hebben stopte hij zijn oren dicht met propjes van broodkruimels die hij urenlang zat te kneden. Af en toe hoorden we zijn woedende gemopper op de muizen die druk in de weer waren om het brood weg te pakken. 's Avonds begon ik weer met het Verhaal, deze keer met meer enthousiasme.

Abdellatif drukte zijn oog tegen een gaatje dat was uitgehold in de wc van onze cel. Hij had een legertruck ontdekt en kreeg er geen genoeg van die te bewonderen. Hij probeerde nog wat meer weg te krabben om hem beter te kunnen zien. Maar de opening bleef piepklein, nauwelijks zo groot als een muntstuk van een franc.

Op een ochtend toen hij op zijn post was, kwamen de bewakers zonder waarschuwen de cel binnen. Hij had geen tijd om zich te verroeren. Er werd alarm geslagen. Borro kwam kijken naar het gat.

'Ik wist wel,' zei hij tegen ons, 'dat jullie probeerden te ontsnappen...'

Het was vrijdag. Volgens zijn kundige berekeningen zou de opening zondag groot genoeg zijn.

Op dat moment stelde zijn domheid me gerust. Het gat was piepklein en zat hoog in de muur, wat, zoals iedereen weet, de ideale plek is om een tunnel te graven. Ik kon me niet voorstellen dat hij ook maar één seconde in zijn verhaal geloofde...

Diezelfde avond werden we zonder uitleg uit elkaar gezet. De volgende morgen kreeg mama te horen dat we weer opgesloten zouden worden zoals eerst. Mama besloot meteen een hongerstaking te beginnen totdat we toestemming zouden krijgen weer bij elkaar te komen. We hadden het gesprek door de muur heen gehoord.

Ik gaf het bericht door aan Achoura, die het weer doorgaf aan Raouf. Die dag begonnen ze een tweede muur te bouwen als versterking voor de eerste. De werkzaamheden duurden een week, en al die tijd kwamen we niets te weten van wat ze in hun schild voerden. We werden gek van het lawaai. We waren al tezeer gewend aan de stilte.

Mama werd gesterkt in haar beslissing om niet meer te eten. Maar ze wilde niet dat wij haar voorbeeld volgden. Ze was vastbesloten in haar eentje te sterven. Haar opoffering zou ons misschien de vrijheid opleveren.

Ik probeerde haar ervan te overtuigen het niet te doen, maar ze wilde niet luisteren. Tijdens een overhaast familieberaad kozen alle kinderen behalve ik ervoor haar na te volgen. Er moest iemand overblijven om met Borro te onderhandelen. Ik accepteerde die rol des te gemakkelijker omdat mijn lichaam niet tegen vasten kon. De anderen gingen in bed liggen, spraken zo weinig mogelijk en weigerden alle voedsel behalve water.

Een dag lang weigerde Soukaïna zelfs te drinken, maar daardoor verloor ze bijna haar verstand. Haar overlevingsinstinct was sterker en ik dwong haar weer een beetje vocht te nemen.

Tijdens die hongerstaking werden ons in groten getale levensmiddelen gebracht. De groenten waren vers, het vlees was niet bedorven en het fruit niet beurs. Het was een ware kwelling, maar ik kwam er niet aan. Uiteindelijk at ik niet meer dan de anderen. 's Avonds nam ik, om niet al te ziek te worden, een groot glas warm water waarin een muntblaadje was gedompeld.

Borro kwam me na twintig dagen opzoeken en begon een lange schijnheilige toespraak met de bedoeling dat ik de anderen zou overhalen te stoppen. Hij vertelde me dat ze de eerste die zou doodgaan, zouden begraven. Niemand zou een vinger uitsteken om ons leven te redden. Ik luisterde niet naar hem.

Toen de bewakers beseften dat het voedsel zich begon op te stapelen, drongen ze met geweld naar binnen. We waren op onze vijfenveertigste hongerstakingsdag, we waren nog maar vel over been.

En er was niets gebeurd. Niemand wilde naar ons luisteren.

Toen we zagen hoe nutteloos onze strijd was, werden we helemaal wanhopig. Van die tegenslag raakten we ontmoedigd en dodelijk depressief. We waren niet eens gevangenen, want onze eisen telden nauwelijks. Onze hongerstaking had geen enkele rechtmatigheid. Die zou tot niets leiden.

We waren vreselijk verzwakt. We konden niet meer eten. Onze lichamen konden de geringste hoeveelheid voedsel niet meer verdragen. We hadden het gevoel dat we onszelf vergiftigden zodra we het kleinste hapje namen.

We waren aan het eind van onze krachten, van onze hoop, van ons leven. De dood was onze enige toevlucht. Voor de eerste keer in vijftien jaar verlangden we er oprecht naar.

Het moest maar eens afgelopen zijn.

Ik herinner me die avond van 26 november 1986. Schitterend, met veel sterren en vredig. De volle maan scheen aan een heldere hemel zonder wolken. 's Nachts sneed mama met haar schaartje haar aderen door.

Vlak voordat ze deze wanhoopsdaad beging, zei ze een paar keer tegen me dat ze van me hield en vertrouwde ze mij mijn broers en zussen toe. Aanvankelijk reageerde ik niet. Als ze wilde sterven, was dat haar goed recht. Maar langzamerhand werd ik bang.

Om een uur of vier 's ochtends riep ik Abdellatif en vroeg hem te controleren of mama dood was of leefde.

'Haar hart klopt heel zwak,' antwoordde hij door de muur heen.

Ik stoof naar de deurklink van de geblindeerde deur en klampte me aan de tralies vast terwijl ik schreeuwde: 'Help, mijn moeder gaat dood, we gaan er allemaal aan!'

Ook al schreeuwde ik nog zo hard, ze antwoordden niet. Ik hoorde het geluid van mijn stem als een echo in het donker, en ik voelde me vernederd dat ik hun moest smeken om mijn moeder te redden. Toen ik niet meer wist wat ik moest zeggen, dreigde ik ons allemaal op te blazen met het butagas als ze niets deden.

In paniek gingen ze mama's cel binnen. Ik hoorde Borro schreeuwen. Daarna gingen ze weer weg zonder haar te hebben geholpen.

Toen legde ik Abdellatif uit hoe hij met stukken laken een knevelverband moest maken. Mama ademde, maar ze had veel bloed verloren.

Zij zou gered worden, maar wij zouden sterven. We waren allemaal buiten zinnen. De wanhoop die gedurende die veertien verschrikkelijke jaren steeds erger was geworden en het feit dat we lichamelijk en geestelijk wrakken waren, uitte zich in een collectieve hysterie die we onmogelijk de baas konden worden. Tot dan toe hadden we altijd vermeden om in opstand te komen. Die nacht werden we plotseling gek.

In alle cellen was de wanhoop tastbaar. Abdellatif hield mama's toestand in de gaten, Achoura en Halima schreeuwden en trokken de haren uit hun hoofd, en wij beleefden een psychodrama zonder nog enig houvast of besef van de werkelijkheid te hebben.

Die 'nacht van de lange messen', zoals we die hebben genoemd, was de afschuwelijkste van ons hele leven.

Het was de Apocalyps.

Alles was mogelijk geworden: je broer of zus vermoorden, zelfmoord plegen, de gevangenis opblazen met het butagas.

Ieder van ons vier meisjes wilde als eerste de stap wagen. We trokken strootjes en Soukaïna won.

Ze strekte zich uit op haar bed en ging zo gemakkelijk mogelijk liggen. Tegenover haar zittend deed ik mijn best om haar polsen door te snijden met een stuk van een sardineblikje en een breinaald.

Ik drukte de punt er zo hard mogelijk in. Al snikkend kerfde ik in haar huid. Het was of ik mezelf verwondde. Ze vertrok haar gezicht en glimlachte tegelijkertijd tegen me.

Uiteindelijk lukte het me een ader te doorboren. Het bloed spoot eruit. Soukaïna verdroeg de pijn met een extatische blik. Ik had net zoveel pijn als zij. Ze verloor het bewustzijn.

Maria, Mimi en ik keken elkaar aan en dachten dat ze dood was.

Af en toe kruisten onze blikken elkaar, vol tranen die niet stroomden. We waren wanhopig, maar getroost bij de gedachte dat zij niet meer zou lijden.

Soukaïna kwam na een kwartier weer bij. Ze trilde over al haar leden; toen ze begreep dat ze nog leefde, werd ze kwaad op mij.

'Je wilt me niet doodmaken, je wilt me niet zien sterven...'

'Jawel, ik wil dat je doodgaat, Soukaïna, ik heb alles geprobeerd, het gaat niet... Kijk eens naar al het bloed dat je hebt verloren.'

Even bespraken we de zaak onderling. Moest ze wel of niet een knevelverband hebben? En toen werden we door slaap overmand. We vielen half slapend, half bewusteloos op onze bedden.

We waren uitgeput.

Die mislukte pogingen hebben ons allen tot in het diepst van onze ziel getekend. Zo dicht bij de dood komen was niet anders dan sterven.

Die nacht hebben we allemaal de grens overschreden. Ik weet niet welke kracht, welk instinct, welke energie ons in leven heeft gehouden.

De nachtmerrie ging door. De volgende morgen hoorde ik de voetstappen van de bewakers in de richting van Raoufs cel gaan. Schorre stemmen schreeuwden.

Onder de geblindeerde deur door zag ik hun kistjes de andere kant op rennen. Die nacht had ook Raouf ervoor gekozen er een eind aan te maken door zijn aderen door te snijden. Het was hem bijna gelukt: ze dachten dat hij dood was. Ik vertelde het bericht aan mama, die er ook slecht aan toe was na haar mislukte zelfmoordpoging.

We wachtten de hele dag zonder dat iemand de moeite nam om ons op de hoogte te stellen. 's Avonds legden ze zijn lichaam op de binnenplaats, waar het ijzig koud was. Ze zouden hem zonder verzorging vier dagen laten liggen.

Raouf lag in coma. Het zou niet lang meer duren, dachten ze.

Maar dan hielden ze geen rekening met zijn ongelooflijke recuperatievermogen. Mijn broer werd langzaam maar zeker wakker. De vierde nacht lag hij nog steeds op de binnenplaats, maar al was zijn lichaam nog uiterst zwak, zijn geest was vrijwel intact.

Hij hoorde kapitein Chafiq met zijn soldaten praten en deed alsof hij nog steeds bewusteloos was.

Daarna draaide Chafiq zich om naar Borro.

'Die toestand heeft mijn leven kapotgemaakt,' zei hij tegen hem. 'Ik schaam me nu om mijn familie in de ogen te kijken. Ik word achtervolgd door wat wij aan het doen zijn. Kinderen afslachten gaat mijn krachten te boven. Verder kan ik niet gaan. Wat willen ze nou?'

'Begrijp je dat niet?' antwoordde Borro. 'Dat is toch duidelijk. Ze gaan dood. Allemaal. En dan worden ze hier begraven. We wachten zolang het nodig is. Dat zijn de bevelen.'

De woorden van onze beul hadden op mijn broer het effect van een elektroshock. Met bovenmenselijke inspanning keerde hij terug naar zijn cel en deed de deur achter zich dicht.

De hele nacht brak hij tegels open en vergrootte hij het gat tussen zijn muur en de muur van de gang. Achoura en Halima deden aan hun kant hetzelfde. Zo kon ik hem bereiken en met hem communiceren: er zat alleen nog een wand tussen ons.

Hij ging aan zijn kant liggen en ik aan mijn kant. We konden elkaar niet zien, elkaar alleen aanraken door een piepklein gaatje waar we onze vingers doorheen staken. Hij verwrong mijn vingers meer dan dat hij ze drukte.

Met mijn ogen dicht hoorde ik zijn stem en probeerde me voor te stellen hoe hij eruitzag. Hij had het timbre van mijn vader.

Zijn wanhoop was ondraaglijk. Toen ze zijn cel doorzochten, hadden de bewakers zijn kostbare radio gevonden en in beslag genomen. We hadden geen enkele band meer met de buitenwereld. Raouf verweet zichzelf dat hij daar verantwoordelijk voor was.

'Kika,' zei hij snikkend tegen me, 'we gaan hier dood, dat willen ze. Ik heb ze gehoord. Ze zeiden dat ze ons zouden doodmaken. De eerste die sterft, wordt op de binnenplaats begraven.'

Uren en uren heb ik geprobeerd hem gerust te stellen, te troosten, te overtuigen, geprobeerd de juiste woorden te vinden, terwijl ik zelf zo ontredderd was. Ik spoorde hem aan om het niet op te geven.

'Welnee, Raouf, je zult zien, we winnen het altijd. Ze maken ons niet dood. We zullen het volhouden.'

Zo bleven we tot de ochtend elkaars hand vasthouden. Mijn ogen waren droog. Wat niet wegnam dat ik pijn en verdriet had.

Maar door die nacht van de lange messen en, meer nog, door de woorden van Borro was onze instelling veranderd. We zouden hen niet meer met ons leven laten spelen. We zouden niet meer passief blijven.

Het plan om te ontsnappen was bij ons opgekomen. Nu moesten we het alleen nog ten uitvoer brengen.

DE TUNNEL

Borro had orders ontvangen dat onze bewaking verscherpt moest worden. Alle scherpe voorwerpen waren weggehaald, ze hadden wat er nog aan ruiten zat vervangen door karton, het luik van ons muurvenstertje weggehaald, en onze messen en vorken in beslag genomen. Zelfs onze drinkbekers, doormidden gesneden olieflessen, waren van plastic en we kregen de slappe lach als we zagen hoe ze door kokend water ineenkrompen.

Voortaan doorzochten de bewakers op maandag, woensdag en vrijdag om acht uur 's ochtends de cellen, op zoek naar het geringste spoortje van een tunnel of een gat. Dat laatste was een vondst van kolonel Benaïch, die nooit om ideeën verlegen zat als het erom ging ons leven te vergallen.

Die huiszoekingen waren niet zo vreemd. Ons besluit stond vast, we waren het er allemaal over eens dat we zouden ontsnappen. Sinds de nacht van de lange messen hadden we het dieptepunt bereikt.

Doordat Raouf op het moment van de aflossing van de wacht altijd de voetstappen van de soldaten hoorde, wist hij tot op de millimeter hoe de vloer was, hoe die klonk en hoe droog die was. We vroegen Achoura en Halima om in hun cellen te gaan graven en ons een beetje aarde te sturen om dat te bestuderen. Ieder van ons deed hetzelfde in zijn eigen cel.

Na vele discussies en zelfs een paar testen bij de cel van Achoura en Halima besloten we onze onderaardse gang te graven in de raamloze cel die grensde aan de onze, de cel waar we de koffers en de voorraden opborgen. De vloertegels waren in goede staat, het zou gemakkelijker zijn die bij te werken om onze bezigheden aan het oog te onttrekken.

Er was nog een ander argument dat voor deze plek pleitte: omdat ik bij aankomst in Bir-Jdid mijn blinddoek had opgetild, wist ik dat die cel op een akker uitkwam en alles wees erop dat die niet bebouwd was. Geen enkel geluid, geen enkel leven, zelfs niet het gebalk van een ezel drong ooit tot ons door. Onze cipiers hadden waarschijnlijk van de boer geëist dat hij die akker braak liet liggen.

Mama en Raouf, de twee ingenieurs van de groep, hadden onze keus goedgekeurd. Daar, in die blinde cel, moesten we de tegels losmaken. Raouf onderzocht de kleur van de aarde die ik naar hem toe stuurde en hij legde me uit hoe je de verschillende niveaus die je in de bodem had bereikt kon herkennen. Kleiaarde betekende dat ik bij de fundering aankwam. Dan moest ik vervolgens recht naar beneden graven.

Ik luisterde aandachtig naar zijn raadgevingen, want hij ergerde zich dood dat hij niet mee kon doen. Hij draaide in zijn cel rond als een leeuw in een kooi.

Op 27 januari 1987 braken we de middag na onze definitieve beslissing het cement open en lichtten we de tegels op met een lepel, het heft van een mes, het deksel van een sardineblikje en een ijzeren staaf uit onze bedden.

Wij, dat wil zeggen Maria, Soukaïna en ik. Mimi was er veel te slecht aan toe om ons te helpen, maar ze moedigde ons aan en was heel bruikbaar toen het erom ging de aarde weg te ruimen.

In nauwelijks twee uur waren we, ondanks onze angst dat we ontdekt zouden worden, al een heel eind gevorderd. We hadden er acht tegels uitgelicht. Twee weken lang oefenden we in het weghalen van de tegels, waarna we ze weer teruglegden met het cementpreparaat dat Abdellatif had uitgevonden, een mengsel van aarde, as en eboniet.

Omdat dit niet voldoende was, hadden we een list bedacht om echt cement te pakken te krijgen. Met de grote ijzeren staaf die we altijd in onze bedden verborgen, maakten we de gaten groter die de ratten en muizen in de muren hadden aangebracht. De bewakers stopten die dicht met cement, dat wij er weer uithaalden. Om te voorkomen dat het hard werd, lieten we het in een emmer water weken.

De tegels weer terugleggen was niet zo gemakkelijk. We moesten zorgen dat we ze niet al te veel beschadigden wanneer we ze optilden, en vervolgens moesten we het cement dat er rondom aan vastzat eraf vijlen met een oude groenterasp. Om de cipiers niet te alarmeren wachtten we op het geschreeuw van de zwaluwen: dat helse lawaai waar we zo'n hekel aan hadden, was ons uiteindelijk van nut.

Op de dag dat we er eindelijk in waren geslaagd de tegels in de goede volgorde terug te leggen, gingen we over tot het volgende karwei: het graven van een kuil tot aan de fundering van het huis.

Na de laag cement die we met behulp van de ijzeren staven openbraken, stootten we op kleine steentjes en daarna op dikkere stenen. De eerste dag stuitte ik op een steen zo groot als een menhir. Ik kon onmogelijk verder graven.

Ik liet het slechte nieuws aan Raouf overbrengen.

'Probeer hem eruit te krijgen,' zei hij.

'Maar waar moet hij dan heen?'

'Verzin maar wat. Wil je ontsnappen of niet?'

In de cel van mama en Abdellatif was een hooggelegen hokje waar we spullen bewaarden. Je kwam er met behulp van een houten trapje. Na de nacht van de lange messen hadden de bewakers het trapje weggehaald en de opening dichtgemetseld.

Zodra ze de cel uitgingen, had mama de tegenwoordigheid van geest om de jongen op haar schouders te nemen en hem een van de bakstenen te laten weghalen, met het oog op de dag dat we dit hokje nodig zouden hebben. Het cement was nog vochtig. Ze zorgden ervoor dat het nooit opdroogde opdat ze eventueel die steen en andere stenen konden weghalen.

We hadden onder mijn bed een enorme kuil gegraven tussen de cel van mama en die van ons. We haalden zo goed en zo kwaad als het ging de 'menhir' tevoorschijn, en mama en Abdellatif verborgen die in het hok door andere stenen los te maken. Iedere 'menhir' langs dezelfde weg afvoeren was geen kleinigheid. Het gat moest groter worden gemaakt.

Abdellatif klom in het hokje omhoog en mama reikte hem de dikke stenen aan. Al duwend en blazend slaagden ze erin ze neer te leggen op dikke lagen kleren, om het geluid van de klap te dempen.

We lieten het afvoeren van de 'menhirs' samenvallen met het aanzetten van de stroomgenerator, om te vermijden dat we de aandacht trokken.

Daarna gaven we hun de overtollige stenen aan die we uit de

tunnel haalden. Wanneer mama ze op een hoop in haar cel kreeg, legde ze ze in een laken dat ze als een bundel dichtknoopte, en vervolgens nam ze Abdellatif op haar schouders opdat hij ze door de opening van het hokje kon gooien.

De bewakers onderzochten de vochtsporen op de muren, maar ontdekten niet het vernuftige systeem dat Abdellatif alias Géo Trouvetout had bedacht, en dat bestond in het dichten van de kieren tussen de stenen met een mengsel van Tide en meel dat leek op pleisterkalk.

Opdat het sneller droogde, gebruikte hij gloeiend hete kooltjes die Halima en Achoura hadden klaargemaakt. De jongen streek met het bord over de muur, nog steeds op mama's schouders zittend, totdat er geen enkel spoor van vocht meer te zien was.

Na enige tijd waren we zo ver gevorderd dat we ons niet meer konden veroorloven de aarde, zoals we met de stenen hadden gedaan, in het hokje van de cel naast ons te gooien. De tegels mochten niet hol klinken als de bewakers op het slimme idee kwamen ze te onderzoeken.

Van oude lange broeken maakte mama rechthoekige kussens, van verschillend formaat, die we lampionnen of olifanten noemden. We stopten ze vol met de overtollige aarde waar we balletjes van vormden.

We werkten aan de lopende band, als automaten. Weggekropen in de kuil vulde ik een leeg olieblik, met een inhoud van vijf liter, met aarde. Daarna trok ik aan het touw waarmee de meisjes het vasthielden, opdat zij de lading ophesen. Ze gooiden de aarde op een hoop in het midden van onze cel.

Myriam vulde emmers met water, goot die leeg over de aarde en kneedde die alsof het deeg was. Ze werd geholpen door Achoura en Halima, de broodexperts, die onze cel binnenkropen door het groter gemaakte gat in onze tussenmuur. Abdellatif kwam door de nauwe opening die we tussen zijn cel en de onze hadden gegraven om ook mee te doen.

De drie vrouwen maakten vuistgrote balletjes die we één voor één doorgaven naar de cel van mama. Die vulde er de kussens mee. Ze naaide ze dicht, Abdellatif gaf ze weer terug door de opening en wij legden ze terug in onze onderaardse gang. De olifanten vervingen de grote 'menhirs', en de lampionnen de kleinere.

Toen we de fundering bereikten en er kleiaarde in plaats van rode aarde verscheen, groeven we in horizontale richting, nog steeds op aanraden van Raouf, die had berekend dat de tunnel ongeveer vijf meter lang moest zijn om achter de twee buitenmuren uit te komen.

We werden bezield door een bovennatuurlijke kracht, en we waren ons nooit bewust van de vermoeidheid, de zware last of de krachtsinspanning. We waren stille dieren geworden die toegewijd bezig waren met hun taak zonder nog iets menselijks te hebben. We hoefden niet te praten: we begrepen elkaar met een gebaar, met een blik.

Ik had geen nagels meer, mijn huid was overdekt met eczeem, mijn vingers waren één grote wond. Maar ik schonk er geen aandacht aan.

We lichtten ons bij met geïmproviseerde kaarsen. Mama draaide lontjes in elkaar zoals ze dat in haar kinderjaren op het platteland had geleerd. Wij doopten de lonten in de olie en staken ze 's avonds aan.

Wanneer ik uit mijn kuil tevoorschijn kwam, vroeg ik me vaak af of ik niet droomde. Die grijsachtige gezichten omgeven door stoffig haar, die uitgemergelde lichamen, die ternauwernood verlicht werden door de zogenaamde kaarsen die een grijsgroen licht wierpen op de muren, waar hier en daar gaten in zaten, en op de vloer, die bezaaid lag met stenen en aarde. Spoken... Levende doden...

Kapotmaken en graven was voor ons Bevers een eenvoudige zaak. Het moeilijkst was het reconstrueren. Om vier uur 's ochtends, wanneer we de ezel Cornélius hoorden balken, wisten we dat we moesten stoppen om alles weer in orde te maken, zorg-vuldig de tunnel weer af te sluiten en de gaten tussen onze cellen dicht te stoppen.

De eerste keer dat we aan de tunnel begonnen, waren we niet bij machte om hem weer dicht te maken. Maar we kregen het vrij snel door. We legden eerst de olifanten en de lampions weer op hun plaats en zetten ze vast met kleine stenen en een paar grote-re, die we hadden genummerd om ze gemakkelijker terug te kunnen zetten. Dat was nodig om te zorgen dat de tegels, als ze weer op hun plaats lagen, niet hol zouden klinken.

Daarna legden we er een laag rode aarde overheen die was nat-gemaakt en met de vlakke hand gladgestreken, vervolgens deden we er nog een laag cement overheen waarop we de tegels plaat-sten. Ten slotte dichtten we de naden met pleisterkalk. Die rol viel Soukaïna, de kunstenares, ten deel, die ze vervolgens bij-werkte met aarde om ieder spoor van onze werkzaamheden uit te wissen.

In de ochtendschemering had niemand zich kunnen voorstel-len dat er in dat hokje een onderaardse gang werd gegraven. Voordat de bewakers kwamen had ik nog twee uur om de cel schoon te maken en de aarde en het stof weg te werken. Soms had ik geen tijd gehad om mijn kleren aan te schieten en deden ze mama's deur al open. Ze hield hen zo lang mogelijk op, stelde bizarre vragen en vroeg hun om binnenbanden om schoenzolen voor ons te maken, of om willekeurige andere dingen.

We stonden verschrikkelijke angsten uit. Het gebeurde eens dat we de laatste laag pleisterkalk aan het drogen waren en 's och-tends beseften dat de aarde eronder nat was gebleven en een geelachtige kring onder de tegels vormde. Snel repareerden we de schade en gaven het bericht aan mama door, opdat zij de be-wakers vasthield. Ze hadden niets door.

Een andere keer hoorde ik, terwijl ik heel rustig aan het graven was, een bewaker zo dicht bij me niezen dat ik zijn adem kon ho-ren. Ik verstijfde en klom in snel tempo naar boven. Op het moment dat ik naar buiten kwam, zag ik de angstige gezichten van mijn zussen over me heen gebogen. Het werd doodstil in de cel. We wachtten tot de bewakers te voorschijn zouden komen, maar de deur ging niet open.

En ik dook mijn kuil weer in.

Tijdens de huiszoekingen bleven we onbeweeglijk in bed liggen en deden we of we ziek waren. De bewakers doorzochten alles uiterst zorgvuldig, zelfs in het hokje van de tunnel. Ze richtten de lichtbundels van hun zaklantaarns op de hoeken en keken overal, onder de bedden, op het plafond, in holtes. Ze stampten met hun kistjes op de vloer om het geluidsverschil te horen en te kijken of het ook maar ergens hol klonk.

Mama en Raouf zaten op hete kolen wanneer ze hun zware stappen en hun geklop op de muren hoorden. Maar bij de paniek kwam ook de roes. We zetten ons leven op het spel en dat gevoel was opwindend. Eindelijk ontwaakten we uit onze verdoving. Ik vergat daardoor mijn pijn, mijn honger en mijn kapotte handen. Ik voelde niet langer mijn gescheurde borstbeen, dat me hevige pijnen bezorgde zodra ik inademde of me bukte.

Nooit zette een bewaker een voet op onze tegels. Ze liepen eromheen, bleven vlak ervoor staan, en dat was alles. We waren ervan overtuigd dat we werden beschermd door de Maagd Maria: de eerste keer dat we de boel openmaakten, vormde het onregelmatige patroon van de vloer een soort kruis over de lengte van de tegels. Van karton maakten we een nieuw kruis dat we op de laatste laag stenen legden voordat we de zaak weer dichtmaakten. We noemden de onderaardse gang 'de tunnel van Maria'.

We geloofden er zozeer in dat we op onze knieën baden, elke avond bij het openen en elke ochtend bij het sluiten van de tunnel. Omdat we de islam, die ons niets goeds had gebracht, afwezen, kozen we voor het katholicisme. Mama, die haar kinderjaren bij de nonnen had doorgebracht, kende alle gebeden uit haar hoofd en had ze ons, weliswaar met veel aarzeling, geleerd. Ze was een goede moslim gebleven.

Maria, wier echte naam Mouna-Inan was, nam als bewijs van erkentelijkheid tegenover de Maagd een andere naam aan. Abdellatif en Soukaïna volgden haar voorbeeld. Alle drie hadden ze hun voornaam gekregen van koning Hassan II. Ze wilden hem niets verschuldigd zijn. Soukaïna besloot voortaan Yasmina te heten en Abdellatif werd Abdallah. Van de drie is Maria de enige die woord heeft gehouden. Ze reageert op geen enkele andere voornaam. De twee anderen gaven het vrij snel op, het was voor hen veel te ingewikkeld om een dubbele identiteit te hebben.

Overdag bleef ik doorgaan met het Verhaal. We leken wel drugsverslaafden. We aten bijna niet meer, sliepen nauwelijks, we stonden onder voortdurende spanning. We communiceerden met Raouf dankzij 'de installatie', we hielden hem stap voor stap op de hoogte van de ontwikkelingen. Maar hij was zo kwaad dat hij niet met ons mee kon doen, dat hij aan zijn kant ook begon te graven.

Op een avond verraste hij ons tot onze grote vreugde door naar ons toe te komen, maar hij deed het niet nog eens. Het was te riskant en bovendien had hij, net als ik, last van hongeroedeem vanwege de ontberingen. We waren allebei opgeblazen, kolossaal. Hij had de grootste moeite om met zijn één meter vijfentachtig in beweging te komen en door het gat te kruipen.

Maar op een afstand speelde hij voor ingenieur. Hij wilde per se dat we de tunnel stutten om een grotere veiligheid te waarborgen. Toen we klaar waren met graven, vroeg hij me om mijn houtvoorraad te pakken, de lange stukken die we bij onze aankomst hadden opgeraapt. Ik had ze in een kleine uitsparing boven ons washok opgeborgen, lang voordat het werd dichtgemetseld.

Dat hokje bevond zich ongeveer drie meter boven de grond. Om erbij te komen moest je serieuze acrobatische toeren uithalen, op elkaar klimmen, wat we op een avond hebben gedaan, brullend van het lachen. Dat hadden we wel nodig.

Met haar dertig kilo kon Maria klimmen als een apin. Na talloze tuimelingen slaagde ze erin het hokje te bereiken en de stukken hout te pakken te krijgen. Het moeilijkst was het om het weer dicht te maken. Op die hoogte was dat nauwelijks te doen. Toch hebben we het voor elkaar gekregen. We stopten het gat weer dicht met het preparaat van Abdellatif dat, ondanks al onze inspanningen, niet wilde drogen.

De volgende dag was ik de vragen van de bewakers voor. Ik vertelde dat er een lekkage was geweest en dat ze die moesten repareren. Ik kon gerust zijn: zodra wij hun iets vroegen, wisten we zeker dat er niets van zou komen.

Op 18 april bereikte ik de geplande vijf meter en hield ik op met graven. Ik had het aan één stuk door gedaan, zonder te klagen, ondanks mijn aangeboren claustrofobie. Ik was in de huid van een kakkerlak of een reptiel gekropen. Herhaalde malen was ik bijna krankzinnig geworden.

Soms hield ik plotseling op met mijn baggerwerk. Ik gaf mezelf een klap op mijn hoofd en stopte mijn oren dicht omdat ik dacht dat ik het geluid van sleutels of voetstappen hoorde. Dan liet ik los wat ik in mijn hand had, wierp me op de grond om te kijken wat er gebeurde, terwijl mijn hart uit elkaar barstte van angst, maar dan kwam er niemand binnen.

Die geluiden hoorde ik altijd. Ik vroeg voortdurend aan de meisjes of alles normaal was. Ik leefde met de angst in één klap gek te zullen worden.

We waren het er allemaal over eens dat we in december zouden ontsnappen. We wilden naar buiten gaan in een winternacht zonder maan, een nacht waarin de bewakers, kouwelijk als alle Marokkanen, diep in hun wachthuisjes weggedoken zouden zitten, met de capuchons van hun djellaba's over hun gezicht getrokken. Een nacht waarin we onopgemerkt konden passeren. We stopten de tunnel dus weer dicht en werkten de vloertegels bij. Twee weken vóór onze ontsnapping zouden we beginnen met het graven van het opgaande gedeelte. Eerder was het te riskant.

We hebben menig familieberaad gehouden om te beslissen wie er zou vertrekken, en hoe we het zouden aanpakken als we eenmaal buiten waren. We hadden geen geld, maar we bezaten nog wel de gedenkpenning van de massief gouden schakelarmband van mijn vader die mama al die jaren tijdens het fouilleren had weten te verbergen. We hadden de naam uitgewist door hem zorgvuldig glad te vijlen.

Van karton, eboniet en meel bij wijze van lijm had Abdellatif een revolver gemaakt die niet van een echte was te onderscheiden, waarbij hij de wijze raad had opgevolgd van Raouf, die op jonge leeftijd grote belangstelling voor wapens had gehad. Hij had zelfs schietlessen genomen. Dat speelgoed was bedoeld om ons uit hachelijke situaties te redden.

Ons eerste doel was precies te weten waar we waren. Door aandachtig te luisteren naar de intercontinentale vliegtuigen die over ons heen vlogen, had mama geconcludeerd dat we tussen Casablanca en Marrakech zaten, maar dan dichter bij de eerste stad dan bij de tweede.

Het tweede doel was nadenken over de manier waarop we zo snel mogelijk buiten het bereik van de bewakers konden komen. We bedachten verschillende scenario's, sommige verstandig en andere krankzinnig.

Zodra we eenmaal de weg hadden bereikt, wachtten we tot er een taxi voorbij zou komen. Om de aandacht van de chauffeur te trekken en zijn argwaan weg te nemen had ik besloten mezelf voor hoer uit te geven, zeer tegen de zin van mama en Raouf. Nadat ik naar de chauffeur had gelonkt, haalde ik de revolver te voorschijn, riep de anderen en dan stapten we met hen in de auto.

'En als hij nou niet alleen is?' wierp iemand tegen.

Dan was het helemaal gemakkelijk... Dan sloegen we zijn bijrijder neer met een tralie van het raam die Abdellatif had weten los te maken.

We hadden een reservescenario, dat minder gewelddadig was

dan het vorige, voor het geval dat de chauffeur toegeeflijk zou blijken te zijn. We waren vluchtelingen die in België woonden. We waren naar Marokko teruggekomen om onze familie te bezoeken. Onze auto, een Volvo, had pech gekregen. We moesten koste wat het kost naar een garage gebracht worden.

Het was onze bedoeling om de Franse ambassade te bereiken en politiek asiel aan te vragen. Om dat alles tot een goed einde te brengen hadden we wat tijd nodig. De ochtend van onze ontsnapping zou mama de bewakers zo lang mogelijk moeten ophouden om te voorkomen dat ze meteen alarm zouden slaan.

We dachten aan alles, bestudeerden zorgvuldig de kleinste details. We legden een voorraad peper aan om loslopende honden onschadelijk te maken. Mama had onze ontsnappingskleren geknipt en genaaid: zwarte overalls, bivakmutsen met een opening voor ogen, mond en neus. Ze had schoenen voor ons gemaakt van het leer van onze Vuitton-koffers. Met een zool die gemaakt was van een binnenband zagen ze er eigenaardig uit en leken ze meer op toneellaarsjes dan op modieuze schoenen.

We waren op het ergste voorbereid. Als we werden gesnapt, zouden we zelfmoord plegen. We wilden niet een arrestatie overleven. Mama had gepland een explosie te veroorzaken met het butagasflesje. Raouf, die een perfectionist was, werkte alles uit tot in de kleinste details en probeerde over de geringste onvoorziene omstandigheden na te denken. Dat was niet mijn stijl. Ik brandde van verlangen om me in het avontuur te storten. Onderweg zouden we wel improviseren.

Op piepkleine blaadjes, die gebruikt werden om saffraan te verpakken en die we geduldig hadden bewaard, had Raouf een stuk of tien pamfletten geschreven die we bij de Franse ambassade wilden afgeven. Ze waren bestemd voor verschillende belangrijke personen op het gebied van politiek en kunst. Ieder voegde er een paar aangrijpende regels aan toe.

De lastigste kwestie bleef onbeslist. Wie zou er ontsnappen? Raouf wilde in zijn eentje vluchten, zo bang was hij om ons allemaal. Maar het was vanzelfsprekend dat ik met hem mee zou gaan. Maria had zonder omwegen verklaard dat als we haar niet meenamen, ze zelfmoord zou plegen. Ik kende mijn zus, ze was heel goed in staat haar dreigement ten uitvoer te brengen.

Abdellatif zou ook met ons meekomen. Hij die als enige nooit iets van het leven had gezien, die geen verleden of houvast had, moest aan dit avontuur deelnemen. Mama, die met ons mee wilde, was er niet toe in staat. Omdat ze, net als wij allemaal, een opgezwollen lichaam had, kon ze niet eens door het gat tussen haar cel en de onze, waar alleen Abdellatif als een paling doorheen kon glippen. We konden het gat niet groter maken, want dan zouden de leien tegels die de muur stutten kunnen breken.

Soukaïna stemde ermee in te blijven, waarmee ze liet zien hoe grootmoedig en dapper ze was. We hadden haar nodig om de tunnel af te sluiten. Daarmee zouden we weer kostbare tijd winnen.

Mimi was als enige te zwak om met ons mee te gaan.

DE ONTSNAPPING

Zondag 19 april 1987, de dag nadat we de tunnel dichtmaakten, zat ik op de grond in de cel met mijn gezicht in de lentezon. We hoorden de vogels sjilpen. De natuur werd, net als wij, wakker na een lange slaap. We voelden ons ongewoon goed, ondanks het vooruitzicht dat we nog een paar maanden moesten wachten. We waren uit het graf gekomen. We hadden eindelijk een reden tot hoop.

Mimi lag in haar bed, de twee meisjes lagen tegen mij aan gevlijd. We waren onbezorgd aan het babbelen.

Ik hoorde onze alarmcode vanuit mama's cel.

'Luister, Kika,' fluisterde ze, 'ik heb ze gehoord. Ze hebben de opdracht gekregen een wachthokje en een uitkijkpost op het dak van de cel met de tunnel te bouwen. Het wachthokje zal precies in de as van de uitgang liggen. Er komen schijnwerpers.'

'Wat doen we?'

'We hebben geen keus,' besliste ze. 'Binnen achtenveertig uur zijn ze klaar. En dan kun je die ontsnapping wel vergeten. Jullie moeten de tunnel nu meteen uitgraven en vannacht vertrekken.'

Ik maakte talloze bezwaren. Drie meter omhoog graven in een paar uur? Dat was onmogelijk. We hadden een week werk gepland.

Maar ze luisterde niet naar me.

'Het is nu of nooit,' herhaalde ze. 'Als jullie vanavond niet vertrekken, komen jullie er nooit meer uit. Waarschuw Raouf.'

Raouf was het met mama eens, we hadden geen keus.

Tegen twaalf uur 's middags begon ik te graven. Om zes uur was ik klaar met het omhooggaande stuk. We hoefden alleen nog maar de aarde op te ruimen. Ik vulde het olieblik, ik trok aan het touw, de meisjes hesen het naar zich toe, stortten de inhoud op de grond en stuurden het naar me terug.

Ik was door het dolle heen. Ik had aan de lepel niet meer genoeg. Als ik de aarde met mijn tanden had kunnen wegrukken, had ik het gedaan. Ik groef, ik haalde weg, ik dacht niet meer, ik bestond niet meer, ik was een machine geworden. Graven, aarde weghalen, graven, aarde weghalen...

Op zeker moment stuitte ik op klimop die diep in de grond zat geworteld. Ik trok uit alle macht. Urenlang vocht ik tegen die wortels, ploeterend om ze er uit te trekken. Het was een onmogelijke taak, maar ik deed het met al mijn energie en nog meer.

Het moest lukken.

En plotseling kwam iets blauws mijn gezichtsveld binnen. Het was de hemel aan het einde van een voorjaarsdag, schoongeveegd door een zoel windje dat zachtjes langs mijn wang streek.

Ik bleef een tijdje onbeweeglijk staan, me vastgrijpend aan de klimop, terwijl ik met één oog naar buiten keek. Ik was blij.

'Mijn god, wat een wonder, daar is het leven, vlakbij.'

Ik ging zo goed en zo kwaad als het ging verder met alles er uit te rukken. En toen stak ik huilend mijn hoofd naar buiten. Het was te mooi. Ik was bang voor wat ik zag, die vrijheid zo vlakbij maakte me bang.

Ik kwam terug in de cel met de triomfantelijke mededeling dat ik had gewonnen.

'De Bevers zijn Sydney binnengekomen met de assegaai.'

Het laatste stuk van de tunnel was klaar. Soukaïna en Maria probeerden ook erdoor te komen, met succes. We stuurden Abdellatif op verkenning om uit te zoeken waar we zouden terechtkomen. We wilden weten of er rechts van de muur ook bewakers waren.

Hij kwam met bonzend hart terug. Toen hij zijn hoofd naar buiten stak, hadden twee ogen hem aangestaard. Hij had zijn ogen dichtgedaan. Het was verknald. Zo dicht bij het doel stranden, hij had wel kunnen huilen...

Toen hij na eindeloze minuten zijn ogen ten slotte weer durfde te openen, was hij bijna in lachen uitgebarsten. Het was maar een kat die naar hem keek en die hem, omdat hij waarschijnlijk genoeg had gekregen van die oninteressante aanblik, zijn rug had toegedraaid en hem aan zijn lot had overgelaten. Abdellatif was heel trots op zijn heldendaad.

Mama gaf ons de overalls aan, de bivakmutsen, de voorraden, de boterhammen, de peper en de ijzeren staaf. Ik drong erop aan de schriften waarin het Verhaal stond in mijn bundeltje mee te nemen. Mama was ertegen. Ze was bang dat ze vernield zouden worden. Dat voorgevoel klopte.

Raouf kwam even later onze cel binnen.

Bij het vallen van de avond kwam het moment om afscheid te nemen. Ik ging op mijn buik liggen en mama deed aan haar kant hetzelfde.

Ze was angstig en vroeg zich af of ze ons moest laten gaan. Dat is het enige moment waarop ik haar heb zien weifelen.

We vertelden elkaar via onze verstrengelde handen hoeveel we van elkaar hielden. Haar stem trilde een beetje.

'Ik vertrouw je mijn kinderen toe,' zei ze tegen me, 'ik weet dat jij ook hun moeder bent. Beloof me dat je ze levend terugbrengt.'

Soukaïna huiverde, haar tanden klapperden, haar ogen glansden, maar ze vergoot geen traan. Ze had een enorme verantwoordelijkheid. Ze moest alles achter ons bijwerken opdat ze zo laat mogelijk zouden begrijpen dat wij waren ontsnapt.

Mimi drukte me liefdevol tegen zich aan en fluisterde in mijn oor: 'Ik weet zeker dat jullie zullen slagen.'

Halima en Achoura gedroegen zich in hun angst hysterischer. Ze gaven luidruchtig uiting aan hun vrees en hun verdriet dat ze ons moesten laten gaan. We verkeerden in een staat van enorme opwinding die ik nooit zal kunnen vergeten. Ik weet niet of je dat moed kunt noemen. Het was eerder de wil om te overleven die ons zoveel sterker maakte.

We kleedden ons zwijgend aan, we pakten onze bundeltjes en we gingen ieder om de beurt naar binnen. Abdellatif en Maria kwamen zonder problemen naar buiten. Ze waren zo mager, zo licht... Raouf deed de aarde beven. We hielden onze adem in, maar hij slaagde er toch in zich zonder schade te bevrijden.

Toen ik aan de beurt was, kon ik tot mijn heupen naar boven. Maar het was algauw onmogelijk mezelf verder te bevrijden. Ik zat vast. Mijn lichaam, dat was opgezwollen van het oedeem, was veel te dik voor die smalle doorgang.

Raouf moedigde me aan, terwijl hij vriendelijk tegen me fluisterde om me gerust te stellen, maar het lukte me niet. Ik ploeterde, ik huilde, ik was helemaal bezweet.

Toen voelde ik Soukaïna achter me.

'Kika, kom terug,' zei ze. 'Niets aan te doen, ga maar niet. Je maakt te veel lawaai, straks horen ze je.'

Door de zaak te forceren liep ik het gevaar iedereen erbij te lappen. Maar het was uitgesloten dat ik zou blijven. Voor de zoveelste keer probeerde ik het uit alle macht. Het was als een bevalling, een tweede geboorte. Malika kwam opnieuw ter wereld.

Uiteindelijk werd ik uit de tunnel gestoten. Door zoveel

kracht te zetten had ik de hele huid van mijn dijen losgescheurd. Maar op dat moment schonk ik er geen aandacht aan.

We waren aan de andere kant van de tweede muur uitgekomen. De berekeningen van Raouf klopten...

We liepen langs de muur. Voor ons lag een heg met een afrastering van ongeveer vier meter hoog, bedekt met klimop. Maria steunde op Raouf en klom omhoog. Hij ondersteunde haar en gaf haar toen een zetje. Ze viel op de akker neer.

We wachtten even, en omdat er wat de bewakers betrof niets bewoog, sprong ik toen op mijn beurt. Abdellatif en daarna Raouf kwamen achter me aan. We stonden met zijn vieren bij elkaar, tegen elkaar aan gedrukt, elkaar vastgrijpend bij onze trillende handen.

We wilden niet meer uit elkaar gaan. We ademden zonder ons te verroeren. Die minuten leken eindeloos.

Maar ze waren noodzakelijk om ons ervan te vergewissen dat alles goed ging.

En om weer op adem te komen voor het grote avontuur.

Ontsnapt

(19 april-24 april 1987)

DE ZWERFTOCHT

Al zolang we in het donker leefden, waren onze ogen aan de duisternis gewend. Onbeweeglijk, ons aan elkaar vastklampend tuurden we de nacht in zonder de geringste angst te voelen. We waren daarentegen opgewonden, beneveld, ervan overtuigd dat de goddelijke bescherming die ons tot dan toe had begeleid haar weldadige invloed weer over ons zou laten gelden.

Wat de bewakers betreft was alles stil. We begonnen door de vochtige akker te kruipen.

Er was geblaf van loslopende honden te horen. Ze kwamen, agressief en uitgehongerd, recht op ons af, bloeddorstiger dan Duitse herders. Het waren er waarschijnlijk een stuk of tien, die door de nacht achter hun leider aan draafden. Ze kwamen steeds dichterbij. We konden hun hijgende ademhaling horen. We kropen opnieuw dicht tegen elkaar aan om ons te beschermen.

Hun leider kwam naar voren met ontblote tanden, gromde en ging in de aanvalshouding staan. Als standbeelden hielden we onze adem in, wachtend op een onwaarschijnlijk wonder, dat ten slotte plaatsvond. De hond liet een onbegrijpelijk gehuil horen en maakte rechtsomkeert, gevolgd door de anderen.

Maar de rust was van korte duur. Gealarmeerd door de meute, richtten de bewakers hun zaklantaarns en hun schijnwerpers op het terrein. We verstijfden nog meer, biddend dat we zouden opgaan in de duisternis. We wisten deze keer zeker dat we ontdekt waren en wachtten trillend op het knallen van hun geweren. De bewakers riepen een paar woorden van de ene uitkijkpost naar de andere. Ten slotte gingen de zaklantaarns uit.

We bleven twee of drie minuten, die wel uren leken te duren, onbeweeglijk staan en daarna gingen we gebukt verder, naar rechts afslaand in plaats van rechtdoor te kruipen. We probeerden buiten het bereik van het kamp te komen.

We kwamen uit in een bonenveld waardoor we dichter bij de kazerne kwamen. We hadden een korte rustpauze nodig en daarom rolden we ons op onze rug en keken voor de eerste keer naar het kamp tegenover ons. De volle maan verlichtte duidelijk de bovenkant van de omrastering, de uitkijkposten en de muren. De rest was in de mist omsloten door een witachtig licht. Een vreselijke aanblik.

Daar hadden we dus elf jaar van ons leven doorgebracht, daar hadden we onze mooiste jaren, onze verwachtingen en illusies, onze gezondheid en onze jeugd achtergelaten. In dat vernietigingskamp – er was geen ander woord voor onze gevangenis – waren we paria's geweest, in de steek gelaten door iedereen, wachtend op het einde dat maar niet kwam. Daarbinnen opgesloten hadden we ons best gedaan te vergeten waar we waren, maar daar op die akker, tegenover de plek van onze lijdensweg, kreeg de werkelijkheid plotseling weer vat op ons. En die maakte ons hevig van streek.

Ik kon niet nalaten te huilen om dat afschuwelijke verleden en mijn tranen stroomden nog harder toen ik dacht aan degenen die we hadden achtergelaten. Ik was zo bang om hen. Mijn hart kromp ineen, ik huiverde. Ik hoorde de anderen zachtjes huilen; we voelden allemaal dezelfde angst.

Zo bleven we even liggen, daarna vonden we onze zelfbeheersing weer terug. De akker was beplant met bonen, die we rauw opaten. Ze waren vers, zoet, heerlijk en smaakten naar de vrijheid. We begonnen weer te kruipen, en toen we meenden dat we ver genoeg van de kazerne verwijderd waren, gingen we weer staan en liepen zwijgend verder. De akkers waren zo vochtig dat we van top tot teen doorweekt waren.

In die diepe duisternis, zonder herkenningstekens, zonder bakens, kwamen we er al snel achter dat we in een kringetje ronddraaiden. Dat gevoel was even angstaanjagend als wanneer we op zee of in de woestijn zouden zijn verdwaald.

Er was niets wat ons de weg kon wijzen en geen van ons had een goed oriënteringsvermogen. Mama had me geleerd de sterrenkaart te lezen, maar ik was waarschijnlijk een heel slechte leerling want ik kon noch de Grote Beer, noch Cassiopeia of de avondster onderscheiden.

We bleven maar ronddolen.

Gehoest deed het bloed in onze aderen stollen. Het kwam van een hooggelegen punt. Toen we omhoogkeken, zagen we een wachthuisje: we waren weer terug bij het kamp.

We wachtten niet langer af en begonnen weer te rennen. Toen werden we wanhopig. Moe en angstig bleven we staan en staken een sigaret op die we met zorg voor deze gelegenheid hadden bewaard. We rookten zonder een woord te zeggen, met een bedrukt gevoel, steeds denkend aan mama en de anderen.

We waren nog niet uit de problemen. We wisten niet waar we heen moesten.

Toen vroeg ik aan Abdellatif ons de weg te wijzen.

'Wij zijn volwassenen,' zei ik tegen hem. 'Wij hebben misschien zonden begaan, maar jij, jij bent zo onbedorven... Als God bestaat, zal Hij medelijden met je hebben. Jij zult ons naar de vrijheid leiden.'

We liepen zwijgend achter hem aan. Ons lichaam deed pijn, onze kleren waren doorweekt, maar we moesten verder.

'Kika, kom eens kijken, het is hard. Ik weet niet wat het is.'

Abdellatif had nog nooit op asfalt gelopen. We rolden eroverheen, we omhelsden hem. We voelden ons als kosmonauten die zojuist hun eerste stappen op de maan hebben gezet.

We gingen terug naar een akker om ons uit te kleden en onze 'burgerkleren' aan te trekken. Ik deed een lange jurk aan die mama in de jaren zeventig droeg, van een bedrukte kasjmieren stof in herfsttinten. De anderen trokken eenvoudige, maar uit de mode geraakte lange broeken en truien aan, die hun echter een 'normaal' uiterlijk moesten verlenen. We deden de Vuitton-laarsjes aan en lieten ons gevechtstenue op de akker achter.

We liepen weer verder. Als aanvoerder van de groep ging ik sneller lopen en spoorde hen aan mij te volgen. Achter me sloften ze voort, ze waren zo moe. Raouf dreef de spot met mijn energieke tempo. Hij begon met een Duits accent te praten en moedigde me aan met 'vort, Jeanne, vort', een subtiele toespeling op mijn gouvernante uit de Elzas.

Ten slotte kwamen we bij een groot gebouw, een zuivelcoöperatie. We overlegden en besloten ons eerste scenario toe te passen. Maria en de jongen verstopten zich. Ondersteund door Raouf begon ik op z'n Marokkaans te jammeren, waarbij ik een beroep deed op Allah en de profeten.

Er kwam een bewaker naar buiten, gewapend met een stok. Hij was gekleed in een djellaba met capuchon. Ik zakte plompverloren in zijn armen in elkaar. Hij moest me wel ondersteunen.

Hij keek argwanend naar Raouf en vroeg hem wat er aan de hand was.

'Mijn vrouw heeft vorige week een miskraam gehad. Ze is nog niet hersteld.'

De man werd nog veel wantrouwiger.

'Ik heb geen geluid gehoord. Ik vraag me af waar jullie zo in het donker vandaan komen.'

Zonder hem de tijd te gunnen zich nog andere dingen af te vragen, viel ik weer op de grond, terwijl ik deed of ik kronkelde van de pijn. Met veel plichtplegingen vroeg Raouf hem om een glas water en legde hem uit dat we uit België kwamen en dat we vijftien jaar niet in Marokko waren geweest.

'We hebben autopech,' voegde hij eraan toe.

De bewaker was wantrouwig, zoals alle Marokkanen die hebben geleerd onder een schrikbewind te overleven. Hij geloofde

Raouf niet en stelde hem vragen, waarbij hij probeerde hem vast te praten. Maar hij stemde er toch in toe mij water te brengen.

In de loop van het gesprek lukte het me te berde te brengen dat we familie waren van de minister van Binnenlandse Zaken, Driss Basri[1], wat de verwachte eerbied teweegbracht: de man werd een beetje rustiger. Wij probeerden op onze beurt hem aan het praten te krijgen, we wilden weten waar we waren. Hij stelde ons voor te wachten op de vrachtwagen van de melkfabriek die naar Bir-Jdid ging, de dichtstbijzijnde stad. Eindelijk hadden we de informatie waar we zo naar verlangden.

We wachtten drie kwartier op de vrachtwagen, heel ongerust bij de gedachte dat de man alarm kon slaan, maar hij had geen telefoon in zijn wachthokje. De deuren van de melkfabriek gingen open en de vrachtwagen reed naar buiten... Hij ging er meteen vandoor zonder te wachten tot wij waren ingestapt.

We waren in paniek. Het was al vier uur 's ochtends, we draaiden sinds elf uur 's avonds in kringetjes rond en we hadden zojuist weer drie kwartier verloren door op die vrachtwagen te wachten.

Het enige positieve was dat we eindelijk wisten waar we waren.

Enigszins gedeprimeerd gingen we weer op weg. We zullen wel een vreemde stoet hebben gevormd in de langzaam verblekende nacht, twee jongens en twee meisjes die als automaten voortliepen, met strakke blik en hortende passen. Maar we hadden geen tijd om te bedenken hoe we erbij liepen, we moesten verder.

Na een paar kilometer zagen we een bus aankomen die in alle afgelegen plaatsen stopte. De boeren die zich bij de halte verdrongen, waren beladen met grote zakken en met kippen of schapen die zich alle kanten op wrongen.

1 Driss Basri: Marokkaanse minister van Binnenlandse Zaken sinds 1975 en tweede persoon van de staat.

We gingen bij hen staan, niet erg op ons gemak en ervan overtuigd dat we de aandacht trokken. Tot dan toe had het donker ons beschermd, maar de dag brak aan en het licht van de dageraad liet niets te raden over.

Raouf stelde de chauffeur voor hem te betalen met de penning van de schakelarmband. De andere passagiers betaalden hun kaartje met eieren of kippen, waarbij ze zoveel mogelijk afdongen. De chauffeur vertrouwde het niet en weigerde. Hij wilde dirhams en verder niets. We gaven het idee op om met de bus te gaan en liepen weer verder.

Er kwam een vrachtwagen voorbij. Ik stak mijn duim op. De chauffeur, een sympathieke, relaxte figuur, liet ons alle vier instappen zonder vragen te stellen. Hij waarschuwde ons alleen dat we bij het binnenrijden van Bir-Jdid weleens een politieversperring konden tegenkomen. We konden eromheen door een zijweggetje te volgen, waar hij ons afzette.

Gelukkig klopte zijn informatie niet en we bereikten Bir-Jdid zonder enige versperring te zien.

Het dorpje was piepklein en buitengewoon arm. Aan weerskanten van de weg een paar bouwvallige huizen, wat kroegen en slagerijen, en dat was alles. Het was halfzeven. In de cafés die hun deuren openden, klonk er uit de radio's oorverdovende muziek. De obers waren druk in de weer, de klanten bestelden koffie met melk of muntthee. Daar was het leven, onveranderlijk ging het voort, zoals elke morgen die ons was afgenomen.

Ik vond opeens dat de straat iets vreemds had. Het duurde echter een paar minuten voordat ik begreep waarom. Ik was niet meer gewend aan lawaai. Het geschreeuw, de stemmen, de claxons, het oosterse gezang, de banden die over de weg knerpten... Al die geluiden vormden een aanslag op mijn oren. Raouf en de anderen verkeerden in dezelfde omstandigheden als ik. Het licht deed pijn aan onze ogen, we hadden hoofdpijn.

Wanhopig door al die drukte keken we vol verlangen om ons heen en er werd ook naar ons gekeken. Maar de arme stakkers die wij waren, vielen in deze omgeving niet uit de toon. Vooral Raouf niet, die door ontstekingen en klappen net zo tandeloos was als de boeren.

Aan het eind van het dorp was een standplaats voor collectieve taxi's waar een dichte menigte zich verdrong. Raouf ging erheen als verkenner en kwam vervolgens terug om me te vertellen dat de taxi's naar Casablanca gingen. Hij ging weer weg en sprak langdurig met een chauffeur; hun discussie duurde ruim twintig minuten. Ik was niet erg gerust, ik wist zeker dat zijn plan nooit zou werken; toen ik hem dan ook druk zag gebaren, begreep ik niet meteen dat we naar hem toe moesten komen. Maar er was weer een wonder geschied: de chauffeur accepteerde ons in ruil voor de schakelketting.

Twee mannen zaten voorin naast de chauffeur. Wij stapten alle vier achterin en de taxi stoof weg. We waren stil, in gedachten verzonken. Ik dacht met smart aan mama en mijn zussen.

Mijn blik viel op Abdellatif. Voor het eerst sinds lange tijd besefte ik hoe slecht hij eraan toe was. Hij had vanaf de leeftijd van drieëneenhalf jaar opgesloten gezeten. Hij kwam voor de eerste keer in zijn leven buiten, nu hij meer dan achttien jaar oud was. Mijn broertje zat met open mond en glazige blik te kijken hoe de weg voorbijtrok, als een zombie die uit het graf opstaat.

Hij was verbijsterd door zoveel nieuwe ontdekkingen. Hij had maar twee of drie keer in zijn leven in een auto gezeten, en dan alleen om van de ene gevangenis naar de andere vervoerd te worden.

Mijn zus Maria woog nauwelijks dertig kilo. Haar grote donkere ogen lieten niets over van haar uitgemergelde gezichtje. Raouf was even mager als zij en toch opgeblazen door het oedeem. Hij was bleek, gejaagd en tandeloos.

Er waren vijftien jaren verstreken, vijftien jaren van martelingen die vreselijke sporen hadden achtergelaten. Maar als ik aandachtig naar hen keek, zag ik bij alle drie in een uitdrukking, een glimlach of een bepaalde mimiek het kind terug dat ze waren geweest.

Ik voelde me verantwoordelijk voor hun toestand. Ik vervloekte wat de gevangenis hun had aangedaan, wat die ieder van ons had aangedaan.

CASABLANCA

Ik zal nooit vergeten wat een diepe indruk het op me maakte toen we via de arbeiderswijken in Casablanca aankwamen. Ik was helemaal vergeten hoe de stad eruitzag. De mensen liepen gehaast, verdrongen elkaar, verspreidden zich over de trottoirs en staken over zonder aandacht aan elkaar te schenken. Ik vond alles oorverdovend, de remmende auto's, het geschreeuw van de straatverkopertjes, een koets die werd getrokken door een paard, twee vrouwen die ruziemaakten, een politieagent die floot voor een snelheidsovertreding. Ik ademde benzinedampen in en etensgeuren die uit de restaurants en de kraampjes kwamen.

Het was voor het eerst in vijftien jaar dat ik in één keer zoveel mensen zag, dat mijn oren zoveel geluiden hoorden, dat mijn zintuigen zo werden geprikkeld. Het was alsof de bevolking van Marokko was verdriedubbeld. Alles was groter, nieuwer, moderner. Er waren meer vrouwen en ze waren Europees gekleed, opgemaakt en verzorgd.

Die ononderbroken stroom van mensen die met gebogen hoofd liepen, zonder te weten waar ze heen gingen, deed me denken aan de film van Chaplin, *Modern Times*. Ze wekten bij mij een vreemd gevoel van medelijden op. Al met al waren zij veel meer te beklagen dan ik.

Ik vroeg me verbijsterd af: is dat nou leven, is dat nou vrijheid? Zij zijn evenzeer gevangenen als ik dat was...

Talloze kleinigheden die ik in mijn eerdere leven nooit had opgemerkt, vielen me op: de flatgebouwen als konijnenhokken, de lege blikken, de armoede, de vermoeidheid, de nutteloze opwinding.

Mijn metgezellen piekerden waarschijnlijk niet over dezelfde dingen als ik, althans niet in die vorm. Abdellatif zat met open mond van verbijstering, Raouf en Maria zwegen. De taxi reed te hard. Telkens als hij plotseling stopte, was ik bang. Na alle moeite die we hadden gedaan, was dit niet het moment om bij een ongeluk om te komen.

De chauffeur begon te mopperen. Hij vertrouwde ons niet, wilde de politie waarschuwen.

'Ik mag jullie niet meenemen naar het centrum...'

Raouf wist hem te overtuigen door uiterst diplomatiek te werk te gaan. Alles welbeschouwd, hadden we hem een stukje massief goud gegeven met een waarde van 2500 dirham, voor een rit die nauwelijks vijftig dirham waard was.

Raouf gaf hem het adres van het huis van Jamila, zijn jeugdliefde, dat in de wijk Anfa lag. Terwijl de chauffeur naar de straat zocht, keek ik om me heen zonder iets te herkennen. Het was alsof ik op een andere planeet aanlandde. We waren, als in de roman van Swift, lilliputters die in het land van de reuzen aankwamen.

Anfa heeft altijd op Beverley Hills in het klein geleken. De enorme villa's staan op regelmatige afstand naast elkaar. Sommige lijken op paleizen. Allemaal hebben ze een zwembad, een tennisbaan, een golfbaan, kaarsrecht gesnoeide gazons en perken met allerlei verschillende bloemen. In de garages staan tientallen fonkelende auto's te wachten. Hele scharen chauffeurs, tuinmannen, hofmeesters en kamermeisjes zorgen voor het comfort van hun bazen.

Maar vijftien jaar later leken de huizen me nog luxeuzer, de tuinen nog indrukwekkender en de tentoongespreide rijkdom nog buitensporiger. Dat was waarschijnlijk ook zo, en ook hadden al die schoonheid en de smerige gevangenis die wij waren ontvlucht niets met elkaar gemeen.

De taxi zette ons af en vertrok weer zonder te wachten. Jamila was verhuisd. We voelden ons in de steek gelaten, maar ik wilde niet stil blijven staan bij dat akelige gevoel. Ik stelde de drie anderen voor dat zij even opzij bleven staan en ik liep naar een villa toe. Een tuinman met een wit schort voor was het gazon aan het besproeien.

Ik groette hem uit de hoogte en vroeg hem of hij de vrouw des huizes wilde roepen, voorwendend dat ik een afspraak met haar had. Hij bekeek me van top tot teen en zwaaide daarna met zijn tuinslang en bedreigde me daarmee terwijl hij me beval op te krassen.

'Ga gauw of ik roep de politie. Mensen van jouw soort komen hier niet.'

Ik maakte me uit de voeten en rende naar de anderen toe. Ik was gekwetst en vernederd. In de tijd van de oude Malika had die man niet eens tegen me durven praten. En nu werd ik als een armoedzaaier weggejaagd...

We liepen verder zonder precies te weten wat we moesten doen. Ik koos op goed geluk een villa uit met een mooi bewerkte smeedijzeren deur en belde via de intercom. Een vrouwenstem antwoordde. Ik vroeg haar of ze me water wilde geven. De Marokkaanse traditie vereist dat je een bedelaar dat verzoek nooit weigert.

Een allerliefst kamermeisje met een roze schort en een mutsje dat koket op haar goed gekapte haren stond, kwam het huis uit. Afgunstig op haar uiterlijk bekeek ik haar uitvoerig voordat ik tegen haar begon te praten. Mijn wanhopige blik schrikte haar waarschijnlijk af, want ze maakte aanstalten om terug te deinzen.

Toen gaf ik mijn deuntje weer ten beste, België, vijftien jaar weg geweest, een miskraam, en ik vroeg haar of ik kon telefoneren. Het begon tussen ons te klikken, maar ze antwoordde dat ze het eerst aan haar baas moest vragen.

Ze deed de deur weer dicht. Ik gebaarde naar de anderen dat ze zich achter de haag van bougainville verborgen moesten houden.

Een paar minuten later ging de deur weer open en daar stond een grote knappe man van een jaar of vijftig met peper-en-zout-kleurig haar, gekleed in een badjas. Ik stoorde hem waarschijnlijk bij het toilet maken want hij had een elektrisch scheerapparaat in zijn hand. Hij rook lekker, hij was verzorgd, hij bevond zich op lichtjaren afstand van de zielenpoot die ik was en wier uiterlijke verschijning hem helemaal niet beviel.

De manier waarop ik me uitdrukte, redde de situatie. Ik richtte me meteen tot hem in mijn meest perfecte Frans, in de best gekozen bewoordingen. Mijn taalgebruik stelde hem waarschijnlijk gerust en hij begon me met 'beste mevrouw' aan te spreken.

'Mijn kamermeisje vertelde me dat u een miskraam hebt gehad, ik hoop dat u geen bloeding hebt. Ik ben dokter, ik kan u naar het ziekenhuis brengen.'

Ik stamelde wat vage uitleg en begon weer met mijn verhaal over België, en vroeg hem toen, zonder hem de tijd te gunnen na te denken, of ik mocht bellen. Hij vond het goed en verzocht me binnen te komen.

Zijn huis leek mij een paleis, en toch had het niets luxueus. Maar het rook naar orde, netheid en burgerlijk comfort, met zijn witte muren, zijn terracotta tegeltjes op de vloer en zijn groene planten die voor de ramen stonden te bloeien. De telefoon stond op een mooi tafeltje, naast de telefoonboeken.

Ik was niet vergeten hoe je de telefoon moest gebruiken, maar mijn hart begon harder te kloppen toen ik de hoorn opnam. Ik voelde me als in *Hibernatus*, die film met Louis de Funès, waarin de hoofdpersoon na jarenlang te hebben geslapen weer tot leven komt en zich niet mag verraden. Ik was die 'Hibernatus' en ongewild beging ik de ene stommiteit na de andere.

De lijn van mijn grootvader was steeds bezet. Dokter Arfi – zo stelde hij zich voor – wees me erop dat ik zes cijfers moest draaien, terwijl ik er, zoals in mijn tijd, steeds maar vijf draaide.

'Ja,' zei ik op onverschillige toon terwijl mijn hart als een razende tekeerging omdat ik mezelf bijna had verraden, 'dat weet ik. Maar zo gaat het altijd, zelfs wanneer je ze in Brussel belt. Het zijn zulke kletskousen...'

Hij bood me een kop koffie aan. Toen bekende ik hem dat ik in gezelschap was van mijn man, mijn zus en mijn zwager. Dat scheen voor hem geen probleem te zijn en daarom gebaarde ik naar de anderen om binnen te komen, terwijl hij zich ging aankleden.

Het kamermeisje kwam met een blad vol heerlijkheden: verrukkelijk ruikende koffie, koekjes, brood en jams. We keken elkaar allemaal zwijgend aan. We hadden zo'n honger dat het voor ons onmogelijk was wat dan ook aan te raken, want anders hadden we in een paar minuten alles verslonden, het eten, het kamerbrede tapijt, de meubels en zelfs de hond. Die fascineerde Abdellatif, die nooit een hond had gezien. Het was een kleine, speelse cockerspaniël die hem likte en op zijn achterpoten ging staan om te laten zien hoe blij hij was. Mijn broer was opgetogen en angstig tegelijk.

We gingen allemaal in de salon zitten, stokstijf, bang dat we de witte vloerbedekking vuil zouden maken met onze erbarmelijke schoenen, die onder de modder zaten en doorweekt waren van de dauw. De dokter kwam na oneindig lange tijd bij ons zitten. Hij droeg een kostuum, een schoon overhemd, een stropdas, voor ons het toppunt van elegantie.

Hij begon op bijna mondaine wijze een gesprek en bood ons koffie aan. Ik vertelde hem dat we vrienden hadden in Casablanca, ik noemde de familie B.J. en de familie B., allebei uit de gegoede burgerij. Zijn gezicht klaarde op. Hij was op bekend terrein.

'Ongelooflijk,' zei hij, 'dat zijn ook vrienden van mij.'

Gerustgesteld door die gemeenschappelijke relaties stelde hij ons voor ons met de auto bij de B.J.'s af te zetten.

Die behoorden tot een bankiersfamilie in Casablanca. Een van de zoons, Kamil, die iets ouder was dan ik, werd beschouwd als de mooiste jongen van zijn generatie. Zijn jongere broer, Laarbi, was een van mijn boezemvrienden. Tijdens mijn laatste vakantie in Kabila, vlak voor de staatsgreep, had ik zijn verjaardag thuis georganiseerd. Ik zag hen elke dag en was erg op hen gesteld.

Toen de dokter ons voor hun huis had afgezet, zei ik tegen de kinderen dat ze zich weer moesten verstoppen en ik ging zonder aan te bellen naar binnen door de deur open te duwen. Plotseling was het alsof die vijftien jaren niet waren verstreken. Ik herkende alles, de meubels, de schilderijen, de vertrouwde geuren. Het duizelde me.

Het leek alsof er niemand thuis was. Ik aaide de hond die me hartelijk begroette en daarna ging ik eens in de keuken kijken. Ik zag een telefoon. Zonder na te denken draaide ik een nummer, dat van mijn grootvader. Telkens nam er iemand op en antwoordde 'Hallo' op een onaangename toon. Hoewel ik flink was geschrokken, bleef ik het koppig steeds weer proberen.

Ten slotte begreep ik dat het een binnenlijn was en toen herkende ik de stem. Het was Laarbi's stem. Ik vroeg hem naar beneden te komen zonder te vertellen wie ik was. Mopperend gehoorzaamde hij.

Toen hij de kamer binnenkwam, stond ik versteld van zijn verschijning en het duurde even voordat ik hem herkende. Ik had een slanke jongeman van vijfentwintig gekend en tegenover me stond een grijzende veertiger met een onmiskenbaar buikje.

We begroetten elkaar. Hij scheen niet te weten wie ik was.

'Ik ben Malika,' zei ik.

'Welke Malika?'

'De dochter van Haja[1].'

Ik kon mijn achternaam niet uitspreken. Ik was bang om mijn identiteit bekend te maken en die angst heeft me nog jaren achtervolgd.

'Ik begrijp het niet.'

---

1 El Haj voor een man of Haja voor een vrouw: zo worden uit respect de gelovigen genoemd die de pelgrimstocht naar Mekka hebben gemaakt.

Ik slaagde er, niet zonder moeite, in te zeggen: 'Oufkir, Malika Oufkir.'

Hij stond als aan de grond genageld.

'Wat wil je?' vroeg hij met een stem die tegelijk nors en verwaand klonk.

Ik vertelde dat we waren vrijgelaten, dat ik met Raouf, Maria en Abdellatif was. Ik trilde van angst, maar ik was vooral de kluts kwijt. Al die jaren in de gevangenis hadden we ons gedragen als onschuldige mensen, zeker van onze rechten. We waren slachtoffers en geen schuldigen, zoals Laarbi me met zijn ontvangst probeerde wijs te maken. Nooit had ik me kunnen voorstellen dat onze eigen vrienden zo'n compleet geheugenverlies aan de dag konden leggen.

Laarbi had me zojuist mijn eerste oorvijg gegeven.

Ik liet mijn trots varen terwijl ik mijn best deed aan de anderen te denken en aan alles wat we nog zouden ondernemen.

'Ik heb geld nodig,' zei ik koel tegen hem. 'En verder zou ik graag willen dat je ons naar het station brengt.'

Ik had van het bestaan van die spoorlijn gehoord door de taxichauffeur te ondervragen. In mijn tijd reed er nog geen trein tussen Casablanca en Rabat.

Zonder een woord te zeggen liep hij de keuken uit, kwam een paar seconden later terug en reikte me driehonderd dirham aan, dat wil zeggen ongeveer honderdtachtig franc. Het bedrag leek me voldoende en zelfs royaal. Ik wist niet dat de dirhams van 1987 niet meer dezelfde koopkracht hadden als die uit mijn tijd.

Laarbi hield een stichtelijk praatje tegen me, waarbij hij me verbood in de buurt van zijn oudere broer te komen, die sinds de dood van hun oom depressief was. Kamil, dat wist ik zeker, zou ons nooit hebben behandeld zoals Laarbi deed. Hij was altijd vriendelijk, menselijk en gevoelig geweest. En trouw. Maar ik had geen tijd om te kijken of dat klopte.

Laarbi haalde de auto uit de garage. Hij keek naar de kinderen met evenveel minachting als angst, zonder enig medelijden met hun deerniswekkende toestand, en beduidde ons toen in te stappen en leverde ons als balen vuil goed voor het station af.

Die ontmoeting had me een knauw gegeven, maar ik wilde niet lang stil blijven staan bij een onaangenaam gevoel. Ik voelde me rijk met die dirhams op zak en mijn eerste uitgave was bestemd voor Abdellatif. Ik kocht *L'Equipe* voor hem. Hij had dankzij de radio het voetballen ontdekt en kende de samenstelling van de Franse en Marokkaanse elftallen evenals het verloop van de kampioenschappen uit zijn hoofd.

We voorzagen onszelf van sigaretten terwijl we dachten aan Soukaïna. Ze rookte zo graag dat ze in Bir-Jdid gras en bladeren die Halima van de binnenplaats had geraapt, liet drogen en vervolgens in 'dozenpapier' of 'saffraanpapier' rolde.

Het kopen van de kaartjes vergde meer energie van ons. We waren bang voor de mensenmassa en vooral voor de controleurs met hun uniformen. Het reusachtige portret van de koning, dat aan een van de muren hing, bezorgde ons weer een aanval van paniek, zodat we hijgend en trillend weer naar buiten renden alsof Big Brother in eigen persoon achter ons aan zat.

Het was natuurlijk stom, maar we konden er echt niets aan doen.

Ten slotte stapten we in de trein, ons bewust van ons ongewone voorkomen en van de blikken die op ons waren gericht. We gingen in een coupé zitten, we bestelden koffie en staken onze sigaretten op met, voor het eerst sinds uren, een gevoel van vrijheid. Maar toen de conducteur binnenkwam om onze kaartjes te controleren, begonnen we weer van top tot teen te trillen.

Naast ons gaf een Frans echtpaar commentaar op de corruptie van het regime, op de pracht en praal bij het feest van de Troon, de uitgaven die er gedaan waren, de toeristen die, ondanks hun gereserveerde kamers, uit La Mamounia[1] waren gezet omdat de

1 Luxehotel in Marrakech.

regering hun kamers voor die gelegenheid had opgeëist. Hun gesprek sterkte ons in de gedachte dat wij niet de enigen waren die kritiek hadden op de macht.

Af en toe wierpen de Fransen ons nieuwsgierige blikken toe. We hadden dolgraag met hen willen praten, hen op de hoogte willen stellen van ons lot. Ze leken sympathiek, open, maar zouden ze ons niet ondanks hun mooie woorden aangeven?

We waren al te wantrouwig geworden.

We slikten onze roep om hulp in.

De shocktoestand van Abdellatif werd erger naarmate hij meer ontdekkingen deed. Hij had nog nooit van zijn leven een krant gezien. Hij keek met open mond naar de foto's van de spelers met hun voetbal. De enige voetbal die hij kende, was de bal die wij in de gevangenis voor hem hadden gemaakt.

Zijn verbijstering nam nog toe toen de trein vertrok en steeds harder begon te rijden. Zijn lip hing omlaag; met verwilderde blik staarde hij naar het landschap. Raouf probeerde hem op te vrolijken, maar dat was vergeefse moeite. Tot ons grote verdriet was Abdellatif een primitieve jongen, die al met stomheid was geslagen bij deze stortvloed van nieuwe kennis en gewaarwordingen.

Gedurende de vijf dagen dat we op de vlucht waren, had hij voortdurend het gevoel dat hij in een rijdende trein zat. In Tanger, in de bar van hotel Ahlan waar we onze intrek hadden genomen, vroeg hij me of de trein op den duur zou stoppen.

RABAT

Met een angstig gevoel liepen we door het centraal station van Rabat. Had men alarm geslagen? Zouden we op het perron worden opgepakt? Of buiten? Maar nee, niets scheen abnormaal te zijn, er was geen enkele politieagent te zien. We liepen aarzelend naar de taxistandplaats. Dat station was veel te groot, veel te nieuw, veel te druk. De menigte drong ons opzij, de mensen leken gehaast, ze wisten waar ze heen gingen. Maar op ons zat niemand te wachten.

Raouf en Maria stapten in de eerste taxi en ik nam met mijn broertje een tweede taxi. Het was negen uur 's ochtends. We zouden elkaar weerzien bij de Franse ambassade.

Een Marokkaanse politieman hield de wacht bij de deur. Ik aarzelde even en stapte toen op hem af.

'Ik wil naar binnen,' zei ik.

'De ambassade is gesloten,' antwoordde hij, alsof het vanzelfsprekend was.

Het duurde een paar minuten voor ik het begreep. Het was maandag 20 april ofwel paasmaandag. Ondanks de zorgvuldigheid van onze planning, hadden we niet aan dit belangrijke detail gedacht. Wie weet wat er was gebeurd als we een dag later waren ontsnapt!

Raouf kwam erbij en probeerde een gesprek aan te gaan, maar de politieman keek ons wantrouwig aan. Hij had snel ontdekt dat we er niet netjes uitzagen. Hij bestookte ons met vragen, vroeg zelfs of we niet achtervolgd werden. Zijn blik gleed vol minachting over ons heen, van onze dun behaarde schedels tot onze bemodderde schoenen.

Zonder hem de tijd te gunnen ons nog verder te ondervragen, stapten we weer in de taxi's. Ook de chauffeur keek me argwanend aan toen ik hem vroeg ons bij de ambassade van de Verenigde Staten af te zetten.

Dat was ons enige reserveplan voor het geval dat het verzoek om politiek asiel bij de Franse ambassade niet zou werken.

'Waarom zie je eruit alsof je wordt opgejaagd?' vroeg hij me. 'Waar kom je vandaan? Er is iets niet in de haak met jou. Je ziet eruit als een Europese, maar, nee, absoluut, je hebt echt iets vreemds...'

We gaven geen antwoord. Terwijl hij bleef vragen en wij bleven zwijgen, kwamen we bij de Amerikaanse ambassade aan. Ik besloot in mijn eentje mijn kans te wagen. Een Marokkaanse politieman hield me bij de deur tegen en vroeg me mijn bundeltje neer te leggen. Daarin had ik de revolver opgeborgen die Abdellatif had gemaakt en die sprekend op een echte leek. Ik was bang dat hij zou denken dat ik een terroriste was.

Ik stamelde dat het speelgoed van mijn broer erin zat. Maar de man pakte de tas uit mijn handen, gooide die in een hoek van zijn wachthokje en zei dat ik hem terugkreeg als ik weer buiten kwam.

Ik was doodsbenauwd. We wisten zo zeker dat we zouden slagen bij de Franse ambassade dat we er niet op waren voorbereid dat we, mocht het mislukken, moesten improviseren. We hadden er ook de geestkracht niet voor. In de toestand van haveloosheid en paniek waarin we verkeerden was het nog mogelijk om een scenario toe te passen dat we wekenlang zorgvuldig hadden uitgewerkt en uit ons hoofd hadden geleerd. Maar een onverwachte situatie het hoofd bieden vergde een haast onoverkomelijke inspanning.

Ik was de kluts kwijt.

Trillend liep ik een hellend pad af dat naar de kantoren van de ambassade leidde. Rechts was een glazen wachthokje waarin twee geüniformeerde GI's stonden die op hun beeldscherm het komen en gaan in de gaten hielden. Tegenover hen stond aan mijn linkerkant een Marokkaan in pak en stropdas op wacht voor een ketting waarachter de ingang van de kantoren lag.

Ik vroeg aan de Marokkaan om immigratieformulieren, ik wilde graag weten hoe je die moest invullen. Terwijl hij me antwoordde, dacht ik zo snel mogelijk na. Ik hoefde die ketting voor me maar weg te rukken en ik zou op Amerikaans grondgebied staan. Aan de andere kant waren ambtenaren druk in de weer. Ik probeerde hun aandacht te trekken, ik legde een smekende blik in mijn ogen, maar tevergeefs.

Er kwam een man naar de Marokkaanse oppasser toe. Hij toonde hem zijn badge en de oppasser tilde de ketting op. Ik aarzelde nogmaals over de houding die ik moest aannemen. Moest ik achter hem aan rennen, over die ketting heen springen en jankend om politiek asiel vragen? Maar als ze mij accepteerden, wat zou er dan met de drie anderen gebeuren? Zouden ze tegengehouden worden? Aangegeven? Gearresteerd?

Als de Marokkaan een Amerikaan was geweest, zou ik zonder nog langer te aarzelen over de ketting zijn gestapt. Hij zou voor mij de bevrijding, Amerika, de mensenrechten hebben vertegenwoordigd. Maar kon ik vertrouwen hebben in een landgenoot? En als hij me de weg versperde?

Toen ik eindelijk had besloten tot actie over te gaan, was het te laat. In hun glazen wachthokje waren de GI's achterdochtig geworden. Ze spraken met elkaar in het Engels terwijl ze naar me wezen en daarna blaften ze in hun luidspreker tegen de Marokkaan, waarbij ze zeiden dat ik er merkwaardig uitzag. Een van hen kwam zijn hokje uit en liep naar me toe.

Ik raakte in paniek. Ik raapte de formulieren bij elkaar, pakte mijn tas en ging er rennend vandoor, terwijl mijn hart als een razende bonsde. Ik kwam weer bij het groepje in de taxi's. Het was een debacle. We konden alleen nog naar de ambassade van Groot-Brittannië en die van Spanje. Maar die waren ook gesloten.

We wisten niet meer wat we moesten doen.

Iemand anders kon ons helpen, een vriend van mijn grootvader, een Berber, net als hij. Een van zijn dochters had op het Paleis bij mij in de klas gezeten. We vroegen de taxi's ons naar Agdal te brengen, de wijk waar hij woonde met zijn gezin, zijn vrouw Lalla Mina, en zijn dochters Latifa en Malika. Indertijd stond Agdal helemaal vol met schitterende villaatjes. Maar alle huizen waren met de grond gelijk gemaakt en vervangen door flatgebouwen.

We herkenden niets meer. De taxi's reden in kringetjes rond en we raakten steeds meer verdwaald. Toen herinnerde ik me dat hun huis naast het postkantoor stond. Gelukkig was dat het enige huis dat niet was afgebroken.

De bewaker vroeg me wie hij moest aandienen. Ik zei dat ik wilde spreken met Lalla Mina, en dat ik Malika was, de dochter van Haja Fatima.

Hij kwam terug en vertelde met een argwanende blik: 'Ze kent niemand met die naam. Als je niet meteen maakt dat je wegkomt, roept ze de politie.'

Ik bleef volhouden.

'Zeg tegen haar dat ik Malika ben, de dochter van Oufkir.'

Hij stopte plotseling, verbaasd, bijna verschrikt.

'Dring niet verder aan,' zei hij ten slotte tegen me, 'dat heeft geen zin. Ze wil er niets van weten.'

Maar hij sloot heel voorzichtig de tussendeur van de salon naar de hal en keek me vragend aan. Ik vroeg hem waar Latifa woonde.

'Ze woont in Agadir.'

Malika, haar zus, woonde aan de andere kant van de straat. Ik had haar goed gekend, ze was in haar jeugd onderwijzeres geweest. In de tijd dat mijn vader nog directeur van de nationale veiligheidsdienst was, kwam ze thuis om de kinderen privé-les te geven. Ze was nu getrouwd met een aannemer en was huismoeder.

Zonder veel hoop besloot ik mijn kans te wagen. We gingen voor de flat staan wachten tot ze terugkwam. Omstreeks halfeen zagen we een auto parkeren. Er stapte een dame op leeftijd uit, gevolgd door haar vier kinderen op een rijtje, als een kip die voor haar kuikens uit loopt. Malika moest bij iedere zwangerschap wel tien kilo zijn aangekomen.

Ik liep naar voren. Ze keek me strak aan en haar gezicht verstarde. Hoe dichter ik in de buurt kwam, des te meer ze haar gezicht vertrok.

Ten slotte verscheen er een grimas, ze deinsde achteruit en begon te huilen.

'Waarom ik nou?' brulde ze. 'Waarom doe je mij dat aan? Je hebt het recht niet... Kinderen, ga gauw naar binnen,' ging ze verder, op het randje van hysterie.

Ze week steeds verder achteruit terwijl ze me met haar armen wegjoeg alsof ik een melaatse was.

We gingen terug naar het centrum om op het hoofdpostkantoor onze brieven te versturen. We hadden er een stuk of twintig geschreven aan politici en kunstenaars, onder wie Alain Delon, Simone Signoret, Simone Veil, Robert Badinter en José Artur... We wilden ook telefoneren. We gingen een telefooncel in maar we konden het apparaat niet aan de praat krijgen.

Telkens als er iemand in de buurt kwam, gingen we snel de telefooncel uit, alsof we achtervolgd zouden worden. Ondanks onze angst moesten we toch lachen, waardoor we voor een paar minuten vergaten dat we vluchtelingen waren. Maar we kregen het niet voor elkaar ook maar één nummer te draaien.

De tijd verstreek. We moesten ergens een toevlucht zoeken. Alleen onze jeugdvrienden konden ons nog helpen, en een van hen was Reda, de boezemvriend van Raouf. Hij woonde indertijd vlak naast ons aan de Allée des Princesses. Om bij Reda te komen moesten we langs ons oude huis. Ik had Abdellatif altijd beloofd dat ik het hem een keer zou laten zien. Hij herinnerde het zich niet meer, maar hij hoorde ons er graag met heimwee over praten.

Het was nu of nooit.

Ik sprak met de twee anderen af voor het huis van Reda en bleef met Abdellatif achter om op weg naar ons huis te gaan.

Ik was bang voor wat ik zou aantreffen, voor de veranderingen die de nieuwe huurders hadden aangebracht. Zouden ze het huis gerespecteerd hebben? Lag mijn kamer nog steeds tussen het zwembad en de sauna? En de tuin? Zouden de bloemen waarvan ik zo hield er nog zijn?

Toen we bij de entree kwamen, dacht ik dat ik op het verkeerde adres was. Waar ooit de statige okerrode villa had gestaan, omringd door een altijd groen gazon, lag alleen nog een onbebouwd terrein. Na ons vertrek was het huis geplunderd. De mensen van het hof die vroeger bij ons thuis kwamen, hadden flink toegetast, de een de meubels, de ander de schilderijen, weer een ander de tapijten of de sieraden van mama, de fotoalbums, de snuisterijen, de kleren en de souvenirs...

Daarna had Hassan II het huis met de grond gelijk laten maken. Het bestond niet meer, zoals wij niet meer bestonden. Door die brute daad had hij ons weggevaagd.

De klap kwam hard aan. Dat huis was voor mij heel belangrijk. Op het Paleis was het voor mij het middelpunt van mijn gedachten geweest, het symbool van een normaal en gelukkig thuis, het vredige oord waarnaar ik verlangde.

Al die jaren in de gevangenis had ik me eraan vastgeklampt, zag ik het duidelijk voor me. 's Nachts liep ik, voordat ik in slaap viel, door alle kamers en bekeek ik alle details. Het was mijn navelstreng, het laatste wat me verbond met mijn vader en met de gelukkige dagen die voorbij waren.

Nu het huis was verdwenen, was ik in één klap al mijn houvast kwijt. Ik voelde me bezoedeld, verkracht, gekwetst. Voor de zoveelste keer alleen op de wereld. Niets had nog zin. Om Abdellatif niet ongerust te maken zei ik maar dat ik was verdwaald, dat ik niet meer wist waar het huis stond. Hij accepteerde de leugen zonder morren.

De taxi vertrok weer naar het huis van Reda. Er stond een tuinman voor de deur.

'Reda?' zei hij tegen me, alsof hij het tegen een idioot had. 'Die is getrouwd, Reda. Hij woont hier niet meer... Zijn ouders? Maar die wonen in Frankrijk, zijn ouders...'

Doordat ik bleef aandringen liet hij ten slotte met tegenzin los dat Reda voortaan in het appartementencomplex Zahwa woonde. We stapten weer in de taxi's, meer ontdaan dan ooit. Bij de ingang van het complex hield de bewaker ons tegen, achterdochtig, onderzoekend, waarschijnlijk een verlinker, zoals de meeste Marokkaanse conciërges.

Ik vroeg hem achteloos waar het appartement van Reda was.

Ik liep er voorzichtig heen, alsof er gevaar dreigde. Ik had het gevoel dat ik een gevaarlijke grens overstak, waarbij ik ieder moment door een kogel getroffen kon worden.

Ik belde aan. Een dienstmeisje deed open. Reda was zojuist weggegaan, ze wilde me niet vertellen waar hij lunchte. Ik vroeg haar om een glas water en smeekte haar me te laten telefoneren.

Ik wilde José Artur bellen bij France Inter. Naar zijn programma hadden we zo vaak geluisterd tijdens onze gevangenschap, dat hij vast en zeker in staat zou zijn ons te helpen... Maar ze beduidde me te vertrekken zonder op mijn verzoek in te gaan.

Ik probeerde nog door te praten, toen ik in de lucht het karakteristieke gebrom van een helikopter hoorde. Ik pakte de jongen bij zijn hand en vloog de trappen af. Maria en Raouf, die aan de ingang van het appartementencomplex op me wachtten, begonnen ook te rennen.

Het toestel vloog zo laag dat je duidelijk de soldaten daarbinnen met hun machinepistool op hun knieën kon zien zitten. We renden weer verder en verstopten ons met zijn vieren trillend achter de cipressen, dicht tegen elkaar aan gedrukt. We wisten niet dat onze grootvader ook in dit complex woonde en dat de politieagenten daar met hun speurwerk waren begonnen.

Raouf kreeg weer een nieuw idee, het zoveelste, maar zoals we er nu voor stonden, konden we niet kieskeurig zijn. Naast het appartementencomplex Zawha lag de villa van andere jeugdvrienden, Patrick en Philippe Barère, Fransen uit Marokko. We hadden altijd op goede voet met hen gestaan en we mochten hun ouders graag, vooral hun moeder, een echte kloek, die altijd bezorgd was over haar kroost.

Nadat we een paar minuten hadden gelopen, vonden we het huis, dat, klein en charmant, was omgeven door bomen en een gazon.

Een dienstmeisje deed ons open.

'We willen mevrouw Barère spreken. Wij zijn Malika en Raouf Oufkir.'

Ze deed de deur weer dicht. We waren op alles voorbereid. Weggejaagd te worden als dieven, beledigd, geminacht, aangegeven te worden. We waren uitgeput, uitgehongerd, verkleumd en wanhopig. Niet in staat nog één stap te verzetten.

En toen hoorden we iemand door de gang rennen en ging de deur plotseling weer open. Michèle Barère stond voor ons, in tranen.

Ze kon geen woord uitbrengen, zo hard huilde ze.

Ze spreidde haar armen wijdopen en drukte ons stevig tegen zich aan terwijl ze mompelde: 'Mijn kinderen, mijn lieve kinderen, wat een geluk.'

Ze liet ons binnenkomen. Voor het eerst sinds we ontsnapt waren, voelden we ons veilig.

Ze zat koffie te drinken met haar man, en nodigde ons alle vier uit met haar mee te komen. Luc Barère was eigenaar van een houtfabriek. In de tijd dat wij hem kenden, was hij een vooraanstaand man op het Paleis. Hij stond op en omhelsde ons. Hij leek heel verbaasd ons te zien. Ik vertelde hem dat we waren vrijgelaten.

'Hoe dan? Niemand heeft het op de radio of op de televisie bekendgemaakt...'

'Zo gaat het nou eenmaal. Toen we verdwenen, gaf ook niemand uitleg...'

Mijn antwoord was geloofwaardig. Hoeveel mensen die verdwenen waren, waren niet op zekere dag 'weer verschenen', zonder dat men wist waarom of hoe? Ik ging in één adem door. Mama en de anderen zouden binnenkort vrijkomen, er zou een tweede transport plaatsvinden. We hadden wat geld gekregen voor de reis.

Ik voelde me niet erg op mijn gemak toen ik die leugens opdiste. Ik voelde wel dat hij sceptisch was.

En mij kostte het heel veel moeite om het spel van de bevrijding te spelen, te doen alsof alles normaal was, en niet te kunnen uiten wat er allemaal door mijn hoofd ging. Ik had daar in hun

zo keurig geordende salon, te midden van hun leuke snuisterij-
tjes, die met liefde op ieder goed gewreven meubel waren neergezet, wel willen schreeuwen dat we gezocht werden, opgejaagd
door alle Marokkaanse politieagenten; dat we vijftien jaar hadden geboet voor een misdaad die we niet hadden begaan; dat
mama, Soukaïna en Myriam nog opgesloten zaten, misschien op
dit tijdstip wel gemarteld werden, om ze te laten bekennen waar
wij waren...

Ik was aan het wankelen gebracht door angst, benauwdheid,
opstandigheid, schuldgevoel en woede. Zonder ons was het leven doorgegaan... Doordat wij weer verschenen, werd de wereld
in zijn loop verstoord en werden zelfs de mensen die van ons gehouden hadden bang. Vijftien jaar waren we spoken geweest
wier naam men liever niet uitsprak of anders heel zacht, uit vrees
voor represailles.

Maar ook ik kon niets zeggen, ik moest me beperken tot glimlachen, doen alsof, de afgesproken woorden spreken, waarvan de
alledaagsheid het drama dat we bezig waren door te maken aan
het oog onttrok.

Luc Barère kondigde aan dat hij naar zijn werk moest, wat ons
geruststelde. Dan hoefden we minder te huichelen. En zijn
vrouw geloofde ons op ons woord en was druk bezig in de keuken, terwijl ze eten en drinken te voorschijn haalde, waarbij ze
steeds maar zei: 'Arme kindertjes, wat ben ik blij...'

Zo brachten we een paar uur door, terwijl we onze honger stilden en dronken, maar we bleven steeds op onze hoede. Toch was
het een welkome rustpauze. Michèle Barère sprak over onze
vroegere vrienden. Ze vertelde hoe ons huis met de grond gelijk
was gemaakt en wie van de hovelingen ruzie had gemaakt om
het te kunnen leeghalen. Ik had moeite om niet te gaan huilen.

Ze vertelde me ook dat mijn dappere grootmoeder, Mamma
Khadija, een jaar of tien terug was overleden, de vrouw die op
haar bromfiets als bemiddelaarster was opgetreden om post en
pakjes aan de politieagenten in Tamattaght te overhandigen.

Mijn grootvader was kort daarna hertrouwd met een heel jonge vrouw.

Ze zei ook dat een van haar zoons, Philippe, die tegenwoordig in Frankrijk woonde, op doorreis was in Marokko met zijn vrouw Janine, een vroegere vriendin van de middelbare school. Hij zou zo blij zijn om ons weer te zien.

Ik, die zo bang was dat een van ons zich zou verraden, was verstijfd van angst toen ze de televisie aanzette. We hadden nooit kleurenbeeld gezien, behalve in de bioscoop. Er verscheen een tekenfilm op het reuzenscherm en Abdellatif installeerde zich voor de tv. Hij hoorde niets meer en keek niet meer naar ons, gefascineerd als hij was door het schouwspel. Hij was weer een jochie van drie geworden, dat lachte om de onbenulligste onzin. Ik was ongerust. Hij kreeg te snel te veel nieuwigheden te verwerken. En ik was bang dat Michèle Barère zou vermoeden onder welke omstandigheden we opgesloten hadden gezeten. Ik wilde zo min mogelijk details verstrekken.

Hoe later het werd, terwijl we over koetjes en kalfjes zaten te praten, des te meer ik overtuigd raakte van onze hachelijke situatie. Ik zag de dood onder ogen, want ons besluit om er een eind aan te maken als we weer gepakt werden, was onherroepelijk. Maar al was het gemakkelijk geweest in het isolement van onze gevangenis die beslissing te nemen, de terugkeer naar het leven maakte het veel moeilijker.

Luc Barère kwam aan het eind van de middag terug. Hij was niet van plan het op te geven. Hij geloofde geen woord van ons verhaaltje, stelde ons honderd keer dezelfde vragen zonder tevreden te zijn met onze antwoorden. Zijn vrouw probeerde hem tot rede te brengen en zei steeds tegen hem dat hij ons met rust moest laten.

'Je ziet toch dat die kinderen een nachtmerrie hebben doorgemaakt, Luc... En dan te bedenken dat al die mensen zich zo onverschillig tegenover hen hebben gedragen...'

We probeerden het gesprek een andere wending te geven, naar

deze of gene te vragen, maar hij ging voortdurend weer in de aanval. Ten slotte verklaarde hij dat onze vrijheid gevierd moest worden. Hij was van plan onze grootvader op te bellen, die dat goede nieuws wel verdiende. Hoe konden we hem dat uit het hoofd praten zonder al te zeer aan te dringen om zijn argwaan niet nog groter te maken?

'Hij is al oud,' zei ik, 'het zal een schok voor hem zijn ons in deze jammerlijke staat te zien. We knappen ons liever een beetje op voordat we hem bellen. Het is de enige familie die ons nog rest. We willen hem niet dood hebben.'

De waarheid lag natuurlijk heel anders. De politie hield ongetwijfeld zijn telefoon en zijn huis in de gaten. We zouden meteen gearresteerd worden.

Michèle Barère kwam ons te hulp.

'Gun ze de tijd om uit te rusten,' zei ze tegen hem, 'morgen gaan ze hem opzoeken. We zullen hem van tevoren inlichten,' voegde ze eraan toe om ons gerust te stellen. 'Ik zal hem zelf wel bellen.'

We zouden net aan tafel gaan, toen de huisdeur openging. We hoorden een man snikken in de gang. Philippe Barère had het bericht van onze terugkeer gehoord en kwam ons opzoeken met zijn vrouw en zijn zoon. Hij sloot ons huilend in zijn armen.

Hij herhaalde steeds dezelfde woorden: 'Het is niet waar, wat een nachtmerrie, waarom hebben ze jullie dat aangedaan?'

Daarna werd hij rustiger, hij keek ons aan en zei dat het feit dat hij ons weerzag het mooiste was wat het leven hem kon bieden.

Dat diner was een van de vreemdste en ook een van de moeizaamste van mijn hele leven. Philippe lachte nu en dan of staarde ons met een gelukzalige glimlach aan. Even later zat hij weer te snikken. We deden ons best normaal te blijven doen, maar we waren vreselijk aangeslagen en in elk geval volkomen uitgeput.

Na het diner liet Michèle Barère me boven onze kamers zien. Ik weigerde beleefd de kamer die ze me aanbood, onder het voorwendsel dat ik alléén wilde slapen. Ze stemde er zonder morren mee in dat ik ging liggen waar ik wilde, dat wil zeggen in een kamer waar een telefoon stond. Luc Barère kwam op zijn beurt naar boven en gaf me slaapmiddelen, opdat we allemaal een goede nachtrust zouden hebben. Ik pakte de tabletten aan en bedankte hem, maar zodra hij zich omdraaide, gooide ik ze snel in de wc.

Mijn paranoia werd met het uur erger.

We wasten ons om de beurt. Abdellatif ontdekte zijn eerste badkuip. Ik ging als laatste de badkamer in. Toen ik mijn jurk uittrok, merkte ik dat die bleef vastzitten. Ik moest er hard aan trekken en tegelijkertijd scheurde ik de huid van mijn benen los, die door het bloed aan de stof was vastgekleefd.

Zonder het ook maar te beseffen had ik mezelf ernstig verwond door me uit de tunnel te wurmen. De pijn was al vreselijk, maar het ergste moest nog komen. Mijn schoenen zaten vast aan mijn voeten. Ik kon ze onmogelijk uittrekken.

Ik deed mijn ogen dicht, telde tot drie en trok heel hard. Ik moest op mijn lippen bijten om het niet uit te schreeuwen. Ik had al mijn teennagels er afgerukt, waardoor er een bloeding ontstond. Het bloed verspreidde zich over de vaste vloerbedekking.

Radeloos zocht ik om me heen naar iets waarmee ik het schoon kon maken. Toen ging de deur open en ik sprong in de badkuip. Michèle Barère zag het bloed op de vloer.

'Wat is er met je?'

'Het is niets, ik deed de deur dicht terwijl mijn nagel ertussen zat.'

Ze begon in paniek te raken. De situatie begon uit de hand te lopen. Ze ging weg, ik waste me en droogde me af zo goed en zo kwaad als het ging en daarna ruimde ik de schade op. Ze had me een *gandoera* geleend om in te slapen, maar mijn voeten waren zo bloederig dat ik de hele nacht bleef zitten om het kledingstuk of de lakens niet te bevuilen.

Ik bracht de nacht al schrijvend door. Een brief aan Jean Daniel, gedichten, hulpkreten. Om een uur of vier 's ochtends pakte ik de hoorn en nam hem heel voorzichtig van de haak.

Aan de andere kant van de lijn vroeg Luc me of ik iets nodig had.

'Nee, ik hoorde de telefoon.'

'Je hebt gedroomd...'

Tegen halfzeven die dinsdagochtend stond ik op, kleedde me aan en ging vervolgens naar de anderen. Ze waren allemaal al wakker. Ik vroeg hun of ze zich snel wilden aankleden en ging toen de trap af naar de keuken.

Michèle Barère neuriede terwijl ze het ontbijt klaarmaakte. De tafel was gedekt, het rook in de kamer lekker naar geroosterd brood en koffie. Alles leek zo normaal. En we waren zo ver verwijderd van dat normale.

Ik omhelsde haar. Ze vroeg me liefdevol of ik lekker had geslapen. Ik bedwong mijn tranen, ontwapend als ik was door haar gelukzalige vriendelijkheid tegenover mij. Toen verbaasde ik me erover dat Luc er niet was.

'Ik kon hem onmogelijk tegenhouden... Je weet hoe hij is... Hij heeft de auto genomen om je grootvader te gaan waarschuwen.'

Ik ging naar boven om Raouf op de hoogte te brengen van het onheil. Daarna arriveerde Philippe om met ons te ontbijten. Raouf nam hem even apart en vroeg hem of hij in de auto met ons mee kon gaan.

'Natuurlijk. Waar willen jullie heen?'

'Dat vertellen we je wanneer we er zijn.'

Ik zei tegen Michèle Barère dat Raouf en ik een stukje gingen rijden met Philippe.

We hadden de oude Zweedse ambassade gevonden, die niet ver van het huis van zijn ouders lag. Het was onze laatste kans om politiek asiel aan te vragen, maar we geloofden er niet echt meer in. We wezen Philippe de weg en beduidden hem toen dat hij moest parkeren.

Hij keek ons lange tijd aan, zonder te praten. Onze gezichten waren, evenals ons stilzwijgen, veelzeggend. We legden hem onze situatie uit. Hij sloeg met zijn hoofd tegen het stuur terwijl hij kreten van verdriet slaakte.

'Waarom, maar waarom is die nachtmerrie nou nog niet afgelopen?'

We konden hem niet kalmeren. Toch bleven we zo rustig mogelijk tegen hem praten, als tegen een kind dat je wilt troosten.

'Luister eens,' zei Raouf tegen hem, 'we gaan de ambassade binnen en vragen politiek asiel aan. Als we er over een kwartier nog steeds zijn, betekent dat dat ons plan werkt. Als we er weer uitkomen, is het enige wat we je vragen dat je ons bij het station afzet.'

Nog steeds huilend stemde hij toe. Hij zou overal in hebben toegestemd.

We moesten in de rij staan om de ambassade binnen te kunnen en we kwamen maar niet aan de beurt. Na tien minuten werd Raouf ongeduldig. Hij pakte een vel papier en schreef met grote letters: 'De kinderen van generaal Oufkir vragen de Zweedse Staat om politiek asiel.'

We schoven het vel onder de glazen deur door waarachter een blonde reuzin zat. Ze greep het papier, las het en stond op. Toen ze stond, leek ze gigantisch. Ze wierp ons een vernietigende blik toe en sprak met nadruk: 'GO OUT.'

Vreselijk geschrokken gingen we ervandoor. Zweden, het land van de mensenrechten...

Philippe zat in de auto op ons te wachten. We moesten terug naar zijn huis om Abdellatif en Maria op te halen. Zijn moeder deed de deur voor ons open. Ze begreep niet waarom hij zo snikte. Waarschijnlijk weigerde ze het te begrijpen.

Daarna kwam Luc Barère binnen, gevolgd door mijn jonge oom Wahid die een opgezwollen gezicht en tranende ogen had. Barère was naar mijn grootvader gegaan, had Wahid aangetroffen en hem verteld dat wij waren vrijgelaten. Mijn oom was in zijn armen in elkaar gezakt.

'Ze zijn ontsnapt.'

Hij had het bericht gehoord van de DST. De politieagenten waren hem de vorige dag komen halen en hadden hem de hele nacht op zijn voetzolen geslagen om hem te laten bekennen waar wij waren.

Ze hadden hem een halfuur voordat Barère kwam thuis afgezet. Wahid had ons sinds ons vertrek naar Assa niet meer gezien. Hij had sinds Tamattaght niets meer van ons gehoord, behalve af en toe het bericht dat een van ons was overleden.

Zo hadden ze hem wijsgemaakt dat Myriam was gestorven en daarna Raouf en daarna ik. Hij liet me zweren dat mama en de anderen nog in leven waren. Hij schreeuwde, huilde, gesticuleerde en omhelsde ons om de beurt.

Ik was heel ontroerd hem weer te zien, ik hield van hem als van een broer, maar toch deed ik mijn best onbewogen te blijven. Dit was niet het moment om te zwichten. Ik was niet in staat om zijn ontreddering aan te horen. Ik wilde hem gehard maken, hem wakker schudden, hem duidelijk maken dat we ons leven op het spel zetten. Ik rilde vooral van angst dat hij gevolgd zou worden.

'Nu huil je, terwijl jullie ons vijftien jaar lang allemaal in de steek hebben gelaten,' zei ik koel. 'Als je het weer goed wilt maken, hoef je maar één ding te doen: vertel ons hele avontuur aan de internationale pers, want ze zullen ons niet levend te pakken krijgen. En verder zoek je het zelf maar uit, maar wij hebben geld nodig.'

Luc Barère begon te schreeuwen.

'Waarom heb je mij dat aangedaan? Ik vertrouwde jullie. Ik heb mijn huis voor jullie opengesteld! Ik zal niet meer kunnen werken in dit land! Ze zullen me uitwijzen...'

'Ik was niet van plan te liegen of je te manipuleren,' antwoordde ik. 'We zijn alleen op de wereld, we wisten niet waar we heen moesten, en dat we je niets hebben verteld, was om je te beschermen. Zeg maar tegen de autoriteiten dat je het niet wist en dat we jullie allemaal voor de gek hebben gehouden.'

Zijn vrouw probeerde hem te kalmeren. En Philippe wond zich op, terwijl hij hem verweet nooit iets voor ons te hebben ondernomen.

'We zijn allemaal fout, allemaal medeplichtig aan deze schande,' zei hij steeds.

Wahid had geen geld bij zich. Hij vroeg Barère om een lening en die overhandigde ons drieduizend dirham. Ik gaf mijn manuscript van het Verhaal aan Philippe en liet hem zweren dat hij het ergens zou begraven en het me ooit zou teruggeven. Hij beloofde het. Maar hij was zo bang geworden dat hij alles haastig vernietigde zodra wij buiten bereik waren.

Michèle Barère had ons schone kleren gegeven. Ik had een soort lavendelblauwe *gandoera* gekregen en sandalen met hoge hakken waarvan de bovenkant was opengewerkt, waarmee ik er op z'n minst merkwaardig uitzag. De kinderen en Raouf waren netjes gekleed.

We namen een taxi en vroegen of hij ons wilde afzetten bij het Agdal-station. Vertrekken vanaf station Rabat-Ville, dat in het centrum lag, was te riskant. We wilden naar Tanger.

TANGER

Waarom Tanger? In de eerste plaats omdat we niet meer wisten waar we naartoe moesten en we meenden dat die stad het einde van ons avontuur zou markeren. We sliepen te weinig, we waren moe, gedeprimeerd, wanhopig door de schokken en teleurstellingen die we sinds twee dagen te verwerken hadden gekregen. De andere reden, die wat concreter was, was dat de Barères me hadden verteld dat een van mijn vroegere aanbidders, Salah Balafrèj, eigenaar was van een hotel in Tanger. Misschien zou hij ons kunnen helpen.

Hoe dan ook, Casablanca en Rabat waren voor ons te gevaarlijk geworden en we moesten een doel hebben. Dus waarom niet Tanger?

Terwijl we op de trein wachtten, zochten we onze toevlucht op een parkeerterrein en om niet ontdekt te worden verstopten we ons onder auto's. We moesten tweeënhalf uur door zien te brengen. Raouf ging de kaartjes halen en kwam zich toen weer bij ons verstoppen. We begonnen in het wilde weg allerlei vluchthypotheses te bedenken, de ene nog zonderlinger dan de andere.

Het lachen had weer de overhand gekregen, dat was de enige, de beste remedie tegen de wanhoop die zich van ons meester maakte en die we liever verborgen achter de meest kinderachtige grappen.

We bedachten dat we Marokko zwemmend zouden verlaten via de Straat van Gibraltar. Maar Maria was bang voor haaien.

'Négus, geen haai is geïnteresseerd in jouw botten,' antwoordde Raouf lacherig, met een toespeling op haar extreme magerte.

Abdellatif, die alles letterlijk nam, raakte in paniek omdat hij niet kon zwemmen. Raouf besloot dat we in Tanger onzinkbare wetsuits zouden kopen, commandant Cousteau waardig. We zouden onze huid insmeren met zeehondenvet tegen de kou. We zouden ook antihaaientabletten aanschaffen om Maria gerust te stellen, en sos-bakens om de schepen onze positie aan te geven.

Zulke dwaasheden hielpen ons om ons staande te houden. Zwemmend naar Gibraltar oversteken was waarschijnlijk gewoon een idioot plan, maar vergeleken met de tunnel die we met onze handen hadden gegraven en met die ongelooflijke ontsnapping leek het ons haalbaar.

Direct daarna stelden we een van onze absurde scenario's in werking, half Bever en half Liever-lui-dan-moe. In Tanger hadden we een tijdelijke verblijfplaats nodig waar we bij aankomst konden slapen voordat we contact opnamen met Balafrèj. Naar een hotel gaan was riskant, dan zouden ze naar onze identiteitsbewijzen hebben gevraagd en bovendien wilden we niet al ons geld kwijtraken. Bij iemand aankloppen? We kenden niet veel mensen en sinds de ontvangst die we in Rabat hadden gekregen, waren we bang voor een volgende ontgoocheling.

Bovendien werden we al twee dagen door de politie gezocht en waarschijnlijk zat die al in Tanger. Ons signalement was verspreid, onze vrienden werden in de gaten gehouden. We moesten voorzichtig zijn.

We moesten nieuwe mensen leren kennen in de trein. Raouf en ik zouden proberen hen te verleiden. We hadden een profielschets gemaakt: een man en een vrouw uit het volk, die naïef genoeg waren om onze leugens te slikken. Zo zouden we te weten komen waar we konden slapen...

Toen we de coupés goed bekeken, vonden we onze witte raven. De vrouw zat links van het raam en de man aan de andere kant. Hij was een onopvallende dertiger met een eenvoudig voorkomen, die er nogal vriendelijk uitzag, maar ik bleef hem niet te lang aanstaren.

Hem verleiden zou geen pretje zijn, maar het was een manier om te zorgen dat we in leven bleven. Ik ging tegenover hem zitten, terwijl Raouf tegenover de vrouw plaatsnam, een Marokkaanse van een jaar of vijftig, behoorlijk mollig, van top tot teen gekleed in een kunstig roze geheel en opgetuigd als een vlaggenschip.

Ik keek Raouf aan en fluisterde proestend van het lachen in zijn oor: 'Arme schat, heb je gezien wat je te wachten staat?'

Ik had het koud, ik had slaap, ik zat te rillen in mijn dunne *gandoera*. De man bood me zijn trui aan. Ik bedankte hem in het Frans met een Italiaans accent. We kwamen deze keer niet meer uit België, maar uit Italië, en we hadden zelfs een schuilnaam gekozen: de Albertini's. Gelukkig maar, want de man kwam zelf uit België. Hij was kok en ging zijn familie in Tanger opzoeken.

De dikke dame mengde zich in ons gesprek. Ze vroegen ons waar we vandaan kwamen en ik gaf mijn Italiaanse deuntje ten beste. Uit het zuiden, verduidelijkte ik toen ze opmerkte dat ik een lichte huid had zoals de Marokkanen.

Ik veranderde van plaats om naast de kok te gaan zitten. Na enige tijd deed ik alsof ik moe was en liet ik mijn hoofd tegen zijn schouder vallen. Ik vermeed de blik van Raouf. Ik vermoedde dat mijn broer woedend was dat ik een man uitdaagde voor een dak boven mijn hoofd. Ik had het ook niet makkelijk. Maar hadden we een keus?

De spoorweg liep langs witte zandstranden. Abdellatif keek hoe de kust voorbijgleed, terwijl hij er weer bij zat als een primitief kind. Hij had de zee nooit gezien, dat wil zeggen, hij herinnerde zich die niet meer. De dikke dame vroeg hem lichtelijk verbaasd of hij de zee voor het eerst zag.

We gingen op een ander onderwerp over, we wilden niet al te veel details verstrekken over ons verzonnen leven in Italië. De vrouw was een beetje te achterdochtig. Maar de kok was in de wolken. Hij was ervan overtuigd dat ik algauw voor de bijl zou gaan en bij die gedachte liep het water hem al in de mond.

De vier uur durende reis was een ware marteling. We waren doodsbang. Maar het Albertini-spel nam de spanning wat weg en deed ons de rest enigszins vergeten.

Eindelijk kwam de trein in Tanger aan. We keken elkaar aan voordat we tot actie overgingen. We begrepen elkaar zonder te hoeven praten. Ik sloeg mijn arm om de kok heen; Raouf drukte zich tegen de dikke dame aan. Maria en Abdellatif bleven bij elkaar. Op het perron hielden politieagenten de uitstappende passagiers in de gaten, maar niet al te ijverig. Het land verkeerde in staat van alarm, we werden gezocht in openbare gelegenheden, maar de regering was in verlegenheid gebracht. De publieke opinie, die verontwaardigd was over het lot dat al vijftien jaar het onze was, mocht zich niet tegen de leiders keren. Dat hoorden we later.

De mensen kwamen de trein uit, verdrongen elkaar en vormden algauw een dichte menigte waarin wij opgingen. Voor de zoveelste keer kwamen we zonder problemen het station uit. Dat had een eenvoudige reden. De politieagenten zochten naar vier vluchtelingen die vlak langs de muren zouden lopen en niet naar een verliefd meisje dat innig verstrengeld liep met haar verloofde, en evenmin naar een lange, te magere jongen, vergezeld van een lekker mollige vriendin. En zelfs niet naar een aardig stelletje dat gearmd liep.

In de eerste plaats kenden ze ons trouwens niet, ze hadden geen enkele recente foto van ons, vertelde de directeur van de DST ons later. Sinds 1972 hadden we de tijd gehad om groter te worden en te veranderen...

De kok begreep niet waarom ik plotseling bleek en nerveus was. Hij schreef mijn veranderde houding toe aan de politieagenten.

'Tja, zo is het nu eenmaal,' zei hij, 'het spijt me zeer. In mijn land heb je overal smerissen.'

De dikke vrouw had ons verlaten. Toen ze wegging, gaf ze me haar adres, ze was secretaresse in Rabat. Ik hield de kok bij zijn arm vast. Enigszins zenuwachtig vroeg hij me waarom ik me niet van de anderen afmaakte.

'Ik kan mijn familie niet laten schieten. Dat zouden ze niet begrijpen...'

Ik probeerde te weten te komen waar hij woonde, maar hij gaf geen antwoord.

Dat lopen door Tanger waar bij het vallen van de nacht de lantaarns aangingen, had iets onwerkelijks. De zeewind die over onze gezichten streek, de geur van jodium die onze neusgaten vulde en de sirenes van de passagiersschepen gaven ons de indruk van grote ruimtes en open grenzen. Daar lag de vrijheid, binnen handbereik, het scheelde maar zo weinig of we konden er opnieuw van genieten. Het ritme van het nachtleven van de inwoners van Tanger, dat was overgenomen van het nabije Spanje, bracht ons in een roes.

Maar het zwierige Tanger had nog een ander facet. De stad was een broeinest van conservatisme, het middelpunt van drugs en smokkelarij, en werd gecontroleerd door een netwerk van hulp-troepen die frequente identiteitscontroles hielden. Dat wisten we nog niet.

We kwamen twee soldaten tegen met het geweer aan de schouder, die op ons afliepen en naar onze papieren vroegen. Overrompeld als ik was, begon ik te stamelen. Onze redding kwam van de kok, die in het Arabisch protesteerde.

'Hoezo? Jullie beweren dat je de toeristen naar Marokko wilt halen en jullie doen er alles aan om te zorgen dat ze een hekel krijgen aan ons land! Ze komen net uit Rabat, ze wonen in Rome. Waarom die identiteitscontroles?'

De twee mannen bleven naar ons kijken, maar de woede van de kok had indruk op hen gemaakt. Ze lieten ons gaan, met tegenzin, dacht ik. Weer een wonder.

We deden alsof we niets begrepen van het incident.

'Marokko is Europa niet,' legde de kok uit. 'Dit land wordt een echte politiestaat...'

We slaakten beleefde kreten. In Italië was de politiek heel anders... Toen pakte de kok me bij mijn hand en ik begon in paniek te raken. Zolang het om een scenario was gegaan, was alles uitstekend. Maar de werkelijkheid was veel minder leuk.

Om tijd te winnen stopten we bij een delicatessenwinkel om wat te knabbelen te kopen. We waren vergeten dat we honger hadden. Abdellatif keek verbijsterd naar wat er lag uitgestald, hij kende bijna geen enkele van de vruchten die daar lagen. Ik schudde hem door elkaar, vroeg hem wat hij wilde. Hij koos sinaasappels omdat hij die in de gevangenis al had gegeten. De rest vond hij eng. Hij vergat ze toen we wegliepen.

De kok werd ongeduldig. Hij nam me apart, zei dat hij naar vrienden toe ging om de kwestie van de kamer te regelen. Dan zou ik mijn familie kunnen onderbrengen.

Hij wilde dat ik met hem meekwam. Ik weigerde en vroeg hem mij het adres te geven van een plek waar ik hem zou kunnen weerzien. Hij noemde een café en we zeiden elkaar gedag. Ik was nogal opgelucht dat ik de zaak nog even kon uitstellen.

In de jaren zeventig had mama aandelen gekocht in een hotel in Tanger, het Solazur, in gemeenschappelijk eigendom met Mamma Guessous, de vriendin die betrokken was geraakt bij de affaire met het uniform van mijn vader.[1]

Ik belde vanuit de delicatessenwinkel naar haar huis.

'Mamma, met Malika. Ik ben in Tanger. Ik heb geld nodig en een veilige schuilplaats... Kan ik...?'

'O, ja, ik begrijp het... Nee, nee, mijn man is nog niet thuis. Het kan niet, ik moet morgen terug naar Casa...'

Ik begreep niet meteen waarom ze me op zo'n benauwde toon een ontwijkend antwoord gaf. Ik dacht dat we weer door onze vrienden in de steek werden gelaten. Voor de zoveelste keer teleurgesteld gaf ik het maar op.

Ze was omringd door politieagenten. Later, toen we elkaar weerzagen, bekende ze me dat een van hen op het punt stond de hoorn te grijpen op het moment waarop ik had opgehangen. Ze waren er zeker van dat ze mij aan de lijn had.

We gingen toch langs het Solazur, dat vlakbij was. We moesten het adres hebben van het Ahlan-hotel, dat van mijn vriend Salah Balafrèj was. Voordat we naar Tanger vertrokken, had ik Wahid gevraagd hem te laten weten dat we er aankwamen.

We wisten niet meer waar we heen moesten. We voelden ons verplicht de kok weer op te zoeken op de plek die hij ons had aangegeven en die in een van de onguurste uithoeken van Tanger lag. We gingen via trappen naar het onderaardse deel van de stad.

Het café zat in een kelder met zo'n laag plafond dat Raouf zich met zijn één meter vijfentachtig moest dubbelvouwen om er te kunnen lopen. Ik had nog nooit zo'n gezelschap onbetrouwbare koppen gezien. Zeelui met een gezicht vol littekens, drugsverslaafden met een glazige blik, dealers, de hele penoze uit de ach-

1 Zie bladzijde 122.

terbuurt zat daar om formicatafels. Er was geen enkele vrouw bij en een kok trouwens evenmin. We wachtten een minuut of tien op hem en toen vonden we het genoeg. Zelfs in onze toestand was dit geen plek voor ons. We renden de trappen weer op en ademden een flinke teug frisse lucht in.

Balafrèj was voor ons nog de enige oplossing. We waren veel te uitgeput om nog verder te lopen. We hielden een taxi aan, waarvan de chauffeur een kleine, oude, nogal knorrige conservatief was. Raouf ging voorin zitten, en wij drieën op de achterbank.

Het Ahlan-hotel lag een kilometer of dertig buiten de stad. De taxi passeerde de buitenwijken en sloeg een rustige weg in. Nadat we een tijdje hadden gereden, moest hij stilhouden wegens een verkeersopstopping. Het had iets merkwaardigs om zo in het open veld te stoppen. Dat voorspelde niet veel goeds. Toen we wat dichterbij kwamen, zagen we een gigantische wegversperring. Ze hadden het grondig aangepakt: het leger, de politie, hulptroepen, de gendarmerie, de DST, al die mensen zochten ons.

De chauffeur, die niet opschoot, begon te foeteren. Raouf durfde zich niet om te draaien, maar we hoefden niet te praten om uiting te geven aan de ontzetting die zich van ons had meester gemaakt. Maria, Abdellatif en ik knepen zo hard in onze handen dat onze nagels in onze huid drongen. Er viel een drukkende stilte.

Toen wij aan de beurt waren, reed de auto langzaam naar voren om ter hoogte van de versperring te komen. Een politieman liep naar ons toe, met een zaklantaarn in zijn hand. Hij richtte die op ons. Ik deed een poging tot een glimlach, die eerder op een grijns leek. Hij deed de lantaarn uit en liep weg om met een collega te gaan discussiëren. Ze kwamen samen terug en richtten hun lantaarns weer op ons.

We waren verstijfd. Het was alsof ik het hart van de drie anderen net zo hard hoorde bonzen als het mijne en ik vroeg me af hoe het mogelijk was dat de agenten dat oorverdovende geluid niet hoorden.

Als ze nog een minuut blijven staan, dacht ik op het randje van een flauwte, dan sterf ik nog aan een hartaanval.

Ze zochten vier jonge voortvluchtigen. Ze legden niet eens verband met ons...

Dat komt doordat wij niet dezelfde logica hadden. Naar hun idee hadden wij niets te zoeken op dertig kilometer van de stad. Als we al in Tanger waren, zouden we eerder naar de haven of het strand gaan of naar de wegen die het land uit leidden. De agenten haalden hun lantaarns weg en beduidden ons door te rijden.

Pas na een paar kilometer konden we weer ademen.

HET AHLAN-HOTEL

In het Ahlan-hotel – Ahlan betekent 'welkom' in het Arabisch – ging ik naar de receptie en vroeg op zelfverzekerde toon of ik meneer Balafrèj kon spreken.

'Namens mevrouw Albertini,' zei ik ter verduidelijking.

De receptionist leek onder de indruk dat een vrouw die er zo vreemd uitzag naar de directeur vroeg. Maar deze was weer naar Rabat vertrokken. Ik fronste mijn wenkbrauwen, verhief mijn stem.

'Wat zegt u? Maar dat is een schandaal, waar is mijn suite? Die is gereserveerd op naam van Albertini.'

Ik wilde tijd winnen. Voorkomen dat er naar onze paspoorten zou worden gevraagd. Ik eiste dat ze Balafrèj belden om hem te melden dat mevrouw Albertini op hem wachtte. De receptionist kwam een paar minuten later terug.

'Meneer Balafrèj heeft ons gevraagd een kamer voor u te vinden.'

Maar ik wist wat er zou volgen. De man vroeg me om onze paspoorten en ik deed alsof ik boos werd.

'Ik, een vriendin van de eigenaar, me zo te beledigen...'

Ik draaide me luidruchtig om, gevolgd door de anderen. We

gingen in een kleine bar vlak bij de receptie zitten en na een paar koppen koffie waren we weer wat opgemonterd. De receptionist liep vriendelijk glimlachend heen en weer. Ten slotte kwam hij naar ons toe en vroeg me of ik de avondmaaltijd wilde gebruiken.

'Doet u geen moeite voor ons. We gaan straks weg.'

Het personeel keek nieuwsgierig naar ons, geïntrigeerd door ons belachelijke voorkomen dat een tegenstelling vormde met ons hooghartige gedrag. Sommigen hingen wat rond bij de bar.

Het was bijna elf uur 's avonds. We besloten ons bij het zwembad te verstoppen en dan de nacht door te brengen in de nachtclub van het hotel. Op het grasveld waren een paar ligstoelen in een kring neergezet. Ik liet me in een van die stoelen vallen. Het doek was doorweekt en mijn *gandoera*, die toch al niet zo dik was, werd nat. Verborgen onder de bomen, dicht tegen elkaar aan gedrukt en bibberend van de kou wachtten we tot het twaalf uur werd en de nachtclub openging.

Vijftien jaar lang hadden we onze terugkeer tot het leven geïdealiseerd. Ik, die als opgroeiend meisje leefde om te dansen, wachtte op het moment waarop ik me weer aan mijn nachtelijke passie kon wijden. Maar óf alles om ons heen was veranderd, óf wij waren niet meer helemaal als de anderen. In de nachtclub was de muziek veel te hard en kregen we daverende hoofdpijn van het psychedelische licht. Voor onze arme gepijnigde hersenen was die geluidsaanval erger dan de ondraaglijkste marteling. We vluchtten op een holletje weg.

Dat incident benadrukte ons gevoel dat we vluchtelingen waren en niets anders. Voor de zoveelste keer hoorden we er niet bij, en die constatering kwetste ons. Maar de humor van Raouf redde ook deze keer de situatie. Hij slaagde erin ons aan het lachen te maken door zijn sarcastische commentaar op de bezoekers van de nachtclub.

Toen keerden we terug naar de bar en wachtten tot die, om vier uur 's ochtends, dichtging. Ik had ontdekt waar in het hotel de wc's waren. Daar brachten we de rest van de nacht door, Raouf en Abdellatif bij de heren, en Maria bij de dames. Verborgen achter een meubel in een gang waakte ik over hun slaap tot het dag werd.

's Ochtends wasten we ons een beetje en gingen toen de hal binnen alsof we ergens anders hadden geslapen. We liepen moeilijk, het lawaai was voor ons oorverdovend, het licht deed zeer aan onze ogen, we hadden overal pijn...

En toch moesten we onder ogen zien dat we ontsnapt waren, zelfs al wisten we dat het verkeerd kon aflopen, en we moesten een rol spelen tegenover de anderen, terwijl we er behoefte aan hadden om verzorgd, aangehoord, getroost, beklaagd en bemind te worden. Het was vreselijk moeilijk, vreselijk onrechtvaardig ook, maar we hadden geen keus.

Toeristen liepen heen en weer, ze stapten uit de touringcars die voor het hotel parkeerden en riepen naar elkaar in alle talen. Ze waren gebruind, vrolijk, opgewekt en soms knorrig; ze hadden problemen met slecht verteerde maaltijden en excursies die niet bij de prijs waren inbegrepen. Dat was het leven, veelbewogen, vrolijk en eigenlijk zo simpel, en daarvan waren wij uitgesloten. Wij werden de hele tijd verbannen naar de doden, terwijl we er zo naar verlangden bij de levenden te horen.

We verlieten de hal van het hotel en waren weer in de tuin, die werd omgeven door prachtige bomen. We gingen op een paar treetjes zitten en spraken langdurig met elkaar. Het was woensdag 22 april, het was bijna drie dagen geleden dat we waren ontsnapt en ze hadden ons nog steeds niet gepakt. We waren opgejaagd, in paniek en werden als een speelbal heen en weer geslingerd. Maar we waren vrij. We hadden ze in de maling genomen. In dat opzicht was onze ontsnapping een succes.

Maar we misten mama en de anderen. We spraken lachend en huilend over hen. Wanneer was onze vlucht ontdekt? Hoe werden ze behandeld? Wanneer zouden we hen weerzien? We lieten sommige vragen in het midden, sommige antwoorden ook, zo angstig waren we.

Onze problemen waren daarmee niet opgelost. Waar moesten we heen? Met wie in contact treden? We hadden besloten Radio France Internationale op te bellen. Jammer genoeg hadden we het nummer niet en bellen ging via een telefoniste van het hotel. Bij de receptie begonnen ze ons te wantrouwen.

Onze enige oplossing was bondgenoten maken, die ons konden helpen iets gedaan te krijgen. 's Morgens al hadden we een schattige Franse oude mevrouw gevonden, nogal een keurig dametje. Ze was in gezelschap van haar zoon, een grote sul van vijftig, een wiskundeleraar, die ze om haar vinger kon winden. We besloten haar vertrouwen te winnen opdat zij in onze plaats aan de telefonist het nummer van RFI zou vragen. Daarvoor hadden we weer een grove leugen bedacht die we haar zouden opdissen wanneer de gelegenheid daartoe zich zou voordoen.

De oude dame was voor ons niet voldoende. We hadden reservevrienden nodig, die ons eventueel te eten konden uitnodigen of ons onderdak konden verschaffen in hun kamers. Zo hadden we onze keus laten vallen op de paardrijleraar van het hotel, die wel wat zag in Maria, op een receptionist die mij verliefde blikken toewierp, en op een jong Spaans stel in shorts dat vriendelijk, sympathiek en heel relaxed was.

Maria ging flirten met de paardijleraar, wat voor haar een heldendaad was. Hij gaf haar een voorzichtige kus op haar mond en ze was helemaal verrukt. Ook al was haar feitelijke leeftijd dan vijfentwintig, eigenlijk was ze nog maar tien...

En ik kon het goed vinden met de receptionist, die tegen drie uur 's middags met me afsprak in zijn kamer. Ik stemde erin toe terwijl ik bij mezelf dacht dat ik, als het zover was, wel zou zien.

In afwachting van mijn afspraakje ging ik op zoek naar de oude dame om erachter te komen in welk deel van het hotel ze logeerde. Nadat ik haar had gevonden, liep ik met haar mee, waarbij ik probeerde me zo discreet mogelijk op te stellen. Bij de lift begon ze te schelden op de Spanjaarden met hun late werktijden en ik stemde glimlachend in met alles wat ze zei.

Het was een best mens en ze was blij dat ze iemand tegen-kwam die haar begreep. We wisselden een paar gemeenplaatsen uit en daarna gingen we uit elkaar met een vrolijk: 'Tot straks.'

Weer terug in de hal kwam ik mijn receptionist tegen. Hij leek doodmoe maar ook zenuwachtig.

'Laten we het afspraakje maar vergeten, ik heb geen tijd,' zei hij. 'Alle gasten zijn in paniek. Ze willen naar huis. De politie is bekaf.'

'Waarom dan?'

'Ze zijn op zoek naar vier criminelen, vier gevaarlijke voort-vluchtigen.'

Hij liet me zomaar staan en draaide zich om naar zijn toeristen.

Ik vertelde het nieuws aan de kinderen, die net zo radeloos waren als ik. Wij criminelen, wij gevaarlijk? Liepen we dus het risico zonder vorm van proces te worden neergeschoten? Daar kwam niets van in, dat plezier zouden we hun niet gunnen, dan pleeg-den we liever zelfmoord. Abdellatif begon koortsachtig naar stopcontacten te zoeken om ons te kunnen elektrocuteren als dat nodig mocht zijn. We begonnen weer te raaskallen. En wan-hopig te worden. Maria en ik huilden.

We waren in de bar gaan zitten. Toen kwam de oude Franse dame binnen met haar zoon. Ze groette ons en toen ze zag hoe zielig we erbij zaten, kwam ze naar ons toe en vroeg waarom we huilden. We namen de gelegenheid te baat en gaven de leugen ten beste die we voor haar hadden bedacht.

Onze zus, journaliste bij France Inter, moest worden opgeno-men in Villejuif voor een behandeling van borstkanker. Onze ouders waren niet op de hoogte en we wisten niet hoe we haar bij die zender konden bereiken.

'Maar lieve kinderen, waarom bellen jullie niet naar Radio Medi 1[1]? Die geven jullie wel het nummer van RFI in Parijs. Dan

1 Marokkaans radiostation dat uitzendt rond de Middellandse Zee.

kunnen jullie zo contact opnemen met jullie zus...'

We konden haar onmogelijk vertellen dat de telefonisten ons wantrouwden. We bleven maar huilen, terwijl we haar vanuit onze ooghoeken in de gaten hielden.

'We kunnen het zelf niet doen,' beweerde ik hikkend, 'we kunnen niet praten zonder te gaan huilen.'

We waren waarschijnlijk overtuigend. Ontroerd door onze tranen stelde ze voor dat zij het nummer voor ons zou opzoeken.

Ze vertrok en kwam terug met een stukje papier en reikte ons dat glimlachend aan. Ze had Medi 1 gebeld, waar ze haar het nummer hadden gegeven van RFI. We bedankten haar en gingen er vervolgens vandoor, terwijl we met de jongens wat later afspraken.

Ik liet Maria het zelf opknappen met de telefooncentrale en benadrukte dat ze moest vragen naar Alain de Chalvron. Dat was een van de stemmen van RFI die we het best kenden.

Ik wachtte op mijn zus in de hal. Ze kwam meteen terug met een triomfantelijke blik. Door diplomatiek te werk te gaan had ze het van de telefooncentrale gedaan gekregen. We wachtten geduldig af tot we iemand aan de lijn kregen.

Gelukkig was Alain de Chalvron ter plaatse.

'Wij zijn de kinderen van generaal Oufkir,' zei Maria. 'We zijn na vijftien jaar gevangenschap ontsnapt. We hebben een tunnel gegraven in onze gevangenis en nu zijn we in Tanger. We zoeken hulp. We willen praten met Robert Badinter en hem vragen of hij onze advocaat wil zijn.'

In het begin geloofde de journalist ons niet. Hij zei steeds maar: 'Maar dat is toch te dol, dat is afschuwelijk...'

Daarna vroeg hij ons om een bewijs. Hij vroeg ons dringend niet in paniek te raken en liet ons nauwkeurig de plaats aangeven waar hij ons kon terugbellen. We gaven hem het nummer van het hotel en onze schuilnaam, de Albertini's.

We hingen op en wachtten trillend af. Tien minuten later belde hij ons terug.

'Dat is een ongelooflijke primeur, beseffen jullie dat? Weten jullie dat François Mitterrand over een paar uur in Marokko zal landen voor een officieel bezoek?'

Alain de Chalvron had naar de Quai d'Orsay gebeld, die het bericht had doorgegeven aan de president in zijn Concorde. Badinter kon ons niet verdedigen, want hij was voorzitter van de staatsraad. De journalist raadde ons aan een beroep te doen op meester Kiejman. Hij zou proberen hem te bereiken. Hij hing op en beloofde ons terug te bellen.

Ik liet Maria op wacht staan en rende naar de parkeerplaats om mijn broers te waarschuwen. Ik viel snikkend in Raoufs armen en vertelde hem over ons gesprek. Abdellatif keek naar me terwijl hij probeerde het te begrijpen. Mitterrand, Quai d'Orsay, Badinter, het waren namen die hem niets zeiden.

We gingen terug naar Maria. Alain de Chalvron had haar teruggebeld en ze wachtte tot wij er waren om met hem te praten. Door de telefoon dicteerden we hem onze oproep aan de koning. In deze verklaring stond in hoofdzaak dat we maar kinderen waren en dat het onrechtvaardig was ons te straffen omdat we de naam van onze vader hadden.

Vervolgens deelde de journalist ons mee dat een verslaggever van de Quai d'Orsay ons die avond nog zou komen opzoeken. We spraken met hem af op de parkeerplaats.

We wachtten de hele nacht, aan de ene kant blij dat er naar ons was geluisterd, aan de andere kant wantrouwig. Zou die reis van Mitterrand goed voor ons zijn? Ik was nergens meer zeker van. Maar evengoed verlangde ik ernaar die verslaggever te ontmoeten, en dat was Hervé Kerrien, de correspondent van RFI in Tanger. Op het moment zelf vertelde hij niet wie hij was.

Zijn koelheid verbaasde ons. Was hij niet onze redder? We verwachtten hartelijke woorden, felicitaties, een zeker medeleven... Maar nee, hij bewaarde afstand, wat ons onthutste. We liepen verder over de parkeerplaats om ons te verbergen voor de blikken.

Hij keek naar rechts en naar links om er zeker van te zijn dat niemand ons volgde, haalde toen een pen te voorschijn en vroeg ons, nog steeds even kortaf, of we echt de kinderen van generaal Oufkir waren.

'Dat kan iedereen wel beweren,' voegde hij eraan toe. 'Geef me bewijzen.'

Ik begon de politieke acties van mijn vader te noemen, maar hij onderbrak me.

'Vertel liever iets uit zijn privé-leven.'

Ik antwoordde dat ik hem niet goed had gekend, maar ik noemde toch een detail dat alleen zijn intieme vrienden kenden. Hij had een klein litteken boven aan zijn linkerarm, van een wond die was veroorzaakt door een granaatscherf.

Deze precisering scheen hem tevreden te stellen en hij stelde ons nog verscheidene andere vragen. Voordat we afscheid namen, deelde hij ons mee dat we in de loop van de volgende dag bezoek zouden ontvangen van onze advocaat, meester Dartevelle, de associé van meester Kiejman, die speciaal uit Parijs zou komen om ons te ontmoeten.

Omdat we niet wisten wat we moesten doen, gingen we terug naar de bar, die volliep met rare vogels; opzichtig geklede mannen en te zwaar opgemaakte meisjes, die whisky dronken, sigaretten rookten en openlijk op de versiertoer waren. Raouf ontsnapte niet aan hun uitdagende blikken…

Mijn vriend, de receptionist, kwam naast me zitten.

'Ik begrijp jullie niet. Waarom nemen jullie hier geen kamers?'

'Omdat we een beter hotel hebben, in Tanger.'

Hij bood ons koffie aan die we zonder argwaan opdronken. Er zaten verdovende middelen in. Het personeel wilde weten wie wij waren. Ze hadden geen idee van onze ware identiteit, maar veronderstelden dat Maria en ik hoeren waren en dat Raouf onze souteneur was. Of misschien ook wel dat we Italiaanse of Spaanse drugsdealers waren die in het hotel op een duistere afspraak zaten te wachten. Hoe dan ook, we waren in hun ogen niet te vertrouwen.

Onder de invloed van het verdovende middel begonnen we zomaar wat te zeggen. De receptionist bood me de Marokkaanse salon aan om daar te slapen.

'Jullie raaskallen te veel, ga daar maar heen, daar is niemand, daar zijn jullie veilig.'

Onze haast om met hem mee te gaan was de reactie die hij verwachtte. Hij had nu het bewijs dat we ons in een hachelijke situatie bevonden, zonder dat hij precies wist welke.

Raouf en Abdellatif vielen meteen in slaap. Maria en ik bleven de hele nacht overeind, veel te zenuwachtig om een oog dicht te doen. Toen ze wakker werden, kraamden ze nog meer onzin uit en wij ook.

We gingen in de buurt van het parkeerterrein zitten. We konden niet meer ophouden met lachen, maar we probeerden tot bedaren te komen om waardig voor onze advocaat te verschijnen.

We hadden afgesproken dat we elkaar in het videozaaltje van het hotel zouden treffen. Toen we dat zaaltje ontdekten, hadden we het tot ons toevluchtsoord gemaakt. Het was een goede schuilplaats. We keken kleurentelevisie, die we nog steeds even fascinerend vonden. Hoe een satelliet precies werkte, ontging ons. We begrepen niet hoe de Spaanse zenders in Marokko konden worden ontvangen.

Meester Bernard Dartevelle arriveerde laat in de ochtend op die drieëntwintigste april, in gezelschap van Hervé Kerrien, die een fototoestel droeg. Op het vliegveld had niemand een vermoeden van het doel van zijn bezoek en ze hadden hem zonder problemen laten gaan. Wat niet het geval was op zijn terugreis, waarbij hij tweemaal door de politie werd ondervraagd voordat hij werd vrijgelaten.

Meester Dartevelle kwam aanzetten met het verhaal van het verontwaardige Frankrijk, het Frankrijk van de mensenrechten. Hij bezwoer ons dat de economische belangen van zijn land niet voor onze belangen zouden gaan. Daarna gaf hij ons de boodschap door van president Mitterrand: 'Jullie moeten heel trots op jezelf zijn, want, ook al zijn er miljoenen kinderen op de wereld die worden vervolgd, afgeslacht en opgesloten, jullie zullen de enigen zijn die zich niet gewonnen hebben gegeven en die tot het einde toe zijn blijven vechten.'

Hij liet ons een papier tekenen waarop we erkenden dat het advocatenkantoor Kiejman was gerechtigd ons te verdedigen. Daarna zei hij dat hij een foto van ons zou nemen. Op het moment waarop Kerrien op de ontspanner drukte, ging de deur open en verscheen de receptionist, die langdurig naar ons keek voordat hij weer wegging.

Meester Dartevelle maakte een tweede afspraak met ons voor 's avonds. Toen hij was vertrokken, raakten we eindelijk opgetogen. De Himalaya was bedwongen. Het was ons gelukt de pers en de publieke opinie op de hoogte te brengen. Men had naar ons geluisterd, ons serieus genomen. De hele dag werden we door die gedachte gesterkt; we spraken alleen nog over onze overwinning. Binnenkort zouden we vrij zijn. Binnenkort zouden we allemaal weer bij elkaar zijn.

Toen meester Dartevelle, deze keer zonder Kerrien, 's avonds terugkwam, vertelde hij ons dat alles was geregeld voor ons vertrek, dat was vastgesteld voor de volgende ochtend om halfelf. We zouden naar Tanger vluchten en als we eenmaal in het Franse consulaat waren zouden ze ons op het vliegtuig zetten naar Frankrijk.

Ik wees hem er enigszins angstig op dat er alarm was geslagen, dat de receptionist ons in de videozaal had verrast en dat ze ons in het hotel steeds meer wantrouwden. Het zou waarschijnlijk heel riskant zijn om nog te wachten. Hij kon verder niets doen, maar raadde ons aan ons heel onopvallend te gedragen.

Toen hij weer weg was, voelden we ons slecht op ons gemak.

's Nachts gingen we richting kamers. We hadden honger. Al drie dagen voedden we ons met koffie en sigaretten. Voor de deuren waren dienbladen neergezet met restjes van maaltijden. We maakten ruzie om een stukje brood, een restje kaas. We waren vlak bij de kamer van het jonge Spaanse stel en we klopten aan hun deur.

De man deed open. Hij was in onderbroek. Hij keek me eerst verbaasd aan.

'Stuff?' vroeg ik in het Frans met mijn meest charmante glimlach.

Dat is het toverwoord van alle relaxte types van de wereld.

Ook hij glimlachte en nodigde ons uit binnen te komen. Zijn vrouw zat naakt in bed, ze zag ons één voor één langskomen. Ze was een beetje ontdaan, maar hij stelde haar gerust met een zoen en beduidde ons dat we op de divan konden gaan zitten. Doordat we dit stelletje drie dagen lang aandachtig hadden bestudeerd, wisten we dat ze van het type 'alles delen' waren, peace, love en een stickie.

Hij draaide een joint, nam er een paar trekjes van, gaf hem aan zijn vrouw en reikte hem ons toen aan. We deden alsof we rookten: de koffie met het verdovende middel was een les voor ons geweest. Raouf deed Louis de Funès na in *Le gendarme de Saint-Tropez*. Hij reikte mij de joint aan en zei met overtuigde blik: 'Liefste, liefste...'

We lagen krom van het lachen en het stel deed ons na. Ze schreven ons gelach toe aan de hasj...

Uitgeput vielen ze eindelijk in slaap. Wij deden hetzelfde op de divan.

Bij het aanbreken van de dag werden we allemaal wakker van de vogels met hun vreselijke gekwetter. De twee Spanjaarden keken ons raar aan. Ze leken verbaasd ons daar aan te treffen. Toen herinnerden ze zich de 'stuff'-avond. De jonge vrouw stelde me vriendelijk voor om naar de badkamer te gaan.

We wasten ons allemaal uitgebreid, het was voor het eerst in vier dagen. Gewoonlijk vermeed ik spiegels, ik kon niet tegen mijn verwoeste gezicht. In een poging het te camoufleren maakte ik me opvallend op met de schoonheidsproducten die ik op het planchet zag staan. Maria volgde mijn voorbeeld.

We namen afscheid van hen en bedankten hen. We gingen rechtstreeks naar de bar om op meester Dartevelle te wachten.

Toen hoorden we een oproep van de receptie.

'Er is iemand voor mejuffrouw Oufkir...'

Ik deed alsof het mij niet aanging. Heette ik niet Albertini?

Eerlijk gezegd geloofde ik niet dat we ons eruit zouden redden, ook al waren we nog zo dicht bij ons doel. Mijn instinct fluisterde me in dat we gepakt zouden worden; zelfs op de momenten dat ik het meest uitgelaten was, had ik nooit mijn vijand onderschat. Maar het kon me niet schelen. We hadden het spel gespeeld, het maximum van onze mogelijkheden bereikt.

Ik was trots op ons zoals mijn vader dat zou zijn geweest.

'Er is iemand voor mejuffrouw Oufkir...'

Het was vijf voor halfelf op vrijdag 24 april 1987. Ik draaide me om naar de hal van het hotel. In plaats van de taxi van meester Dartevelle zag ik een transportwagen van de politie voor de glazen deur stilhouden.

Er stapten tien politieagenten uit in kaki uniform, met kalasjnikovs. Toen stopte er een tweede wagen en vervolgens een derde, en daarna nog een stuk of tien.

Er stapten steeds meer politieagenten uit, hele drommen.

Ik stootte Raouf aan met mijn elleboog en zei heel zachtjes tegen hem: 'Daar zijn de smerissen. Ze hebben ons verlinkt.'

In looppas gingen ze aan weerskanten op een rij staan. Het jonge Spaanse stel dat naar ons toe kwam zag hen en maakte rechtsomkeert.

Wat hadden zij zich, afgezien van wat stuff, te verwijten?

Een half dozijn politieautoriteiten stormde op ons af. Een van hen vroeg ons onze identiteit bekend te maken.

'U bent Malika Oufkir?'

'Helemaal niet,' antwoordde ik uit de hoogte, 'mijn naam is Albertini.'

Ik stelde het op prijs het er eervol af te brengen. Raouf kwam met dezelfde leugen. De man die de chef scheen te zijn, draaide zich om en gaf een teken aan de gewapende politieagenten, die ons nu omsloten. Ze kwamen naar voren. Met een gebaar hield hij hen tegen. Onze arrestatie moest op discrete wijze plaatsvinden. Toen lieten ze ons onder de geschokte blikken van de toeristen door de gang lopen, waarbij ze hard tegen onze hoofden duwden zodat we die wel moesten buigen. In een flits zagen we de oude dame en haar zoon, evenals het jonge Spaanse stel, dat weer was teruggekomen.

Ze lieten ons in een transportwagen stappen die ons naar het politiebureau van Tanger bracht. Bij de ingang vormden de agenten een soort haag alsof ze voor ons wilden salueren. Ze keken met bewondering naar ons, een van hen huilde bittere tranen. We waren niet verbaasd geweest als ze voor ons hadden geapplaudisseerd.

De autoriteiten kwamen uit Rabat. Alles werd uit de kast gehaald. We werden behandeld als helden, wat ons nog trotser maakte. Overal voelden we dat men met respect naar ons keek.

We werden gemeten, er werden vingerafdrukken genomen en we moesten in een afgesloten ruimte wachten. We werden nog veel trotser toen de procureur-generaal in ons bijzijn belde naar Driss Basri, de minister van Binnenlandse Zaken.

'Maar excellentie, ik zweer het u, ik heb ze gearresteerd. Ik zweer het bij het hoofd van mijn kinderen, excellentie, ze zitten hier tegenover me, ja, met zijn vieren, Malika, Raouf, Maria en

Abdellatif. Ja, excellentie, ik heb ze persoonlijk opgepakt. Op discrete wijze, ja, absoluut, excellentie.'

Als hij Mesrine of de Baader-Meinhoffgroep had gevangengenomen, kon hij niet tevredener zijn geweest. Raouf en ik keken elkaar voorzichtig glimlachend aan. Ik wankelde op mijn benen, mijn knieën trilden, ik werd overweldigd door de emotie. Maar ik kreeg geen tijd om me te laten gaan.

In een hoek zaten de 'hoge pieten' met elkaar te discussiëren. Ze gaven snelle bevelen en Abdellatif werd meegenomen. Ik schrok erg van zijn vertrek. Ik was bang dat ze hem zouden gebruiken om druk op ons uit te oefenen. Als om mijn angstige vermoedens te bevestigen, keken ze Raouf en mij streng aan om de boodschap goed te laten overkomen.

De lagere politiemensen zagen mijn paniek en legden het zo aan dat ze mij in mijn oor konden fluisteren dat we niets te vrezen hadden. De anderen probeerden ons te imponeren, maar wij hadden gewonnen. We hadden de macht uitgedaagd, contact opgenomen met het buitenland... Ten opzichte van ons waren ze aan handen en voeten gebonden.

Langzaam maar zeker vatten de bewakers moed. In plaats van door middel van tekens te communiceren, kwamen ze rechtstreeks met ons praten.

Sommigen huilden. Anderen hadden ons als kinderen gekend. Ze maakten deel uit van het escorte van mijn vader toen we nog in de Allée des Princesses woonden. Sommigen waren in Tamattaght geweest en hadden meegewerkt aan het netwerk.

'Jullie kunnen trots op jezelf zijn,' zeiden ze, 'jullie hebben het blazoen van de Berbers verguld. Jullie hebben je vader weer tot leven gebracht.'

De autoriteiten kwamen naar ons toe, te poeslief en te zalvend om vertrouwen te wekken. De procureur nam het woord.

'Maken jullie je geen zorgen. Jullie broer zal goed worden behandeld. Hij is van dezelfde leeftijd als mijn zoon, ik was erbij toen hij werd gedoopt...'

Daarna moesten we het vertrek verlaten. Terwijl we de trappen opliepen, vroeg ik weer aan een politieman of Abdellatif echt geen enkel gevaar liep.

'Welnee... Niemand zal jullie een haar durven krenken. Sinds vier dagen lopen ze allemaal op hun tandvlees, ze eten niet, ze drinken niet. De baas' (hij bedoelde de koning) 'heeft persoonlijk de supervisie over deze zaak en zolang jullie nog niet waren gearresteerd, moesten zij het ontgelden.'

Het gerucht ging dat de koning gedurende de dagen dat wij op de vlucht waren zijn kinderen, uit angst voor onze wraak, had verboden het paleis in Marrakech uit te gaan, waar zij zich bevonden.

We werden een ruime zaal binnengebracht. Tot mijn grote opluchting zat mijn broertje daar op ons te wachten. De autoriteiten stonden voor het raam. Ik liep naar hen toe. Plotseling zakte ik door mijn benen, begonnen de muren te draaien en voelde ik steken in mijn hart. Ze snelden naar me toe om me te ondersteunen. Door de opeenstapeling van emoties en de angst vanwege Abdellatif had ik mijn evenwicht verloren.

Iemand ging een glas sinaasappelsap voor me halen. Ze deden het raam open en raadden me aan diep in te ademen. Het politiebureau keek uit op een kerk. Ik keek verstrooid naar buiten.

Toen zag ik haar. De Maagd Maria. Gebogen in een nis droeg ze het kindeke Jezus in haar armen en staarde ze naar me met haar vriendelijke, welwillende blik. Ik was bijna echt bezweken, maar deze keer van geluk. Zo was zij er altijd wanneer we haar nodig hadden, ze waakte over ons, ze beschermde ons. Ik wenkte de anderen onopvallend opdat ze haar ook zouden zien. De boodschap was duidelijk, ze beduidde me dat ik vol moest houden, net als toen we de tunnel aan het graven waren. Ik vond snel mijn zelfbeheersing terug.

Ze gaven het niet op. We hadden niet alléén kunnen ontsnappen. Dat was onmogelijk. We hadden handlangers uit Algerije. Ze ondervroegen Raouf en mij, ieder om de beurt, met dezelfde zoete-lijke praatjes. Ze hadden mijn vader gekend, ze kenden mijn oom, mijn grootvader... We waren een fatsoenlijke familie... We moesten met hen meewerken.

Hun vragen barstten los.

'Waarom hebben jullie contact opgenomen met een Franse advocaat? Waarom hebben jullie geen vertrouwen in Marok-kaanse instellingen? Waarom hebben jullie de koning geen gratie gevraagd op het graf van Mohammed v?'

'U bent een dochter van het Paleis, u kent de gewoontes... Zij-ne Majesteit had u geen gratie kunnen weigeren en dan was alles goed gegaan.'

'En wees nu eens eerlijk, vertel ons wie uw handlangers zijn. Dat verhaal van die tunnel? Maak dat een ander wijs... Jullie had-den niets om mee te graven... Het toezicht was zo goed.'

'Je ontsnapt niet uit Bir-Jdid...'

Ik kreeg er tamelijk snel genoeg van om antwoord te geven en ik liet mijn gesprekspartner maar praten, algemeen inspecteur Guessous, een ver familielid van Mamma Guessous. Ik vroeg me af waar hij heen wilde, want hij had duidelijk een idee in zijn achterhoofd.

Boven zijn bureau hing een grote klok. Hij keek er vaak naar, met een benauwde blik. Ten slotte begreep ik het. Het was bijna tijd voor de nieuwsberichten. Hij deed de radio aan. Na de tune las de nieuwslezer de onderwerpen voor: 'Spectaculaire ont-snapping van vier van de kinderen van generaal Oufkir...'

Guessous zette woedend het toestel uit. Ik hoefde niets meer te zeggen en hij ook niet.

Ik werd de zaal uit gebracht. Toen ik weer bij Raouf was, vertel-de ik hem wat ik had gehoord, maar hij weigerde me te geloven.

'Kika, je droomt. Je denkt dat jouw verlangens realiteit zijn.'

'Raouf, ik ben niet gek. Ik kan je woord voor woord vertellen wat die journalist zei...'

Uiteindelijk lukte het me hem te overtuigen...

Toen werd ik overspoeld door een innerlijke rust, een gevoel van welzijn zoals ik dat de laatste jaren niet meer had gekend. Dat bericht was het bewijs dat we hadden gewonnen. De hele wereld was uiteindelijk op de hoogte.

Een halfuur later kwam Guessous ons weer opzoeken. Uit zijn blik begreep ik dat onze situatie was veranderd.

Ze hadden waarschijnlijk getracht de Fransen te overreden het nieuws van onze ontsnapping niet te verspreiden. Misschien zelfs geprobeerd hen ervan te overtuigen dat de zaak-Oufkir een interne Marokkaanse aangelegenheid was, ondanks die betreurenswaardige aantasting van de mensenrechten. Jammer genoeg voor hen was het bericht in de openbaarheid gebracht. Nu moesten ze ons anders bekijken.

We werden een ander vertrek binnengebracht, een leeg vertrek. Ze lieten nieuwe matrassen halen, die de politiemensen op de grond neerlegden, daarna brachten ze ons dienbladen vol eten. We aten met wellust, er waren broodjes, er was boter en thee.

Voor ons was dit politiebureau een vijfsterrenhotel. We kibbelden om uit te maken hoe we zouden gaan liggen om te slapen. We waren doodmoe maar gelukkig. Onze missie was volbracht.

We vielen in slaap terwijl we aan de anderen dachten. Mama kon trots zijn op haar kinderen. Vier dagen lang hadden we met onze geringe middelen het land uitgeput.

We werden nu met eerbied behandeld. We waren weer mensen geworden en dat deed ons goed. De volgende morgen gaf de procureur-generaal ons toestemming zijn eigen badkamer te gebruiken, die zich in het politiebureau bevond. We hadden zelden zo'n grote badkamer gezien. Er stonden meer dan zo'n honderd verschillende flesjes op zijn toilettafel, eau de cologne, parfum, spuitbussen met scheercrème, flessen shampoo en conditioner.

Wij, die elf jaar lang bij wijze van zeep een halve doos Tide per maand hadden gekregen, lachten ons tranen bij deze plotselinge overvloed. We waren de consumptiemaatschappij vergeten. Hoe kon je jezelf met zoveel nutteloze voorwerpen opschepen?

We wogen de flessen, we schroefden de doppen eraf, we besprenkelden ons met eau de toilette en aftershave. We waren vier kinderen die waren losgelaten in een attractiepark. De spiegels bevielen ons minder, we vermeden er te lang in te kijken. Vooral onze blik was angstaanjagend. Onze ogen puilden uit zoals bij derdewereldkinderen die aan ondervoeding lijden.

We deden de deur op slot om ons te wassen. Doordat we de kranen te ver openzetten, veroorzaakten we een overstroming. We maakten meteen de vloerbedekking droog met handdoeken en badjassen. We waren bang voor kringen. Weer die oude tunnel-reflex...

Toen kwamen we alle vier lachend naar buiten. We roken te sterk naar parfum. Raouf moest nodig naar een tandarts. De abcessen in zijn mond waren gezwollen van de pus, maar de arts naar wie ze hem toe brachten, weigerde hem aan te raken. De ontsteking was zo ernstig dat mijn broer kans had op een hartstilstand. Hij zou later geopereerd moeten worden.

Guessous probeerde ons neutraal te behandelen, zoals zijn plicht was als ambtenaar; maar ondanks zijn koele toon kon je merken dat hij bewondering had voor onze heldendaden en tegelijkertijd medelijden vanwege onze toestand. We moeten er werkelijk heel meelijwekkend hebben uitgezien dat hij uit zichzelf voorstelde ons in nieuwe kleren te steken...

We werden in een auto naar het centrum van de stad gebracht. Herinneringen drongen zich aan me op. Ik dacht aan die elf jaar op het Paleis waar ik, net als nu, het leven achter een ruit voorbij zag trekken. Mijn hele leven was de buitenwereld buiten bereik geweest. Ik vroeg me af hoe lang het nog zou duren voordat ik voorgoed van de vrijheid zou kunnen proeven. De deur opendoen zou zo eenvoudig zijn geweest. Maar ik had geen kracht meer.

In de winkels waar men ons naartoe bracht stonden de verkoopsters onder controle van de politie. Het waren hun kanalen, hun verlinkers, de schakels in het netwerk dat strak werd aangehaald opdat dit land eraan gewend raakte te gehoorzamen. Er werd met eerbied tegen ons gesproken, men wilde aan onze kleinste wensen voldoen, maar ik had nergens zin in en er was vooral niets wat me stond. Maria was te mager, de kleren slobberden om haar heen. En ik was te dik. Toch koos ik een rok en een lange blouse. In een schoenenwinkel nam ik voor het gemak klompen. Mijn voeten waren nog steeds bloederig, maar ik voelde de pijn niet eens meer.

We werden overgebracht naar Casablanca, naar het Ben Chérifbureau, dat op een treurige manier bekendstaat bij politieke gevangenen, en dat onder leiding stond van Yousfi, de hoofdcommissaris van de stad. Hij had mama een paar dagen na de dood van mijn vader verhoord, en daarna was hij naar Tamattaght gestuurd toen ons netwerk was ontmanteld.

We liepen trappen op en af, gingen een lange gang door aan het eind waarvan Yousfi, Allabouch, de directeur van de DST, en drie andere commissarissen op ons zaten te wachten.

Wanneer een regisseur dit moment had moeten filmen, had hij waarschijnlijk een commentaarstem toegevoegd om de emotie te benadrukken. Of hij had luide bijvalsbetuigingen vanuit de cellen van de gevangenen laten horen om onze overwinning te vieren.

Maar niets van dit alles deed zich voor. Onze aankomst vond in stilte plaats.

Zo'n drukkende stilte dat de emotie die eruit sprak er nog heviger door werd. We beleefden een verrassend moment. Deze vijf mannen, fervente dienaren van het regime, feliciteerden ons.

'Bravo,' zei Yousfi. 'Dat was werkelijk *The Great Escape*, jullie avontuur.'

Hij bleef ons complimenteren met onze moed. Terwijl hij tegen ons sprak, bleef ik naar de grond staren.

'Nee,' zei hij tegen me, 'nee. Je bent hier nog geen twee minuten en je kijkt al naar de vloertegels om na te gaan of je kunt ontsnappen. Eén keer is genoeg, vind je niet?'

We vroegen meteen hoe het met onze familie ging. We werden gerustgesteld, ze maakten het goed. We zouden hen trouwens dadelijk weerzien. Yousfi riep een oude man die daar rondslofte en die de taak had de gevangenen te blinddoeken.

Hij hield een stok in zijn hand en terwijl hij langs alle deuren liep, riep hij: 'Banda banda.' Zo werd hij trouwens genoemd. Banda Banda opende een deur en liet ons een cel binnengaan.

Een gebogen oude dame zat soep te eten.

Het was mama.

Door de hongerstaking, de zelfmoordpoging en de angst vanwege onze ontsnapping was ze voortijdig oud geworden. Ik zag een mager, gerimpeld vrouwtje voor me, dat in elkaar zat gedoken. Ze bracht langzaam de lepel naar haar mond, met de behoedzame gebaren van een oude vrouw.

Ze sloeg haar grote donkere ogen naar me op. Er sprak een oneindige triestheid uit. Haar blik was leeg. Ze herkende me niet.

We drongen elkaar opzij om ons alle vier aan haar knieën te werpen. Haar hand begon te trillen. Ze legde haar lepel op de tafel en fluisterde, zo zacht dat we haar nauwelijks hoorden: 'Mijn kinderen... jullie zijn... mijn kinderen.'

We waren zo veranderd dat ze ons niet meteen had herkend. Dat kwam niet alleen doordat we nieuwe kleren droegen. Die vier dagen van vrijheid hadden in onze blikken het levensvlammetje aangestoken waarvan we dachten dat het voorgoed was gedoofd. Wij stonden aan de andere kant, buiten de muren, terwijl zij nog neerslachtig was.

Mama droeg een sjaal om haar hoofd. Op de avond van onze ontsnapping hadden Soukaïna en zij zich voorgenomen hun hoofd kaal te scheren als ze ons niet binnen twaalf uur weer gevangen zouden nemen. Ze hadden woord gehouden. Die twee konden het uitstekend met elkaar vinden wat dwaasheden be-

treft. Mimi was krijtwit. Achoura en Halima hadden een verwilderde blik.

Toen het eerste moment van verrassing voorbij was, hebben
we elkaar allemaal langdurig omhelsd. We lachten, we rolden
over de grond, we riepen: 'We hebben gewonnen, de nachtmerrie is afgelopen, we zitten niet meer in Bir-Jdid.'

Mama en de meisjes zaten sinds dinsdag 21 april in het Ben
Chérif-bureau. Ze waren drie dagen na onze ontsnapping gearriveerd. In het begin waren de omstandigheden waaronder ze
waren opgesloten verschrikkelijk geweest.

Ze waren in een rij tegen een muur gezet, gekleed in militaire
djellaba's en met de capuchon over hun geblinddoekte ogen getrokken. Ze hadden urenlang onbeweeglijk moeten blijven staan
luisteren naar het geschreeuw van pijn van Borro, die in de kamer ernaast werd gemarteld en die riep dat hij er niets aan kon
doen. Ze hadden sinds lange tijd niet gegeten en Soukaïna, die te
zeer verzwakt was om te kunnen blijven staan, was flauwgeval-
len. Als enig voedsel hadden ze hondenvoer gekregen, een afgrijselijk kwijlerig goedje waarin rijstemeel dreef.

Tijdens de verhoren die mama had ondergaan hadden ze haar
bestookt met vragen opdat ze zou vertellen waar wij van plan
waren heen te gaan. Ze wist niet dat het plan van de ambassades
was mislukt. In de mening dat ze hen op een verkeerd spoor zette, had ze hun geantwoord dat we naar Tanger zouden gaan.

Dat was in hun ogen onmogelijk. Volgens hen waren we nog
steeds in de omgeving van Bir-Jdid. Hooguit waren we de andere
kant op gegaan, naar de grens van de Westelijke Sahara. Maar de
dikke Malika, de dochter van de vriend van mijn grootvader had
ons in Rabat aangegeven.

Toen hadden ze zich bij de feiten neergelegd. We konden overal in Marokko zijn. Ze hadden Rabat uitgekamd en daarna Tanger, waarbij ze zich, zoals wij wel hadden verwacht, concentreer-
den op de punten waar we het land uit konden vluchten.

Twee uur voor onze aankomst op het Ben Chérif-bureau was

de afschuwelijke behandeling van de gevangen vrouwen opgehouden. Ze hadden eindelijk fatsoenlijk eten gekregen, kalfsschnitzels en sperziebonen, opgediend in borden en niet langer
in blikken kommen. Toen had mama begrepen dat wij waren
opgepakt. Het bericht werd haar even later bevestigd door Allabouch, de directeur van de DST.

We vertelden het verhaal van onze ontsnapping in geuren en
kleuren. Ze keken ons met ongelovige ogen aan en we voelden
hoe trots ze op ons waren. Terwijl wij zaten te praten, stond mama vaak op, raakte ons aan, omhelsde ons en herhaalde steeds
dezelfde woorden.

'Mijn kinderen, mijn lieve kindertjes. Het is ongelooflijk zoals
jullie zijn veranderd...'

Dat was waar. We vonden het het ergste om te merken dat we
niet meer echt deel uitmaakten van een geheel. We voelden ons
een beetje schuldig.

Dus luisterden we heel aandachtig naar de verhalen van mama en Soukaïna, alsof we die extra vrijheid die we zonder hen
hadden beleefd, moesten goedmaken.

NA DE ONTSNAPPING

Om halfnegen die maandagochtend kwamen de bewakers zoals
iedere ochtend mama's cel binnen en brachten haar de door
Achoura klaargemaakte koffie. Ze begonnen met hun onderzoek.

Mama was heel kalm. De vijf vrouwen hadden de hele nacht
om ons in angst gezeten, vooral toen ze de meute loslopende
honden hoorden janken. Toen ze ons niet zagen terugkomen,
waren ze langzamerhand minder ongerust geworden.

Ze inspecteerden haar cel, zochten overal. De deur van de wc
was halfopen blijven staan.

'Mijn zoon is ziek,' zei ze tegen hen. 'Hij heeft de hele nacht op de wc gezeten. Willen jullie naar binnen om het te controleren?'

Ze weigerden beleefd, ondanks haar aandringen. Ze gingen weer naar buiten, sloten mama's cel af en gingen onze cel in. Soukaïna had de tijd gehad om de vloertegels bij te werken. Ze waren enigszins verbaasd dat zij hen ontving. Gewoonlijk was ik degene die naar voren kwam om met hen te praten.

Ook mijn zusje was rustig. Ze had uit ons succes de kracht geput om hun het hoofd te bieden.

'Malika en Maria zijn ongesteld,' zei Soukaïna.

Dat was de enige zin die je hoefde uit te spreken als je wilde dat de cipiers niet dichterbij kwamen. Soukaïna had onze bedden zo neergezet dat zij zouden denken dat wij nog sliepen. Zoals ze gewend was, bleef Mimi onder haar deken verscholen liggen en ze keek niet op. Maar op het moment waarop ze het vertrek verlieten, slaakte ze een diepe zucht die was bedoeld om hen gerust te stellen.

Al die kleinigheden maakten, net als de rest, deel uit van een zorgvuldig uitgewerkte strategie. De bewakers gingen het vertrek van de tunnel binnen, begonnen te graven, te zoeken en op de muren te kloppen. Niet één keer stapten ze met hun kistjes op de holle tegels.

Ze gingen snel door naar Achoura en Halima voor een routine-inspectie. Zij verontrustten hen niet. Vanuit hun cellen hielden mama en Soukaïna hen in de gaten. Ze hoorden de kistjes, tsjak-tsjak-tsjak, en vervolgens de sleutels.

Mama was aan de ene kant opgewonden en aan de andere kant had ze te doen met die arme kerels die elf jaar lang het ritme van onze dagen bepaalden en die door onze ontsnapping in gevaar zouden worden gebracht.

Vlak voordat ze bij de cel van Raouf kwamen, klopte mama hard op haar deur. Ze keerden op hun schreden terug en vroegen haar wat ze wilde.

'Ik heb vergeten jullie iets heel belangrijks te vertellen. Kom terug.'

Ze gehoorzaamden, maakten opnieuw haar cel open.

'Zo,' zei ze, 'Malika, Maria, Raouf en Abdellatif zijn ontsnapt.'

Ze reageerden niet. Ze schuddde ze één voor één door elkaar.

'Ga maar naar de wc, dan zien jullie het wel. Abdellatif is er niet. Ga maar naar de cel van de meisjes, van Raouf, til de lakens op, kijk overal, onder de bedden... Ze zijn ontsnapt, zeg ik jullie.'

Het duurde minstens tien minuten voordat het bericht tot hun mistige brein doordrong. Terwijl mama zich opwond, keken ze haar medelijdend aan, alsof ze plotseling gek was geworden.

'Beheers u, mevrouw Oufkir, kom op, u bent gewoonlijk een verstandige vrouw...'

Maar mama liet hen niet met rust. Ze fladderde rond door de cel, tilde de stromatras op, ging de wc binnen.

'In welke taal moet ik het nou nog tegen jullie zeggen? Vier van mijn kinderen zijn ontsnapt...'

Ze begonnen overal te zoeken terwijl ze achter haar aan liepen. Toen keken ze elkaar aan. De jongen was nergens. Er ontstond een panische stilte... Ze maakten opnieuw onze cel open. Ze wisten dat we tot het ergste in staat waren. En als Abdellatif er nou eens in was geslaagd onze cel binnen te dringen en zich had verstopt om hen bang te maken? Soukaïna ontving hen glimlachend.

'Daar zijn ze, ze slapen, ze zijn ongesteld,' zeiden ze. 'Dat heb je ons verteld, we zien ze toch...'

'Nee,' zei Soukaïna, 'ze zijn er niet. Kijk maar.'

Ze tilden onze dekens op. Op onze plaats had Soukaïna twee stapels kleren neergelegd. Ze keken onder de bedden, doorzochten alles zo goed mogelijk en gingen vervolgens naar de cel van Raouf, waar ze ook zochten, zonder resultaat.

Toen was het even of ze krankzinnig werden. Door onze ontsnapping zouden ze tot een wisse dood worden veroordeeld. Ze kwamen onze cel binnen met houwelen en hakten de vloertegels van onze slaapkamer open. Vandaar gingen ze naar de cel met de tunnel en braken daar ook tegels open zonder dat ze daarmee de doorgang ontdekten. Ze begrepen er niets van. Ze waren in paniek, schreeuwden en renden alle kanten op.

Daarna gingen ze de cel van Achoura en Halima binnen en sloegen hen hard om een bekentenis af te dwingen. Ze durfden mama of mijn zussen niet aan te raken. Toen kwam mama tussenbeide en trommelde op haar deur om hen te spreken. Ze waren zo radeloos dat ze haar niet hoorden. Ze moest schreeuwen om gehoord te worden.

'Rustig maar,' zei ze heel beheerst tegen hen. 'En hou op met alles kapot te maken. Jullie kennen Rabat. Wanneer die komen, zullen ze zeggen dat jullie in het complot zitten.'

De arme kerels stonden op het punt te bezwijken van angst.

'U hebt gelijk, we zullen alles weer terugleggen zoals het was.'

'Nee,' zei mama, 'daar is het nu te laat voor. Sla liever alarm.'

De bewakers waren erg ongerust. Borro was er niet. Omdat hij zondags geen dienst had, profiteerde hij daarvan om zijn kinderen op te zoeken en kwam de volgende dag pas laat terug. Op maandagochtend hielden de bewakers een huiszoeking zonder hem. Ze waren niet gewend verantwoordelijkheden te nemen en waren volledig de kluts kwijt. Maar ze volgden mama's raadgevingen op. Het nieuws van onze ontsnapping bereikte rechtstreeks het hoofdkwartier en het ministerie van Binnenlandse Zaken.

Nauwelijks een uur later arriveerde de afschuwelijke Borro. Hij, die twee maanden tevoren mama had bedreigd met een wijnstok, hij, die ons bespotte met zijn gorillagestalte en zijn bloeddoorlopen oogjes, hij, die zich erop liet voorstaan ons klein te hebben gekregen, stond daar voor haar met een wasbleke gelaatskleur en neergeslagen ogen. Hij vermeed haar blik.

Ze juichte inwendig, maar deed haar best om niets te laten blijken.

Volgens hem was het onmogelijk dat we waren ontsnapt. We hadden ons ergens verstopt. Hij beval op de daken te gaan kijken. Natuurlijk leverde het zoeken niets op.

Hij sloeg zijn ogen op naar mama en zei met trillende stem: 'Ze zijn ontsnapt.'

Hij was binnen een uur twintig jaar ouder geworden. Het was afgelopen met de arrogantie, de gemene streken en de minachting. Hij slofte voort, liet zich leiden door mama en Soukaïna. Hij leek op een veroordeelde die naar de galg wordt gebracht.

De bewakers sloten mama en mijn zussen in onze cel op. Zo bleven ze een hele tijd wachten. Enige tijd later hoorden ze de lucht trillen, die plotseling donker was geworden door een menigte helikopters die op de akkers landden. Officieren in groot tenue drongen de kazerne binnen.

De deuren van de gevangenis gingen open. Politiemannen kwamen binnen met bloeddorstige Duitse herders aan de lijn. Ze gaven die onze oude kleren om eraan te snuffelen en lieten ze toen los. De vrouwen werden toen erg bang. De *mouhazzins* werden vervangen door gendarmes, met minder onbehouwen methodes.

Ze blinddoekten mama en brachten haar naar buiten naar de kazerne, waar ze haar hardhandig lieten plaatsnemen. De toon was dreigend. Dit waren geen bewakers meer die je kon manipuleren, of Borro die we begonnen door te krijgen. De officieren spraken bars en onmenselijk. Ze zouden haar laten boeten voor onze brutaliteit.

Mama trilde van angst, maar ze liet zich niet van haar stuk brengen. Meteen bij de eerste vraag al onderbrak ze de man die haar ondervroeg.

'Generaal Ben Slimane,' zei ze, 'u hoeft geen listen te gebruiken, ik heb uw stem herkend.'

De man stond onmiddellijk op en werd vervangen door een ander. Ondanks haar geblinddoekte ogen merkte mama dat ze zich niet prettig voelden. Het waren allemaal huisvrienden van mijn vader geweest, ze had hen honderden keren thuis ontvangen. De tweede officier kreeg dezelfde opmerkingen aan te horen als Ben Slimane.

'Je durft me niet eens aan te kijken,' zei ze minachtend. 'Je bent toch een soldaat. Je bent dus verplicht me te ondervragen terwijl ik ben geblinddoekt? Wat jullie ook doen, ook al was het aan het andere eind van de wereld, ik zal jullie allemaal herkennen,' voegde ze eraan toe.

Ze wilde hun niets vertellen en ondanks haar angst bleef ze waardig en dapper.

'Mevrouw Oufkir, wees verstandig. Als u ons niet vertelt waar ze zijn, kan dat gevaarlijk voor hen zijn. Ze lopen het risico te worden opgevreten door de wolven waarvan het wemelt in deze streek.'

'Ik heb liever dat ze worden opgevreten door de wolven dan door jullie...'

Ze brachten haar terug naar haar cel. Soukaïna werd, ook geblinddoekt, in mama's plaats verhoord. Zij was echter negen toen ze de gevangenis inging en kon niemand herkennen. Maar na ieder verhoor gaf ze mama een beschrijving van de stem van de officieren en zo wist mama wie ze waren.

Ze wilden weten waar wij ons bevonden en bedienden zich van alle middelen, dreigementen, intimidatie, smeekbeden en morele chantage, maar Soukaïna trotseerde hen ondanks haar schrik en angst.

De eerste keer dat ze de gevangenis binnenkwamen terwijl ze haar naar haar cel terugbrachten, hoorde ze dat ze zich tot Borro richtten.

'Jij gaat eraan,' zeiden de generaals tegen hem. 'Hoe heb je die kinderen onder zulke omstandigheden kunnen laten leven?'

We beseften het niet eens meer, maar het was een ontzettend smerig en ongezond oord. Doordat er steeds op houtskool werd gekookt, waren de muren en de tralies zwart van het roet. Alles was vervallen, grijsachtig, somber en droop van het vocht. Het comfort was uiterst gering: stromatrassen en kartonnen kisten bij wijze van meubels, een lemen vloer. Dieren in kooien zouden nog beter zijn behandeld.

De generaals wisten dat de koning zijn wraak op ons botvierde, maar ze hadden zich nooit kunnen voorstellen dat we onder zulke omstandigheden leefden. Naar hun idee ontvingen we boeken en post en werd er betrekkelijk goed voor ons gezorgd. Ze vroegen Soukaïna naar onze voeding. Ze vertelde hun dat we de smaak van bepaalde voedingsmiddelen, zoals melk, boter en fruit, niet meer kenden. Ze beschreef onze maaltijden, legde uit hoe we boterhammen maakten met gekookte kruiden. De generaals waren helemaal geschokt omdat de voedingsmiddelen gewoon de kazerne binnenkwamen; de soldaten kwamen niets tekort.

Ze hadden het gat tegen het traliewerk nog niet ontdekt. Na vierentwintig uur begrepen ze nog steeds niet hoe we waren ontsnapt. Een tunnel was ondoenlijk. Daarvoor had je materiaal en helpers nodig. Mama, Soukaïna en Mimi verkeerden lichamelijk in een deplorabele staat.

Waar zouden zij de kracht vandaan hebben gehaald om te graven?

'We hadden geen gespierde armen nodig,' liet Soukïna ten slotte los na een paar verhoren waarbij steeds dezelfde vragen terugkwamen. 'Om te ontsnappen hadden we vijftien jaar gevangenschap nodig, vijftien jaar onmenselijk lijden, vijftien jaar honger, kou, angst en ontberingen. En wat onze intelligentie betreft: jullie hebben ons genoeg tijd gegeven om die vrucht te laten dragen.'

Ze hielden het niet langer. Ze wilden alles weten. Alles begrijpen. Met geweld, als het moest.

Maar Soukaïna werd losgelaten. Ze vertelde zonder tegenstribbelen en schiep er een boosaardig plezier in ons vocabulair te gebruiken: lampionnen, olifanten... Ze keken stomverbaasd naar haar, vol onbegrip en woede. Dreef ze de spot met hen? Ze konden wel boos worden... In weerwil van de angst die haar in zijn greep hield, bleef mijn zus heel beleefd. De verhoren waren echt zwaar en Soukaïna voelde zich ondanks haar bravoure slecht op haar gemak. Maar ze was zich bewust van de rol die ze speelde.

Het moet gezegd worden dat ze zich er uitstekend uit redde. Het was de eerste keer dat die jonge vrouw van bijna vierentwintig, die vanaf haar negende gevangenzat, in de schijnwerpers stond. Ze was als een stomme die plotseling weer kan praten. Ze ontdekte dat ze grappig, intelligent, slim, ironisch en brutaal was. Ze hield haar publiek in spanning, zelfs al was datzelfde publiek woedend over zo'n brutaliteit.

Ondanks hun dreigende toon waren ze gefascineerd, geïntrigeerd en soms opgetogen.

'Maar jullie hadden toch geen horloges, hoe wisten jullie dan dat het tijd was om de tunnel weer af te sluiten?'

'Cornélius.'

'Wie is die Cornélius? Een handlanger? Hou ons niet voor de gek, want anders...'

'Maar zeg eens, dachten jullie dat je Galileï waren...'

Soukaïna vermaakte zich uitstekend. Ze waren werkelijk ontdaan.

'Maar dit is de ontsnapping van de eeuw. Het is ongelooflijk...'

Af en toe onderbraken ze haar: 'Jullie vader kan trots zijn op zijn kinderen.'

Ze wilden weten wie hen in de gevangenis had opgevoed.

'Malika,' antwoordde ze. 'Zij heeft ons leren lezen, schrijven, spreken en heeft ons tafelmanieren bijgebracht. Ze heeft ons lesgegeven en gesteund. Ze is een moeder, een vader en een lerares voor ons geweest. We hebben alles wat we zijn aan haar te danken.'

Iedereen zat in haar bijzijn te roken. Na hun vertrek raapte ze de peuken op. Een officier die dat zag, zei tegen haar: 'Ik had nooit kunnen overleven wat jullie hebben meegemaakt.'

En hij overhandigde haar echte sigaretten.

Ze gaf zulke precieze en controleerbare details, dat ze haar uiteindelijk geloofden. Maar ze wilde hun niet de plaats aanwijzen waar we hadden gegraven. Voordat we vertrokken, hadden we uitdrukkelijk gesteld dat ze die zelf moesten vinden. Ze had er schik in en speelde met hen: het is lauw, het is koud, het is gloei-end heet.

Ten slotte vond ze dat het spelletje lang genoeg had geduurd. Ze werden zenuwachtig en bits, bedreigden haar steeds meer.

Toen nam ze hen mee naar de cel.

'Daar is de tunnel, zoek maar.'

Ze haalden haar blinddoek weg en ze kon constateren dat alle generaals in groot tenue waren. Ze richtten hun zaklantaarns op de vloertegels. Ze vroegen haar op de cameraman te wachten voordat ze ze openmaakte. Ze wilden haar filmen en fotografe-ren terwijl ze daarmee bezig was, om de bewijzen van onze ont-snapping naar de koning te sturen, veronderstel ik.

Soukaïna nam de tegels weg, brak de laag cement open en haalde er voor hun verbaasde ogen in haar eentje de olifanten en lampions uit.

Ze riepen de gendarmes opdat die zich ervan vergewisten dat er echt een doorgang was. Daarna stuurden ze de cameraman om de tunnel te filmen, evenals ons schamele gereedschap, de le-pel, het messenheft en het deksel van een sardineblikje.

De honden brachten mee wat wij op onze vlucht hadden ach-tergelaten, de peper, de ijzeren staaf en de oude kleren. De heli-kopters kamden het hele gebied tevergeefs uit, wij waren on-vindbaar.

Toen werden mama en de anderen naar het politiebureau van Casablanca gebracht. Ze waren verstijfd van angst en vrees, nog meer om ons, van wie ze niets meer hadden gehoord, dan om hun eigen lot.

Maar op het Ben Chérif-bureau deed mama haar best om het hoofd koel te houden. Te oordelen naar de houding van hun ci-piers waren we nog niet teruggevonden en dat was het enige wat voor haar van belang was.

Halima werd verscheidene keren geschopt en geslagen. Ze liet geen gelegenheid voorbijgaan om de politieagenten de les te lezen, waardoor ze buiten zichzelf van woede raakten. Ze was een heel arrogante vrouw, die zich beroemde op haar trouw en liefde jegens ons.

'Ik ben met hen meegegaan naar de gevangenis omdat ik dat wilde, en als ik het over moest doen,' riep ze luid, 'dan zou ik het weer doen. Reken er maar niet op dat ik hen zal verraden.'

De slechte behandeling hield kort voor onze komst op, toen duidelijk werd dat de hele wereld op de hoogte was van onze ontsnapping. Ze konden zich voortaan niet meer permitteren ons te mishandelen. Zo brachten we de nacht door met praten, lachen, elkaar omhelzen en feliciteren.

We hadden mijn vader gewroken.

Voortaan zouden we 19 april, de datum van onze ontsnapping, vieren als de dag waarop we onze waardigheid hadden teruggekregen.

Het verblijf in Ben Chérif duurde tweeënhalve maand, en al die tijd bleven we maar dooreten. De eerste dagen kwamen er voortdurend dienbladen langs. Sperziebonen, kalfsschnitzels, rijst en desserts, het menu was niet gevarieerd, maar voor ons was het fantastisch.

Om onze traditie uit de gevangenis trouw te blijven, hadden we Raouf de bijnaam 'Bou-Ssena' gegeven, dat betekent 'de enige tand', omdat de arme jongen nog maar drie tanden had. Mijn broer was een karikatuur van zichzelf geworden, lang en mager, met vooruitstekende jukbeenderen, een nek als een kurkentrekker en in zijn kaak één tand waarin een diamant schitterde.

Ze hadden ons een televisietoestel gegeven. Wij, die alleen zwart-wit hadden gekend, ontdekten de wereld in kleur. Marokko trok aan onze ogen voorbij en we herkenden niets. Ik moest wel toegeven dat het land was gemoderniseerd en de koning daarvoor complimenteren. Ik was aan de ene kant trots voor mijn volk en aan de andere kant verbitterd tegenover die vorst die zoveel succes had met zulke verachtelijke middelen.

Zijn dochter, prinses Meriem, ging trouwen en we zagen de ene na de andere reportage over de koninklijke familie. Ik zag niet langer de beul, maar de man die over mijn kinderjaren had gewaakt. Tranen stroomden uit mijn ogen zonder dat ik er iets aan kon doen. Die houding verbaasde de anderen, die deze trouw aan mijn verleden niet konden begrijpen. Zo was het nu eenmaal. Ik werd voortdurend heen en weer geslingerd tussen nostalgie en haat, tussen ontroering en angst.

Tegelijk met de televisie kregen we een videorecorder. Alla-bouch bezat een grote videotheek van in beslag genomen films en die leende hij naar believen aan ons uit. De smerissen hadden het vaak over *Rocky*, en daarom was onze keuze gevallen op Stal-lone. Maar het was een pornofilm: zo was de beroemde Sylvester zijn carrière begonnen. Nadat het eerste moment van verbijste-ring voorbij was, hebben we allemaal zitten brullen van het la-chen. De volgende dag bedankte mama Allabouch voor de sek-suele voorlichting die hij haar kinderen wilde geven. Zeer gege-neerd putte de directeur zich uit in verontschuldigingen.

De verhoren waren weer begonnen. Ze wisten nu alles van de ontsnapping, maar ze wilden weten wat onze plannen waren. Ze verweten ons Franse advocaten te hebben genomen in plaats van Marokkaanse. Alsof we een keus hadden gehad...

Meestal probeerden ze ons in de meest grove vallen te laten lo-pen. Maar door vijftien jaar in de gevangenis waren we slim ge-worden en het was voor hen verspilde moeite. We schoten er nauwelijks iets mee op: we wisten nog steeds niet wat er met ons zou gebeuren. We hadden niets meer van Dartevelle gehoord.

Na een familieberaad besloten we naar de koning te schrijven. We wilden hem toestemming vragen om naar Canada te emigre-ren. Allabouch was ongerust: hij was bang dat we ons zouden la-ten verleiden Zijne Majesteit te beledigen, wat niet onze bedoe-ling was. Toen hij onze brief las, sprong hij van zijn stoel van ver-ontwaardiging.

'Je moet dit niet zeggen, je moet dat niet zeggen...'

We waren categorisch, er was geen sprake van dat we ook maar het kleinste zinnetje zouden veranderen. We wilden niet in Marokko blijven. Canada was een goede keuze, want de koning zou ons nooit hebben laten vertrekken naar Frankrijk. We waren wel lastig: hij kon ons niet meer laten verdwijnen nu de internationale publieke opinie op de hoogte was van ons avontuur. Maar wat zou hij met ons doen?

In afwachting van zijn antwoord gedroegen we ons als voorbeeldige gevangenen op dat politiebureau, dat ons het toppunt van luxe leek vergeleken met wat we hadden meegemaakt. We protesteerden nooit, zelfs niet wanneer we werden geblinddoekt om naar de badkamer of de wc te gaan. Voor één keer deed dat toezicht ons plezier, want daardoor werden we tot dezelfde rang verheven als de helden die we bewonderden.

We kregen er niet genoeg van te zien hoeveel respect en bewondering de politiemensen ons toedroegen, wat we ieder moment uit hun ogen konden aflezen. Elke dag genoten we nog wat meer van onze overwinning en van de omvang van onze wraak op de koning.

'Jullie hebben ze genaaid,' zeiden ze terwijl ze het v-teken van victorie maakten.

Op een dag, toen we in de gang heen en weer liepen, kwamen we toevallig twee Palestijnse gevangenen tegen. Ze stonden tegenover ons. De politieagenten zagen hen wel, maar een beetje te laat en ze snelden op hen toe om hen mee te nemen. Maar ze hadden nog de tijd om in het Arabisch te schreeuwen dat wij hadden gewonnen, dat ons de overwinning toekwam.

Aan het eind van de gang, voorbij de wc's en de douches, werd een hek permanent bewaakt door een gewapende politieman in gevechtstenue. Die bewaking intrigeerde ons. Bestookt door onze vragen antwoordden de politieagenten ten slotte dat dat de plek was waar de gevangenen werden verhoord.

We wilden absoluut gaan kijken. Ze vonden ons verzoek vreemd, maar omdat we bleven aandringen, gingen ze er ten slotte op in. Aan de andere kant van dat hek was een smalle gang met celdeuren.

Ik smeekte de agent die me begeleidde. Hij haalde zijn schouders op.

'Zoals je wilt, maar ik heb je gewaarschuwd. Dat geeft je de genadeslag.'

Hij opende een venstertje. De cel was zo klein dat je moeilijk kon staan of zelfs in bed liggen, zo laag was het plafond. Een man lag op een betonnen vloertegel. Hij was futloos en reageerde niet. In het halfduister staarde hij naar me zonder me te zien.

Ik keek ook naar hem, met mijn ogen vol tranen. Ik mompelde tegen hem: 'Houd moed, houd moed.'

Ik nam het mezelf meteen kwalijk. Het was alsof ik twee druppels water had gegeven aan iemand die in de woestijn doodging van de dorst.

De politieagent deed de deur weer dicht, maar ik kon nog net zien dat het gezicht van de gevangene begon te trillen.

Ik huilde.

'Ik had je gezegd dat je er niet heen moest gaan,' zei de smeris.

Die man was een politieke gevangene. Een van de velen.

We wachtten zonder veel illusies op het antwoord van de koning. Na twee maanden riep Allabouch ons bijeen en vertelde dat Zijne Majesteit voorlopig in Marrakech een gemeubileerde woning met alle comfort tot onze beschikking had gesteld. Er was zelfs een tuin. Alles zou voor ons geregeld worden, we kregen voedsel, kleding en verzorging.

Voor ons, mensen die uit de hel kwamen, was dat aanbod buiten alle verwachtingen. We zouden er wonen totdat Zijne Majesteit een beslissing nam met betrekking tot het emigratieverzoek dat we hem hadden doen toekomen.

Het bericht viel in goede aarde. In onze opwinding ontweken

we de belangrijke vragen. Zouden we op een dag echt vrij zijn? En over hoeveel tijd?

Maar we hadden nog niet de kracht om ons dat af te vragen. We waren zo moe dat we alleen maar verlangden naar eten en slapen.

Marrakech

(1 juli 1987-19 februari 1991)

ZES MAANDEN VAN EUFORIE

Het huis dat Zijne Majesteit ons op vorstelijke wijze heeft toegewezen, staat in Targa, op een paar kilometer van Marrakech, het
favoriete vakantieoord van de bourgeoisie van Casablanca. Toen
mijn vader nog leefde, leende het ministerie van Binnenlandse
Zaken ons daar een boerderij waar we graag onze wintervakan-
ties doorbrachten en in het weekend paardreden. We bewaarden
er uitstekende herinneringen aan.

Van alle villa's in de omgeving ligt die van ons het meest afgelegen, omgeven door hoge muren, zodat je naar buiten kijkend
de toppen van de bomen ziet. Er ligt een kale tuin omheen. Het
huis, dat waarschijnlijk uit het koloniale tijdperk dateert, is
groot en ziet er misschien niet aantrekkelijk uit, maar is op zijn
minst comfortabel.

Na Bir-Jdid lijkt het ons een paleis. We zijn enthousiast over
het interieur vanwege de lange gangen en de vele lichte kamers.
De meeste slaapkamers liggen op de eerste verdieping. Ik deel de
mijne met Maria. Soukaïna, Mimi, Abdellatif en mama hebben
ieder een eigen kamer. Raouf, die nodig het vrouwenverblijf
moet ontvluchten, heeft zichzelf de slaapkamer beneden toegeëigend die op de tuin uitkomt. Achoura en Halima hebben
zich vlak bij de keuken geïnstalleerd.

Het huis bezit twee salons zoals in de mooie huizen van de
bourgeoisie. De kleinste is westers gemeubileerd, met een bank
en zachte fauteuils die rondom een imposante schouw staan ge-
rangschikt. De tweede is Marokkaans ingericht met matrassen

op de vloer en een lage tafel. Wij, die zoveel gebrek aan licht hebben gehad, zijn opgetogen over de witte muren, het aantal ramen en de lichtschakelaars. We hebben kranen met koud en warm zoet water, een luxe, en echt sanitair en badkuipen...

Het is waarschijnlijk niet het paradijs, maar voor de paria's van Bir-Jdid komt het wel in de buurt.

Heel opgewonden rennen de kinderen overal rond, lachen, roepen en kibbelen over de verdeling van de kamers. Mijn humeur is niet even vrolijk. Weer muren, weer deuren, weer politieagenten, weer het verbod om uit te gaan, om te gaan wandelen, om te leven...

Weer een gevangenis, ook al lijkt deze op een echt huis. Waar is de vrijheid waarnaar we zo hebben verlangd? Om hun vreugde niet te bederven probeer ik wat minder negatief te zijn en ga ik mee in de drukte, terwijl ik doe alsof ik enthousiast ben.

'Ja, het is fantastisch, ja, we zullen gelukkig zijn. Bovendien is het toch voorlopig?'

Weg met mijn achterdocht, later zullen we wel zien.

We hebben carte blanche gekregen wat het meubilair van onze slaapkamers betreft, onze kleren en onze dagelijkse benodigdheden. We hoeven er maar om te vragen, en we krijgen wat we willen: boeken, cd's, videocassettes, papier, schriften, pennen, damesbladen en Marokkaanse kranten. De internationale pers, *Le Monde* of *Libération*? We moeten wel reëel blijven... Ze hebben ons een stereo-installatie bezorgd, een televisie, een videorecorder en radio's. Maar wanneer we niet braaf zijn, worden de televisieprogramma's gecensureerd.

De kaïd van Marrakech en zijn adjunct zorgen voor de dagelijkse boodschappen. De eerste dag stellen ze ons voor een lijst van levensmiddelen te maken. We kunnen alles krijgen waar we zin of plezier in hebben.

Ik begrijp niet meteen wat ze onder 'alles' verstaan. Een kilo vlees per week lijkt me voldoende voor negen personen. Het woord 'boter' opschrijven, of er zelfs maar aan denken, is onvoorstelbaar. Ze begrijpen mijn aarzelingen niet. Ik vraag met nadruk: 'Kunnen we ook fruit krijgen? Verse melk? Chocolade? Snoepjes? Zijn zulke levensmiddelen voor ons niet langer verboden?'

Ze hebben de waarheid gesproken. Wij bestellen, en zij brengen het. Langzaam maar zeker vatten we moed. Het eten wordt onze enige obsessie, onze enige bestaansreden. Elke avond denken we serieus na over onze menu's voor de volgende dag, en we bereiden ze voor met de kok van de politie, die ze ons ter beschikking hebben gesteld. Toen hij kwam, kon de beste man niet koken. Wanneer hij vier jaar later bij ons weggaat, is hij een echte keukenprins geworden.

Want we zijn veeleisend geworden wat de kwaliteit van onze recepten betreft. We willen flensjes, en koeken en ook tajines en koeskoes, vla en compotes. En verder, wel, elke dag een grote verjaardagstaart vol room... Met het eten krijgen we onze levenslust terug.

Vaak word ik midden in de nacht wakker, badend in het zweet, overweldigd door nachtmerries of vreselijke herinneringen. Ik weet niet meer waar ik ben. Bir-Jdid? Borro? Benaïch? Die spookbeelden achtervolgen me. Ik kleed me haastig aan en ga heel zachtjes naar de keuken. Dan kom ik een familielid tegen dat last heeft van dezelfde slapeloosheid en met een blad vol eten weer naar boven gaat.

'Ben jij het, Raouf?' 'Wat eet je, Abdellatif?'

We krijgen de slappe lach. We gaan samen terug naar de koelkast en vergelijken onze keuzes. We proppen ons eensgezind vol. Het stillen van die nachtelijke honger is voor ons het bewijs dat we niet meer in het strafkamp zitten.

We hebben lichamelijk overal gebrek aan, we hebben talloze ziektes. Mimi's aambeien komen haar op een week in het ziekenhuis te staan. We lijden aan onverklaarbare koortsen, abcessen, weefselontstekingen, we verliezen onze haren, we hebben geen spieren meer, geen vlees meer, geen tanden meer, niets dan vel en been, en dan nog, in wat voor staat... Maar ook al eten we aan één stuk door, proppen we ons vol met vitamines en medicijnen, we komen zoveel tekort dat het elke keer is of we water naar de woestijn dragen.

Om weer op krachten te komen leef ik me de hele ochtend uit in sport: joggen, gymnastiek en voetbal met mijn broers. Ik heb om boeken over de voeding van sporters gevraagd en ik ben wat dat onderwerp betreft een wandelende encyclopedie geworden. Twee jaar heb ik zo'n dieet gevolgd, maar mijn lichaam blijft lange tijd in een erbarmelijke staat. Toch dwing ik mezelf tot die inspanningen, zo'n beetje als een gehandicapte die weer begint te lopen.

De rest van de dag luister ik naar muziek en lees ik. Ik heb net zo'n buitensporige honger naar boeken als naar voedsel: romans, essays, geschiedenisboeken over de Tweede Wereldoorlog en over Rusland, ik vind alles boeiend. In het begin beperk ik me niet tot lezen. Ik voel me zo onontwikkeld dat ik woorden en gedichten uit mijn hoofd leer. Ik raadpleeg het woordenboek, ik lees Baudelaire en Chateaubriand, ik maak nieuwe zinnen als een kind op de basisschool.

Ze hebben een kleine schrijfmachine die van mijn grootvader is voor me naar binnen gesmokkeld en, zwichtend voor de druk die er aan alle kanten op me wordt uitgeoefend, ben ik opnieuw het Verhaal gaan opschrijven. Ik ben begonnen aantekeningen te maken voor een scenario. Ik houd ook een dagboek bij.

Ik verzadig me aan films en televisieseries, ook al sta ik van de meeste vreemd te kijken. *E. T.* vind ik een ondoorgrondelijk mysterie. Ik begrijp niets van de vliegende schotels, de special effects en de filosofie van de film. Een achterstand van vijftien jaar op de moderne tijd lijkt moeilijk in te halen.

Ik geloof dat ik zelf een UFO ben.

Soukaïna schildert en luistert naar de liedjes van Patricia Kaas, voor wie ze lange tijd een grote passie heeft. Abdellatif voetbalt; Raouf is aan het eerste jaar van een schriftelijke studie rechten begonnen; mama luistert naar haar geliefde nieuwsberichten en pluist de tijdschriften na die men bereid is haar te brengen. Allemaal zorgen we voor bijscholing, ieder op zijn manier.

's Avonds organiseren we feesten waar iedereen op zijn paasbest verschijnt. Vanaf zeven uur 's avonds bruist het huis van een vrolijke drukte. We strijken kleren, we rijgen zomen, we kammen ons haar, we smeren er gel in, we maken ons op, en verzorgen onze handen en voeten. En dan zien we elkaar weer in de salon bij een schitterend buffet.

Nu het leven weer begint, leren we ook weer met emoties om te gaan die we zo lange tijd hebben onderdrukt. We hebben onze 'gevechtspakken' in de kast gelaten, we zijn weer menselijker geworden. Onze lichamen zijn weer gaan leven.

Vaak, wanneer een pathetische slowfox ons hart in beroering brengt, ben ik helemaal van slag, zoals je dat als adolescent bent. Want ondanks mijn vierendertig jaren ben ik nog maar een heel jong meisje met een wanhopige behoefte aan liefde, een meisje dat urenlang in haar eentje in haar kamer ligt te huilen.

We hebben een favoriet liedje waar we steeds maar weer naar luisteren. Het gaat om de intro van de film *La Lumière des justes*, vertolkt door Charles Aznavour. Het heet 'Etre'.

Een van ons zet de installatie aan en we gaan dicht tegen elkaar aan zitten terwijl we in koor het refrein meezingen: 'Etre, mourir pour mieux renaître...'

Is het de aangrijpende stem van Aznavour die ons doet huilen? Of zijn het de woorden die speciaal voor ons schijnen te zijn geschreven?

Elke ochtend komt commissaris El Haj naar de villa om te vragen hoe het gaat en te horen of we tevreden zijn met ons lot. In werkelijkheid heeft hij de opdracht ons uit te vragen over onze beslissing in Canada te gaan wonen. We hebben hem door.

We weten heel goed op welke manier het regime te werk gaat.

Je wordt ingepakt met poeslieve woorden, je wantrouwen wordt weggenomen door complimenten, een onechte verstandhouding, en dan wordt de strikvraag op je afgevuurd op het moment waarop je er het minst op bedacht bent. Gelukkig zijn we experts geworden in dit kat-en-muisspelletje en ook wij proberen met een onnozel gezicht zo veel mogelijk informatie los te krijgen.

We nemen een afwachtende houding aan. Onze Franse advocaten, meester Dartevelle en meester Kiejman, hebben geen teken van leven meer gegeven. Dat stilzwijgen maakt ons ongerust. We worden goed behandeld, zeker, maar al zijn onze grenzen dan verlegd, al kunnen we dan nu, nog steeds binnen de omheining van het braakliggende terrein, lopen, rennen en ademhalen, we blijven nog steeds gevangenen.

Op 3 juli krijgen we eindelijk te horen dat Georges Kiejman ons zal bezoeken. Het is de eerste keer dat we hem ontmoeten. Zichtbaar ontroerd ons te zien en vol respect jegens ons houdt hij een korte redevoering die heel goed in elkaar zit. Omdat hij tijdens de oorlog familieleden heeft verloren in een concentratiekamp, weet hij wat wij kunnen ervaren en voelt hij zich verplicht zich tot het einde toe voor onze zaak in te zetten. Hij belooft ons dat we onze vrijheid zullen terugkrijgen.

Zijn woorden lijken me eerlijk, vervuld van echt medelijden met de vervolgden die we waren. Eindelijk iemand die ons rehabiliteert, onze status van slachtoffers erkent. Eindelijk worden we begrepen, en dat is hartverwarmend.

Hij vertelde ons over zijn gesprek met de koning dat een paar dagen eerder heeft plaatsgevonden. De koning heeft hartelijk en met liefde over ons gesproken. Hij beschouwt mij als zijn dochter en heeft de advocaat verteld dat hij me zelf heeft opgevoed, me mijn eerste pak slaag heeft gegeven en heeft gelachen om mijn eerste grappen.

In deze ongelukkige affaire ben ik, beweert hij, het enige knelpunt, samen met de kleine Abdellatif, om wie hij zich ook zorgen maakt.

Meester Kiejman schijnt nogal geroerd te zijn door mijn dochterrelatie met de vorst. Hij kende dat deel van mijn geschiedenis niet.

'Weet je, Malika, tijdens ons drie uur durende gesprek kwam je naam steeds weer terug. Zijne Majesteit koestert veel genegenheid voor je.'

Wij zijn allemaal veel sceptischer dan hij over de zogenaamde gevoeligheid van Zijne Majesteit ten opzichte van ons, maar we houden onze bedenkingen voor ons.

De advocaat heeft de koning gevraagd ons vrij te laten. Deze is er niet tegen, maar hij weigert ons naar Frankrijk te laten gaan. Zijn argumenten lijken ons nogal bedrieglijk. Zijne Majesteit vreest dat een lid van de Marokkaanse gemeenschap ons naar het leven zal staan. Meester Kiejman vertelt ons met een zekere ironie over de vrees van de koning, zo lijkt het ons.

Trouwens, hij weet wat het weerwoord is: 'Uwe Majesteit, de Oufkirs willen naar Canada emigreren.'

De koning deed alsof hij verbaasd was. Hij dacht na en stelde vervolgens voor ons naar Israël te sturen. Zijn logica is onhoudbaar. De herinnering aan mijn vader wordt daar in ere gehouden omdat hij de Marokkaanse joden met duizenden tegelijk heeft laten emigreren.[1]

Zijne Majesteit vergeet eenvoudig erbij te zeggen dat hij ons verbant naar een land dat in oorlog verkeert, en dat we worden overgeleverd aan de willekeur van om het even welke conservatief wie je de beste argumenten op de mouw kunt spelden om ons uit de weg te ruimen.

Meester Kiejman is zich bewust van de valstrik. Hij heeft heel lang geargumenteerd.

Aan het einde van het onderhoud heeft hij van Zijne Majesteit

---

1 Na de Zesdaagse Oorlog in 1968 zijn de Marokkaanse joden en masse naar Israël, Frankrijk en Canada geëmigreerd. Generaal Oufkir, die veel vrienden in die gemeenschap had, heeft hun vertrek vergemakkelijkt.

de verzekering gekregen dat wij onze paspoorten en visa voor Canada zouden krijgen. De koning wil niets meer over ons horen, maar als tegenprestatie moeten wij zwijgen over wat we hebben meegemaakt.

Meester Kiejman heeft die belofte voor ons gedaan.

Onze advocaat heeft nog een ander bericht voor me. Alain Delon heeft hem gebeld en hem verzekerd van zijn vriendschap jegens ons. Hij is bereid ons op het materiële vlak te helpen en zo nodig de gerechtskosten te betalen. Meester Kiejman voegt er echter aan toe dat de acteur geen enkel politiek standpunt zal innemen. Hij heeft nog belangen in Marokko.

Ik ben toch zeer gesterkt door dit knipoogje. Alain is me dus niet vergeten. Hij heeft zeker een van de kleine pamfletten ontvangen die we in de gevangenis hebben geschreven en die we aan belangrijke politieke personen en een zeker aantal oude relaties hebben gestuurd toen we op de vlucht waren in Rabat. Van al die mensen is hij de enige die iets van zich heeft laten horen en dat gaat me enorm aan het hart. Toch sla ik het aanbod af, waarbij ik meester Kiejman vraag hem namens mij te bedanken.

We hebben dat jaar een gloeiend hete zomer maar dat kan ons niet veel schelen. Ons vertrek naar Canada staat vast voor het einde van de maand oktober, en daarom kunnen we de ongemakken van de hitte best verdragen. We zijn gelukkig, euforisch, triomfantelijk. We zullen een nieuw leven kunnen beginnen.

Het onbekende fascineert ons. We smeden de dwaaste plannen. We gaan met zijn allen in een gigantische boerderij wonen die bestaat uit zeven huizen die via onderaardse gangen die naar een speelzaal leiden met elkaar zijn verbonden. We gaan niet trouwen, maar we hebben talloze liefdespartners. We zullen elkaar nooit verlaten. De kinderen gaan studeren en de volwassenen werken.

Zoals gebruikelijk gaat onze fantasie weer met ons op de loop.

Af en toe gaat de gedachte door mijn hoofd dat men van ons af wil, maar ik doe mijn best die gedachte te verjagen, zoals ik ook het idee verwerp dat dit alles onmogelijk is, te mooi om waar te zijn, en dat we nooit vrij zullen zijn.

Mijn grootvader heeft eindelijk toestemming gekregen om ons op te zoeken. We zijn zoals altijd op het laatste moment gewaarschuwd. Hij is gekomen op 10 oktober. Hij is al tweeënzeventig, maar is nog steeds de knappe man van vroeger, groot, waardig, met een nauwelijks gerimpeld gezicht. Alleen zijn ogen vol tranen geven aan dat hij door verdriet wordt geteisterd. Als hij ons allemaal bij elkaar ziet, barst hij in snikken uit en kan lange tijd niet meer tot bedaren komen.

Hij sluit mama in zijn armen, hij omhelst ons om de beurt en kijkt naar ons allen met een grote tederheid die gepaard gaat met oneindige droefheid. Hij lijkt volkomen uitgeput. Hij heeft ongetwijfeld medelijden met ons, met ons nog steeds armzalige uiterlijk, met onze gezichten als van kinderen die door het leven te snel zijn gehard. We zijn zo veranderd. In zijn ogen staat te lezen dat we spoken zijn. Onze terugkeer is een wonder. En we begrijpen, wanneer we hem zien, alles wat ons nog scheidt van de wereld der levenden.

Ik voel me bedrukt, maar ik kan niet huilen, niet eens zijn naam uitspreken. Als kind had ik hem Baba el Haj genoemd en die naam heeft hij gehouden. Maar sinds de dood van mijn vader kan ik niet meer *baba*[1] zeggen. Een geremdheid waardoor ik afstand moet bewaren tot de oude man.

Het is echter een heel ontroerend moment voor iedereen. Ik heb mama lange tijd niet zo gelukkig gezien. Ze is erg aan haar vader gehecht. Hij heeft zich al die jaren uitgesloofd om ons aan ons trieste lot te ontrukken. Hij heeft contact opgenomen met Amnesty International, de Organisatie voor de Rechten van de Mens en nog vele andere organisaties. Hij heeft naar alle belangrijke politieke figuren geschreven en prins Moulay Abdallah ont-

1 *baba*: papa.

336

moet, die hem toestemming had gegeven ons boeken te sturen.

Hij heeft sinds Tamattaght niets meer van ons gehoord. Verscheidene malen heeft hij gedacht dat we dood waren, vermoord door kogels. Ze hebben hem verteld dat Mimi was overleden aan een aanval van epilepsie en dat Raouf en ik waren neergeschoten toen we probeerden te ontvluchten. Een vriend van hem heeft hem zelfs verzekerd dat hij met zijn eigen ogen het lijk van mama heeft gezien in het ziekenhuis van Avicenne.

Hij heeft zich erbij neergelegd om ons te rouwen. Hij wilde mijn oom Wahid niet geloven, die hem toch heeft gezworen dat hij ons alle vier bij de Barères had gezien. Hij vertelt ons over de dood van Mamma Khadija en over zijn tweede huwelijk. Dat hebben we allemaal van de Barères gehoord. Maar we weten niet dat hij nog een zoon heeft gekregen, die hij Raouf heeft genoemd.

De familie heeft hem die keus verweten. Je geeft een pasgeboren kind niet de voornaam van een levend familielid.

'Maar,' zegt hij huilend, 'ik was er zo zeker van dat jullie allemaal dood waren...'

De manier waarop hij de herinnering aan Raouf levend probeerde te houden ontroert ons.

Onze familie heeft sinds onze gevangenschap vele treiterijen ondergaan. Dagelijks hebben ze te maken gekregen met bewaking, afluisterpraktijken, verhoren en allerlei pesterijen. De Marokkaanse maatschappij heeft haar deuren voor hen gesloten. De familie van mijn vader heeft het nog erger te verduren gehad, daar in de woestijn waar ze heen zijn verbannen en waar alles hun is ontnomen. Je gaat niet om met de naaste familie van de Oufkirs.

Dat vertelt hij ons allemaal, terwijl hij zijn best doet om ondanks zijn tranen te glimlachen en hij bijna al zijn zinnen kracht bijzet met 'God is groot'.

Ter voorbereiding op onze reis, die is vastgesteld op 27 oktober, heeft de kaïd opdracht gekregen koffers en kleren voor ons te kopen. Hij heeft ons ook voorzien van jassen, windjacks en stevige schoenen. Lijsten opstellen vinden we hartstikke leuk. We kiezen met zorg de modellen en stemmen de kleuren op elkaar af. We zijn net kinderen bij een kerstboom.

We hebben identiteitskaarten en paspoorten gekregen en vervolgens zijn ze ons de dag voor ons vertrek weer afgenomen. Dat detail beviel me niet. Het spoort met het gevoel van onbehagen dat ik heb zonder het duidelijk onder woorden te kunnen brengen. Ook al luister ik naar de stem van de rede en zie ik in onze voorbereidingen en in de houding van de politieagenten de bewijzen die ik zoek, ik geloof steeds minder dat ze ons zullen laten gaan. Het lukt me niet meer deel te nemen aan de algehele opwinding, aandacht te besteden aan de watergolf van de een en aan de kleding van de ander.

's Nachts wek ik mama en maak ik haar deelgenoot van mijn vermoedens. Ze wil me niet geloven, beschuldigt me ervan dat ik een verwrongen geest heb. Ze is naïever dan ik en weigert vaak de slechte kant van de dingen te zien. Het leven op het Paleis heeft mij geleerd wantrouwig te zijn; ik weet dat we niet voor zoete koek moeten aannemen wat de koning ons voorstelt.

Ik kom terneergeslagen, bijna in tranen haar kamer uit. Alleen Raouf kan me begrijpen. Ik sluip zijn kamer binnen; hij luistert aandachtig naar me, eerst sceptisch, maar daarna brengen mijn argumenten hem aan het weifelen.

Hij slaapt die nacht niet en ik evenmin.

Om zeven uur 's ochtends die zevenentwintigste oktober staan we alle negen gevechtsklaar, geparfumeerd, gekamd, gekleed, en met onze koffers en tassen gepakt. In werkelijkheid zijn we verkleed als reizigers, de een nog belachelijker dan de ander. We zijn vergeten wat het is om in een vliegtuig te stappen en te vertrekken. De woorden hebben hun betekenis verloren en daarom houden we de schijn op. We nemen de rol aan die we moeten spelen.

We zitten zenuwachtig in de salon te wachten, Raouf en ik wat ongeruster dan de anderen, die nog niets vermoeden. Volgens hen zullen we over een paar uur ver weg zijn. Maar volgens ons...

Ik werp hem een blik toe. Hij glimlacht zenuwachtig naar me. Mama ziet onze gebarentaal. Ze zit met haar beide handen om haar beautycase geklemd en is bleker dan ik dacht. Zouden mijn angsten haar aan het twijfelen hebben gebracht?

Allabouch, commissaris El Haj, Othman Bouabid[1] en de kaïd arriveren tegelijkertijd. Ze vermijden onze blikken, ze lijken zich te generen.

Nog een blik naar Raouf. Hoe zullen ze het aanpakken om ons te bekennen dat dit vertrek maar een schijnvertoning is? Ze zullen een beetje fantasie moeten gebruiken.

Die hebben ze niet eens nodig. De woorden druipen van hun lippen, nog stroperiger dan gewoonlijk. Een oceaan van honing.

'Zijne Majesteit vraagt jullie nog heel even te wachten... Hij is niet helemaal voorbereid op het idee dat jullie vertrekken. Haja, Zijne Majesteit wil u zien voordat u vertrekt,' voegt hij eraan toe, terwijl hij zich tot mama richt.

Voor de zoveelste keer valt onze droom in duigen. Dit is het begin van nog eens vier lange jaren van gevangenschap.

EEN VERGULDE GEVANGENIS

'Maar mevrouw Oufkir, u kunt niet vertrekken zolang u Zijne Majesteit nog niet hebt ontmoet, u hebt immers zelf gevraagd of u hem kon spreken...'

De situatie heeft zich tegen ons gekeerd. Mama heeft het spel gespeeld en een brief geschreven waarin ze de koning om een onderhoud verzoekt, want dat was haar zogenaamde wens, maar het had een heel ander resultaat...

1 De kabinetschef van de minister van Binnenlandse Zaken, Driss Basri.

Er waren waarschijnlijk nog andere verklaringen voor ons mislukte vertrek. Mama heeft geweigerd de geschreven toezegging te ondertekenen dat we geen klacht zouden indienen tegen de Marokkaanse staat, ondanks de belofte van Kiejman aan de koning.

Deze laatste heeft misschien niet goed beseft hoeveel problemen we hebben met onze gezondheid, noch hoeveel schade er is aangericht. Een half jaar na Bir-Jdid zijn we er lichamelijk nog steeds rampzalig aan toe. Vier van ons hebben longproblemen die weleens verkeerd zouden kunnen aflopen.

Moeten ze het wagen ons aan de wereld te tonen en zo het bewijs te leveren voor die overduidelijke schending van de mensenrechten? De Canadese immigratiedienst zou melding maken van onze toestand, de pers zou erover praten. De koning stelt zeker geen prijs op die negatieve publiciteit. Ze moeten ons eerst oplappen voordat we de confrontatie met de buitenwereld mogen aangaan.

Maar zelfs met alle verzorging van de wereld dragen onze lichamen ook nu nog de gevolgen van die verschrikkelijke jaren. Mimi heeft steeds vaker aanvallen van epilepsie, Maria heeft blaaskanker, Raouf heeft longontstekingen en dan weer infecties, en Soukaïna en ik hebben een wankele gezondheid.

En onze Abdellatif is vooral geestelijk uitgeblust.

Toch had onze advocaat tot de laatste minuut in de beloftes geloofd. Hij wachtte ons op in Casablanca, waar we het vliegtuig zouden nemen. Ons vertrek zou onder de grootste geheimhouding plaatsvinden, maar er waren lekken, en vertegenwoordigers van de Marokkaanse joodse gemeenschap stonden met welkomstspandoeken op het vliegveld van Montréal op ons te wachten. Het ministerie van Financiën had voor ons een bedrag van vier miljoen dirham vrijgegeven dat op een Canadese bank was gezet, en voor meester Kiejman was dat geld een extra bewijs van de goede wil van het gezag.

Ik ben eerder geneigd te geloven dat ons zogenaamde vertrek

een goed op touw gezette enscenering was. De koning was nog niet met ons klaar; we moesten nog altijd boeten.

We zagen meester Kiejman pas weer een paar maanden later, aan het begin van het jaar 1988. Hij was vreselijk woedend. Hij zei tegen ons dat hij bij de internationale instanties een procedure tegen Marokko zou aanspannen en hij wees Allabouch met de vinger aan.

'Het is uw schuld en de schuld van de mensen die boven u aan de touwtjes trekken. Ik ben niet gewend te onderhandelen met mensen die zich niet aan hun woord houden...'

Soukaïna nam hem apart en vroeg hem of haar zelfmoord gebruikt zou kunnen worden om ons vrij te krijgen. Vanaf 27 oktober spookte die gedachte door haar hoofd. Meester Kiejman zuchtte en begon weer uit te varen tegen dat regime dat onschuldige kinderen afslacht.

Hij ging een hele tijd tekeer. Maar zijn woede diende nergens toe, evenmin als de hongerstaking die we in april 1988 begonnen, een paar weken na zijn bezoek. Die duurde twintig dagen. We moesten infusen hebben, we waren er slecht aan toe, maar we gaven de strijd pas op omdat we ertoe gedwongen werden door de realiteit.

Het was weer hopeloos.

Door ons mislukte vertrek gaan we weer terug in de tijd. We zijn weer de gevangenen die we al vijftien jaar waren, tegelijk berustend en verontwaardigd, passief en opstandig. Bij wijze van troost denk ik weleens bij mezelf dat mijn lot is verbeterd en dat ik dat alleen aan mijn eigen inspanningen heb te danken. Ik zie het ook allemaal heel duidelijk: de koning is zo machtig en wij zijn zo zwak... Maar we hebben althans de voldoening dat we hem hebben doen zwichten.

Ieder van ons is weer in zijn oude gewoontes vervallen. We geloven niet meer in veel dingen. We lezen, we doen een beetje aan sport, we kijken televisie. Abdellatif voetbalt met onze neef

Hamza, die even oud is als hij en die bij ons is komen wonen zodra hij ons mocht komen opzoeken.

Onze familie heeft na talloze moeilijkheden toestemming gekregen in het weekend bij ons op bezoek te komen. Ze worden systematisch gefouilleerd. Maar we organiseren geen geïmproviseerde feesten meer, behalve voor Kerstmis en de verjaardagen. Het is afgelopen met de smulpartijen waarbij we allemaal vrolijk bij elkaar zaten, afgelopen met de gezamenlijke dinertjes. Ieder eet in zijn eentje op zijn kamer.

We leven in pyjama, steeds dezelfde pyjama, die versleten is doordat hij steeds maar is gewassen en weer opnieuw gewassen. We lopen op blote voeten, we schenken geen aandacht meer aan ons uiterlijk. Wanneer we elkaar in huis tegenkomen, herhalen we steeds dezelfde vragen: 'Wanneer komt er eens een oplossing voor onze zaak? Wanneer zullen ze ons vrijlaten?'

Maar Marrakech is anders dan Bir-Jdid dankzij het licht. We missen nooit het ochtendlicht, dan leven we weer op, dat is een bijzondere gewaarwording. De hele dag blijven we buiten om ervan te profiteren en wanneer de avond valt krijgen we er niet genoeg van de lichtschakelaars te gebruiken.

Ik ontvang post van mijn vroegere vrienden, maar ik kan niet tegen hun excuses, hun schuldgevoelens. Hun brieven zijn slechts lange litanieën waarin ze proberen vijftien jaar van stilzwijgen en onverschilligheid te rechtvaardigen. Ik wil niet weer aanknopen met mijn verleden en ik heb hun niets te antwoorden. Trouwens, ze zouden er niets van begrijpen.

We horen dat mijn oom, Moulay Hachem, de broer van mijn vader, is overleden. We krijgen zelfs onder scherpe bewaking geen toestemming weg te gaan om zijn begrafenis bij te wonen. Nnaa, onze grootmoeder, is kort voor onze ontsnapping overleden. Ze heeft zolang ze kon op ons gewacht. Het was haar niet gegund ons weer te zien.

We hebben vele dieren, zwerfkatten en -honden, die bij ons wonen, eten en slapen. Nog getraumatiseerd door de dood van onze duiven, laten we ze niet buiten onze kamers komen. Algauw hebben we tien katten en drie honden, waarop we onze enorme behoefte aan liefde overdragen. Want we zijn gevoelsmatig en seksueel gefrustreerd.

In de gevangenis hadden we onszelf eraan gewend onze geringste driften en verlangens van ons af te zetten. Gedurende het eerste halfjaar in Marrakech hebben we de deur van onze emoties op een kier gezet. We zijn wat minder voorzichtig geworden.

Na ons schijnvertrek hebben we geprobeerd weer gehard te worden zoals in de tijd van ons gedwongen isolement. We leiden een surrogaatleven. We voelen het leven om ons heen vibreren, er zou maar zo weinig voor nodig zijn om ervan te kunnen genieten. Maar dat weinige is onbereikbaar. We zeggen vaak tegen elkaar dat we onder zulke omstandigheden geen vijftien jaar in leven waren gebleven. We hebben veel liever niets dan een heel klein beetje, liever strijd dan berusting.

Nadat we zo dicht bij de vrijheid zijn geweest, zijn we weer bijna terug bij af, met het afschuwelijke gevoel dat die vrijheid nooit voor ons zal zijn weggelegd. Ik beleef steeds opnieuw onze ontsnapping. Ik ben ervan bezeten. Ik heb er 's nachts nachtmerries van.

We worden strenger behandeld. De politieagenten hebben microfoontjes in de schoorsteen van de salon geplaatst, die Raouf heeft ontdekt en weggehaald. Als tegenmaatregel worden de programma's van tv5 over Marokko gestoord. We worden scherper bewaakt. Bepaalde boeken die ik heb gevraagd en die over de Russische revolutie en nazi-Duitsland gaan, worden me verboden. Waarom? Dat is een raadsel...

Er is nog wel iets van onze humor over. We hebben *The Great Escape* op video besteld. Die is ons natuurlijk geweigerd.

We overwegen een tunnel te graven om nog een keer te ontsnappen. De aarde in de tuin is losse grond, maar het zou ons een energie kosten waaraan het ons ontbreekt. We denken zelfs aan een vliegtuigje dat in het veld achter de muur zou kunnen landen. We sturen een tante van ons op onderzoek uit.

Het idee van een ontsnapping houdt ons op de been, bewijst ons dat we nog niet helemaal dood of levend begraven zijn.

We zitten nog steeds in Marrakech wanneer de Golfoorlog uitbreekt, die de koning goed van pas komt. Daardoor kan hij zich opwerpen als bemiddelaar van de Arabische wereld en proberen de politieke gevangenen, de talloze verdwijningen, de strafkampen en het spotten met de mensenrechten, de andere werkelijkheid van een meedogenloze vorst, te doen vergeten.

In bijna twintig jaar opsluiting hebben we de gewoonte aangenomen de gebeurtenissen in de buitenwereld te analyseren met betrekking tot onze zaak. Is deze oorlog gunstig voor ons of niet? Ons lot verandert er geen jota door.

Een jaar later, in 1991, verschijnt in Frankrijk het boek *Notre ami le roi* van Gilles Perrault. We horen het bericht via de Marokkaanse televisie en, te oordelen naar de kreten van verontwaardiging die in het hele land te horen zijn, is Zijne Majesteit niet blij met dit boek. De regering en de bevolking steunen Hassan II.

Er wordt ons gevraagd een bijdrage te leveren aan deze belangrijke zaak. We moeten een brief schrijven om Perrault aan te klagen en luid en duidelijk te verklaren hoezeer Zijne Majesteit een nobele koning is en daarbij een uitzonderlijke persoonlijkheid.

In dat boek, beweren Allabouch en Bouabid, hebben de vijanden van het koninkrijk de hand gehad, met Danielle Mitterrand en Georges Kiejman voorop. We moeten publiekelijk afstand nemen van onze advocaat, die een aanval heeft durven doen op de persoon van de koning. De brief zal in *Le Figaro* worden gepubliceerd.

Ondanks talloze listen om te vermijden dat deze brief wordt geschreven, zijn we verplicht hun te gehoorzamen, maar pas veel later wordt de brief gepubliceerd. Is het uur van de bevrijding nabij?

Opdat we zelf een oordeel kunnen vellen geven ze ons het boek van Perrault te lezen, dat echter in Marokko is verboden.

Door de felheid waarmee tegen de koning van leer wordt getrokken heeft dit boek op mij de uitwerking van een derde staatsgreep. Zo heeft iemand van buiten, een Fransman bovendien, het lef gehad om zonder blikken of blozen de persoon van de koning verwijten te maken, te beschuldigen en aan te klagen.

Toch staat het boek vol onjuistheden en leent het een gewillig oor aan geruchten. Zo wordt onze gevangenschap vermeld onder het hoofdstuk 'de ijzeren maskers', evenals onze ontsnapping. Maar naast de benaderingen, de onwaarschijnlijkheden, de nalatigheden en de verzonnen details insinueert Perrault, zoals vele anderen voor hem, dat we niet in ons eentje konden ontsnappen. Volgens hem heeft waarschijnlijk een corrupte cipier, of zelfs verscheidene cipiers, ons van buitenaf geholpen. Op ons, voor wie deze ontsnapping met onze blote handen sinds bijna twintig jaar het enige is waar we trots op zijn, komen deze woorden over als een dolksteek. Maar hij nuanceert zijn opmerkingen door te concluderen dat men ons in dat geval niet buiten aan ons lot had overgelaten, zonder geld of bijstand...

Nog kwetsender zijn de persoonlijke beschuldigingen. Als we hem moeten geloven, 'legde mama een voorkeur aan de dag voor jonge officieren' toen ze met mijn vader was getrouwd. Hij weet daarentegen niets van de omstandigheden waaronder hun scheiding plaatsvond, verwart data, oorzaken en gebeurtenissen, en schrijft mama onder andere een verhouding toe met Hassan ii. Hij voegt er zonder bewijzen, op grond van roddel, aan toe dat 'heel Rabat fluisterde dat [Soukaïna] het kind van de koning was'. Een 'onthulling' waarvan mijn zusje lange tijd hevig van slag was.

Ikzelf ontkom ook niet aan de kletspraatjes. Volgens hem ben ik in de voetsporen van mijn moeder getreden. Mijn vader sloot zijn ogen: 'Hij was het gewend.' De bladzijden staan vol met andere insinuaties van hetzelfde allooi.

Omdat ik in het Paleis heb gewoond en later te midden van de hovelingen, ben ik gewend aan geruchten. Als ze van Marokkanen afkomstig zijn, raken ze me niet. Wat me daarentegen verdriet doet, en wat mama en mijn broers en zussen verdriet doet, is dat een man als Gilles Perrault er waarde aan hecht. Hij heeft de gelegenheid voorbij laten gaan een serieus gedocumenteerd boek te schrijven en dat vind ik veel erger dan deze verkeerde informatie. Er valt zoveel te onthullen dat hij niet alleen geruchten had moeten weergeven. De waarheid was ruimschoots voldoende geweest om de despoot onderuit te halen.

Maar hij heeft het aangedurfd.

Het is de eerste keer dat iemand de persoon van de koning aanvalt, en dat is op zich voor ons al voldoende reden om af te zien van iedere actie die hem zou kunnen schaden.

Bovendien verdedigt hij ons echt ondanks zijn kwaadwillige toespelingen: '... uit naam van welke vreemde moraal kun je onschuldige kinderen vijftien jaar lang verschrikkingen doen ondergaan? Is er op de wereld ook maar één wetboek van strafrecht dat mensen veroordeelt vanwege hun afkomst?'

Laten we den Keizer geven wat des Keizers is... We zijn hem in elk geval veel dank verschuldigd.

HET EINDE VAN DE TUNNEL

Allabouch, Bouabid en de *walli*[1] van Marrakech komen ons midden in de maand februari van het jaar 1991 weer opzoeken. De gesprekken met hen lijken op schaakpartijen. Ieder schuift zijn pion naar voren naar gelang de opmerkingen van zijn tegenstander, en alvorens te antwoorden, denken we na bij ieder woord dat er wordt gezegd. Alsof er niets aan de hand is, vertellen ze ons beetje bij beetje allerlei waarheden en uitspraken. Aan

1 *walli*: gouverneur.

het begin van onze komst in Marrakech zeiden ze, met een zekere wrangheid en ook enige woede, dat we trots op onszelf konden zijn. Onze ontsnapping zou in politiek opzicht veel meer gevolgen hebben dan wij dachten.

'Dankzij het opzien dat jullie ontsnapping in de wereld heeft gebaard, zal de internationale pers zich steeds meer gaan interesseren voor het lot van de politieke gevangenen in Marokko,' had Bouabid geconstateerd.[1]

Die dag gaan onze beschermengelen op de bank over van alles en nog wat zitten kletsen, waarbij ze eindeloos over details blijven doorgaan.

De *walli* plaagt me over het feminisme om me nijdig te maken. Hij vindt het leuk om me te provoceren. Daar steekt geen kwaad in, maar we begrijpen niet waar ze naartoe willen. Al drie uur zitten we te praten zonder iets te zeggen.

Dan kijkt Bouabid me aan en zegt op de man af, op conversatietoon: 'JULLIE ZIJN VRIJ.'

De bom ontploft aan onze voeten.

Maar het heeft geen enkel effect op ons.

We begrijpen het niet of willen het niet begrijpen. We praten door alsof we het niet hebben gehoord.

Allabouch, Bouabid en de *walli* kijken elkaar verbluft aan. Wij zijn met onze gedachten elders. We vermoeden in de verste verte

1 Op 29 oktober 1987 wordt Marokko door het Europarlement aangemaand de vierhonderd vermisten en andere politieke gevangenen vrij te laten. In 1991 is Amnesty verheugd over de bevrijding van 270 vermisten, van wie sommigen al negentien jaar zoek waren. Serfaty wordt naar Frankrijk verbannen en krijgt een verblijfsverbod in Marokko. De broers Bourequat, die worden beschuldigd van spionage, komen in 1992 in Parijs aan. Maar Amnesty beweert dat er nog honderden mensen worden vermist, met name onder de Saharanen, van wie er velen zijn gestorven in Tazmamert, een strafkamp in de Hoge Atlas, dat in 1991 werd geëvacueerd en met de grond gelijk gemaakt. Marokko heeft in 1998 via het Comité van de Mensenrechten erkend dat er van een lijst van 112 vermisten in de gevangenissen van het koninkrijk 56 politieke gevangenen zijn overleden tussen 1960 en 1980.

niet wat hun woorden betekenen. Toch zijn we niet helemaal op ons gemak, want we voelen wel dat er iets vreemds aan de hand is.

'Goeie god,' schreeuwt Allabouch, 'negentieneneenhalf jaar wachten jullie op dit ogenblik en dat is jullie reactie? Jullie zijn vrij, zeg ik je! Vrij!...'

Vrij? Wat betekent dat woord? Een ogenblik daarvoor waren we nog gevangenen en nu wordt ons verteld dat onze lijdensweg bijna ten einde is? In één seconde wordt ons de vrijheid vergund zoals die ons twintig jaar daarvoor werd ontnomen. De goede wil van de vorst...

Spreken ze de waarheid? Worden we niet weer in de maling genomen? Voordat die drie woordjes 'jullie zijn vrij' goed tot ons doordringen, doen ze ons weer verzinken in onze oude staat van opgejaagde gevangenen. We vertonen geen enkele reactie. We durven niet meer te praten of elkaar aan te kijken.

Het duurt een hele tijd voordat we willen aannemen dat de koning ons gratie heeft verleend. De publieke opinie heeft druk uitgeoefend, de Amerikanen en de Fransen hebben zich ermee bemoeid.

Wanneer ik weer in staat ben te praten, vraag ik hun waarom ze er zo lang over deden ons dat nieuws te vertellen.

'We komen al een hele tijd steeds weer bij elkaar om de beste manier te vinden om het jullie te vertellen. We konden het niet recht in jullie gezicht zeggen, dat was onmogelijk, we wilden jullie niet dood hebben.'

Vrij... We zijn dus vrij... Maar waar gaan we heen? We hebben geen huis en bijna geen vrienden meer. Wat zullen ze met ons doen als we eenmaal in Rabat zijn aangekomen? Zullen ze ons opruimen als pakketjes die in de weg staan?

'Wacht geduldig af,' zeggen ze tegen ons, 'en wen aan het idee van die vrijheid, die jullie te danken hebben aan de gratie van Zijne Majesteit. We komen over een week terug om jullie op te halen.'

Pas na hun vertrek vallen we elkaar in de armen en uiten we onze vreugde, die tegelijk luidruchtig en op een eigenaardige manier onwerkelijk is. We zijn waanzinnig blij vanbuiten en leeg vanbinnen. Vrij...

Een week is niet te lang om aan die gedachte te wennen. De uren van de dag zijn al niet meer hetzelfde. De zon schijnt niet meer op dezelfde manier, gaat niet meer onder zoals eerst, de zonsopgang kondigt niet langer een dag aan die nog saaier is dan de vorige.

De lucht is blauwer, buiten neemt alles weer kleur aan, we krijgen weer eetlust. Onze gewaarwordingen zijn intenser. Ik zie voortaan het leven in cinemascope en niet meer op een piepklein schermpje.

We zijn net blinden die plotseling weer kunnen zien, met de nodige angst en schrik waarmee dat gepaard kan gaan.

'Ik,' zegt Raouf, 'ga mijn verloren tijd inhalen met de vrouwen...'

'Muziek leren,' mijmert Soukaïna, 'Patricia Kaas ontmoeten.'

'Profvoetballer worden,' roept Abdellatif.

'Trouwen, een kind krijgen,' fluistert Mimi blozend.

En ik, ik... Ik wil beminnen, reizen, wandelen, eten, praten, lachen, zingen, films maken, studeren, op het terras van een café gaan zitten, in de openbaarheid treden... Dat alles in deze volgorde of in een willekeurige andere.

En waarom niet allemaal tegelijk?

Meteen daarna raken we in de war. Zijn we er wel toe in staat? Is het niet te laat? Hoe meer dagen er voorbijgaan, des te banger we worden. En des te banger we worden voor de angst.

Om onszelf gerust te stellen concentreren we ons op de koffers en pakjes.

Onze familie is ons, zoals was afgesproken, in het weekend komen opzoeken. We hebben hun nog niets verteld van onze komende bevrijding.

Mijn tante Mawakit, die medium is, las ons regelmatig de kaart. Ze had altijd gezien dat we binnenkort vrij zouden worden gelaten maar ze kon geen precieze datum noemen. Die zaterdag pakt ze haar tarotkaarten en vraagt me ze met mijn linkerhand te couperen. Ze vertelt me zonder omhaal van woorden dat we zeer binnenkort bevrijd worden.

'Wat ben jij voor een medium, Mawakit,' zeg ik terwijl ik mijn schouders ophaal. 'We worden al viereneenhalf jaar gevangengehouden en ik zie niet in hoe daar verandering in zou kunnen komen.'

Hoe meer ze volhoudt, des te meer ontken ik. Ze verzekert me dat haar kaarten zich nooit vergissen, smeekt me haar de waarheid te vertellen, roept om steun van mama en de anderen. We kijken haar allemaal aan met een stalen gezicht.

Dat spelletje duurde bijna twee uur.

Waarna ik haar eindelijk bekende wat ik nog steeds niet onder woorden kon brengen: 'We zijn vrij, Mawakit. Vrij.'

Epiloog
Een zonderlinge vrijheid

Zo, we zijn vrij.

Doordat het woord steeds maar in ons hoofd heeft rondgetold en we er twintig jaar lang dag en nacht van hebben gedroomd, weten we niet eens meer zeker wat het betekent.

Vrij betekent: de straat op gaan zonder politieagenten achter je aan.

Vijf jaar lang zullen we worden gevolgd, in de gaten gehouden, afgeluisterd en op de hielen gezeten.

Vrij betekent: het recht hebben om te werken.

Alleen ik heb een echte baan kunnen vinden in Marokko, omdat een moedige baas zich van allerlei verboden niets heeft aangetrokken.

Vrij betekent: omgaan met wie je wilt, houden van wie je wilt, en gaan waar je wilt.

Onze vrienden worden allemaal verhoord door de DST; onze buitenlandse liefdes zijn niet geoorloofd.

We krijgen onze paspoorten niet terug.

Maar toch zijn we vrij...

En onze eerste stappen in de buitenwereld hebben plaats op 26 februari van het jaar 1991.

Voor mijn wedergeboorte heb ik met zorg mijn kleding uitgezocht. Een spijkerbroek, een mannenhemd, een stropdas en een marineblauwe zijden blazer. Ik wil de vrijheid behagen, haar charmeren en verleiden. De koffers staan klaar, de dieren wachten geduldig in hun kooien. Ze hebben begrepen dat dit een belangrijk moment is. Een historisch moment.

Voor één keer wachten we ongeduldig op de politie en de DST. Een konvooi van auto's en transportwagens staat die vrijdag de twintigste februari voor ons huis geparkeerd. Er is bezoek geweest, rumoer, heen en weer geloop en opwinding. Waarschijnlijk is dat vrij zijn: meer mensen zien in één uur tijd dan wij in twintig jaar. De deuren naar de tuin gaan open, en daarmee mijn hart.

Een onvergetelijke gewaarwording.

Ze zullen nooit meer voor ons dichtgaan.

We hebben ons over verschillende auto's verspreid en het konvooi is weggereden. Alles loopt door elkaar in mijn hoofd, de geluiden, de geuren, de kleuren en de opwinding van het moment. Eindelijk kan ik naar buiten kijken zonder treurig of bang te zijn, integendeel. De aanblik van de straat fascineert me tot in de kleinste details: twee geliefden die elkaars hand pakken, een moeder met haar dochter, een springende hond, een vogel die op een tak gaat zitten.

Dat alles is binnenkort van mij.

De auto's stoppen in een kleine stad en men stelt ons voor uit te stappen om even de benen te strekken. Vol argwaan verroeren we ons niet: wat willen ze nu weer met ons uithalen? Er zijn eindeloze discussies voor nodig om ons zover te krijgen dat we op hun voorstel ingaan.

Wanneer we het café binnengaan, ben ik duizelig, blijf ik met mijn voet achter een tree haken en struikel ik. Ik weet niet meer hoe ik me moet bewegen. Trouwens, ik weet niets meer. Zeg eens, lopen, hoe doe je dat? Je ene voet voor de andere zetten en dan weer opnieuw, zoals in het liedje? Hoe ga je voor een tapkast staan, bestel je nonchalant een cola, giet je die in je glas en drink je die op, zacht mompelend van voldoening?

Zeg eens, leven, hoe doe je dat?

In die bar waar we als een rijtje gedweeë gevangenen naast elkaar zitten, vinden we het licht te schel en de muziek te agressief. We voelen ons opgejaagd. We stappen liever weer in de auto's.

Het traject van Marrakech naar Rabat duurt drie uur, en al die tijd kijk ik gretig naar buiten. Ik heb tijdens mijn ontsnapping, en daarna via films en televisieprogramma's, kunnen constateren dat Marokko is veranderd, maar ik zie al die veranderingen nu met een enthousiaste blik. Ik verbaas me bijna over de liefde die ik voel. Ik wilde dat we er al waren. Ik dring er bij de chauffeur op aan harder te rijden.

Het konvooi stopt uiteindelijk in Rabat, voor het huis van mijn oom Wahid. De hele familie staat voor de deur in feestelijk Marokkaans tenue. Ze hebben melk en dadels klaargezet, zoals de welkomsttraditie het wil. Dit zou een moment van vreugde moeten zijn, maar zowel hun blikken als de onze ademen een onmetelijke triestheid. Je kunt twintig jaar niet in vijf minuten uitvlakken.

Die zul je nooit kunnen uitvlakken.

Als we uit de auto stappen, kan ik niet meer op mijn benen staan. Ik ben vergeten wat er daarna is gebeurd. Ik weet dat ik word gekust, dat ik word omhelsd, dat er steeds armen om me heen worden geslagen. Ik ben waarschijnlijk ontroerd. En toch ongewoon passief. Ik kan niets uiten.

De volgende dagen is het huis continu vol mensen. Men verdringt zich om ons te zien. Zoals op de markt of op een tentoonstelling, zijn we overgeleverd aan de menigte mensen die van ons houden en ons niet zijn vergeten. En die toch twee of drie dagen op toestemming van het Paleis hebben gewacht voordat ze zich aan ons vertonen.

Mijn vriendin Houria arriveert als een van de eersten. Ze is een van onze allertrouwste vrienden en had met ons mee willen gaan in ballingschap. Ze ziet me nog maar net boven aan de trap of ze vliegt op me af terwijl ik even achteruitdeins. Ik wil wegvluchten, ik ben bang om weer in te haken op mijn jeugd. Ze bekende me later dat ze was geschrokken van mijn blik. In twintig jaar ben ik een vreemde geworden. Zoals al die mensen dat nu voor mij zijn.

Op een stoel zittend kijk ik hoe ze langskomen en ik begrijp niet waarom ze bijna allemaal beginnen te huilen als ze ons zien. Zijn we zo veranderd? Zo oud geworden? Zijn we zo toegetakeld? Ik voel me alsof ik drugs heb gebruikt. Ik heb zin om alleen te zijn, in een donkere kamer. Dat is onmogelijk. Het appartement van mijn oom is heel klein. We moeten opeengepakt slapen, beneden in de salon. De eerste nachten heb ik geen oog kunnen dichtdoen.

Wahid dringt erop aan dat ik uitga. Uitgaan? De journalisten verdringen zich voor het huis, vragen met klem om interviews, maar we weigeren te praten. Hoe moeten we die menigte het hoofd bieden? Het duurt drie dagen voor ik de moed heb om in de buurt van de deur te komen. Ik vraag mijn oom of hij die voor me wil openen.

'Kika, waarom doe je dat zelf niet? Je bent nu vrij...'

Ik zet de deur heel voorzichtig op een kier en riskeer een blik naar buiten. Alles is wazig buiten, de trottoirs, de auto's en de voorbijgangers. Het is een grijze brij waarin ik niets kan onderscheiden en die me nog banger maakt dan de gevangenis. Het duizelt me, ik val bijna flauw. Ik moet nog even wachten voordat ik tegen de buitenwereld ben opgewassen. Maar mijn broers zijn meteen naar buiten gegaan.

Allabouch en Bouabid, onze 'beschermengelen', bellen elke dag aan het eind van de middag aan. Ze gaan als oude kennissen in de salon zitten en vragen Wahid om een aperitief. Ze trachten ons uit onze shocktoestand te halen door over van alles en nog wat te praten, ze maken grapjes en proberen ons aan het lachen te maken.

Hoe hebben onze vroegere folteraars zo kunnen veranderen? Zijn het onze beulen of onze weldoeners? Ik weifel. Ze schijnen de oplossing voor al onze problemen te weten, de sleutel tot ons leven in hun handen te hebben. Ze willen in onze plaats antwoorden geven. Ze geven ons raad tot in de kleinste details. Ze zijn erg nerveus bij de gedachte dat de pers ons achtervolgt, willen niet dat we ingaan op verzoeken om interviews. Dat zou Zijne Majesteit niet dulden.

We gehoorzamen, maar daar doen we geen goed aan. We hadden beter met de journalisten kunnen praten en de media gebruiken als pressiemiddel. Maar je verleert niet zo snel te reageren als een gevangene. We zijn bang. We zullen die irrationele, oncontroleerbare angst en de schaamte waarmee die gepaard gaat, blijven voelen zolang we nog in Marokko zijn.

De politiemensen houden ons dag en nacht gezelschap. We worden beschermd of in de gaten gehouden, naar gelang de rol die je zou willen toekennen aan deze bewaking van nabij die ons nooit met rust laat. We hebben de beschikking gekregen over een chauffeur: dat is om beter te weten waar we heen gaan. We worden op onze kleinste tochtjes gevolgd, onze telefoongesprekken worden afgeluisterd, alle mensen in onze omgeving worden ondervraagd. Wij vrij?

Meester Kiejman belt ons meteen op een van de eerste dagen. Heeft men hem afgeraden ons op te zoeken? Hij laat niet meer van zich horen. Meteen na zijn telefoontje krijgen we te horen dat Zijne Majesteit heeft gezegd dat we onze bezittingen terug moeten krijgen en dat hij ons twee beroemde Marokkaanse advocaten, meester Naciri en meester El Andalouss, ter beschikking heeft gesteld.

De twee kopstukken komen ons ieder afzonderlijk opzoeken. Als je hen mag geloven, zal alles heel snel geregeld worden, we hoeven alleen maar een boedelbeschrijving te maken en dan krijgen we alles terug. Die boedelbeschrijving hebben we gemaakt, eerst met de één en daarna met de ander, en we hebben gewacht zoals ze ons suggereerden. We wachten nog steeds.

Mijn tante biedt ons haar appartement aan. Ik trek erin met mijn zus Maria en al onze dieren. We gaan weinig uit, we lopen vlak langs de muren uit angst om midden op het trottoir te lopen. We schrikken van het licht, van geluiden, van auto's. We wankelen bij iedere stap. We zijn ervan overtuigd dat iedereen naar ons kijkt, wat ten slotte ook gebeurt, omdat we er zo vreemd uitzien. Maar we stellen er een eer in ons mooi aan te kleden en op te maken, zelfs om de straat over te steken. Dat is onze manier om de vrijheid te vieren.

Later, wanneer het me zal lukken om verder te komen dan het kleine gebied dat ik mezelf toesta, om andere wijken van de stad te bezoeken, om in mijn eentje een taxi te nemen of de trein, om op onbekende plekken te lopen, zal ik nog lange tijd die angst houden, die zweetaanvallen plotseling midden op straat. En ik kan me moeilijk oriënteren.

Zelfs in Parijs gebeurt het acht jaar nadat ik uit de gevangenis ben gekomen nog wel eens dat ik in de mensenmassa in paniek raak en dat ik verdwaal op een traject dat ik toch uit mijn hoofd ken. Ik heb geen herkenningspunten meer in de ruimte.

Ik moet alles opnieuw leren. Lopen, slapen, eten en me uiten. Jarenlang was ik een element van de tijd, ik was er zozeer een bestanddeel van geworden dat ik nu niet meer weet hoe ik de tijd moet structureren. Ik heb geen ochtend, geen middag, geen grenzen. Een uur kan dagen of minuten duren. Het kost me moeite om de tijd van anderen te begrijpen, hun snelheid of hun traagheid, hun dwingende tijdschema's. En het lukt me nu nog steeds niet.

Het is een vreemde gewaarwording om herboren te worden. In het begin ben ik soms oververzadigd. De hemel, de zon, licht, geluid en beweging, ik vind alles betoverend en uitputtend. Ik kan niet een hele dag weggaan zonder duizelig te worden. Later word ik dapperder. In een café zitten, me een glas laten serveren, naar een restaurant gaan, een winkel binnenstappen, naar de markt gaan, autorijden, zijn handelingen die me moeite kosten maar me enorm veel plezier bezorgen. Ik geniet van het kleinste moment van vrijheid.

Elke dag is een bedwelmend wonder. Ik vraag om meer. Iedere morgen is wakker worden opnieuw een plezier. Toch besef ik nu pas hoeveel listen en leugens er aan het leven te pas komen. Je mooi aankleden, je opmaken, lachen en pret maken, is dat niet een rol spelen? Ben ik met die ballast van die twintig jaar waarin ik niet heb 'geleefd' niet diepzinniger dan alle mensen die zich al die tijd tevergeefs druk hebben gemaakt?

Ik vergelijk mezelf vaak met iemand die zijn hele leven het geluid van een kermis heeft gehoord zonder ernaartoe te kunnen. Ik deed niet mee, dat is waar, maar betekent dat dan ook dat er al die jaren in mijn leven niets is gebeurd? In de gevangenis was mijn innerlijk leven duizendmaal rijker dan dat van anderen, en mijn denken duizendmaal intenser. Ik was veel oordeelkundiger dan mensen die vrij zijn. Ik heb leren nadenken over de zin van het leven en de dood.

Tegenwoordig vind ik alles gekunsteld. Ik kan niets meer serieus nemen.

Abdellatif ziet zijn dierbare neef Hamza, de zoon van Fawzia, weer, die zijn studie in Canada heeft onderbroken om dichter bij hem te zijn. Samen halen ze alle mogelijke streken uit. Mijn broertje leert te leven: 's nachts uitgaan, vrouwen, muziek, dansen, cafés... Hij lijkt gelukkig. Hamza is zijn beste vriend.

Soukaïna schildert en schrijft; Mimi kwakkelt met haar gezondheid en Raouf probeert de verloren tijd in te halen met vrouwen. We zijn het over dat onderwerp niet eens. Volgens mij is dat hartstochtelijke zoeken een vlucht naar voren. Ik geloof alleen in de grote liefde en daar wacht ik op.

Mama gaat na hoeveel vrienden van vroeger ze nog heeft. Het zijn er niet veel. In de weldenkende kringen vermijden ze ons, daar schrikken ze van onze naam. Twintig jaar lang kon die niet uitgesproken worden op straffe van de vreselijkste sancties. De mensen hebben die naam zo diep weggestopt dat we voor hen dood zijn. Onze verrijzenis werkt ontregelend.

De meesten van hen hebben wat ons is overkomen gebagatelliseerd. Twintig jaar 'huisarrest' in een 'kasteel' is niet zo erg... Al met al leven we nog steeds en mankeert ons lichamelijk bijna niets.

Onze vader, de beul, de verrader, de koningsmoordenaar, heeft gewoon gekregen wat hij verdiende. En zijn wij soms niet zijn erfgenamen? Het wordt niet recht in ons gezicht gezegd, maar het wordt ons wel te verstaan gegeven. Het wordt onze naaste omgeving meegedeeld. We worden beschuldigd, zijn misdadig, vijanden van de monarchie. Men vindt ons lastig.

Voor mijn achtendertigste verjaardag, die ik op 2 april vier, anderhalve maand nadat we Marrakech hebben verlaten, ontvang ik vierhonderd prentbriefkaarten uit de hele wereld. De mensen hebben via Amnesty International van onze bevrijding gehoord en geven op die manier blijk van hun solidariteit.

Ik ben tegelijkertijd geroerd en diep verontwaardigd. In de gevangenis hadden we behoefte aan zulke uitingen van vriendschap. Nu we vrij zijn, hebben we niets meer nodig en vooral geen wensen voor een rooskleurige toekomst. Dat alles komt te laat.

Te laat, dat is wat we steeds vaker voelen. Te laat voor de liefde, voor vriendschap, voor een gezin. Te laat voor het leven. Na onze opwinding komen er lange momenten van neerslachtigheid. Hadden we niet beter kunnen doodgaan?

Een paar weken nadat we zijn vrijgelaten, worden Raouf en ik meegenomen naar Amnésia, de nieuwe populaire nachtclub in Rabat. Die avond zitten kroonprins Sidi Mohammed, de oudste zoon van Hassan II, en zijn zussen met een paar leden van hun hofhouding aan een tafel in een privé-loge. Als hij ons ziet, vraagt hij of we bij hen komen zitten.

Ik kende de prins al vanaf zijn geboorte. Hij was negen toen wij gevangen werden genomen. Ik ben hem dankbaar dat hij mij de vernedering bespaart te moeten buigen om zijn hand te kussen. Ook al is hij veranderd en is hij nu een volwassene, ik zie het kind dat ik heb gekend weer voor me, en via hem de koning, op wie hij veel lijkt.

Ik ben ontroerd en hij ook. Hij weet de welgemeende woorden te vinden die ons aan het hart gaan. Hij zegt dat zijn huis altijd voor ons zal openstaan en dat hij er altijd zal zijn om ons te helpen. We kunnen op elk moment van de dag bij hem aankloppen.

Daarna roept hij de kabinetschef en herhaalt zijn woorden in zijn bijzijn.

'Maar het verleden is het verleden,' voegt hij eraan toe. 'Jullie moeten verder, en niet omkijken naar wat jullie hebben meegemaakt.'

Hij maakt geen enkele toespeling op zijn vader. Prinses Lalla Meriem zit achter hem, even bleek en in de war als wij, maar ze uit zich niet.

Het nieuwtje van onze ontmoeting doet de ronde door de hele stad.

Wat later verschijnt er een artikel over in *Le Monde*. De schrijver geeft daarin op besliste toon uitleg van de nieuwe strategie van de koning om de affaire-Oufkir weer recht te breien. Volgens de journalist zou de vorst zijn kinderen op verkenning sturen om een verzoening te bewerkstelligen. De reactie van Sidi Mohammed en zijn familie laat niet op zich wachten. Voortaan ontwijken ze ons wanneer we elkaar tegenkomen.

Mijn ontmoeting met Lalla Mina vindt korte tijd later plaats. Ze nodigt me uit voor de lunch en ik neem de uitnodiging graag aan. Ik koester geen enkele wrok ten opzichte van haar. Haar weerzien betekent mijn kinderjaren terugvinden, gevoelens doen herleven die ik heel diep in mezelf heb weggestopt maar die misschien niet dood zijn. Ik wil de koning ook bewijzen dat ik althans verschil weet te maken tussen hem, die mijn vijand blijft, en de leden van zijn familie.

Lalla Mina woont nog steeds in Villa Yasmina. Maar ze heeft op een heel groot landgoed in de omgeving van Rabat, niet ver van het paleis van Dar-es-Salem[1] stoeterijen ingericht. Paardrij-den is nog steeds haar grote passie. Ze heeft het paardenrennen in Marokko nieuw leven ingeblazen en ruiterkampen opgezet.

Om bij haar te komen moet ik het halve landgoed doorlopen. Ik herken vele vertrouwde gezichten die blijven staan wanneer ik langsloop en me groeten. Ik ben aangenaam verrast: ze zijn me dus niet helemaal vergeten.

Ik zie haar eerst door een glazen deur. Ze is erg veranderd, maar ik herken in die dikke vrouw in rijbroek meteen het kleine meisje dat ze was. Ze heeft nog dezelfde glimlach, dezelfde mi-miek, dezelfde schalkse blik. Daarvan raak ik erg in de war.

Wanneer de prinses me ziet, komt ze haar werkkamer uit, blijft een paar seconden sprakeloos staan en loopt dan langzaam naar me toe... Daarna versnelt ze haar pas en ten slotte begint ze te rennen en werpt ze zich in mijn armen. Ze houdt me heel ste-vig vast en pakt mijn hand. Een paar minuten lang zegt ze niets en daarna lukt het haar te zeggen: 'Kika, gaat het goed met je?'

Ik loop met haar mee naar haar werkkamer, meer ontroerd dan ik mezelf wil toegeven. Die stem, die manier van lopen... Het verleden komt bij vlagen weer boven. Ons gelach, onze spelletjes, Zazate, de feesten, Mamaya en zelfs de verschrikkelijke Rieffel...

Ze geeft opdracht dat we niet gestoord willen worden en doet de deur dicht. We blijven tegenover elkaar staan zonder te kun-nen praten. Ze staart me lange tijd aan en ik doorsta haar blik. Mijn ogen staan vol tranen. Zij huilt niet, maar ik zie wel dat haar lip trilt.

Daarna draait ze zich om en slaat met haar vuist op tafel: 'Het is een schande voor onze familie.'

Ze stelt me gerichte vragen, ze wil alles weten. Ondanks mijn genegenheid voor haar, die zoals ik nu weet nog intact is, blijf ik voorzichtig.

Ik ken haar milieu te goed om te weten dat ieder woord dat ik

1 Zie blz.44.

zeg, zal worden doorverteld, becommentarieerd en geanaly-
seerd.

'Geef eens antwoord,' zegt ze tegen me, 'is het waar dat ze jullie
duiven hebben doodgemaakt? Dat ze er elke dag twee of drie
doodmaakten?'

Ze wist dus alles van ons leven, van dag tot dag...

We hebben lange tijd gepraat. Ze vertelt me nieuwtjes over deze of gene. Jarenlang, zegt ze, heeft Latifa, de vrouw van de koning, het voor ons opgenomen, wat me niet verbaast van die
moedige vrouw. Bij ieder religieus feest schoof ze hem een briefje
toe waarin ze een goed woordje voor ons deed. Ze zorgde ervoor
dat dit gebeurde wanneer hij zijn kleindochter ging opzoeken,
die hij Soukaïna heeft genoemd.

De vorst houdt zoveel van het kind dat wanneer iemand
wordt veroordeeld, die persoon haar naam maar in zijn aanwezigheid hoeft uit te spreken, of de koning verleent hem gratie. Bij
die gelegenheden sprak Latifa vooral over mijn broer Abdellatif.
Ze hoopte zijn gevoelige snaar te raken, maar hij luisterde niet
naar haar.

Ik ben blij dat ik de vriendin uit mijn kinderjaren weer terug-
zie, maar ik voel me niet op mijn gemak wanneer ik bij haar vandaan kom. Heb ik niet te veel gezegd, meegesleept door de vreugde van het weerzien? Heb ik mijn voorzichtigheid niet laten varen?

Lalla Mina nodigt me vaak uit. Ze wil me weer introduceren in
het milieu dat niet meer het mijne is, en daarom beperk ik mijn
bezoeken opzettelijk, en daarna kom ik helemaal niet meer.

Het leven heeft ons van elkaar gescheiden, maar ik blijf een
liefdevolle genegenheid voor haar voelen. Ik zie in haar nog
steeds het kind en het opgroeiende meisje dat ze was, zo ongeveer mijn zusje, mijn kameraadje in de eenzaamheid. Ik voel niet
meer vijandigheid tegenover haar dan tegenover de mensen van
wie ik vroeger hield op het Paleis.

Marokko wil beslist niets van ons weten.

Werken is voor ons onmogelijk. Ik heb het aan de vasthoudendheid en de moed van Nourredine Ayouche, de baas van reclamebureau Shem's, te danken dat ik een serieuze baan heb gekregen. Hij is niet bang voor pressie, voor problemen of voor de politie. Bij hem leer ik in drie jaar het beroep van productieleider. Mijn eerste salaris is voor mama.

Mimi maakt haar droom waar. Ze trouwt met een cameraman. Hun dochter, Nawel, wordt geboren in november 1994. Raouf is vader geworden: Tania aanschouwde het levenslicht in september 1993. Het kind wordt geboren in Genève, maar mijn broer krijgt geen toestemming naar Zwitserland te gaan om haar eerste glimlachje te zien.

Niet zonder moeite is het Maria gelukt een schattig jongetje te adopteren, Michaël, die de achternaam Oufkir heeft. Achoura woont bij haar en helpt haar het kind groot te brengen. Halima is naar haar familie teruggekeerd, maar ze klaagt dat ze daar niet wordt begrepen. Ze heeft kanker. Van ons allen heeft zij de meeste kwalen. Ze komt terug en gaat bij mama wonen.

Soukaïna componeert liedjes, schrijft en schildert. Haar talent komt tot bloei. Ze heeft een paspoort aangevraagd dat ze maar niet krijgt.

Een paar vriendinnen helpen ons de vijandigheid, de eenzaamheid en het gebrek aan vrijheid te boven te komen. Soundous, Neïla, Nawel en Sabah, die ik ten slotte heb weergezien, omringen ons met hun genegenheid zonder zich iets aan te trekken van schaduwpraktijken, verhoren en vooral niet van de algemene afkeuring.

Eén zekerheid houdt me op de been: mijn leven zal zich niet in Marokko afspelen.

In het voorjaar van 1995 word ik uitgenodigd voor de bruiloft van een vriendin, Mia. Ze trouwt met Kamil, die we hebben weergezien en die is gebleven zoals ik hem in gedachten had: vriendelijk en trouw. Ze vraagt me of ik voor de aankleding wil zorgen. Ik stem toe zonder eigenlijk te weten waarom. Gewoonlijk ontvlucht ik dat soort mondaine recepties. Ik voel me er niet erg op mijn gemak. Ik heb een hekel aan die met sieraden behangen, opgedirkte vrouwen, aan die hypocriete blikken, die waarden die geen waarden zijn, geld, macht, succes, en minachting voor het gewone volk.

Drie jongens, vrienden van de bruid, zijn uit Parijs aangekomen. Ze zullen die avond nog op het Marokkaanse feest zijn. De ongetrouwde vrouwelijke gasten zijn allemaal heel opgewonden. Er wordt gefluisterd dat het mooie, intelligente en... nog ongetrouwde jongens zijn. Ze komen 's middags bij de aanstaande echtgenote op bezoek.

Terwijl de jonge vrouwen wedijveren in vriendelijkheden aan hun adres, houd ik me bezig met mijn werk. Onderhandelen met de fotograaf, de decorateur, nog een laagje verf aanbrengen, zorgen voor de tafellakens, de bloemen en de drapering... Ik blijf doorwerken, wat me niet belet de pas aangekomen mannen tersluiks op te nemen.

Een van hen trekt mijn aandacht. Hij is lang, vriendelijk, met guitige, gevoelige ogen achter een rond brilletje. Maar ik moet niet dromen. Die man is niet voor mij en zal dat ook nooit zijn. Ik wil geen verhouding met een Fransman zolang ik de grens niet over mag. Bovendien heeft een van de gasten zich hem al 'toegeëigend'. Ik maak geen enkele kans.

Om een uur of acht kom ik thuis om mijn feestkaftan aan te trekken. De telefoon gaat. Aan de lijn is een vriendin van me, die als het haar zo uitkomt helderziende is. Ik heb de indruk dat ze anders is dan normaal. Ik vind haar ongewoon opgewonden.

'Kika, je hebt hem ontmoet, je hebt hem ontmoet...'

'Wie dan?'

'Je weet best over wie ik het heb... Ik heb hem honderd keer in mijn kaarten gezien... De man die van de Atlantische Oceaan komt. De man van je leven. Hij is er, je hebt hem gezien, maar het is je niet opgevallen. Je zult hem vanavond weerzien.'

Ook al probeer ik verstandig te blijven en denk ik bij mezelf dat het maar onzin is, arriveer ik op het feestje in een merkwaardige toestand, met bonzend hart, bereid haar te geloven. Deze bruiloft is de eerste keer dat ik echt uitga. Vergeleken met al die meisjes met dure kleren en sieraden ben ik eenvoudig gekleed en opgemaakt. Maar dat kan me niet schelen. Ik heb al lang geleden gekozen voor de eenvoud.

Mijn vriendinnen zitten al aan de tafel van de Parijzenaars en gebaren druk naar me dat ik bij hen moet komen zitten. Er is rumoer, muziek, gelach en er zijn blikken op mij gericht. Ik voel me niet erg op mijn gemak. Ik heb er al spijt van dat ik heb gezegd dat ik zou komen. Een of twee glazen, en dan ga ik weer naar huis. Ik heb plotseling behoefte aan de rust van mijn kamertje. Ik ben nog steeds niet gewend aan mensenmassa's.

De man die me 's middags is opgevallen, staat op zodra hij me ziet. In een oogwenk is hij naast me komen zitten. Hij vertelt me dat hij architect is en dat hij is opgegroeid in Libanon. Hij spreekt vloeiend Arabisch en begrijpt onze 'onvertaalbare' grapjes. Dat is een pluspunt.

Hij pakt ongedwongen mijn hand. Uit mijn huid, uit de druk van mijn vingers, uit mijn stem en uit de manier waarop ik tegen hem praat en hem aankijk heeft hij meteen begrepen dat ik slechts een angstig kind ben, vermomd als vrouw.

Ik kan niet nalaten razendsnel na te denken, me af te vragen waar dit alles toe zal leiden. Maar een stemmetje dat ik niet onder controle heb fluistert me in dat ik me niet te veel af moet vragen. Hij is mooi, jong en levendig. Bovendien is hij zo vriendelijk en zo spontaan dat ik plotseling geen angst meer voel.

Met hem ben ik nooit bang geweest. Het is alsof ik hem al eeuwen ken. Het is de eerste keer dat een man me zo'n gevoel van kracht, van veiligheid geeft. Mijn intuïtie vertelt me dat hij nooit onder druk zal zwichten, zich nooit zal laten beïnvloeden.

Ik wist dat hij van me zou houden om wie ik was, zonder twijfels.

Ik heb me niet vergist. Eric heeft me nooit teleurgesteld. Op alle kritieke momenten was hij er en bracht hij zijn energie, zijn moed, zijn vertrouwen en levensvreugde op me over. Hij heeft me gered van de dood, hij heeft mijn duisternis in licht veranderd.

Hij heeft me weten te temmen.

Het is niet eenvoudig om van mij te houden. Niemand, zelfs hij niet, kan begrijpen wat ons bindt. Hij is solidair met mijn nachtmerrie, hij schrikt niet terug voor mijn waanzin; van hem mag ik er af en toe tussenuit om weg te duiken in mijn schuilplaats, mijn cel. Hij heeft aanvaard dat we verschillend zijn: ik zal nooit worden als een ander.

Alles wat me verloren leek, is het met hem niet meer. Hij heeft me uit de Hel bevrijd.

Mijn leven zal zich niet in Marokko afspelen.

Toch houd ik innig veel van mijn land, van zijn geschiedenis, zijn taal en gewoontes. Ik houd van het gewone volk dat arm en onderdrukt is, maar trots, geestig en grootmoedig. Tussen het volk en mij zijn er geen barrières. De mensen zeggen vaak tegen me dat ik *chahbia* ben, afkomstig uit het volk. Dat is het mooiste compliment dat ze me kunnen maken.

In de gevangenis heeft de haat me geholpen in leven te blijven. De haat jegens de vorst viel samen met de haat die ik tegenover mijn land meende te voelen. Toen ik uit de gevangenis kwam, heb ik beide verworpen.

Tegenwoordig word ik heen en weer geslingerd tussen de diepste wrok en het oprechte verlangen geen haat meer te voelen. Haat knaagt aan je, haat verlamt je, zodat je niet kunt leven. Door haat zal ik nooit mijn verloren jaren terugkrijgen. Noch ik, noch mijn moeder, noch mijn broers en zussen. Maar ik ben er nog niet.

Ik heb mijn kalmte en mijn liefde voor Marokko teruggekregen in de woestijn. Ik ben er heen en weer doorgetrokken met een voorkeur voor de Tafilalt, de bakermat van mijn voorouders van vaderskant. De woestijn heeft me tot rust gebracht. Die heeft me verzoend met mijn verleden, me duidelijk gemaakt dat ik alleen op doortocht was. Daar bestaat geen enkele behoefte aan leugens en listen, en ben ik echt mezelf. Alleen het oneindige is van belang.

Ik voel dat ik uit dat gebied kom, ik behoor er met hart en ziel toe. Te midden van de okerkleurige zandduinen, in die onmetelijke uitgestrektheid van goudbruin zand, in die palmentuinen die bevolkt worden door de blauwe mannen, begreep ik waar mijn wortels lagen. Ik ben Marokkaanse in hart en nieren, in mijn diepste wezen.

Maar ik voel me door de cultuur, de taal, de mentaliteit en het intellect ook heel Frans.

Dat is niet langer onverenigbaar.

In mij leven het Oosten en het Westen eindelijk in vrede samen.

Een jaar lang is Eric Bordreuil regelmatig heen en weer gereisd tussen Casablanca en Parijs om Malika Oufkir te zien, de vrouw van wie hij houdt.

Op 25 juni 1996 is Maria Oufkir, de jongere zus van Malika, per boot uit Marokko gevlucht met haar adoptiezoon Michaël en haar nicht Achoura Chenna. Ze is naar Spanje gegaan en vervolgens naar Frankrijk.

Die vlucht markeerde het einde van de nachtmerrie van de familie Oufkir. Onder internationale druk verstrekte de regering hun allen paspoorten en visa.

Op 16 juli 1996 arriveerde Malika Oufkir in Parijs met haar broer Raouf en haar zus Soukaïna. Ze is dan drieënveertig jaar.

Ze heeft twintig jaar van haar leven in Marokkaanse gevangenissen doorgebracht, waar ze op haar negentiende in ging, en daarna nog vijf jaar met beperkte bewegingsvrijheid in Marokko.

Op 10 oktober 1998 zijn Eric Bordreuil en Malika Oufkir getrouwd in het stadhuis van het dertiende arrondissement in Parijs.

Dankwoord

Allen die ons hebben geholpen dit avontuur tot het einde toe vol te houden, betuigen we onze allergrootste dank.

Bedankt Jean-Claude en Nicky Fasquelle.

Bedankt Manuel Carcassonne (met je sloffen).

Bedankt Susan Chirazi (zonder wie...) en Soraya Khatami.

Bedankt Isabelle Josse, Aurélie Filipetti, Martine Dib, Stephen Smith, Paulo Perrier, Marion Bordreuil, Françoise en Pierre Bordreuil; bedankt Hugo voor je koekjes, Lea voor je glimlach en Nanou voor je zoenen; bedankt Roger Dahan, Sabah Ziadi en Soundous Elkassri.

En ten slotte bedankt Eric Bordreuil en Guy Princ, voor jullie onvoorwaardelijke steun vanaf het eerste moment, en voor jullie eindeloze geduld.